北京舞蹈学院"十四五"时期
科研成果出版资助计划项目
Publishing Funding Project of Academic Achievements
of Beijing Dance Academy's "14th Five-Year Plan"

北京市教育委员会科学研究计划项目资助（SM201910051002）

新时代高等院校素质教育形体练习系列教材

素质教育
形体课程

（女班）

U0771903

主编　张玉萍　李　里

中国教育出版传媒集团

高等教育出版社·北京

内容提要

本教材为"新时代高等院校素质教育形体练习系列教材"之女班卷，内容丰富，体系完备，图文并茂。教材科学进阶，梯度合理，精心编写了初级、中级、高级的5个阶段即5个课例。每课例包含20个练习组合，全书共计100个组合，循序渐进，适应不同层次的学习者使用。书中不仅详述课程教法，配以清晰示范图片，还附有高清视频动作演示和专用钢琴伴奏音乐，学习者可通过文中二维码便捷观看，助力更好地掌握动作规范与目标达成。

系列教材共分为女班卷、男班卷和伴奏谱例三册，共计10课例、200个练习组合，均根植于芭蕾舞蹈的教学方法为基础，内容丰富、系统、优雅。既可作为综合类高等院校学生舞蹈美育的练习教材，也适用于非专业舞蹈类学生的训练需求，更为广大舞蹈形体爱好者提供帮助。

图书在版编目（CIP）数据

素质教育形体课程. 女班 / 张玉萍，李里主编. -- 北京：高等教育出版社，2024.10

ISBN 978-7-04-060304-0

Ⅰ.①素… Ⅱ.①张… ②李… Ⅲ.①女性-形体-健身运动-高等学校-教材 Ⅳ.①G831.3

中国国家版本馆CIP数据核字（2023）第054207号

Suzhi Jiaoyu Xingti Kecheng（Nüban）

策划编辑	张卓卓	责任编辑	张卓卓	封面设计	李树龙	版式设计	徐艳妮	责任绘图 裴一丹
责任校对	陈 杨	责任印制	高 峰	图片摄影	胡 晓	后期监制	覃 超	
视频制作	刘彦良	李 维	任海波	音乐录音	施 政	任海波	刘彦良	

出版发行	高等教育出版社	网　　址	http://www.hep.edu.cn
社　　址	北京市西城区德外大街4号		http://www.hep.com.cn
邮政编码	100120	网上订购	http://www.hepmall.com.cn
印　　刷	固安县铭成印刷有限公司		http://www.hepmall.com
开　　本	787mm×1092mm 1/16		http://www.hepmall.cn
印　　张	23.75		
字　　数	400千字	版　　次	2024年10月第1版
购书热线	010-58581118	印　　次	2024年10月第1次印刷
咨询电话	400-810-0598	定　　价	65.00元

本书如有缺页、倒页、脱页等质量问题，请到所购图书销售部门联系调换
版权所有　侵权必究
物料号　60304-00

编写组成员

主　编：张玉萍　李　里

主　审：李春华

编　委：许定中　汪华馨　胡　晓　吴　卉　杨　楠
　　　　张颖雪　马　南　帅晓军　张　栵　杨　扬

前 言

本教材是在 2019—2020 年北京市教委科研计划社科一般项目"新时代高等院校素质教育芭蕾形体训练研究"的基础上，对我国高校形体课程教材的研发工作。为了加快发展和提高全国美育教育水平，深入贯彻落实习近平总书记关于学校美育的重要论述，做好深化学校美育工作及改革实践，已成为全国各条教育战线落实立德树人根本任务的重要工作之一。面向我国综合类高等院校的舞蹈形体课程研究，也逐步成为辐射全国舞蹈美育教育的重要环节。高校是学校美育创新研究和美育实施推进的重要阵地，也是我国高素质人才培养和全国美育师资培养的重要阵地。

我们在逐步展开的中西方高校舞蹈形体美育的时代需求与现状对比中，发现我国目前高校形体教学方式和教材一些问题与缺失。该教材围绕国家倡导的新时代创新精神与现实的社会需求，去阐述如何做好课程教材的分层设计与方案研究。并结合在北京多所高校实际调研与教学的实例，总结出可供课程具体实施和推广应用的方法。希望我们的探索能为我国舞蹈美育教育的可持续研究提供路径和基础。

一、高校舞蹈形体美育的需求与现状

（一）时代发展和教育进步的需求

在我国综合实力高速发展的新时代里，如何提高综合类高等院校在校大学生素质教育中的美育教育水平，一直是国家领导人和教育主管部门关心的重要问题。北京市教育委员会目前大力开展学校的美育工作，积极组织相关的教学研究和科研项目，我们在这里主要展开对高等学校舞蹈形体美育的研究。在素质教育中，美育教育是不可缺少的重要部分，缺少美育的教育不是真正的素质教育。舞蹈形体课程，是舞蹈美育的核心组成部分之一。培养全国高校学生对美感的认知与体验，培养青年学生们优雅的形体，并逐步提高艺术审美能力，都成为与美的理论、美的知识、美的规律相关联的体系化的美育教育。

在舞蹈形体美育中，我们要让学生们切身地参与到身体的舞动中来。通过有规律的课程学习，在科学的方式下去展开练习，逐步达到身心共同的美育培养。在身体体态、姿态、动律较为符合现代人体审美特征的练习方法中，芭蕾舞的教学模式和动作语言得到相对广泛的认可，"可以说，舞蹈的科学训练与形体美育在芭蕾艺术中是统一着的。"①以芭蕾舞蹈为基础的形体课程，可以让学生们在认识身体各关节部位和参与运动肌肉的同时，逐步培养出青年人挺拔、舒展、积极向上的体态和动律。并在优美的钢琴伴奏音乐中，陶冶学生们的艺术情操，抒发他们在新时代校园中健康洋溢的身心。

（二）国内外形体美育教材研究现状

要让我们所倡导的美育教育理念落地开花，就不能仅仅是观念研究或文化研究。而是要在国家的号召中更快进入到实质性的教学研究中去。教材，是支撑实际教学和模式推广的重要支柱。没有实质的、系统的、优质的教材，没有适合我们学生年龄特点、接受层级的教学内容，就很难开展优质有效的舞蹈美育教育。培养出可支配、有规范、有意识的身体，才可以逐步成为更多舞蹈内涵表达的可能和基础。

从高校舞蹈形体课程的研究现状来看，芭蕾舞蹈作为形体教学的基础课程，在美国、英国、法国等综合类高等院校中（美国芝加哥大学、纽约州立大学、英国诺丁汉大学等）都有着较好的应用经验和历史传承。但他们具体实施的教材内容，几乎都掌握在执行课教师的个人教案里，我们目前还没有发现他们出版的专门针对综合类高等院校研发的指导教程。而只是在多次的出国考察中，发现并察觉到他们对芭蕾形体课程的重视性和广泛实施。

同时，从走访调研北京知名的综合类高等院校来看（清华大学、北京大学、中国传媒大学等），他们的大学本科生或舞蹈队在舞蹈练习中，也主要使用了芭蕾舞蹈的训练方法和内容，教师和学生们都非常地认可这样的形式。但又苦于此类专项指导教材的匮乏，可以参考学习的文字教案和视频材料都不够专业系统，其指导教材的丰富性就更是无从谈起。全国的高等院校也都有比较相同的问题。

目前能够在国内正式出版物中获得的指导教程，也不够完善和系统，不具备足够

---

① 于平.形体美育与舞蹈科学训练 [N].北京：中国艺术报，2017 年 4 月 21 日：第 3 版。

的专业指导性。其存在的缺失大致可以划分为四类：

1. 只有文本式的教法专著，无可视示范教程。学习者难以读懂舞蹈动作在空间、时间中丰富的变化，一切只能依靠动作想象的方式来学习。

2. 只有可视示范教程，没有文本式的教法专著。学习者无法系统地掌握所有舞蹈动作的具体名称与节拍分配，教师们也不能将课程准确地传授给学生。

3. 芭蕾课程指导专门化的很少，多舞种混搭的教材较多。出现芭蕾舞与中国古典舞、中国民间舞、外国民间舞相互混搭的教材。学习使用者难以系统而专注地在其中获取相对精准的课程内容。

4. 现有教程涵盖的课例体量有限、层级不清。目前国内出版的文献类或可视类指导教程，所包含的课例量较小。按照大学三年共 6 个学期（1 年实习期除外）的在校学习时间来分配，其现有教程涵盖的指导和参考内容都是远远不够的。

由此，我们迫切需要针对高校美育教材在现阶段的不足与缺失，及时根据我们授课的对象，展开一系列的适用教材研究。去做好我国高校舞蹈美育教育的具体实施工作，让学生花费在舞蹈美育课程中的宝贵时间，学好走正，有所收获。

二、高校舞蹈形体美育课程的时代创新

（一）专用教材系统化的整体设计

以中西方都有教育基础的形体课程为研究载体，以中国特色文化背景下的综合类高校学生为对象，我们需要研发一套针对性强、指导性高、内容丰富的课程内容，为后续的舞蹈美育研究提供具有高度参照性和借鉴性的科研成果。

此项目负责人胡晓教授组织了课题研究团队 10 人，主要来自北京舞蹈学院芭蕾舞系老中青三代优秀教师，正高 6 人，副高 1 人，讲师 3 人。大家齐心协力、严谨认真地进行课题研发，将我们在教材编创研究中的设计理念和编创方法分享给大家，亦为此后的同类研究提供参考。课题研究采取深入考察、撰写验证、实施拍摄，三步走的方法来展开：

1. 深入考察、探访、收集工作：有针对性地设定考察对象与合作单位。考察清华大学、北京大学、中国传媒大学、四川大学、四川传媒大学等在内的多所国内综合类高等院校。组织有计划的教学内容观察、练习成果收集比对、教师授课经验采访等研究材料的收集工作。

2. 撰写教材课例工作：将收集、整理和访谈到的所有相关材料，分类、分批的按需要分析研究。按照所得依据，集体讨论之后，实施具体的教材课例编写工作，这也是此类研究内容中的核心工作。

根据高校大学生的年龄和舞蹈水平。我们从初始级别开始，设计完成了一整套的男班、女班完全独立的高校专用形体美育教程。总体内容设计为 5 个阶段 10 个课例，200 个练习组合，可以给任何类型的综合类大学四年本科，以覆盖性的课程关照。这是以往此类研究中从未达到的大体量的、全新模式的创新研发。

3. 教材实施实验，拍摄制作教程的视频、音频：将撰写的课例教程，实施于以前期考察过的高等院校，实验性的展开教学工作，在不断地反馈中及时修改、修正教材内容。在磨合、验证、定稿之后，再组织专业的拍摄队伍，安排优秀的示范学生，与钢琴伴奏老师编创好的音乐一起完成拍摄。

对于研究成果的教程出版物，我们也构思了新的设计理念，要求全套教材易读易用。为了学习者能够获得最大的使用便捷，以及对课程的准确掌握，成果中的每一堂课例都要包含：

（1）有详细的课程教法文字叙述，并配有清晰明了的示范动作图片；

（2）全部课程的练习组合，都有高清视频的示范展示；

（3）全部课程的专用课堂音乐，都有钢琴伴奏谱集的汇编；

（4）全部课程，配有钢琴伴奏音频。

这样四位一体的成果形式，也是对现有的此类舞蹈美育教程出版物内容与形式的全面创新。

（二）男女性别特质的专属练习

在以往的同类研究中，舞蹈形体课程通常都以女生为主，男生往往会被忽视。这个问题，在儿童和中小学年龄段的教材中尚不明显，但在高校形体教程中就极为突出。这也是造成高校男女学生舞蹈美育发展不平衡的问题之所在。由此，需要在当前的课程设计中，创新性、针对性地加入并区分男女生各自的教学内容，在尊重性别特质的同时，也更好地去完成各自性别气质与体态、体貌的独立培养。

在课程中男女性别化动作和组合方式，是有不同之处的。包括男女姿态、动律和心理外化呈现的不同区分，都需要具有专门化职业工作能力的教师去设计教程。我们在集体讨论课程总体难易程度和具体推进关系的基础上，将 10 位主要项目工作人员划分为三个不同的工作组别,由胡晓教授(男班)、张玉萍教授(女班)、吴卉讲师(乐谱)为主导的三个研究小组,分别去完成男班练习教程、女班练习教程、钢琴伴奏编曲的具体研究。课程总体设计为 5 个阶段,男班 5 课例,女班 5 课例。要有逻辑关系地逐步设计每一堂课例的程度和进度,还要找到每一堂课例内部之间内容的平衡关系。使每一堂课例的 20 个练习组合,保持彼此间合理的、平衡的推进逻辑。

我们认为,此类舞蹈美育的教材研究,不应只是专业芭蕾训练教材的简化和缩影,而应是完全针对综合类高校学生层级水平的丰富性创造。这既是此类研究专业化含金量的程度体现,也是完成好此类研究的重要前提和保障。

三、高校舞蹈形体美育的实施与推进

(一)不同层级的安排实施

为了舞蹈形体美育研究工作的顺利推进,我们应该更多地走进高校,多去观察不同层级水平的学生,为确立实际的研究依据和储备必要的研究条件,多做积累。只有这样,才有可能研发出针对性强、适用性高、辐射面广的优质教材。

我们要观察综合类高校在舞蹈美育教育中相关的选修课程、必修课程,包括所在高校的艺术系、艺术社团、有建制的舞蹈队的练习环节与课程设置。观看他们的招新录用、基础训练、技术考核、艺术比赛、文艺汇演等具体活动。我们在实际的调研中与教师、学生访谈,了解到高校对芭蕾形体教学内容专门化、类型化、丰富化的种种迫切需求。

我们在舞蹈美育课程教材的研发中,要从内容的受众群体去仔细设计课程内容的难易程度和递进方式。既要考虑在高校普及类舞蹈美育课程中,对学生普遍初级水平的程度教授,要为青年学生们做好从入门级出发的课程设计,也要考虑到在课程结束之时,他们可以达到和提高的级别水平。教育部在 2019 年 4 月发布的《关于切实加强新时代高等学校美育工作的意见》教体艺〔2019〕2 号中指出:"高校美育要以艺术教育的改革发展为重点,紧紧围绕高校普及艺术教育、专业艺术教育和艺术师范教育三个重点领域,大力加强和改进美育教育教学。"[①] 这里提到的三个领域,都需要在具体的教材研究中有针对性的兼顾涉及。

---

① 教育部关于切实加强新时代高等学校美育工作的意见 [2019-04-02].

参看我们正在研究中的形体课程教材，其5个递进式层级200个组合的内容设定，也正是为了更好地去兼顾这样的教学任务。初级阶段1课例的20个练习组合，主要设定对象是零基础、起始级的舞蹈美育普及类学生，一切从最基础的姿态、位置、节奏开始学习。初级阶段2课例，是在初级阶段1上的提高，可以是普及类学生的发展级。中级阶段1课例，可以是普及类学生的较高级别，也可以是接受专业艺术教育高校生的起始级。中级阶段2课例，可以是专业艺术高校生的发展级。高级阶段课例，可以是专业艺术高校生的较高级。中级阶段2和高级阶段也可以是普及类学生能力提高之后的延展级，这取决于高校学生入校时的舞蹈基础水平，以及在教师指导下的进步速度。

这些相对丰富、针对性强的舞蹈课程，将有助于快速解决我国舞蹈美育形体教学方法混乱、教材陈旧、层级单薄等迫切需要改变的关键性问题。此类研究的创新性成果，给现有高校舞蹈美育教育提供了丰富而专业的指导性材料。并在完善目前高校课程教材更新迭代的同时，也为日后更多的高等教育师资培训、培养（师范类高等学院）等众多走向产生广泛而深远的实用价值。

（二）阶梯型教材的递进推动

按照高校大学生由低至高的年级增长，舞蹈美育学习时长由少至多的不断增加，我们在形体课程中去完成的学习任务，也需要向攀登"台阶"一样地向上延展、向前推进，只有这样才能满足广大青年学生对优质丰富美育资源的期盼。

首先，要在教材研究中做好阶梯式教学内容的设计，为高校美育教师和学生准备好授课材料。这需要教材的研究员们对整个芭蕾形体课程的内容，具备相当高水平的掌握能力和丰富的实践操作经验。要从众多的练习动作和训练技术中，挑选出适合高校普及舞蹈美育教学的针对性内容，并安排设计出每一级课例学生们可以达到的进度标准。课级进度之间的"台阶"不能过高，缺乏合理进阶步骤的教学目标，会降低或失去对形体美育成果的实现。相反"台阶"也不能过低，提升目标不明显或不明确，学生对形体美育的投入和兴趣也会逐步削弱和消散。

以前期研究的高校形体美育教程为例，我们从以往完整的芭蕾动作练习内容和步骤中，挑选和设定适应普遍大学生年龄层级和接受能力的练习内容和练习方式，使其能够较好地去完成形体美育的培养目标。我们舍弃了在教室地面上坐立和平躺的少儿式练习方式，将所有下肢的伸蹦和屈伸练习都直接从扶把部分站立展开。在沿地面向外延伸的 Battement tendu（擦地）和双腿屈伸蹲起的 Demi plié（蹲起）中，放慢节奏和简化运动方向，逐步展开对大学生身体形态和风度气质的练习。Battement tendu 从第 1 阶段八拍一次的运动节奏，向第 5 阶段一拍一次的难度去递进。运动方式也从双手扶把辅助人体重心站立，单一向旁的多次、重复运动开始学习，再逐级的推进到站立在教室中间去完成好在 En face（正面）舞姿站立、Épaulement（侧面）姿态方向、带 En tournant（转动）舞姿的种种练习。同时，考虑普及类大学生不需要去学习更多的舞台上技术技巧动作，我们也在教材中减弱了对高难度的跳跃技巧，以及复杂的炫技般的复合类旋转技术的课程内容，而是更多地加入对大学生们在 Port de bras（头手练习）的韵律中，上身与下肢协调配合的运动练习。也将 Pas balancé（摇摆步）、Pas de basque（交叉步）、Pas couru（快跑步）、Pas chassé（滑动步）、Temps levé（单腿推跳步）等优雅的、功能性的舞步设计加入到不同层级的课程中去。以使青年大学生们在舞蹈艺术的美育培养中，逐步获得一个行动舒展、举止优雅、活泼能动的形体与姿态。

其次，另一个完成好阶梯式推动教学的关键环节，是课堂中执行教材教学的授课教师。她（他）们要有意识、有经验地去根据具体的教授对象，在已有教材内容中，做好有针对性、选择性的调配施教。有条理、有方法的去逐步完成递进推动式的教学模式，以达到美育课程最终的教学目标。

我国的综合类高校美育教育处在建设中的发展时期，各高校对于舞蹈美育的课程设置各不相同，大学生们在舞蹈课堂中的练习时间也各不相同。有的综合类学校或年级每周设置一次舞蹈课（90 分钟），有的艺术类学校或班级每周设置两次或三次舞蹈课等，各不相同。同样，以我们前期研究的 5 课例的男女班教材为例，就需要每一个授课教师或学校的教研组，在面对本校学生舞蹈基础和能力情况下，结合可支配的课堂时间，可以有取舍的在 200 个组合中选择部分内容去展开教学。我们教材给出的是一个较为宽泛概念的形体美育教学内容，这是一种有别于纯粹芭蕾表演专业训练的内容和方式。按不同的层级递进教学，它适用于非芭蕾专业的所有高校普及类舞蹈美育，以及准专业舞蹈教育类的形体基训课程。在与课例视频配套的文本专著中，不仅有每一个组合所有动作和节拍的详细描述，还包括了对每个组合练习目的和练习要求在内的三个版块的丰富阐述：

1. 练习目的与教学内容；
2. 主要动作的节拍进度与练习要求；

3. 组合的动作节拍与做法详解。

这些系统而详细的阐述，是为了每一位使用这套教材的教师，可以清晰地知道自己在为了教什么而授课；知道每个组合的主要核心动作是什么；知道每个核心动作的练习方法和步骤是什么。高校教师对课程内容和执行教法掌握得越清晰，大学生们才会学得越准确，我们舞蹈美育的教学才更有条件去推动和实现，接受美育教育的群体才会更受益。

最后，我们要特别感谢以下人员和单位的大力支持。

女班课例动作示范：张玮（舞蹈学系）、钟心仪（舞蹈学系）、王愈（芭蕾舞系）。

男班课例动作示范：罗奕阳（国际标准舞系）、陈博文（芭蕾舞系）、任波旺（芭雷舞系）。

协助单位：北京舞蹈学院科研处、教务处、财务处；北京舞蹈学院外国舞党总支芭蕾舞系；北京舞蹈学院外国舞党总支国际标准舞系；北京舞蹈学院人文与教育学院党总支舞蹈学系。

感谢大家为配合此套教材的编写与出版付出的极大努力和贡献！

编写组

2023 年 12 月

体 例

一、教室（舞台）方向图示

舞台分为 8 个方向，分别用阿拉伯数字 1—8 代表。这 8 个方向，既可以是教室或舞台的 8 个方向，也可以是学生站立在任意点上的 8 个方向。

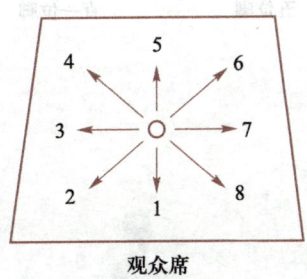

观众席

二、教室（舞台）位置图示及区域划分

4点位置	5点位置	6点位置	（教室后区）
3点位置	中心点位置	7点位置	（教室中区）
2点位置	1点位置	8点位置	（教室前区）

观众席

三、舞蹈段落和音乐的文字表述

为一个八拍的段落起始标识。

"da-1"：为音乐小节的长度代码。"da" 在 $\frac{2}{4}$ 和 $\frac{4}{4}$ 的音乐中代表半拍，在 $\frac{3}{4}$ 的音乐中代表 1 拍。"1" 代表 $\frac{2}{4}$ 和 $\frac{4}{4}$ 音乐中的 1 拍，或在 $\frac{3}{4}$ 的音乐中代表 1 小节。

"1-2"：则代表 $\frac{2}{4}$ 和 $\frac{4}{4}$ 音乐中的 2 拍，或在 $\frac{3}{4}$ 的音乐中的代表 2 小节。

"1-da-da"：代表 $\frac{3}{4}$ 音乐中的 1 小节。

四、芭蕾舞蹈的脚位图示

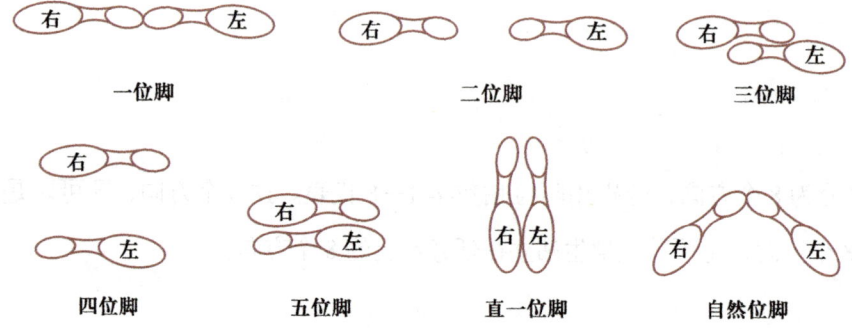

| 一位脚 | 二位脚 | 三位脚 |

| 四位脚 | 五位脚 | 直一位脚 | 自然位脚 |

五、芭蕾舞蹈的手位图示

一位手   二位手   三位手

右四位手   左四位手   右五位手   左五位手

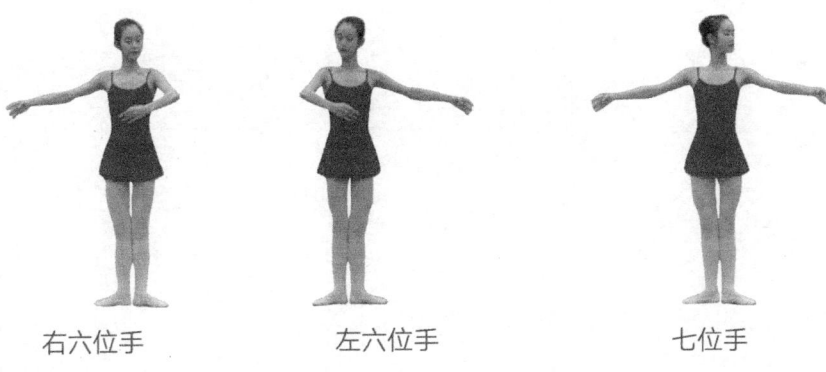

右六位手　　　　　左六位手　　　　　七位手

目　录

中级阶段 2：第四课例　/　193

初级阶段 1：第一课例

本课例视频
汇总

◈ 练习总任务：

本阶段的课程共二十个练习组合，主要设定对象是零基础、起始级的舞蹈美育普及类学生，一切从最基础的形体姿态、手脚位置、动律节拍开始学习。逐步完成对基础动作中身体动态的了解与搭建、开启对于舞蹈特定方向、方位和空间的认知，也逐步完成对于芭蕾舞蹈专用术语的掌握，以及对于舞蹈动作与音乐律动之间相互配合的初始化规范学习。

此课例呈现内容，可以作为初始学期期末课堂考试的展示样式与阶段性目标。具体的分解动作练习，可以在此课例的节拍和形式的基础上，去做更为缓慢节拍和单一动作的练习，将四拍一次的分解动作都用八拍一次的长度来更为细致地完成。单手扶把的内容，也都先要在双手扶把的基础上开始练习，当身体基本掌握重心平衡和动作的要求之后，再脱离双手扶把的练习程度，逐步转换为单手扶把或站在教室中间去练习和完成。

注意按照教学和学习的必要步骤，每一个动作都需要在完成各自的单一和多次练习之后，才彼此组合在一起做综合练习。

一、BARRE 扶把部分

（一）Warm up 热身练习

1. 练习目的与教学内容

Warm up 即热身，是一堂课中的第一个动作组合，它从行礼动作开始，学生面向教师行礼后，通过双手扶把上的一些动作练习，活动身体各关节和肌肉，在平缓的音乐节奏中逐步预热好身体，为后续的各种组合训练做好准备。

在初级阶段 1 的教学内容中，主要是让学生掌握正确的身体基本站立姿态，学习站一位脚位，学习擦地练习（Battement tendu）往旁、往前、往后的动作做法，以及脚的推绷练习和双腿屈伸的蹲起（Demi plié），使身体得到全面的活动。

2. 主要动作的节拍进度与练习要求

（1）Révérence [勒韦朗斯] 屈膝行礼

节拍：四拍一次

准备拍：da5-8 Épaulement croisé 方向，右腿后点地，双臂小七位 Allongé，身体对 2 点方向，头看正面 En face 方向；

da-1 右腿往旁迈一步；

da-2 左腿绷脚收回一位，擦出后点地；

da-3 屈膝、低头行礼；

da-4 站直、抬头。

要求：动作准确，特别是屈膝行礼时双腿膝盖向旁打开，后面点地的脚绷紧。女生在行礼动作过程中动作要做得舒缓轻柔，同时还应节拍准确，神态端庄，表情自然。

（2）Battement tendu [巴特芒·唐究] 擦地

节拍：四拍一次

准备拍：da5-8 双手扶把，双腿站一位；

da1-2 右腿擦旁点地；

da3-4 收回一位。

（同样节拍往前、往后做）

要求：动作腿往旁、往前和往后擦出，都要经全脚、半脚掌擦地的过程，最后绷脚趾点地；收回时经半脚掌、全脚着地擦回。擦地的过程中不要有任何停顿，双腿要最大限度地伸直和转开。注意动作腿往前擦出，脚后跟主动带着擦出；收回时脚尖带着擦回，其他要求同旁的做法。动作腿往旁、往后擦出，脚尖主动带着擦出；收回时脚后跟带着擦回。擦回时尽可能早地落下脚后跟，使大腿内侧肌肉得到锻炼。

3. 组合的动作节拍与做法详解

节拍：$\frac{4}{4}$拍，中速

准备姿态：站在把杆前面，Épaulement croisé 方向，右腿后点地，双臂小七位 Allongé，身体对 2 点方向，头转向正面 En face 方向，眼睛看 1 点方向（图 1-1-1）。

准备拍：da1-2 da- 右腿往旁迈步，同时身体转成 En face 方向，左腿 Plié；1- 右腿往 3 点迈步重心站到右腿上，左腿绷脚旁点地，双臂保持小七位 Allongé 舞姿，头看 1 点方向（图 1-1-2）；da-2 左腿经收一位擦地往后，左腿绷脚 Croisé 后点地，身体对 8 点方向，头转向 En face 方向，眼睛看 1 点方向（图 1-1-3）；

图 1-1-1   图 1-1-2   图 1-1-3

da3-4 保持舞姿，屈膝行礼，站直（图 1-1-4）；

da5-6 保持上身舞姿，从左腿开始往旁迈步半脚尖，快速走四步，走向把杆（图 1-1-5）；

da7-8 面对把杆，双手扶把，双腿全脚站好一位，头看正前方（图 1-1-6）。

① da1-8 右腿推绷脚 2 次。da- 身体重心挪到左腿上；1- 右腿推成半脚掌（图 1-1-7）；da-2 右腿推绷脚趾（图 1-1-8）；da-3 右腿落半脚掌；da-4 右腿落到全脚，重心保持在左腿上不动。da5-8 动作同 da1-4 动作。

② da1-8 右腿 Battement tendu 往旁 2 个。da-1 右腿往旁擦出；da-2 右腿绷脚旁

点地（图 1-1-9）；da-3 右腿经擦地收回一位；da-4 保持左腿重心不动；da5-8 动作同 da1-4 动作。

图 1-1-4　　　　　　图 1-1-5　　　　　　图 1-1-6

图 1-1-7　　　　　　图 1-1-8　　　　　　图 1-1-9

图 1-1-10　　　　　　图 1-1-11

③ da1-4 右腿 Battement tendu 往前。da-1 右腿往前擦出，同时头转向右旁（图 1-1-10）；da-2 右腿绷脚前点地；da-3 右腿经擦地收回一位；da-4 保持左腿重心不动。

da5-8 右腿 Battement tendu 往旁，动作同 da1-4 动作。

④ da1-4 右腿 Battement tendu 往后。da-1 右腿往后擦地，同时头转向左旁（图 1-1-11）；da-2 右腿绷脚后点地；da-3 右腿经擦地收回一位；da-4 重心站到双腿上。

da5–8 一位 Demi plié。da5–6 双腿下蹲，同时头回到正面 En face 方向；da7–8 双腿伸直。

⑤－⑧左腿动作同①－④动作。

（二）Plié 蹲起练习

1. 练习目的与教学内容

Plié 的原意为"蹲"或"屈膝"，既是基本动作的名称，也是动作组合的名称，我们称此动作为"蹲"，是古典芭蕾舞蹈动作体系中最重要的动作练习，它主要活动膝关节和脚部的韧带，通过在五个脚位上的屈伸运动，锻炼腿部的肌肉，同时能增强膝关节、脚部韧带的柔韧性和弹性，并能锻炼后背及腿部的控制能力。

在初级阶段 1 的教学内容中，以学习一位、二位、五位、四位脚位 Demi plié 动作为主，组合中还加入了 Port de bras 的手臂练习，为后面练习中的腿和手臂动作的协调配合动作做准备。

（1）Demi plié

原意为"半蹲"，是舞蹈中运用最多的动作，它几乎是每个动作的开始和结束，起到各动作间的过渡与衔接作用，有力量和控制的 Plié 是跳跃动作起跳与落地缓冲的保障。

（2）Port de bras

Port 原意为"姿势"，Bras 原意为"手臂"，是"手臂姿态"的练习。Port de bras 在芭蕾训练中是一个很重要的组成部分，它不单纯是手臂动作的练习，而是在手臂的运动中加入了躯干、头和眼睛的配合，是一项综合性的动作练习。它通过掌握手臂在运动中的基本位置、正确运行路线、平稳流畅移动，还有躯干的灵活柔软、头的位置和正确运动路线，以及它的装饰性和表现力，达到协调、灵活、平稳、流畅和统一配合的运动目的，使手臂更富有表现力。

2. 主要动作的节拍进度与练习要求

（1）Demi plié [德米·普利埃] 半蹲

节拍：四拍一次

准备拍：da5–8 单手扶把，双腿站一位，右臂一位；右臂经二位打开七位；

da1–2 双腿下蹲；

da3-4 起直。

要求：在下蹲和站起的过程中，双腿、双膝保持最大限度的转开，身体后背要直立挺拔，保持双腿全脚着地，下蹲到最低点时，脚跟不能离开地面，不要有停顿。动作要做得平稳流畅，节奏连贯准确。

（2）Port de bras [波·德·勃拉] 手臂姿态

节拍：两拍一次

准备拍：da5-8 单手扶把，双腿站一位，右臂一位；右臂经二位打开七位；

da1-2 右臂从一位抬起二位。

（同样节拍三位、七位手位做）

要求：牢记基本手臂形态的要求，每个手臂位置的运动路线要准确清晰，随着音乐节拍，动作要做得连贯平稳，同时头部和视线要与手臂的动作协调。双肩要保持平正，不能耸肩或含胸。

3. 组合的动作节拍与做法详解

节拍：$\frac{6}{8}$ 拍，中速

准备姿态：单手扶把，双腿站一位，右臂一位，头转向右旁方向。

准备拍：da5-6 右臂从一位抬起二位，同时头向左侧稍前倾，眼睛看右手；

da7-8 右臂从二位打开七位，头随右臂转向右旁方向。

① da1-8 一位 Demi plié 2 个。da1-2 双腿慢慢下蹲（图 1-2-1）；da3-4 双腿伸直，右臂保持七位舞姿；da5-8 动作同 da1-4 动作。

② da1-6 右臂 Port de bras。da-1 右臂七位 Allongé（图 1-2-5）；da-2 右臂落下一位，眼睛随右臂动作（图 1-2-6）；da3-4 右臂抬起二位，同时头随右臂动作（图 1-2-7）；da5-6 右臂打开七位，头随右臂动作转向右旁（图 1-2-8）。

da7-8 右腿 Battement tendu 往旁落二位。da-7 右腿往旁擦出，绷脚旁点地；da-8 落二位，重心放到双腿上，右臂保持七位舞姿。

③ da1-8 二位 Demi plié 2 个。da1-2 双腿慢慢下蹲（图 1-2-2）；da3-4 双腿站直，右臂保持七位；da5-8 动作同 da1-4 动作。

④ da1-6 右臂 Port de bras。动作同② da1-6 动作。

da7-8 右腿 Battement tendu 收五位。da-7 右腿绷脚旁点地，同时身体重心移到左

腿上；da-8 右腿经擦地，收前五位，重心放到双腿上。

⑤ da1-8 五位 Demi plié 2 个。da1-2 双腿慢慢下蹲（图 1-2-3）；da3-4 双腿站直，右臂保持七位舞姿；da5-8 动作同 da1-4 动作。

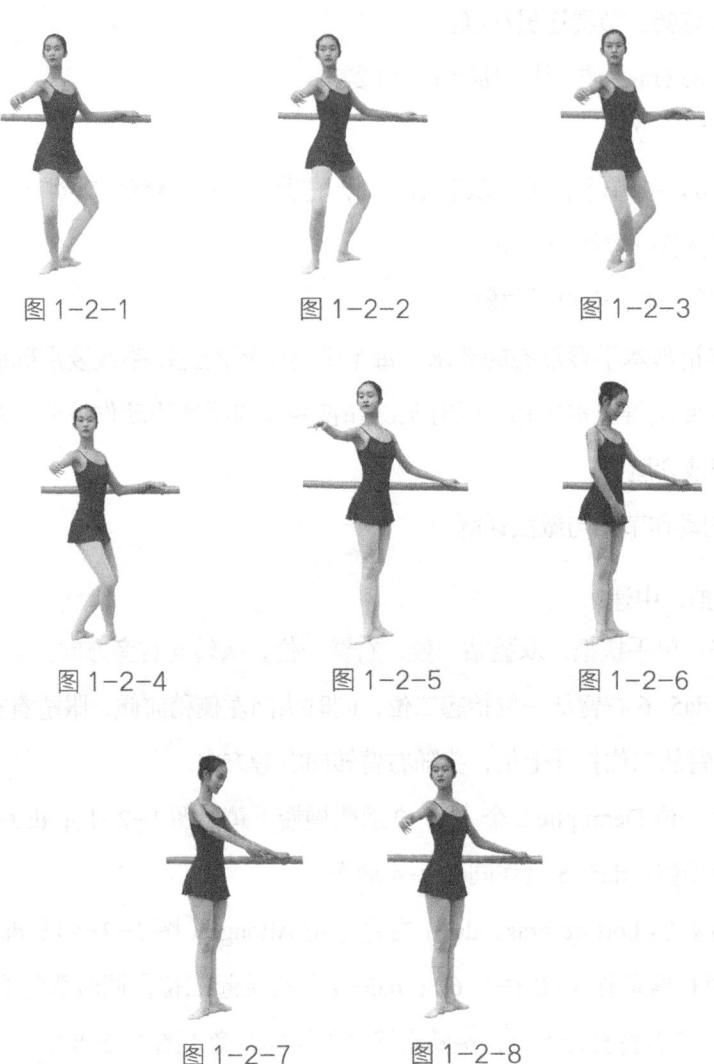

图 1-2-1　　　　　　　　　图 1-2-2　　　　　　　　　图 1-2-3

图 1-2-4　　　　　　　　　图 1-2-5　　　　　　　　　图 1-2-6

图 1-2-7　　　　　　图 1-2-8

⑥ da1-6 右臂 Port de bras。da-1 右臂七位 Allongé；da-2 右臂手二位，头随右臂动作；da3-4 右臂抬起三位，头随右臂动作，眼睛看右手；da5-6 右臂打开七位，头随右臂动作。da7-8 右腿 Battement tendu 往前落四位。da-7 右腿往前擦出，绷脚前点地；da-8 落四位，重心放到双腿上。

⑦ da1-8 四位 Demi plié 2 个。da1-2 双腿慢慢下蹲（图 1-2-4）；da3-4 双腿站直，右臂保持七位舞姿；da5-8 动作同 da1-4 动作。

⑧ da1-6 右臂 Port de bras。动作同⑥ da1-6 动作。

da7-8 右腿 Battement tendu 收一位。da-7 右腿绷脚前点地，同时身体重心移动左腿上；da-8 右腿收一位，重心放在双腿上。

结束拍：da7-8 右臂七位 Allongé，落下一位，头随右臂手动作，最后头抬起看右旁方向。

（三）Battement tendu 擦地练习

1. 练习目的与教学内容

Battement tendu 既是基本动作的名称，也是动作组合的名称，我们称此动作为"擦地"。通过一系列不同的擦地动作练习，训练整条腿的开、绷、直，锻炼脚部的柔韧性和弹性，增强腿的力量，使腿具有漂亮的线条。Battement tendu 作为芭蕾最基础的动作，它是其他 Battement 类动作的基础。

在初级阶段 1 的教学内容中，学习站一位脚位单手扶把的 Battement tendu 往旁、往前、往后的基础动作练习；学习 Battement tendu pour le pied（勾绷脚）的动作做法。

（1）Battement tendu

Battement 原意为"击打"，Tendu 原意为"绷直"。它是在比较平稳的速度上来训练整条腿的开、绷、直，加强腿的力量，训练脚腕、脚掌、脚趾的柔韧性和弹性。

（2）Battement tendu pour le pied

Pour 原意是"为了"，Pied 原意为"脚"。Pour le pied 的意思是"为了脚"。我们称此动作为"带压脚跟的擦地"和"带勾绷脚的擦地"，是 Battement tendu 动作的发展，"带压脚跟的擦地"也被称为"Battement double tendu"，它是一种训练脚腕、脚背、脚趾尖能力的练习，其目的是强化脚腕、脚背、脚趾尖的力量，锻炼脚部关节和肌肉，增强脚的灵活性和柔韧性，使脚部更具表现力。

2. 主要动作的节拍进度与练习要求

（1）Battement tendu 擦地 [巴特芒·唐究] 擦地

节拍：四拍一次

准备拍：da5-8 单手扶把，双腿站一位，右臂一位；右臂经二位打开七位；

da1-2 右腿擦地往旁绷脚点地；

da3-4 擦地收一位。

要求：动作腿往旁、往前和往后擦出，都要经全脚、半脚掌擦地，最后绷脚趾点地；收回时经半脚掌、全脚着地擦回。动作腿往前擦出，脚后跟主动带着擦出；收回时脚尖带着擦回。动作腿往旁、往后擦出，脚尖主动带着擦出；收回时脚后跟带着擦回。擦回时尽可能早地落下脚后跟，使大腿内侧肌肉得到锻炼，并在所有的过程中，做到双腿最大限度地伸直和转开。

（2）Battement tendu pour le pied（勾绷脚的）[巴特芒·唐究·普·勒·皮耶]带勾绷脚的擦地

节拍：八拍一次

准备拍：da5-8 单手扶把，双腿站一位，右臂一位；右臂经二位打开七位；

da1-2 右腿出旁点地；

da-3 勾脚趾；

da-4 勾脚腕；

da-5 绷脚背；

da-6 绷脚趾、旁点地；

da7-8 收回一位。

（同样节拍往前、往后做）

要求：动作腿往旁擦出，经过绷脚背、脚趾，落下绷脚点地。做绷脚时要注意清晰地完成每一下勾绷脚的动作过程，勾绷脚的力量要往远伸展。往前、往后做时要求相同。

3. 组合的动作节拍与做法详解

节拍：$\frac{4}{4}$拍，中速

准备姿态：单手扶把，双腿站一位，右臂一位，头转向右旁方向。

准备拍：da5-6 右臂从一位抬起二位，同时头向左侧稍前倾，眼睛看右手；

da7-8 右臂从二位打开七位，头随右臂动作转向右旁。

① da1-8 右腿 Battement tendu 往前 2 个。da1-2 右腿擦地往前，绷脚前点地，头、右臂保持七位舞姿不动（图 1-3-1）；da3-4 右腿经擦地收一位，双腿一位，重心留在左腿上。da5-8 右腿 Battement tendu 前，动作同 da1-4 动作。

图 1-3-1 图 1-3-2 图 1-3-3

② da1-8 右腿 Battement tendu pour le pied（勾绷脚的）往前。da-1 右腿擦地往前；da-2 右腿绷脚前点地（图 1-3-4）；da-3 右腿勾脚趾，脚背绷着不动（图 1-3-5）；da-4 右腿勾脚腕（图 1-3-6）；da-5 右腿绷脚背，脚趾勾住不动；da-6 右腿绷脚趾，整个脚绷紧落到前点地；da7-8 右腿收回一位。

图 1-3-4 图 1-3-5 图 1-3-6

③ da1-8 右腿 Battement tendu 往旁 2 个。da1-2 右腿擦地往旁，绷脚旁点地，同时头转向 En face 方向（图 1-3-2）；da3-4 右腿经擦地收一位，重心留在左腿上；da5-8 动作同 da1-4 动作。

④ da1-8 右腿 Battement tendu pour le pied（勾绷脚的）往旁。动作同② da1-8 动作。

⑤ da1-4 右腿 Battement tendu 往后 2 个。da1-2 右腿擦地往旁，右腿绷脚后点地，同时头转向右旁（图 1-3-3）；da3-4 右腿经擦地收一位，重心留在左腿上；da5-8 动作同 da1-4 动作。

⑥ da1-8 右腿 Battement tendu pour le pied（勾绷脚的）往后。动作同② da1-8 动作。

⑦ da1-8 右腿 Battement tendu 往旁 2 个。da-1 右腿擦地往旁，同时头转向 En face；da-2 右腿绷脚旁点地；da-3 右腿经擦地收一位；da-4 双腿一位，重心留在左腿上；da5-8 动作同⑦ da1-4 动作。

⑧ da1–4 右腿 Battement tendu 往旁。动作同⑦ da1–4 动作。

da5–8 一位 Demi plié。da5–6 双腿下蹲；da7–8 双腿伸直，头手保持七位舞姿不动。

结束拍：da7–8 右臂七位 Allongé，落下一位，头随右臂动作，最后头抬起看右旁方向。

（四）Battement tendu jeté 小踢腿练习

1. 练习目的与教学内容

Battement tendu jeté 既是基本动作的名称，也是动作组合的名称，我们称此动作为"小踢腿"。通过一系列不同的小踢腿动作练习，训练整条腿快速收紧和控制的能力，为小跳有力快速地推地跳起做好准备。此动作也为许多 Allegro 舞步打下基础。

在初级阶段 1 的教学内容中，学习一位脚位单手扶把的 Battement tendu jeté 往前、往旁、往后的基础练习，同时加入 Battement tendu jeté pointé 的学习。

（1）Battement tendu jeté

Jeté 原意为"扔出"，用指踢腿，它是 Battement tendu 的发展，是学生接触到的第一个腿抬离地面的动作，训练脚趾、脚踝、小腿、大腿快速收紧和控制的能力，是所有 Battement tendu jeté 类动作的基础。

（2）Battement tendu jeté pointé

Pointé 原意为"绷脚点地"，Battement tendu jeté pointé 也称 Battement tendu jeté piqué，我们称此动作为"带点地的小踢腿"。该练习能增强腿的力量，并能锻炼脚踝关节与脚趾关节的控制能力。

2. 主要动作的节拍进度与练习要求

（1）Battement tendu jeté [巴特芒 · 唐究 · 热泰] 小踢腿

节拍：四拍一次（分解的）

准备拍：da5–8 单手扶把，右腿在前站五位，右臂一位；右臂经二位打开七位；

da–1 右腿擦出前点地；

da–2 直腿踢起；

da–3 落前点地；

da–4 收回五位。

要求：在 Battement tendu 全部要求的基础上，强调动作腿擦地到最远处脚尖才能离地，踢到空中 25° 的高度，在空中要有停顿并继续延伸。收回时，脚尖还要经过前点地最远端的位置，然后经过擦地的全过程收回到一位脚。动作腿踢出去时，要特别注意支撑腿和躯干的稳定，不要摇晃，躯干要保持正直。

（2）Battement tendu jeté pointé [巴特芒·唐究·热泰·普安泰] 带点地的小踢腿

节拍：两拍一次（分解的）

准备拍：da5–8 单手扶把，右腿在前站五位，右臂一位；右臂经二位打开七位，同时右腿打开旁 25°；

da–1 右腿从 25° 落下旁点地；

da–2 再踢起旁 25° 的高度停顿。

要求：在 Battement tendu jeté 的全部要求基础上，强调动作腿在点地和踢起时，始终保持整条腿的收紧和绷直转开，用力伸直膝盖、绷紧脚踝和脚趾，点地时也不能松懈。动作分解的做法，要求点地过程带有停顿，这是为了准确地掌握动作腿点地的正确位置。

3. 组合的动作节拍与做法详解

节拍：$\frac{4}{4}$ 拍，稍快速的

准备姿态：单手扶把，双腿站一位，右臂一位，头转向右旁方向。

准备拍：da5–6 右臂从一位抬起到二位，同时头向左侧稍前倾，眼睛看右手；

da7–8 右臂从二位打开七位，头随右臂动作转向右旁。

① da1–8 右腿 Battement tendu jeté 往前 2 个。da–1 右腿擦地往前，绷脚前点地（图 1–4–1），右臂保持七位舞姿；da–2 右腿踢向空中 25°（图 1–4–2），停住；da–3 右腿落下绷脚前点地（图 1–4–3）；da–4 右腿经擦地收一位；da5–8 动作同 da1–4 动作。

图 1–4–1　　　　　　图 1–4–2　　　　　　图 1–4–3

② da1-4 右腿 Battement tendu jeté 往前。da-1 右腿经擦地踢到空中 25°，右臂保持七位舞姿；da-2 右腿落下绷脚前点地；da-3 右腿经擦地收一位；da-4 双腿站一位。

da5-8 一位 Demi plié。da5-6 双腿下蹲，右臂保持七位舞姿；da7-8 双腿伸直。

③ da1-8 右腿 Battement tendu jeté 往旁 2 个。da-1 右腿擦地往旁，绷脚前点地，同时头转向正面，右臂保持七位舞姿；da-2 右腿踢向空中 25°，停住；da-3 右腿落下绷脚旁点地；da-4 右腿经擦地收一位；da5-8 动作同 da1-4 动作。

④ da1-4 右腿 Battement tendu jeté 往旁。da-1 右腿经擦地踢到空中 25°，右臂保持七位舞姿；da-2 右腿落下绷脚旁点地；da-3 右腿经擦地收一位；da-4 双腿站一位。

da5-8 一位 Demi plié。da5-6 双腿下蹲，右臂保持七位舞姿；da7-8 双腿站直。

⑤ da1-8 右腿 Battement tendu jeté 往后 2 个。da-1 右腿擦地往旁，绷脚后点地，同时头转向右旁，右臂保持七位舞姿；da-2 右腿踢向空中 25°，停住；da-3 右腿落下绷脚后点地；da-4 右腿经擦地收一位。da5-8 动作同 da1-4 动作。

⑥ da1-4 右腿 Battement tendu jeté 往后。da-1 右腿经擦地踢到空中 25°，右臂保持七位舞姿；da-2 右腿落下绷脚后点地；da-3 右腿经擦地收一位，da-4 双腿站一位。

da5 6 一位 Demi plié。da5-6 双腿下蹲，右臂保持七位舞姿；da7-8 双腿站直。

⑦ da1-8 右腿 Battement tendu jeté 往旁 2 个。动作同③ da1-8 动作。

⑧ da1-6 右腿 Battement tendu jeté pointé 往旁 3 个。da-1 右腿擦地往旁点地；da-2 右腿经擦地踢到空中 25°（图 1-4-4），右臂保持七位舞姿；da-3 右腿落下绷脚旁点地（图 1-4-5）；da-4 右腿再踢向空中 25°（图 1-4-6），停住；da5-6 动作同 da3-4 动作。

图 1-4-4　　　　　图 1-4-5　　　　　图 1-4-6

da7–8 右腿 Battement tendu。da–7 右腿落下旁点地，右臂保持七位舞姿；da–8 右腿收一位。

结束拍：da7–8 右臂经七位 Allongé，落下一位，头随右臂动作，抬头看右旁方向。

（五）Rond de jambe 划圈练习

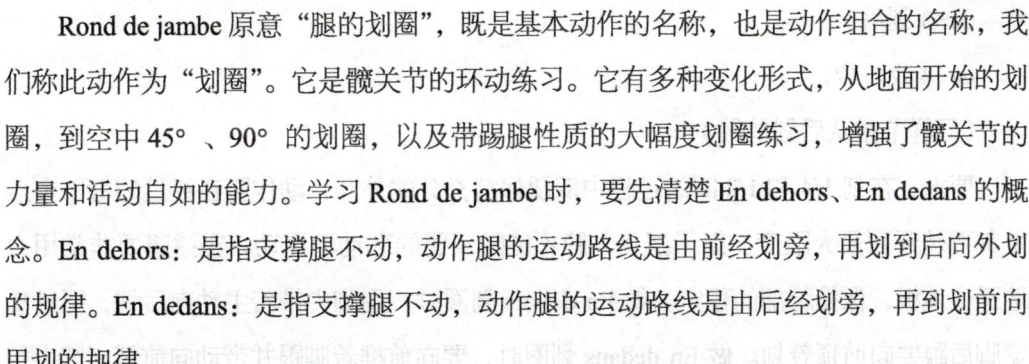

1. 练习目的与教学内容

Rond de jambe 原意"腿的划圈"，既是基本动作的名称，也是动作组合的名称，我们称此动作为"划圈"。它是髋关节的环动练习。它有多种变化形式，从地面开始的划圈，到空中 45°、90° 的划圈，以及带踢腿性质的大幅度划圈练习，增强了髋关节的力量和活动自如的能力。学习 Rond de jambe 时，要先清楚 En dehors、En dedans 的概念。En dehors：是指支撑腿不动，动作腿的运动路线是由前经划旁，再划到后向外划的规律。En dedans：是指支撑腿不动，动作腿的运动路线是由后经划旁，再到划前向里划的规律。

在初级阶段 1 的教学内容中，学习一位脚位单手扶把的 Rond de jambe par terre 的动作做法，往前、往旁、往后划 1/4 和 1/2 圈的基础练习，学习 Battement relevé lent，学习带上身下腰的 Port de bras。

（1）Rond de jambe par terre

Par terre 原意"在地面"，这是"在地上的划圈"动作，它起到加强髋关节的力量和提升其活动自如的能力，锻炼支撑腿的稳定和动作腿的灵活自如。

（2）Battement relevé lent

Relevé 原意是"上升"，Lent 原意是"慢慢地"，Battement relevé lent 就是"慢抬腿"的意思，它能训练整条腿的控制能力，为学习各种舞姿打下基础。

2. 主要动作的节拍进度与练习要求

（1）Rond de jambe par terre [隆·德·让·巴·泰尔] 在地上的划圈

① 节拍：四拍一次（划 1/4 圈）

准备拍：da5–8 单手扶把，双腿站一位，右臂一位；右臂经二位打开七位；

da–1 右腿擦出前点地；

da–2 划旁；

da-3 停住；

da-4 收一位。

（同样节拍旁划后，后划旁，旁划前做）

② 节拍：四拍一次（划 1/2 圈）

准备拍：da5-8 单手扶把，双腿站一位，右臂一位；右臂经二位打开七位；

da-1 右腿擦出前点地；

da-2 划旁；

da-3 划后；

da-4 收一位。

（同样节拍从后划前做）

要求：在划 1/4 和 1/2 圈的过程中双腿保持充分的外开，动作腿在经过的每一个点上都要转开到最大限度。躯干摆正，胯不能随着腿的环动而晃动，支撑腿要非常用力地踩住地板，保持胯部的稳定。做 En dehors 划圈时，用脚尖带着主动向后划，同时感觉脚后跟要向前顶着划。做 En dedans 划圈时，要向前推着脚跟并带动向前划。脚尖始终贴在地面上做，不要抬离开地面，圈要划得连贯平稳。

（2）Battement relevé lent [巴特芒·雷勒韦·朗] 慢抬腿

节拍：四拍一次

准备拍：da5-8 单手扶把，双腿站一位，右臂一位；右臂经二位打开七位；

da-1 右腿擦地前点地；

da-2 抬起 45°；

da-3 停住；

da-4 落点地，收回。

要求：动作腿打开抬起时，身体保持直立不动。在腿抬起的整个过程中，脚要经过擦地的整个过程，要用力绷直膝盖、脚背和脚趾，在 45°、90° 上停住并保持外开，在空中要更加强调伸直膝盖，绷直整条腿。落下回到开始位置时要缓慢，动作要做得连续不断。动作腿往前和往旁打开抬起时，躯干要保持垂直收紧。动作腿往后打开抬起时，躯干要稍稍前倾，双肩保持平整，不要耸起，也不要转向腿打开的那一边。当腿收回时，躯干要同时恢复直立姿势。

（3）Port de bras [波·德·勃拉] 手臂姿态和上身前、后、旁腰

节拍：八拍一次

准备拍：da5-8 单手扶把，双腿站一位，右臂一位；右臂经二位打开七位；

da1-4 上身往前下腰，右臂落下二位；

da5-8 拉直上身，右臂经二位打开七位。

要求：往前下腰时，双腿要用力伸直转开，重心不要往后扯。向前弯腰时注意不要驼背，向后弯腰时不要出现耸肩缩脖的形态。往后下腰时，双肩要摆正，双腿伸直，保持重心的垂直，胯收紧向上提起，收紧腹肌、臀肌，不要向前腆胯，保持准确的手臂形态。

3. 组合的动作节拍与做法详解

节拍：$\frac{3}{4}$ 拍，中速

准备姿态：单手扶把，双腿站一位，右臂一位，头转向右旁方向。

准备拍：da5-6 右臂从一位抬起二位，同时头向左侧稍前倾，眼睛看右手；

da7-8 右臂从二位打开七位，头随右臂动作转向右旁。

① da1-4 右腿 Demi rond de jambe par terre en dehors 往前划旁。da-1 右腿 Battement tendu 往前绷脚前点地，右臂保持七位舞姿（图 1-5-1）；da-2 右腿往旁划同时头转向 En face 方向，绷脚旁点地（图 1-5-2）；da-3 右腿旁点地；da-4 右腿经擦地收一位（图 1-5-3）。

图 1-5-1　　　　　　　图 1-5-2　　　　　　　图 1-5-3

da5-8 右腿 Demi rond de jambe par terre en dehors 往旁划后。da-5 右腿 Battement tendu 往旁绷脚旁点地，右臂保持七位舞姿（图 1-5-4）；da-6 右腿往后划同时头转向右旁，绷脚后点地（图 1-5-5）；da-7 右腿后点地；da-8 右腿经擦地收一位（图 1-5-6）。

图 1-5-4　　　　　图 1-5-5　　　　　图 1-5-6

② da1-4 右腿 Rond de jambe par terre en dehors 前划旁、后。da-1 右腿 Battement tendu 往前绷脚前点地，右臂保持七位舞姿；da-2 右腿往旁划同时头转向 En face 方向，绷脚旁点地；da-3 右腿往后划同时头转向右旁，绷脚后点地；da-4 右腿经擦地收一位。

da5-8 右腿 Battement relevé lent 往前 45°。da-5 右腿 Battement tendu 往前，绷脚前地点（图 1-5-7）；da-6 右腿抬前腿 45°（图 1-5-8）；da-7 右腿落下绷脚前点地；da-8 右腿经擦地收一位。

③-④右腿在 En dedans 上做。动作同①-②动作。

⑤ da1-4 Port de bras 前腰。右臂七位 Allongé（图 1-5-9）；da1-4 上身往前下腰，同时右臂从七位落下经一位到二位（图 1-5-10）；da5-8 上身拉起直立体态，右臂同时抬起三位，头随右臂动作，头抬起看右手（图 1-5-11）。

图 1-5-7　　　　　图 1-5-8　　　　　图 1-5-9

⑥ da1-8 Port de bras 后腰。da1-4 上身往后慢慢下胸腰，右臂保持三位舞姿，头在右旁方向（图 1-5-12）；da5-8 上身拉起直立体态，右臂在身体快拉直时往旁打开七位（图 1-5-13）。

⑦ da1-8 Port de bras 旁腰。da1-4 右臂抬起三位，同时上身往左旁下腰，头转向左旁，右臂在上身往旁下腰同时保持三位舞姿（图 1-5-14）；da5-6 上身拉起直立体

态，同时保持三位舞姿，头随右臂动作（图 1-5-15）；da7-8 右臂打开七位。

图 1-5-10   图 1-5-11   图 1-5-12

图 1-5-13   图 1-5-14   图 1-5-15

⑧ da1-8 第二 Arabesque 点地舞姿。da- 右臂七位 Allongé（图 1-5-16）；1-2 右臂落下一位经二位（图 1-5-17）；da3-4 右臂打开第二 Arabesque 舞姿（图 1-5-18）；da5-6 右腿 Battement tendu 往后，绷脚后点地（图 1-5-19）；da7-8 保持第二 Arabesque 舞姿不动。

图 1-5-16   图 1-5-17   图 1-5-18   图 1-5-19

结束拍：da5-6 右腿收一位同时右臂回二位，打开七位；

da7-8 右臂七位 Allongé，落下一位，头随右臂动作，抬头看右旁方向。

（六）Battement fondu 单腿蹲练习

1. 练习目的与教学内容

Battement fondu 既是基本动作的名称，也是动作组合的名称，我们称此动作为"单腿蹲"。该练习通过动作的不同变化增加动作的难度和复杂性，同时锻炼躯干的控制力和重心的稳定性，以及腿部的力量和柔韧性。

在初级阶段 1 的教学中，学习一位脚位单手扶把的 Battement fondu 往旁、往前、往后的基础动作，此前要先学习 Sur le cou-de-pied 动作的位置，组合中还加入了 Battement relevé lent 的动作练习。

（1）Battement fondu

Fondu 原义是"融化的"，即指一条腿做蹲起动作，另一条腿做屈伸动作，在同一节拍中双腿同时弯同时直，训练两条腿的柔韧性、力量和弹性，为 Pas ballonné 等跳跃动作做准备。

（2）Sur le cou-de-pied

"Sur le"原意是"放在"。"Cou-de-pied"原意是"脚踝骨"。Sur le cou-de-pied 是"放在脚踝上"的意思。它是学习 Battement fondu 的基础，在学习 Battement fondu 之前，要先学会 Sur le cou-de-pied 的位置。

2. 主要动作的节拍进度与练习要求

（1）Battement fondu [巴特芒·丰究] 单腿蹲

① 节拍：四拍一次（分解的）

准备拍：da5-8 单手扶把，右腿在前站五位，右臂一位；右臂经二位打开七位，同时右腿打开旁点地；

da-1 右腿收 Sur le cou-de-pied 前；

da-2 左腿 Plié；

da-3 左腿站直；

da-4 右腿打开旁点地。

② 节拍：四拍一次

准备拍：da5-8 单手扶把，右腿在前站五位，右臂一位；右臂经二位打开七位，同时右腿打开旁点地；

da1-2 右腿收 Sur le cou-de-pied 前，同时左腿 Plié；

da3-4 左腿站直，同时右腿打开旁点地。

要求：动作腿 Sur le cou-de-pied 位置要准确。除了分解动作做法以外，两腿都要同时弯和直，动作的整个过程中要保持双腿的外开。动作腿向前伸出时要留住膝盖，保持外开和大腿的高度，用脚跟和小腿主动推着往前伸直出去，最后向远伸出绷直到脚尖。回来时，用膝盖、脚尖主动带回。向旁做时，要用脚背顶着伸出去，回来用脚尖主动带回。向后做时，膝盖要主动打开向后伸出去，收回来时，膝盖继续保持外开，用脚后跟主动带回。动作过程中，重心始终保持在支撑腿上，Demi plié 时支撑腿要保持外开，防止膝盖往前跪和倒脚，躯干保持平整，动作腿沿着直线伸出和收回。

（2）Sur le cou-de-pied [絮·勒·库德皮耶] 一腿屈膝脚放在另一腿脚踝处

节拍：四拍一次

准备拍：da5-8 单手扶把，右腿在前站五位，右臂一位；右臂经二位打开七位，同时右腿打开旁点地；

da-1 右腿收 Sur le cou-de-pied 前；

da2-3 不动；

da-4 右腿打开旁点地。

要求：配合 Battement fondu 动作，动作腿做 Sur le cou-de-pied 前时，脚背、脚趾要绷直，脚趾贴在支撑腿脚踝内侧踝骨的上方，脚跟往前顶，膝盖、大腿往旁转开。做 Sur le cou-de-pied 后时，脚后跟的内侧紧紧贴在支撑腿脚踝骨后面，在双腿脚腕最细处交叉，脚背、脚趾绷紧，膝盖、大腿转开。

3. 组合的动作节拍与做法详解

节拍：$\frac{3}{4}$ 拍，中速、连绵的

准备姿态：单手扶把，双腿站一位，右臂一位，头转向右旁方向。

准备拍：da5-6 右臂从一位抬起二位，同时头向左侧稍前倾，眼睛看右手；

da7-8 右臂从二位打开七位，同时右腿 Battement tendu 往旁，头随右臂动作转向右旁方向。

① da1-4 右腿 Battement fondu 往前（分解的）。da-1 右腿收 Sur le cou-de-pied 前，右臂保持七位舞姿（图 1-6-1）；da-2 左腿 Plié，右腿保持 Sur le cou-de-pied 前舞姿（图 1-6-2）；da-3 左腿站直（图 1-6-3）；da-4 右腿往前伸直，前点地（图 1-6-4）。

图 1-6-1   图 1-6-2   图 1-6-3   图 1-6-4

　　da5-8 右腿 Battement fondu 往前。da5-6 右腿收 Sur le cou-de-pied 前，同时左腿 Plié，右臂保持七位舞姿；da7-8 左腿站直，同时右腿往前伸直，前点地。

　　② da1-4 右腿 Battement fondu 往旁（分解的）。da-1 右腿推地抬起 Sur le cou-de-pied 前，同时头转向 En face 方向，右臂保持七位舞姿；da-2 左腿 Plié，右腿保持 Sur le cou-de-pied 前舞姿；da-3 左腿站直；da-4 右腿往旁伸直，旁点地。

　　da5-8 右腿 Battement fondu 往旁。da5-6 右腿收 Sur le cou-de-pied 前，同时左腿 Plié，右臂保持七位舞姿；da7-8 左腿站直，同时右腿往旁伸直，旁点地。

　　③ da1-4 右腿 Battement fondu 往后（分解的）。da-1 右腿收 Sur le cou-de-pied 后，同时头转向右旁，右臂保持七位舞姿（图 1-6-5）；da-2 左腿 Plié，右腿保持 Sur le cou-de-pied 后舞姿（图 1-6-6）；da-3 左腿站直（图 1-6-7）；da-4 右腿往后伸直，后点地（图 1-6-8）。

图 1-6-5   图 1-6-6   图 1-6-7   图 1-6-8

　　da5-8 右腿 Battement fondu 往后。da5-6 右腿收 Sur le cou-de-pied 后，同时左腿 Plié，右臂保持七位舞姿；da7-8 左腿站直，同时右腿往后伸直，后点地。

　　④ da1-4 右腿 Battement fondu 往旁。da1-2 右腿收 Sur le cou-de-pied 后，同时左腿 Plié，头转向右旁，右臂保持七位舞姿；da3-4 左腿站直同时右腿往旁伸直，旁点地。

da5-8 右腿 Battement relevé lent 往旁。da5-6 右腿抬起旁腿 45°，右臂保持七位舞姿（图 1-6-9）；da7-8 右腿落下旁点地（图 1-6-10）。

图 1-6-9　　　　图 1-6-10

结束拍：da7-8 右臂七位 Allongé，落下一位手，同时右腿收一位，头随右臂动作，抬头看右旁方向。

（七）Battement frappé 小弹腿练习

1. 练习目的与教学内容

Battement frappé 既是基本动作的名称，也是动作组合的名称，我们称此动作为"小弹腿"。通过一系列训练小腿力量的不同动作，提升小腿、脚的灵活性和快速动作的能力。

在初级阶段 1 的教学内容中，学习一位脚位单手扶把的 Battement frappé 往旁、往前、往后点地做的分解动作；学习 Petit battement sur le cou-de-pied 小的击打动作。

（1）Battement frappé

Frappé 原意为"射出"，该练习主要训练腿的快速屈伸，锻炼膝关节和踝关节的灵活性以及小腿、脚背的力量。

（2）Petit battement sur le cou-de-pied

Petit 原义是"小的"。Battement 原意为"击打"。Sur le cou-de-pied 是"放在脚踝上"的意思，是指一脚在另一腿脚踝位置做小的"击打"。该动作训练小腿的灵活性，为 Battement double frappé 以及一些击打动作做准备。

2. 主要动作的节拍进度与练习要求

（1）Battement frappé [巴特芒·弗拉佩] 小弹腿

节拍：四拍一次

准备拍：da5-8 单手扶把，双腿站一位，右臂一位；右臂经二位打开七位，右腿打开旁点地；

da1-2 右腿收 Sur le cou-de-pied 前；

da3-4 打开前点地。

要求：要先学会 Sur le cou-de-pied 前（包脚的）和后的做法。Sur le cou-de-pied 前（包脚的）：动作腿的脚后跟贴在主力腿的脚踝骨的上端，脚心紧贴脚腕，前脚掌和脚趾头往后包裹在支撑腿脚腕的后面紧抓脚腕。脚背绷紧，膝盖、大腿转开。Sur le cou-de-pied 后：脚后跟的内侧紧紧贴在支撑腿脚踝骨后面，双腿脚腕交叉，脚背、脚趾绷紧，膝盖、大腿转开。动作腿做 Battement frappé 时伸出点地和收回 Sur le cou-de-pied 的位置准确。强调往前踢出时，膝盖保持，用脚后跟带动向前，回来时膝盖主动往后带着收回。往后伸出和收回时与往前相反。动作过程中保持躯干的稳定，骨盆摆正，后背收紧，双腿保持外开。

（2）Petit battement sur le cou-de-pied [珀蒂·巴特芒·絮·勒·库德皮耶] 在脚踝上小的击打

节拍：四拍一组

准备拍：da5-8 单手扶把，双腿站一位，右臂一位；右臂经二位打开七位，右腿打开旁点地；

da1-2 右腿收 Sur le cou-de-pied 前（包脚的）；

da3-4 小腿向旁打开与地面垂直；收 Sur le cou-de-pied 后。

要求：每次打开收回 Sur le cou-de-pied 前（包脚的）、后的位置要准确，动作过程中大腿保持外开不动，膝关节放松，小腿、脚背绷紧，小腿向旁打开是直进直出，不能前后摆动。支撑腿要很有力地伸直转开，后背收紧控制住，强调躯干和支撑腿的稳定。

3. 组合的动作节拍与做法详解

节拍：$\dfrac{2}{4}$ 拍，快速、有力的

准备姿态：单手扶把，双腿站一位，右臂一位，头转向右旁方向。

准备拍：da5-6 右臂从一位抬起二位，同时头向左侧稍前倾，眼睛看右手；

da7-8 右臂从二位打开七位，同时右腿 Battement tendu 往旁，头随右臂动作转向右旁。

① da1–8 右腿 Battement frappé 往前点地 2 个。da1–2 右腿收 Sur le cou-de-pied 前（包脚的）（图 1-7-1）；da3–4 右腿往前伸直，前点地（图 1-7-2）；da5–8 动作同 da1–4 动作。

② da1–4 右腿 Battement frappé 往前点地。动作同① da1–4 动作。

da5–8 右腿 Demi rond de jambe par terre en dehors 往前划旁。da5–6 右腿从前划到旁点地，同时头转向 En face 方向；da7–8 右腿保持旁点地，右臂保持七位舞姿。

③ da1–8 右腿 Battement frappé 往旁点地 2 个。da1–2 右腿收 Sur le cou-de-pied 前（包脚的）（图 1-7-3）；da3–4 右腿往旁伸直，旁点地（图 1-7-4）；da5–8 动作同 da1–4 动作；右腿收 Sur le cou-de-pied 后。

图 1-7-1   图 1-7-2   图 1-7-3   图 1-7-4

④ da1–4 右腿 Battement frappé 往旁点地。动作同③ da1–4 动作。

da5–8 右腿 Demi rond de jambe par terre en dehors 往旁划后。da5–6 右腿从旁划到后点地，同时头转向右旁；da7–8 右腿保持后点地，右臂保持七位舞姿。

⑤ da1–8 右腿 Battement frappé 往后点地 2 个。da1–2 右腿收 Sur le cou-de-pied 后（图 1-7-5）；da3–4 右腿往后伸直，后点地（图 1-7-6）。da5–8 动作同 da1–4 动作。

图 1-7-5   图 1-7-6

⑥ da1-4 右腿 Battement frappé 往后点地。动作同⑤ da1-4 动作。

da5-8 右腿 Demi rond de jambe par terre en dedans 往后划旁，da5-6 右腿从后划到旁点地，同时头转向 En face 方向；da7-8 右腿保持旁点地，右臂保持七位舞姿。

⑦ da1-4 右腿 Petit battement sur le cou-de-pied 收前。da1-2 右腿收 Sur le cou-de-pied 前（包脚的）（图 1-7-7）；da3-4 右腿小腿向旁打开与地面垂直（图 1-7-8）；右腿收 Sur le cou-de-pied 后（图 1-7-9）。

da5-8 右腿 Petit battement sur le cou-de-pied 收前、后。动作同 da1-4 动作。

⑧ da1-4 右腿 Petit battement sur le cou-de-pied 收前、后。动作同⑦ da1-4 动作。

da5-8 右腿 Petit battement sur le cou-de-pied 收。da5-6 右腿收 Sur le cou-de-pied 前（包脚的）。da7-8 右腿往旁伸直，旁点地，右腿 Battement tendu 收一位。

结束拍：da7-8 右臂经七位 Allongé，落下一位，头随右臂动作，抬头看右旁方向。

图 1-7-7   图 1-7-8   图 1-7-9

（八）Adagio 控制练习

1. 练习目的与教学内容

Adagio 原意是"缓慢的、安详的"。扶把上 Adagio 组合，我们称此组合为"控腿"。通过 Battement développé 一系列腿部舞姿的伸展动作，锻炼身体的平衡、腿部的控制力量，训练腿在各个方向上的准确舞姿和幅度，使支撑腿和后背更加结实有力，为之后中间的 Adagio 组合、大舞姿转和中、大跳做好准备。

在初级阶段 1 的教学内容中，学习一位脚位单手扶把的 Battement relevé lent 往前、往旁、往后的抬腿动作；学习 Battement développé 往旁 90° 舞姿，学习 Battement retiré 的基本做法。

（1）Battement relevé lent

Relevé 原意是"上升"。Lent 原意是"慢慢地"。Battement relevé lent 就是"慢抬腿"的意思。它是从 Battement tendu 派生出来的，该练习训练腿的力量和控制能力，并为学习各种舞姿打下基础。

（2）Battement développé

Développé 原意为"伸展、发展"，是舞台上使用率较高的动作之一。锻炼动作腿在 90° 以上的伸展和控制能力，增强腿部力量，使支撑腿和后背更加结实有力，为以后的 Adagio、大舞姿转和大跳做准备。

（3）Battement retiré

Retiré 原意是"收回"，我们称此动作为"吸腿"。它既是一个独立的动作，也是一个连接动作，作为连接动作时称作"Passé"。它是许多舞姿与技术技巧的基础，是学习和完成 Battement développé 的基本动作。

2. 主要动作的节拍进度与练习要求

（1）Battement relevé lent [巴特芒·雷勒韦·朗] 慢慢地抬腿

节拍：四拍一次

准备拍：da5-8 单手扶把，双腿站一位，右臂一位；右臂经二位打开七位；

da-1 右腿擦出旁点地；

da-2 抬旁腿 90°；

da-3 点地；

da-4 收一位。

（同样节拍往前、往后做）

要求：动作腿经过 Battement tendu 整个过程中，抬腿时要用力绷直膝盖、脚背和脚趾，保持整条腿的外开，动作要做得连续不断，抬到 90° 停住。动作腿落下往远落点地。身体的重心要始终保持在支撑腿上，支撑腿要保持外开，膝盖伸直。要特别注意抬腿时两胯摆正，双肩保持松弛、平齐，不要耸起，也不要转向动作腿打开的那一边。当动作腿往前或后打开抬起时，胯不要跟随转动。往旁打开抬腿时，也不要向上掀胯或向后拧胯。动作腿往前和往旁打开抬起时，躯干要保持垂直收紧。往后打开抬起时，躯干要稍稍前倾，当动作腿收回时，躯干要同时恢复直立姿势。

（2）Battement développé [巴特芒·代弗洛佩] 腿的伸展

节拍：八拍一次

准备拍：da5-8 单手扶把，右腿在前站五位，右臂一位；右臂经二位打开七位；

da1-2 右腿吸 Passé 前；

da3-4 伸直旁腿 90°；

da5-6 点地；

da7-8 收一位。

要求：脚推地抬起 Sur le cou-de-pied 的位置要准确，不停顿地抬到 Battement retiré 的位置，打开 90° 时，小腿顺着膝盖的高度向外打开伸直，动作腿保持充分的外开和方向的准确性，在 90° 或 90° 以上停住并往远延伸。从空中落下时，要继续往远伸长整条腿，经过点地的位置收回。支撑腿结实地踩住地面并用力伸直上提，整个动作腿动作要做得连贯而有延伸感。

（3）Battement retiré [巴特芒·勒蒂雷] 屈膝吸腿

节拍：八拍一次

准备拍：da5-8 单手扶把，右腿在前站五位，右臂一位；右臂经二位打开七位；

da1-2 右腿抬 Sur le cou-de-pied 前；

da3-4 抬 Battement retiré 前；

da5-6 不动；

da7-8 落五位。

要求：动作腿推地抬到 Sur le cou-de-pied 前，脚趾沿支撑腿内侧中心线向上抬起到膝盖前面，大腿同时向上抬起。动作腿脚趾抓地推地抬到 Sur le cou-de-pied 后，腿往上抬起时，逐渐变成大脚趾顺支撑腿外侧中心线拉到膝盖后面，大腿同时向上抬起。动作过程中，两腿保持外开，支撑腿要和身体保持稳定，动作腿在不停往上抬高的同时，支撑腿要更结实地推地向上拉起，后背有力地收紧，保持骨盆的平正。

3. 组合的动作节拍与做法详解

节拍：$\frac{3}{4}$ 拍，中速、舒缓的

准备姿态：单手扶把，双腿站一位，右臂一位，头转向右旁方向。

准备拍：da5-6 右臂从一位抬起二位，同时头向左侧前方稍倾，眼睛看右手。

da7-8 右臂从二位打开七位，头随右臂动作转向右旁。

① da1-4 右腿 Battement relevé lent 往前 1 个。da-1 右腿 Battement tendu 往前点地，右臂保持七位舞姿（图 1-8-1）；da-2 右腿抬前腿 90°（图 1-8-2）；da-3 右腿落下前点地；da-4 右腿经擦地收一位。

da5-8 右腿 Battement relevé lent 往旁 1 个。da-5 右腿 Battement tendu 往旁点地，同时头转向 En face 方向，右臂保持七位舞姿（图 1-8-3）；da-6 右腿抬旁腿 90°（图 1-8-4）；da-7 右腿落下旁点地；da-8 右腿经擦地收前五位脚位（图 1-8-5）。

② da1-8 右腿 Battement développé 往前 1 个。da-1 右腿推地抬起 Sur le cou-de-pied 前，右臂保持七位舞姿（图 1-8-6）；da-2 右腿吸 Passé 前 90°（图 1-8-7）；da3-4 右腿往前伸直前腿 90°，同时头转向右旁（图 1-8-8）；da5-6 右腿落下前点地；da7-8 右腿经擦地收一位。

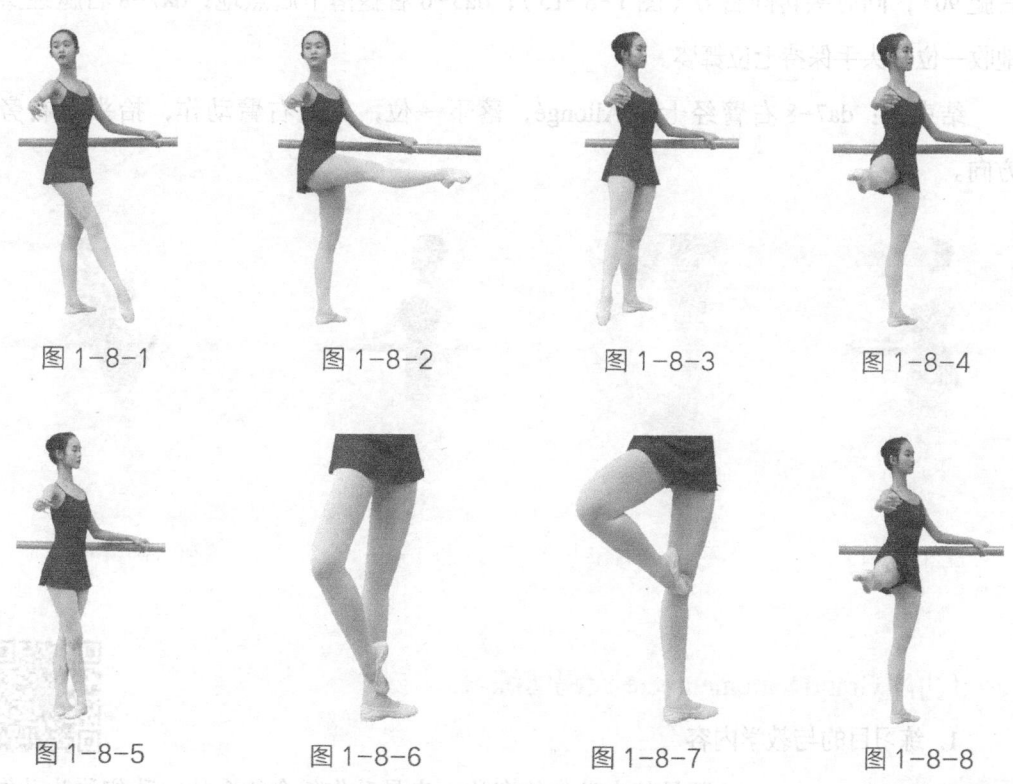

图 1-8-1　　　　　图 1-8-2　　　　　图 1-8-3　　　　　图 1-8-4

图 1-8-5　　　　　图 1-8-6　　　　　图 1-8-7　　　　　图 1-8-8

③ da1-4 右腿 Battement relevé lent 往后 1 个。da-1 右腿 Battement tendu 往后点地，右臂保持七位舞姿；da-2 右腿抬后腿 90°（图 1-8-9）；da-3 右腿落下后点地（图 1-8-10）；da-4 右腿经擦地收一位（图 1-8-11）。

图 1-8-9　　　　　　　　图 1-8-10　　　　　　　　图 1-8-11

da5-8 右腿 Battement relevé lent 往旁 1 个。动作同①da5-8 动作；da-8 右腿收后五位（图 1-8-12）。

④ da1-8 右腿 Battement développé 往后 1 个。da-1 右腿推地抬起 Sur le cou-de-pied 后（图 1-8-13）；da-2 右腿吸 Passé 后 90°（图 1-8-14）；da3-4 右腿往后伸直后腿 90°，同时头转向右旁（图 1-8-15）；da5-6 右腿落下后点地；da7-8 右腿经擦地收一位，头手保持七位舞姿。

结束拍：da7-8 右臂经七位 Allongé，落下一位，头随右臂动作，抬头看右旁方向。

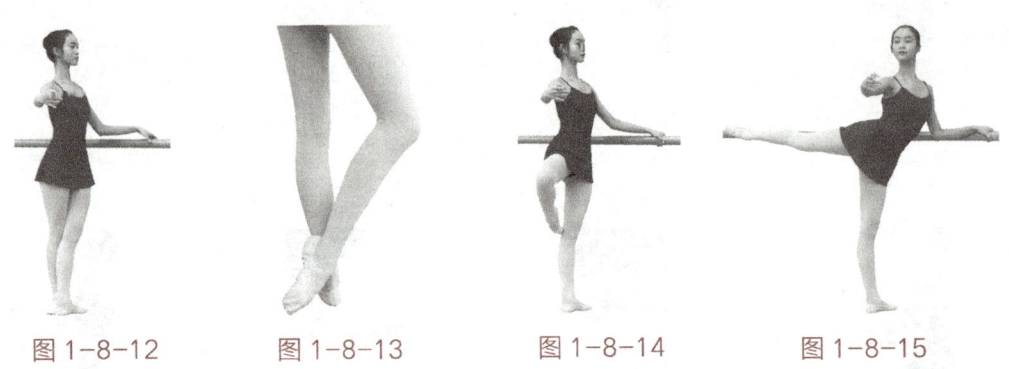

图 1-8-12　　　　　　图 1-8-13　　　　　　图 1-8-14　　　　　　图 1-8-15

（九）Grand battement jeté 大踢腿练习

1. 练习目的与教学内容

Grand battement jeté 既是基本动作的名称，也是动作组合的名称，我们称此动作为"大踢腿"。通过一系列不同的踢腿动作练习，可以增强腿部的力量，增大动作腿活动的幅度，锻炼支撑腿，这是完成中跳、大跳动作以及地面大舞姿转体变体动作的基础。

在初级阶段 1 的教学内容中，学习一位脚位单手扶把的 Grand battement jeté 往前、往旁、往后（分解的）的踢腿动作。

Grand battement jeté

这个动作是由 Battement tendu jeté 发展而来的，该练习可以锻炼腿部的力量和幅度，以及身体的稳定性和控制能力。正确的 Grand battement jeté 是 Grand jeté、Grand assemblé 等大跳和中跳以及 Grand fouetté、Grand pirouette 等地面动作必不可少的准备练习。

2. 主要动作的节拍进度与练习要求

Grand battement jeté [格朗·巴特芒·热泰] 大踢腿

节拍：四拍一次（分解的）

准备拍：da5-8 单手扶把，右腿在前站五位，右臂一位；右臂经二位打开七位；

da-1 右腿踢旁腿；

da-2 落下点地；

da-3 收回一位；

da-4 不动。

要求：做 Grand battement jeté 分解的动作做法时，注意动作腿踢出和收回的路线与方法做正确，踢出旁、前和后都要在点地位置上停住，动作腿踢上去要有力量，落下时要控制下降速度落到点地位置，踢腿中要保持腿部的开、绷、直和前、旁、后的方向的准确。整个动作过程中身体保持垂直，向上提起，后背有力地收紧，保持双肩和双胯的平整。支撑腿要挺立转开并保持稳定，重心不能被踢出的腿所影响。腿踢得要快速、轻巧、自由、有力。

3. 组合的动作节拍与做法详解

节拍：$\frac{4}{4}$ 拍，快速有生气地

准备姿态：单手扶把，双腿站一位，右臂一位，头转向右旁方向。

准备拍：da5-6 右臂从一位抬起二位，同时头向左侧稍前倾，眼睛看右手；

da7-8 右臂从二位打开七位，头随右臂动作转向右旁（图 1-9-1）。

① da1-4 右腿 Grand battement jeté（分解的）往前 1 个。da-1 右腿 Battement tendu 往前，绷脚前点地（图 1-9-2）；da-2 右腿踢向空中 90° 或 90° 以上（图 1-9-3）；da-3 右腿落下绷脚前点地；da-4 右腿 Battement tendu 收一位，右臂保持七位舞姿。

图 1-9-1　　　　　图 1-9-2　　　　　图 1-9-3

da5-8 右腿 Grand battement jeté（分解的）往前 1 个。da-5 右腿经擦地踢到空中 90° 或 90° 以上；da-6 右腿落下绷脚前点地；da-7 右腿 Battement tendu 收一位；da-8 双腿站一位，右臂保持七位舞姿。

② da1-4 右腿 Grand battement jeté（分解的）往旁 1 个。da-1 右腿 Battement tendu 往旁，绷脚旁点地，同时头转向 En face；da-2 右腿踢向空中 90° 或 90° 以上；da-3 右腿落下绷脚旁点地；da-4 右腿 Battement tendu 收一位，右臂保持七位舞姿。

da5-8 右腿 Grand battement jeté（分解的）往旁 1 个。da-5 右腿经擦地踢到空中 90° 或 90° 以上（图 1-9-4）；da-6 右腿落下绷脚旁点地（图 1-9-5）；da-7 右腿 Battement tendu 收一位（图 1-9-6）；da-8 双腿站一位，右臂保持七位舞姿。

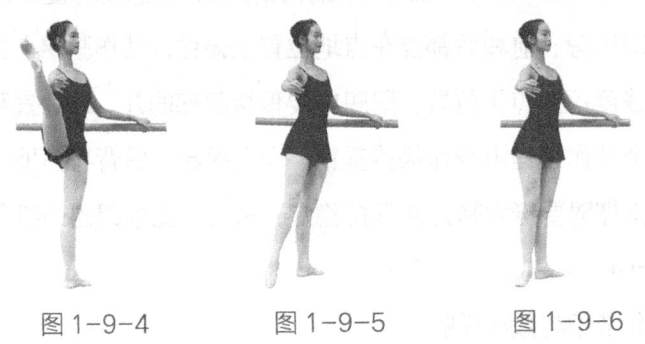

图 1-9-4　　　　　图 1-9-5　　　　　图 1-9-6

③ da1-4 右腿 Grand battement jeté（分解的）往后 1 个。da-1 右腿 Battement tendu 往后，绷脚后点地，同时头转向右旁（图 1-9-7）；da-2 右腿踢向空中 90° 或 90° 以上（图 1-9-8）；da-3 右腿落下绷脚后点地（图 1-9-9）；da-4 右腿 Battement tendu 收一位。

da5-8 右腿 Grand battement jeté（分解的）往后 1 个。动作同① da5-8 动作。

④ da1-8 右腿 Grand battement jeté（分解的）往旁 2 个。动作同② da1-8 动作。

图 1-9-7   图 1-9-8   图 1-9-9

结束拍：da7-8 右臂经七位 Allongé，落下一位，头随右臂动作，抬头看右旁
方向。

（十）Battement tendu 五位擦地练习

1. 练习目的与教学内容

在初级阶段 1 的教学内容中，学习站五位脚位双手扶把的 Battement tendu 往旁的
基础动作练习；学习收五位 Relevé 的动作做法。

Relevé

Relevé 原意为"升起、踮起"，指通过立半脚尖和脚尖升高身体的高度。锻炼腿部
和脚腕的力量和锻炼身体的平衡能力，是所有在半脚尖上动作的最基本练习，为进一
步学习脚尖动作做好准备。

2. 主要动作的节拍进度与练习要求

（1）Battement tendu 五位 [巴特芒·唐究] 五位的擦地

节拍：四拍一次

准备拍：da5-8 双手扶把，右腿在前站五位；

da1-2 右腿擦出旁；

da3-4 收回五位。

要求：详见第一课例第三个练习。更加强调腿的外开，腿擦出和收回的路线要成
一条直线，动作腿要贴近支撑腿擦出和收回。强调支撑腿有力地上提，肩胯摆正，身
体不能因腿地擦出而裂开。

（2）Relevé 五位 [雷勒韦] 五位的半脚尖

节拍：四拍一次

准备拍：da5-8 双手扶把，右腿在前站五位；

da1-2 五位 Demi plié，双腿立起五位半脚尖；

da3-4 落五位 Demi plié。

要求：首先站在正确的身体姿态下，从 Demi plié 立到半脚尖上时，要注意立起时，两脚要同时往里收五位，两脚脚掌一前一后踩在一条直线上。双腿要向外转开，要用力伸直膝盖和绷推脚背，躯干收紧向上拔起，两脚脚掌用力往下踩。从半脚尖上再回到 Demi plié 时，要有控制地落下，上身和胯使劲向上提住。

3. 组合的动作节拍与做法详解

节拍：$\frac{4}{4}$拍，快速

准备姿态：双手扶把，右腿在前站五位，头 En face 方向。

准备拍：da5-8 保持准备姿态不动；

① da1-4 五位 Demi plié 1 个。da1-2 双腿慢慢下蹲；da3-4 双腿伸直（图 1-10-1）。

da5-8 右腿 Battement tendu 旁 1 个。da5-6 右腿擦地往旁，绷脚旁点地（图 1-10-2）；da7-8 右腿经擦地收后五位（图 1-10-3）。

② da1-4 右腿动作同① da1-4 动作。

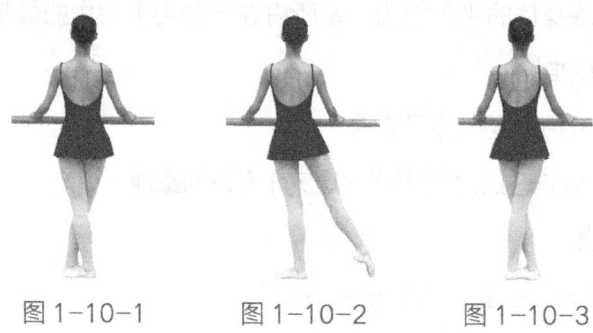

图 1-10-1   图 1-10-2   图 1-10-3

da5-8 右腿动作同① da5-8 动作；右腿收前五位。

③ da1-2 五位 Demi plié（图 1-10-4）。

da3-4 右腿 Battement tendu 向旁，保持 Demi plié（图 1-10-5）。

da5-6 右腿收后五位 Relevé，双腿站五位半脚尖（图 1-10-6）。

da7-8 左腿稍向旁打开，保持双腿直腿落下全脚五位，双臂保持双手扶把姿态（图 1-10-7）。

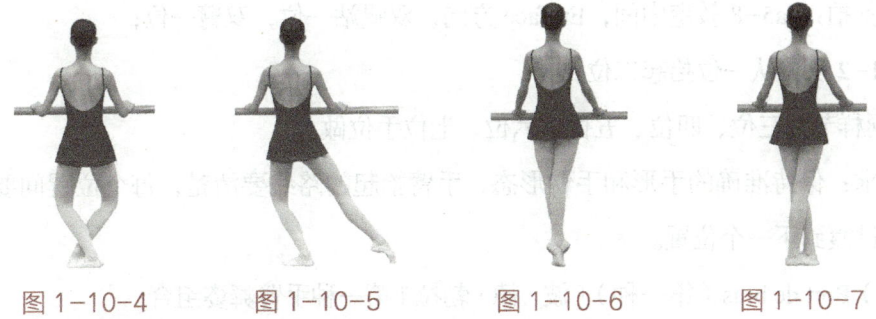

图 1-10-4   图 1-10-5   图 1-10-6   图 1-10-7

④ da1-8 动作同③ da1-8 动作，最后右腿收前五位 Relevé。

⑤ - ⑧左腿动作同① - ④动作。

二、CENTRE 中间部分

（十一）Port de bras 头手练习

1. 练习目的与教学内容

在初级阶段 1 的教学内容中，学习站在一位脚位上的手臂基础动作练习；学习第
一种 Port de bras 传统固定组合的做法；学习 Allongé 舞姿的做法。

（1）Port de bras

训练手臂的准确位置和手臂舞姿的优美，训练正确的手臂运行路线，以及手臂和
头、眼睛、身体的协调配合。在中国芭蕾教学中使用的手臂位置有七个。

（2）Port de bras（第一种）

通过常用的最基础的几个手臂位置，组合成固定的手臂组合练习。训练手臂与头、
眼睛在运动中相互协调配合，以及对最基本的手臂位置的运行路线掌握。

（3）Allongé

Allongé 原意"延长的、伸展的"，训练手臂在七个位置上的伸展舞姿，延长手臂
舞姿的线条，与腿部动作协调配合，使舞姿更加舒展。

2. 主要动作的节拍进度与练习要求

（1）Port de bras [波 · 德 · 勃拉] 手臂舞姿

节拍：两拍一个手臂位置

准备拍：da5-8 教室中间，En face 方向，双腿站一位，双臂一位；

da1-2 双臂从一位抬起二位。

（同样节拍三位、四位、五位、六位、七位手位做）

要求：保持准确的手形和手臂形态，手臂抬起的路线要清楚，每个位置间要平稳流畅地过渡到下一个位置。

（2）Port de bras（第一种）[波·德·勃拉] 第一种手臂舞姿组合

节拍：八拍一组

准备拍：da5-8 教室中间，En face 方向，双腿站一位，双臂一位；

da1-2 双臂从一位抬二位；

da3-4 抬三位；

da5-6 打开七位；

da7-8 七位 Allongé，落下一位。

要求：动作要做得平稳流畅、连贯，注意手臂位置的准确，包括手臂、手的形态，手臂的运动路线，以及头、眼与手臂的协调配合。

（3）Allongé[阿隆热] 手臂的伸展

节拍：两拍一个位置

准备拍：da5-8 教室中间，En face 方向，双腿站一位；双臂经二位打开七位；

da1-2 双臂在七位上 Allongé 伸展。

要求：胳膊伸长，手指尖展开，手背朝上，形成手臂延伸的舞姿，动作过程要平缓延伸。

3. 组合的动作节拍与做法详解

节拍：$\frac{6}{8}$拍，中速

准备姿态：教室中间，En face 方向，双腿站一位，双臂一位，眼睛平视 1 点方向（图 1-11-1）。

准备拍：da5-8 保持准备姿态不动。

① da1-2 二位手臂舞姿。da-1 双臂从一位抬起二位，双臂抬起同时，眼睛看向右手；da-2 双臂保持二位舞姿不动（图 1-11-2）。

da3-4 三位手臂舞姿。da-3 双臂从二位抬起三位，双臂抬起同时头跟随，眼睛看右手；da-4 双臂保持三位舞姿不动（图 1-11-3）。

da5-6 四位手臂舞姿。da-5 右臂落到二位，同时头随右臂，双臂成右四位，眼睛看右手；da-6 双臂保持右四位舞姿不动（图 1-11-4）。

da7-8 五位手臂舞姿。da-7 右臂打开七位，同时头随右臂，双臂成右五位，眼睛看右手；da-8 双臂保持右五位舞姿不动（图 1-11-5）。

图 1-11-1　　　　图 1-11-2　　　　图 1-11-3　　　　图 1-11-4

② da1-2 六位手臂舞姿。da-1 左臂落下二位，同时头随左臂，双臂成右六位，眼睛看左手；da-2 双臂保持右六位舞姿不动手位（图 1-11-6）。

da3-4 七位手臂舞姿。da-3 左臂打开七位，同时头随左臂，双臂成七位，眼睛看左手（图 1-11-7）；da-4 双臂保持七位舞姿不动。

da5-6 双臂保持七位舞姿，头转向 1 点方向。

da7-8 Allongé 七位。da-7 双臂 allonge 七位，同时头转向右边看右手（图 1-11-8）；da-8 双臂落下一位，头随右臂动作，眼睛看右手（图 1-11-9）。

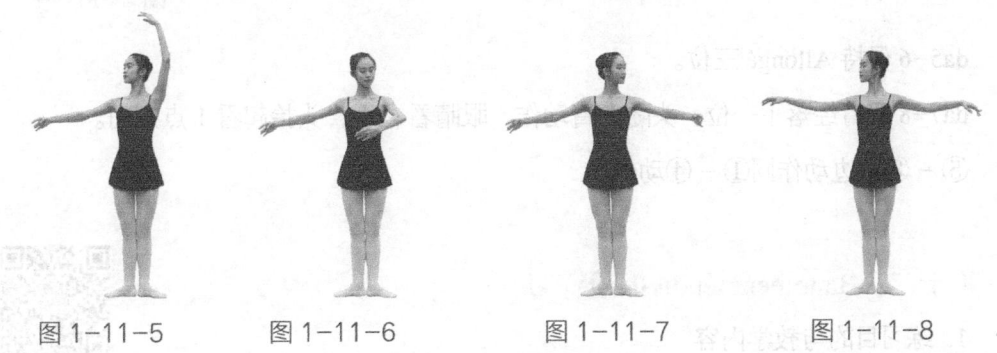

图 1-11-5　　　　图 1-11-6　　　　图 1-11-7　　　　图 1-11-8

③ da1-8 Port de bras（第一种）。da1-4 动作同① da1-4 动作（图 1-11-10）（图 1-11-11）；da-5 双臂往旁打开七位，头随右臂动作，眼睛看右手（图 1-11-12）；da-6 双臂保持七位舞姿不动；da7-8 双臂 Allongé 七位（图 1-11-13），双臂落下一位，头随

右臂动作，眼睛看右手（图 1-11-14）。

④ da1-2 Allongé 小七位。da-1 一位 Demi plié，同时双臂打开 Allongé 小七位；da-2 保持舞姿不动（图 1-11-15）。

da3-4 Allongé 三位。da-3 双腿伸直同时双臂抬起 Allongé 三位，头随右臂动作，眼睛看右手；da-4 保持舞姿不动（图 1-11-16）。

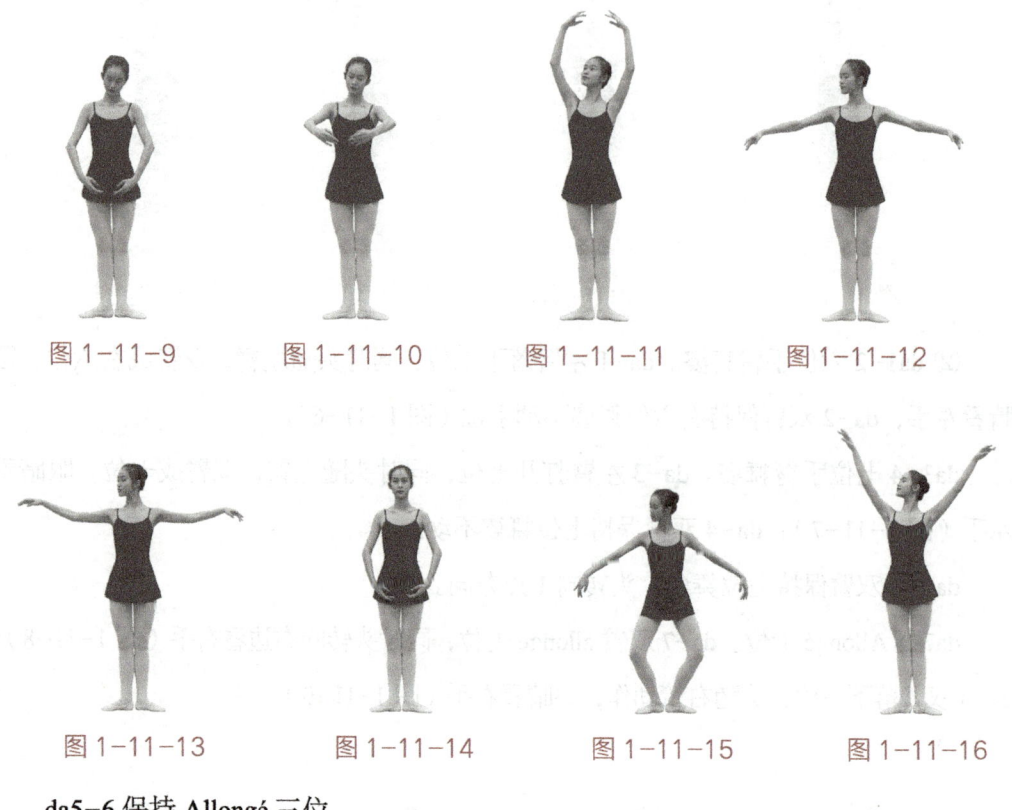

图 1-11-9　　　　　图 1-11-10　　　　　图 1-11-11　　　　　图 1-11-12

图 1-11-13　　　　　图 1-11-14　　　　　图 1-11-15　　　　　图 1-11-16

da5-6 保持 Allongé 三位。

da7-8 双臂经落下一位，头随右臂动作，眼睛看右手，头抬起看 1 点方向。

⑤ - ⑧左边动作同① - ④动作。

（十二）Battement tendu 擦地练习

1. 练习目的与教学内容

在初级阶段 1 的教学内容中，站在教室中间学习站一位脚位的 Battement tendu 往旁、往前、往后的基础动作练习；学习一位脚位 Demi plié 的动作做法。

2. 主要动作的节拍进度与练习要求

Battement tendu [巴特芒·唐究] 擦地

节拍：两拍一次

准备拍：da5–8 教室中间，En face 方向，双腿站一位，双臂一位；双臂经二位打开七位；

da–1 右腿擦出旁点地；

da–2 收一位。

要求：详见第一课例第三个练习。在中间做 Battement tendu 更加强调支撑腿要结实有力地推地站稳，重心保留在支撑腿上，动作腿严格按照 Battement tendu 的全部要求擦出和收回，上身收紧上提，手臂舞姿准确并帮助身体保持稳定。

3. 组合的动作节拍与做法详解

节拍：$\frac{2}{4}$ 拍，中速

准备姿态：教室中间，En face 方向，双腿站一位，双臂一位，眼睛平视正 1 点方向。

准备拍：da5–6 双臂从一位抬起二位，同时头向左侧稍前倾，眼睛视线看向右手；

da7–8 双臂从二位打开七位，头随右手动作转向右旁。

① da1–4 右腿 Battement tendu 往旁 1 个。da1–2 右腿擦地往旁，绷脚旁点地，同时头转向 En face，双臂保持七位舞姿（图 1-12-1）；da3–4 右腿擦地收一位。

da5–8 右腿 Battement tendu 往旁 2 个。da–5 右腿擦地往旁，绷脚旁点地；da–6 右腿擦地收一位，双臂保持七位舞姿；da7–8 动作同① da5–6 动作。

② da1–4 右腿 Battement tendu 往前 2 个。da–1 右腿擦地往前，绷脚前点地，同时头转向右旁，双臂保持七位舞姿（图 1-12-2）；da–2 右腿擦地收一位，；da3–4 动作同 da1–2 动作。

da5–8 一位 Demi plié。da5–6 双臂七位 Allongé，双腿下蹲同时双臂落下一位，头随右臂动作，眼睛看右手；da7–8 双腿站直同时双臂抬起二位，打开七位，头随右臂动作，眼睛看右手。

③ – ④左腿开始，动作同① – ②动作。

⑤ da1–8 右腿开始，动作同① da1–8 动作。

⑥ da1–4 右腿 Battement tendu 往后 2 个。da–1 右腿擦地往后，绷脚后点地，同时

头转向左旁，双臂保持七位舞姿（图 1-12-3）；da-2 右腿擦地收一位；da3-4 动作同 da1-2 动作。

da5-8 一位 Demi plié。动作同②da5-8 动作。

⑦－⑧左腿开始，动作同⑤－⑥动作；da7-8 双腿站直同时双臂保持一位，头随右臂动作，眼睛看右手，头抬起，眼睛平视 1 点方向。

图 1-12-1　　　　图 1-12-2　　　　图 1-12-3

（十三）Adagio 控制练习

1. 练习目的与教学内容

作为中间动作的重要训练组合，该练习通过扶把和中间的 Battement développé、大舞姿 Tour lent、Grand fouetté、Port de bras、大小 Pirouette 等一系列动作的训练，锻炼身体的控制能力，以及腿脚、手头和躯干的协调性。不同训练阶段的 Adagio 组合在内容和形式上也不相同，通过对其循序渐进地不断丰富、变换和复杂化，体现其具有舞台表演性的训练价值。

在初级阶段 1 的教学内容中，站在教室中间学习站一位脚位的 Battement relevé lent 往旁、往前、往后的基础动作练习；学习五位脚位 Battement développé 的动作做法。

2. 主要动作的节拍进度与练习要求

（1）Battement relevé lent [巴特芒·雷勒韦·朗] 慢慢地抬腿

节拍：四拍一次

准备拍：da5-8 教室中间，En face 方向，双腿站一位，双臂一位；双臂经二位打开七位。

da-1 右腿擦出，旁点地；

da-2 抬旁腿 90°；

da-3 点地；

da-4 收一位。

（同样节拍往前、往后做）

要求：详见第一课例第八个练习。在中间做 Battement relevé lent 更加强调支撑腿的结实有力，推地站稳，重心保留在支撑腿上，动作腿严格按照 Battement relevé lent 的全部要求擦出抬腿和落下收回，上身收紧上提，手臂舞姿准确并帮助身体保持稳定。

（2）Battement développé [巴特芒·代弗洛佩] 腿的伸展

节拍：八拍一次

准备拍：da5-8 教室中间，En face 方向，右腿在前站五位，双臂一位；双臂经二位打开七位。

da1-2 右腿吸 Passé；

da3-4 伸直旁腿 90°；

da5-6 点地；

da7-8 收一位。

要求：详见第一课例第八个练习。在中间做 Battement développé 更加强调支撑腿的结实有力，推地站稳，重心保留在支撑腿上，动作腿严格按照 Battement développé 的全部要求伸展落地，注意控制并轻点地，上身收紧上提，手臂舞姿准确并帮助身体保持稳定。

3. 组合的动作节拍与做法详解

节拍：$\frac{4}{4}$ 拍，慢速

准备姿态：教室中间，En face，双腿站一位，双臂一位，眼睛平视 1 点方向。

准备拍：da5-6 双臂从一位抬起二位，同时头向左侧稍前倾，眼睛看右手；

da7-8 双臂从二位打开七位，头随右臂动作转向右旁。

① da1-4 右腿 Battement relevé lent 往前 1 个。da-1 右腿 Battement tendu 往前，绷脚前点地，双臂保持七位舞姿（图 1-13-1）；da-2 右腿抬前腿 90°（图 1-13-2）；da-3 右腿落下绷脚前点地；da-4 右腿经擦地收一位。

da5-8 右腿 Battement relevé lent 往旁 1 个。da-5 右腿 Battement tendu 往旁，绷脚旁点地，同时头转向正面，双臂保持七位舞姿（图 1-13-3）；da-6 右腿抬旁腿 90°（图 1-13-4）；da-7 右腿落下绷脚旁点地；da-8 右腿经擦地收一位。

图 1-13-1   图 1-13-2   图 1-13-3   图 1-13-4

② da1-4 右腿 Battement relevé lent 往后 1 个。da-1 右腿 Battement tendu 往后，绷脚后点地，同时头转向左旁，双臂保持七位舞姿（图 1-13-5）；da-2 右腿抬后腿 90°（图1-13-6）；da-3 右腿落下绷脚后点地；da-4 右腿经擦地收一位。

图 1-13-5   图 1-13-6

da5-8 右腿 Battement relevé lent 往旁 1 个。动作同①da5-8 动作；da-8 右腿经擦地收前五脚位，双臂保持七位舞姿（图 1-13-7）。

③ da1-8 右腿 Battement développé 往旁 1 个。da-1 右脚腿半脚掌同时收到左脚脚心前处，双臂保持七位舞姿；da-2 右脚推地绷脚抬起 Sur le cou-de-pied 前（图1-13-8）；da3-4 右腿向上拉起 Paasé 前（图 1-13-9）；da5-6 右腿伸直旁腿 90°（图1-13-10）；da-7 右腿落下绷脚旁点地；da-8 右腿经擦地收一位。

图 1-13-7   图 1-13-8   图 1-13-9   图 1-13-10

④ da1-2 Port de bras（手臂的）。da-1 双臂七位 Allongé（图 1-13-11）；da-2 双

臂落下一位，头随右臂动作，眼睛看右手（图 1–13–12）。

da3–4 二位手臂舞姿。da–3 双臂抬起二位，头随右臂，眼睛看右手；da–4 双臂保持二位舞姿（图 1–13–13）。

da5–6 三位手臂舞姿。da–5 右臂抬三位，头随右臂，双臂成左五位，眼睛看右手（图 1–13–14）。

da7–8 七位手臂舞姿。da–7 右臂打开七位，同时头转向 En face，眼睛看 1 点方向。

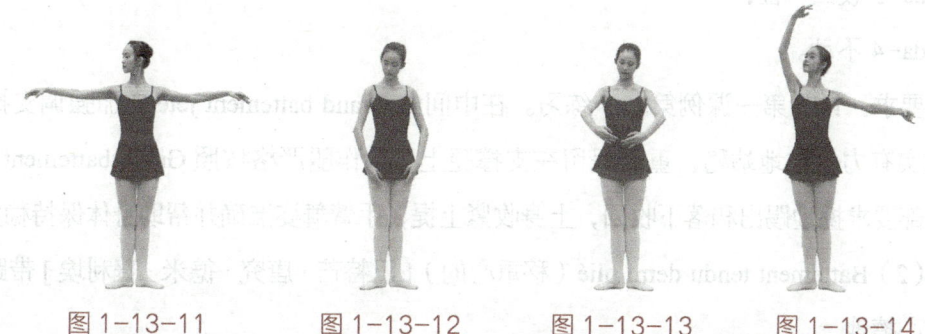

图 1–13–11　　　　图 1–13–12　　　　图 1–13–13　　　　图 1–13–14

⑤ – ⑧左边动作同① – ④动作。da7–8 左臂打开七位，双臂七位 Allongé，落下一位，头随左臂动作，眼睛看左手，头抬起转向正面，眼睛看 1 点方向。

（十四）Grand battement jeté 大踢腿练习

1. 练习目的与教学内容

Grand battement jeté 既是基本动作的名称，也是动作组合名称。通过一系列不同的踢腿动作练习，增强腿的力量，增大动作腿活动的幅度，并能锻炼支撑腿和重心的稳定性，该练习是完成中跳、大跳动作以及地面大舞姿转体变体动作的基础。

在初级阶段 1 的教学内容中，在教室中间学习站一位脚位的 Grand battement jeté 往前、往旁、往后（分解的）的踢腿动作；学习 Battement tendu plié 往旁落二位移重心的做法。

Battement tendu demi plié：此动作是将 Battement tendu 和 Demi plié 两个动作元素连接起来的合成动作，有不移动重心和移动重心的两种做法，称为“带蹲的擦地”。它进一步训练了身体的协调性和动作的连贯性，锻炼了腿部肌肉的柔韧性。训练重心的稳定与转换，对于 Pas assemblé 等跳跃动作都有重要的价值。

2. 主要动作的节拍进度与练习要求

（1）Grand battement jeté（分解的）[格朗·巴特芒·热泰] 大踢腿

节拍：四拍一次

准备拍：da5-8 教室中间，En face 方向，双腿站一位，双臂七位；

da-1 右腿往前踢腿；

da-2 落下点地；

da-3 收回一位；

da-4 不动。

要求：详见第一课例第九个练习。在中间做 Grand battement jeté 更加强调支撑腿的结实有力，推地站稳，重心保留在支撑腿上，动作腿严格按照 Grand battement jeté 的全部要求擦地踢出和落下收回，上身收紧上提，手臂舞姿准确并帮助身体保持稳定。

（2）Battement tendu demi plié（移重心的）[巴特芒·唐究·德米·普利埃] 带蹲的移重心擦地

节拍：八拍一次

准备拍：da5-8 教室中间，En face 方向，双腿站一位，双臂七位；

da1-2 右腿出旁点地；

da3-4 落二位 Demi plié；

da5-6 站直同时重心站到右腿上，左腿旁点地；

da7-8 左腿收一位。

要求：注意在按照 Battement tendu 和 Demi plié 两个动作的要求基础上，上身在动作过程中始终要上提，做 Demi plié 要保持双腿外开，注意动作过程中重心的移动转换和双腿最大限度地转开，以及手臂在整个动作中与腿部动作的协调配合。

3. 组合的动作节拍与做法详解

节拍：$\frac{2}{4}$ 拍，稍缓慢速

准备姿态：教室中间，En face 方向，双腿站一位，双臂一位，眼睛看 1 点方向；

准备拍：da5-6 双臂从一位抬起二位，同时头向左侧稍前倾，眼睛看右手；

da7-8 双臂打开七位，头随右臂动作转向右旁。

① da1-4 右腿 Grand battement jeté（分解的）往前 1 个。da-1 右腿 Battement tendu 往前，绷脚前点地，双臂保持七位舞姿（图 1-14-1）；da-2 右腿踢向空中 90° 或 90° 以上（图 1-14-2）；da-3 右腿落下绷脚前点地（图 1-14-3）；da-4 右腿 Battement tendu 收一位（图 1-14-4）。

da5-8 右腿 Grand battement jeté 往前 1 个。da-5 右腿经擦地踢到空中 90° 或 90° 以上，双臂保持七位舞姿（图 1-14-5）；da-6 右腿落下绷脚前点地（图 1-14-6）；da-7 右腿 Battement tendu 收一位（图 1-14-7）；da-8 不动。

② da1-4 右腿 Grand battement jeté 往旁 1 个。da-1 右腿 Battement tendu 往旁，绷脚旁点地，同时头转向正面，双臂保持七位舞姿（图 1-14-8）；da-2 右腿踢向空中 90° 或 90° 以上（图 1-14-9）；da-3 右腿落下绷脚旁点地；da-4 右腿 Battement tendu 收一位。

da5-8 右腿 Grand battement jeté 往旁 1 个。动作同① da5-8 动作。

③ da1-4 右腿 Grand battement jeté 往后 1 个。da-1 右腿 Battement tendu 往后，绷脚后点地，同时头转向左旁（图 1-14-10）；da-2 右腿踢向空中 90° 或 90° 以上（图 1-14-11）；da-3 右腿落下绷脚后点地；da-4 右腿 Battement tendu 收一位。

da5-8 右腿 Grand battement jeté 往后 1 个。动作同① da5-8 动作。

图 1-14-1   图 1-14-2   图 1-14-3

图 1-14-4   图 1-14-5   图 1-14-6

图 1-14-7　　　　　　　　图 1-14-8　　　　　　　　图 1-14-9

图 1-14-10　　　　　　　　图 1-14-11

④ da1-8 右腿 Battement tendu demi plié 二位，移重心。da1-2 绷脚旁点地，双臂保持七位舞姿（图 1-14-12）；da- 双臂七位 Allongé；3-4 右腿落全脚二位 Demi plié，同时双臂落下一位，头随右臂动作，眼睛看右手（图 1-14-13）；da5-6 站直同时重心移动右腿上，左腿绷脚旁点地，同时双臂抬起二位，打开七位，头随左臂动作转向左旁方向（图 1-14-14）；da-7 左腿 Battement tendu 收一位，双臂保持七位舞姿；da-8 头转向正面，眼睛看 1 点方向。

图 1-14-12　　　　　　　图 1-14-13　　　　　　　图 1-14-14

⑤ - ⑧左边动作同① - ④动作。da7-8 右腿 Battement tendu 收一位，双臂七位 Allongé，落下一位，头随右臂动作，眼睛看右手，抬头 En face，眼睛看 1 点方向。

三、JUMPS 跳跃部分

（十五）Pas sauté 小跳练习

1. 练习目的与教学内容

Pas sauté 也称"Temps sauté"，既是基本动作的名称，也是动作组合的名称，作为 Allegro 动作中最简单的跳跃组合，是初学者最初接触的跳跃动作。一般放在跳跃动作的开始，主要起到活动和锻炼脚腕和脚背的作用，训练 Demi plié 的柔韧度、富有弹性的推地、轻盈度和结束时柔和的 Demi plié。它还可以作为整堂课的结束动作，起到在激烈运动后的缓解作用。

在初级阶段 1 的教学中，在教室中间学习一位、二位、五位脚位的 Pas sauté 的做法；学习 Changement de pied 的动作做法。

（1）Pas sauté

Pas 泛指"舞步"。Sauté 原意为"带跳的、在跳中做的"。它是跳类的第一个动作，属于双脚起双脚落跳。作为第一个跳跃动作起到活动和锻炼脚腕、脚背和脚趾的作用。

（2）Changement de pied

Changement 原义是"变化、更换"。Changement de pied 译为"两脚交换或变换位置的跳"。主要锻炼脚的灵活性和柔韧性。在锻炼跳跃能力之外，还为以后的 tour en l′air 打下基础。

2. 主要动作的节拍进度与练习要求

（1）Pas sauté [帕·索泰] 双起双落的跳

节拍：八拍一次

准备拍：da5-8 教室中间，En face 方向，双腿站一位，双臂一位；

da1-2 双腿一位下蹲；

da3-4 跳，落地 Demi plié；

da5-6 站直；

da7-8 不动。

（同样节拍二位、五位脚位做）

要求：从一位、二位脚位起跳时什么位置，跳至空中和落地都保持同样的位置。双腿在空中垂直绷紧腿和脚，脚不要往外踢。五位脚位跳起后，两腿在空中收紧成五位，双脚前后夹紧成一脚的位置。在跳的整个过程中，注意保持起跳和落地 Demi plié 的柔韧性、腿的外开，要始终保持上身的垂直，背肌、腰肌、腹肌收紧，肩部自然下垂，上身不要向前倾或空中塌腰腆肚。头保持正直，颈部不要因为起跳而随之用力，形成颈部的紧张僵硬。手臂在跳跃中要始终保持正确和自然的手臂姿态。

（2）Changement de pied [尚日芒·德·皮耶] 双起双落换位跳

节拍：八拍一次

准备拍：da5–8 教室中间，En face 方向，右腿在前站五位，双臂一位；

da1–2 右腿在前五位 Demi plié；

da3–4 跳起，换脚落地 Demi plié，右腿落后五位；

da5–6 站直；

da7–8 不动。

要求：空中两腿要用力绷直膝盖、脚背和脚尖，跳起腿在空中自然换脚。保持身体的垂直，背肌、腰肌、腹肌收紧，头要保持正直，保持自然的手臂位置。注意起跳和落地都要保持 Demi plié 的柔韧、腿的外开和推地的弹力。

3. 组合的动作节拍与做法详解

节拍：$\frac{4}{4}$ 拍，中速、轻快的

准备姿态：教室中间，En face 方向，双腿站一位，双臂一位，眼睛看 1 点方向。

准备拍：da5–8 保持准备姿态不动。

① da1–2 一位 Demi plié，双臂保持一位舞姿（图 1–15–1）。

da3–4 一位 Pas sauté 2 个。da–3 跳起（图 1–15–2），落一位 Demi plié；da–4 动作同 da–3 动作。

da5–6 双腿伸直夹紧。

da7–8 双腿站一位，双臂保持一位舞姿。

② da1–2 动作同①1–2 动作。

da3–4 动作同① da3–4 动作；第二个跳落在二位 Demi plié 上，双臂保持一位舞姿。

da5–6 双腿伸直。

da7–8 双腿站二位，双臂保持一位舞姿。

③ da1-2 二位 Demi plié，双臂保持一位舞姿（图1-15-3）。

da3-4 二位 Pas sauté 跳2个。da-3 跳起（图1-15-4），落二位 Demi plié；da-4 动作同② da-3 动作。

图 1-15-1   图 1-15-2   图 1-15-3   图 1-15-4

da5-6 动作同② da5-6 动作。

da7-8 动作同② da7-8 动作。

④ da1-2 动作同③ da1-2 动作。

da3-4 动作同③ da3-4 动作；第二个跳落右腿在前五位 Demi plié。

da5-6 双腿伸直夹紧。

da7-8 双腿站五位，双臂保持一位舞姿。

⑤ da1-2 五位 Demi plié，双臂保持一位舞姿（图1-15-5）。

da3-4 五位 Pas sauté 跳2个。da-3 跳起（图1-15-6），落五位 Demi plié（图1-15-7）；da-4 动作同 da-3 动作。

da5-6 动作同④ 5-6 动作。

da7-8 动作同④ 7-8 动作。

⑥ da1-2 动作同⑤ da1-2 动作。

da-3 五位 Pas sauté 跳1个。

da-4 Changement de pied 跳1个（图1-15-8）；停落左脚在前五位 Demi plié 上，双臂保持一位舞姿（图1-15-9）。

da1-6 双腿伸直夹紧。

da7-8 双腿站五位，双臂保持一位舞姿。

⑦-⑧ 左边开始；动作同⑤-⑥动作。

图 1-15-5　　　　图 1-15-6　　　　图 1-15-7　　　　图 1-15-8　　　　图 1-15-9

（十六）Pas échappé 小跳练习

1. 练习目的与教学内容

Pas échappé 既是基本动作的名称，也是动作组合的名称，是双起双落跳的另一种跳跃形式。通过双腿变换位置的不同跳跃动作，锻炼腿、脚腕、脚背的力量和跳跃的灵活性，训练 Demi plié 的柔韧度、富有弹性的推地、轻盈度和结束时柔和的 Demi plié。

在初级阶段 1 的教学内容中，在教室中间学习站一位、二位、五位脚位的 Pas sauté 的做法；学习 changement de pied 的动作做法。

Pas échappé

Échappé 原意为"逃开、逃脱"，译为"等距分腿"的跳，是由两个双起双落跳组合而成的，可以锻炼腿的跳跃力量和敏捷性。

2. 主要动作的节拍进度与练习要求

Pas échappé [帕 · 埃夏佩] 双起双落的分腿跳

节拍：八拍一次

准备拍：da5-8 教室中间，En face 方向，右腿在前站五位，双臂一位；

da1-2 右腿在前五位 Demi plié；

da-3 双腿跳起落二位 Demi plié；

da-4 双腿跳起，右腿落后五位 Demi plié；

da5-6 站直；

da7-8 不动。

要求：跳起后双腿在空中绷直膝盖和脚尖，落地二位脚位位置要准确，再推地跳起双腿垂直绷紧，脚不要往外踢，要始终保持躯干的挺拔，腰腹收紧，头要保持正直，保持起跳和落地的 Demi plié 的柔韧性、腿的外开。

3. 组合的动作节拍与做法详解

节拍：$\frac{4}{4}$ 拍，快速有生气地

准备姿态：教室中间，En face 方向，右腿在前站五位，双臂一位，眼睛看 1 点方向。

准备拍：da5-8 保持准备姿态不动。

① da1-2 五位 Demi plié，手臂保持一位舞姿（图 1-16-1）；

da3-4 二位 Pas échappé 1 个。da-3 从五位跳起（图 1-16-2）；落二位 Demi plié（图 1-16-3）；da- 从二位跳起（图 1-16-4）；4- 落地右腿收后五位 Demi plié，双臂保持一位舞姿（图 1-16-5）；

da5-6 双腿伸直夹紧；

da7-8 保持不动。

图 1-16-1　　　图 1-16-2　　　图 1-16-3　　　图 1-16-4　　　图 1-16-5

② da1-2 动作同① da1-2 动作；

da3-6 二位 Pas échappé 2 个。da-3 从五位跳起，落二位 Demi plié；da-4 从二位跳起，落地左腿收后五位 Demi plié。da5-6 动作同② da3-4 动作；落地右腿收后五位 Demi plié；

da7-8 双腿站五位，双臂保持一位舞姿。

③ - ④左边开始，动作同① - ②动作。

（十七）Pas assemblé 小跳练习

1. 练习目的与教学内容

Pas assemblé 既是基本动作的名称，也是动作组合的名称，是双起双落跳的又一种跳跃形式。通过不同 Pas assemblé 的跳跃动作，锻炼跳跃的灵活性和脚的推地能力。

在初级阶段 1 的教学内容中，在教室中间学习 Pas assemblé 往旁的动作做法；学习 Pas glissade 往旁的动作做法。

（1）Pas assemblé

Assemblé 原意为"聚集、收到一起"。它是从五位到五位的双起双落跳。主要锻炼跳跃能力，脚的灵活性。它常作为其他跳跃动作间的连接动作或跳跃的结束动作。

（2）Pas glissade

Glissade 原意为"滑、滑动"，是指一种带有"滑"性质的舞步。指一腿滑向指定方向，另一腿往同一方向收拢的滑行跳跃动作。它是一个双起双落跳，既是一个独立的动作，也常作为动作和动作之间的辅助连接动作。

2. 主要动作的节拍进度与练习要求

（1）Pas assemblé [帕·阿桑布莱] 双起双落的空中收腿跳

节拍：四拍一次

准备拍：da5-8 教室中间，En face 方向，右腿在后站五位，双臂一位；

da1-2 五位 Demi plié；

da-3 右腿擦地往旁跳起，落地五位 Demi plié；

da-4 站直。

要求：跳前和跳后的五位 Demi plié 要把重心平均地放在两只脚上。双腿要同时做推地和擦地，在空中要保持双腿的外开，动作腿踢出去的方向要准确，双腿在空中收紧五位时要迅速并用力夹紧，伸直膝盖，绷紧脚背、脚尖。动作要做得连贯、协调和流畅。

（2）Pas glissade [帕·格利沙德] 滑步跳

节拍：四拍一次

准备拍：da5-8 教室中间，En face 方向，右腿在后站五位，双臂一位；

da1-2 五位 Demi plié；

da-3 右腿擦地往旁跳起，移动，落地五位 Demi plié；

da-4 站直

要求：双腿跳至空中时有一刹那的停顿，并在空中用力伸直双腿，绷紧脚尖，身体保持垂直，重心移动要迅速到位，动作过程中躯干、肩和胯要摆正。

3. 组合的动作节拍与做法详解

节拍： $\frac{2}{4}$ 拍，中速、轻快

准备姿态：教室中间，En face 方向，右腿在前站五位，双臂一位，眼睛看 1 点方向。

准备拍：da5–8 保持准备姿态不动。

① da1–2 五位 Demi plié，双臂保持一位舞姿（图 1–17–1）；

da3–4 右腿 Pas assemblé 往旁 1 个。da–3 右腿从后五位擦地往旁踢向空中，同时左腿推地跳起，右腿空中收前五位（图 1–17–2），双腿落地五位 Demi plié（图 1–17–3）；da–4 双腿伸直。

da5–8 左边开始。动作同 da1–4 动作。

图 1–17–1   图 1–17–2   图 1–17–3

② da1–2 五位 Demi plié，双臂保持一位舞姿（图 1–17–4）；

da3–4 右腿 Pas glissade 往旁 1 个。da–3 右腿从后五位擦地往旁踢向空中，同时左腿推地跳起（图 1–17–5），向右旁移动，右腿落地同时左腿收前五位 Demi plié（图 1–17–6）；da–4 双腿伸直，双臂保持一位舞姿。

da5–8 右腿 Pas assemblé 往旁 1 个；动作同① da1–4 动作。

图 1–17–4   图 1–17–5   图 1–17–6

③－④左边开始，动作同①－②动作。

（十八）Pas jeté 小跳练习

1. 练习目的与教学内容

Pas jeté 既是基本动作的名称，也是动作组合的名称，是双起单落跳的跳跃动作。通过不同 **Pas jeté** 的跳跃动作，锻炼身体重心在空中的快速移动能力、跳跃的灵活性和脚的推地能力。

在初级阶段 1 的教学内容中，在教室中间学习 **Pas jeté** 往旁的动作做法；学习 Sissonne simple 的动作做法。

（1）Pas jeté

Pas jeté 是从一条腿到另一条腿的跳跃动作。它锻炼重心在空中的转换和移动重心的跳跃能力，以及身体的灵活性。

（2）Sissonne simple

Sissonne simple 是 Sissonne 系列跳跃动作中最简单的一种双腿跳起单腿落的跳。

2. 主要动作的节拍进度与练习要求

（1）Pas jeté [帕·热泰] 双起单落的换脚跳

节拍：四拍一次

准备拍：da5–8 教室中间，En face 方向，右腿在后站五位，双臂一位；

da1–2 五位 Demi plié；

da–3 右腿擦地往旁跳起，右腿落地 Plié 同时左脚成 Cou-de-pied 后；

da–4 左脚放后五位，站直。

要求：动作腿从五位擦地踢腿跳起，同 **Pas assemblé** 的要求。动作腿踢出时要更有力、方向要准确，要强调脚推地的力量，双腿在空中要用力伸直，落地后双腿要保持充分的外开，胯摆正，后背收紧，落 Cou-de-pied 的位置要准确。

（2）Sissonne simple [西松·森普尔] 双起单落跳

节拍：四拍一次

准备拍：da5–8 教室中间，En face 方向，右腿在前站五位，双臂一位；

da1–2 五位 Demi plié；

da–3 双腿跳起，左腿落地 Plié，右腿成 Cou-de-pied 前；

da-4 右腿落五位，双腿站直。

要求：从五位 Plié 跳起至空中的要求同 Pas sauté 五位的所有要求。起跳的前的五位 Plié 要强调重心放在两只脚上，推地跳起时双脚要均匀地用力，双腿在空中要并拢夹紧并保持外开，膝盖、脚背、脚尖绷直。一腿落地 Demi plié 时要柔和、稳定，另一腿要准确、干净、清楚地结束在 Cou-de-pied 的位置上。

3. 组合的动作节拍与做法详解

节拍：$\frac{2}{4}$ 拍，中速、轻快的

准备姿态：教室中间，En face 方向，右腿在前站五位，双臂一位，眼睛看 1 点方向。

准备拍：da5-8 保持准备姿态不动。

① da1-4 右腿 Pas jeté 旁 1 个。da1-2 五位 Demi plié，双臂保持一位舞姿（图1-18-1）；da-3 右腿从后五位擦地往旁踢向空中，同时左腿推地跳起（图1-18-2），右腿收前五位落地 Plié，同时左腿 Cou-de-pied 后（图1-18-3）；da-4 左腿全脚落后五位同时双腿伸直夹紧，双臂保持一位舞姿（图1-18-4）。

图 1-18-1   图 1-18-2   图 1-18-3   图 1-18-4

da5-8 左腿 Pas jeté 旁 1 个。动作同 da1-4 动作。

② da1-4 右腿 Pas jeté 旁 1 个。动作同① da1-4 动作。

da5-8 右腿 Sissonne simple 1 个。5-6 五位 Demi plié，双臂保持一位舞姿（图1-18-5）；da-7 五位 Sauté，左腿落 Demi plié，右腿成 Ccou-de-pied 前，双臂保持一位舞姿（图1-18-6）；da-8 右腿落前五位（图1-18-7），双腿站直夹紧，双臂保持一位舞姿。

③-④左边开始，动作同①-②动作。

图 1-18-5　　　图 1-18-6　　　图 1-18-7

（十九）Sissonne fermée 中跳练习

1. 练习目的与教学内容

Sissonne fermée 既是基本动作的名称，也是动作组合的名称，是双起双落跳的跳跃动作。锻炼身体在空中的快速移动能力、腿的幅度、跳跃的敏捷和推地跃起能力。

在初级阶段 1 的教学内容中，在教室中间学习 Sissonne fermée 往前、往旁、往后的动作做法。

Sissonne fermée

Fermée 原意是"闭合"。它是双腿直腿打开带移动的跳，锻炼身体在空中快速移动和敏捷的跳跃能力。

2. 主要动作的节拍进度与练习要求

Sissonne fermée [西松·弗尔梅] 双起双落的移位跳

节拍：八拍一次

准备拍：da5-8 教室中间，En face 方向，右腿在前站五位，双臂七位；

da1-2 五位 Demi plié；

da3-4 双腿往旁踢腿跳起，往左旁移动，落五位 Demi plié；

da-2 不动；

da5-6 站直；

da7-8 不动。

（同样节拍往前、往后做）

要求：每次跳起，打开的两条腿在空中要伸直，踢出腿的方向要准确，稍后落下的那条腿要保持直地落下，经过点地收五位 Demi plié，不能在落地时先弯膝盖，并且

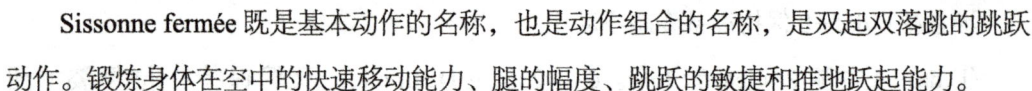

两条腿几乎同时落地收五位 Demi plié。Sissonne fermée 90° 的 Plié 要做得深，移动踢腿要在 90° 以上，落地没有重心的腿收五位可稍稍晚一些，落地 Plié 要柔和。两腿保持外开，脚尖轻盈、柔和地擦地回五位。整个动作要做得连贯、清晰、有力，并往远移动。往前、往后要求一样，注意强调用腿的力量，手臂在跳起至空中不要帮助用力，保持手臂舞姿的自然放松与协调。

3. 组合的动作节拍与做法详解

节拍：$\frac{4}{4}$拍，中速、轻快的

准备姿态：站教室六点，Épaulement croisé 方向，右腿在前站五位，双臂一位，身体对 8 点方向，头转向右旁，眼睛看 1 点方向。

准备拍：da5-6 双臂从一位抬起二位，同时头向左侧稍前倾，眼睛看右手；

da7-8 双臂从二位打开第一 Arabesque 手臂舞姿，同时双腿五位夹紧，身体转向 2 点方向，Effacé 五位，双臂保持第一 Arabesque 手臂舞姿，头随右臂动作，眼睛看 2 点方向（图 1-19-1）。

① da1-2 五位 Demi plié，手臂保持第一 Arabesque 手臂舞姿（图 1-19-2）；

da3-4 Sissonne fermée 第一 Arabesque 1 个。da-3 双腿从五位推地跳起，右腿往前、左腿往后踢向空中，同时往 2 点方向移动（图 1-19-3）；双腿落地五位 Demi plié，双臂持第一 Arabesque 手臂舞姿（图 1-19-4）；da-4 不动；

da5-6 双腿伸直夹紧，双臂保持第一 Arabesque 手臂舞姿；

da7-8 保持舞姿不动。

② da1-6 Sissonne fermée 第一 Arabesque 1 个，动作同① da1-6 动作。

da7-8 双腿五位夹紧，双臂打开右六位（左臂经一位抬二位，同时右臂打开七位），同时头随左臂转向左旁方向（图 1-19-5）。

图 1-19-1   图 1-19-2   图 1-19-3   图 1-19-4

③ da1-2 五位 Demi plié，双臂保持右六位舞姿（图 1-19-6）；

da3-4 Sissonne fermée effacé 前 1 个。da-3 双腿从五位推地跳起，右腿往前、左腿往后踢向空中，同时往 6 点方向移动（图 1-19-7），双腿落地五位 Demi plié，双臂保持右六位舞姿（图 1-19-8）；da-4 不动；

图 1-19-5　　　　图 1-19-6　　　　图 1-19-7　　　　图 1-19-8

da5-6 双腿五位站直，双臂保持右六位舞姿；

da7-8 双腿五位夹紧，左臂打开七位，头看左旁方向（图 1-19-9）。

④ da1-2 五位 Demi plié，双臂保持七位舞姿（图 1-19-10）；

da3-4 Sissonne fermée écarté 旁 1 个。da-3 双腿从五位推地跳起，右腿、左腿往旁踢向空中，同时往 4 点方向移动（图 1-19-11），落地左脚前五位 Demi plié，双臂保持七位舞姿（图 1-19-12）；da-4 不动；

图 1-19-9　　　　图 1-19-10　　　　图 1-19-11　　　　图 1-19-12

da5-6 双腿站直五位，双臂保持七位舞姿；

da7-8 双腿五位夹紧，双臂七位 Allongé，落下一位，头随左臂动作抬起转向左旁方向，眼睛看 1 点方向。

四、END 尾声

（二十）Révérence 行礼练习

1. 练习目的与教学内容

作为第一个课例的最后一个组合，主要以行礼致谢为主，以表示结束配合不同的舞步、不同组合形式，使这一结束部分更具舞蹈的表演性，并表达对教师的谢意与敬意。

在初级阶段 1 的教学内容中，在教室中间学习 Révérence 女子行礼的动作做法；学习 Pas balancé 的舞步。

（1）Révérence

Révérence 原意有"尊敬、恭敬"和"（妇女的）屈膝礼"之意，我们称为"行礼"。古典芭蕾的行礼分女子礼和男子礼，它可以作为单独的动作放在课堂训练的最后部分或课前的行礼动作来做。同样在舞台上，演员们在一段舞蹈表演结束后，都会走到舞台前面向观众行礼致谢。

（2）Pas balancé

Balancé 原意为"平衡"，是一种摇摆步，用指双脚轮流交替变换重心，从一脚到另一脚的左右摇摆动作，很像华尔兹舞步。它训练身体自如随意的协调性，锻炼初步的舞蹈意识。作为一种舞台形式的舞步，特别是女演员在舞蹈中使用较多，除作为独立的舞步外，它还作为辅助动作起到连接的作用。

2. 主要动作的节拍进度与练习要求

（1）Révérence [勒韦朗斯] 行礼

节拍：四拍一次

准备拍：da5—8 教室中间，Épaulement croisé 方向，右腿后点地，双臂小七位 Allongé，身体对 2 点方向，头看正面 En face 方向；

da—1 右腿迈步旁；

da—2 左腿收回擦出 Croisé 后点地；

da—3 屈膝行礼；

da—4 站直。

要求：保持身体与手臂的正确姿态，屈膝行礼时双腿转开，动作要做得连贯，过程中保持重心的平衡，行礼时面部略带微笑，表情自然。加入手臂动作时，要注意手臂的运动路线，使手臂动作做得优美、准确。

（2）Pas balancé [帕·巴朗塞] 摇摆步

节拍：一小节一次

准备拍：da5-7 教室中间，Épaulement croisé 方向，右腿后点地，双臂小七位 Allongé，对 2 点方向，头看正面 En face 方向；8dada- 五位 Demi plié，右腿往旁擦出；

1dada- 右腿往旁迈步落地成 Demi plié，左腿同时收 Cou-de-pied 后，左腿在后五位踩半脚尖，右腿在前离地绷直脚背，右腿落前五位上成 Demi plié，左腿同时成 Cou-de-pied 后。

要求：第一条腿向旁擦出时，要经过擦地的过程，腿要快速伸直膝盖，绷紧脚背、脚尖。接着沿着地面往远迈步，稍带一点跳跃。落地后第二条腿要快速收到 Cou-de-pied 后的位置上，过程要做得连贯、轻快，要保持双腿的外开和弹性。强调动作过程中头、手、脚的协调配合。

3. 组合的动作节拍与做法详解

节拍：$\frac{3}{4}$ 拍，稍快速的

准备姿态：教室中间，Épaulement croisé 方向，右腿后点地，双臂小七位 Allongé，身体对 2 点方向，头看正面 En face 方向（图 1-20-1）。

准备拍：da5-8 身体和手臂保持舞姿不动。

① da- 右腿从后往旁擦出，同时身体变成 En face，身体向右旁倾，头转向右旁，看右手。

1dada-Pas balancé 往右 1 个。1- 右腿往右旁迈步落地 Plié，同时左腿收 Cou-de-pied 后（图 1-20-2）；da- 左腿伸直踩落后五位半脚尖，同时右腿绷脚伸直在左腿前面，双臂保持小七位 Allongé 舞姿（图 1-20-3）；da- 右腿落地 Plié（图 1-20-4），左腿从后向旁擦出，同时头转向左旁，看左手。

2dada-Pas balancé 往左 1 个；动作同① 1dada- 动作。

da3-4 Pas balancé 往右、往左各 1 个；动作同① 1-2 动作。

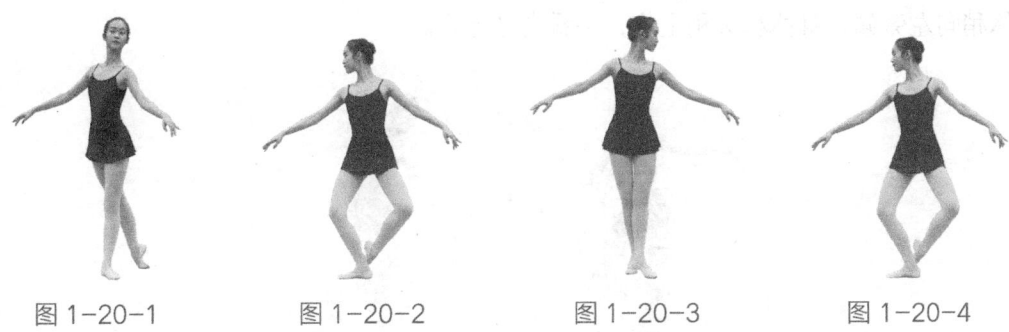

图 1-20-1   图 1-20-2   图 1-20-3   图 1-20-4

da5-8 Révérence 往右。da-5 右腿擦地往旁（图 1-20-5），往旁迈步，左腿绷脚成旁点地，上身保持小七位 Allongé 舞姿，头看 1 点方向（图 1-20-6）；da-6 左腿经一位往后擦出成 Croisé 后点地，身体对 8 点方向，上身保持小七位 Allongé 舞姿，头看 1 点方向（图 1-20-7）；da-7 右腿 Plié 同时双膝向旁打开，屈膝行礼，上身微微前屈，头部微微点头，双臂保持小七位 Allongé 舞姿（图 1-20-8）；da-8 站直，保持舞姿不动。

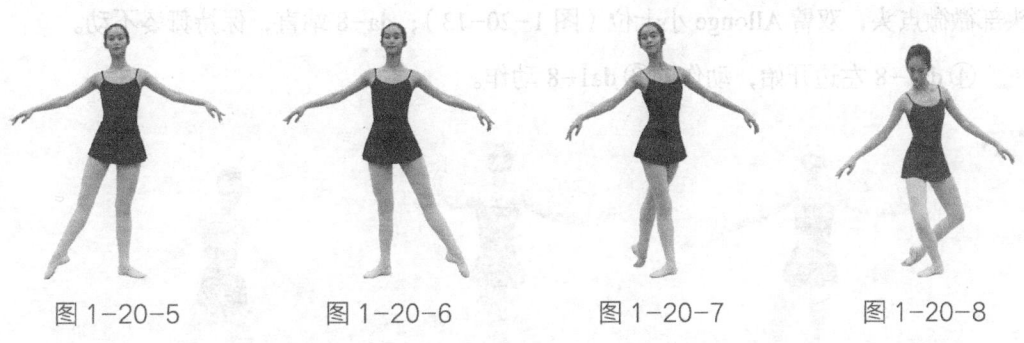

图 1-20-5   图 1-20-6   图 1-20-7   图 1-20-8

② da1-8 左边开始，动作同① da1-8 动作。

③ da- 右腿从后往旁 2 点方向擦出，同时身体变成 Écarté 方向，身体稍向左旁倾，身体和头稍上仰，头看右旁上方。

1dada-Pas balancé 往右 1 个，在 Écarté 方向上。右腿往旁迈步落地 Plié，同时左腿收 Cou-de-pied 后（图 1-20-9）；左腿伸直踩落后五位半脚尖，同时右腿绷脚伸直在左腿前面，双臂保持小七位 Allongé 舞姿；右腿落地 Plié，左腿从后向旁擦出，身体稍向右旁倾，身体和头稍上倾，头看右旁下方。

2dada-Pas balancé 往左 1 个，在 Écarté 方向上。左腿往旁迈步落 Plié，同时右腿收 Cou-de-pied 后（图 1-20-10）；右腿伸直踩落后五位半脚尖，同时左腿绷脚伸直在左腿前面，双臂保持小七位 Allongé 舞姿；左腿落地 Plié，右腿从后向旁擦出，身体稍向左旁倾，身体和头稍上仰，头看右旁上方。

图 1-20-9   图 1-20-10

3-4 Pas balancé 往右、往左各 1 个；动作同③ 1-2 动作。

da5-8 Révérence 往右。da-5 右腿擦地往旁，往旁迈步，左腿绷脚成旁点地，同时右臂经一位、二位，打开七位，头看 1 点方向（图 1-20-11）；da-6 左腿经一位往后擦出成 Croisé 后点地，身体对 8 点方向，同时左臂经一位、二位，打开七位，头看 1 点方向（图 1-20-12）；da-7 右腿 Plié 同时双膝向旁打开，屈膝行礼，上身微微前屈，头部微微点头，双臂 Allongé 小七位（图 1-20-13）；da-8 站直，保持舞姿不动。

④ da1-8 左边开始，动作同③ da1-8 动作。

图 1-20-11   图 1-20-12   图 1-20-13

初级阶段 2：第二课例

本课例视频
汇总

练习总任务：

本阶段课程是普及类学生发展程度的练习，是在初步掌握基础动作与方位认知上的难度递进。要开始用单手扶把和五位脚站立的方式，去完成第 1 阶段一位脚站立的所有基础动作与节拍要求，要加强对于肌肉和韧带的增幅练习，要提升对于身体形态变化和重心平衡支撑的拓展练习。

单手扶把练习部分，最终要进入到两拍与四拍一次分解体做法交替进行的学习程度。中间部分要开始在 Épaulement（侧身）姿态上去学习 Croisé（交叉）、Effacé（敞开）等更多舞姿的练习，增强对舞蹈方位认知和舞姿变化的更多掌握。跳跃部分的练习，所有动作也进入到一拍和两拍一次的程度练习，并开始学习简单形式的两次连续跳跃，为后续连续多次的丰富跳跃打好必要的基础。同时，学习 Pas de bourrée 和 Pas de basque 等舞步动作，也逐步为动作与动作之间的连接和辅助做好准备。

注意按照教学和学习的必要步骤，每一个动作都需要在完成各自的单一和多次练习之后，才彼此组合在一起做综合练习。

一、BARRE 扶把部分

（一）Warm up 热身练习

1. 练习目的与教学内容

初级阶段 2 在初级阶段 1 的教学内容基础上，继续让学生掌握正确的身体基本站立姿态，继续在一位脚位上练习往旁、往前、往后的 Battement tendu 动作，学习 Battement tendu pour le pied（压脚的）、Battement tendu demi plié，以及手臂和上身 Port de bras 的动作练习，使身体得到全面的活动。

2. 主要动作的节拍进度与练习要求

（1）Battement tendu 擦地

节拍：两拍一次

准备拍：da5-8 双手扶把，双腿站一位；

da-1 右腿擦出旁点地；

da-2 收回一位。

（同样节拍往前、往后做）

要求：动作腿往旁、往前和往后擦出，都要经全脚、半脚掌擦地，最后绷脚趾点地；收回时经半脚掌、全脚着地擦回。擦地的过程中不要有任何停顿，双腿要最大限度地伸直和转开。注意动作腿往前擦出，脚后跟主动带着擦出；收回时脚尖带着擦回，其他要求同旁的做法。动作腿往旁、往后擦出，脚尖主动带着擦出；收回时脚后跟带着擦回。擦回时尽可能早地落下脚后跟，使大腿内侧肌肉得到锻炼。

（2）Battement tendu pour le pied（压脚的）带压脚的擦地

节拍：四拍一次

准备拍：da5-8 双手扶把，双腿站一位；

da-1 右腿擦出旁点地；

da-2 落全脚二位；

da-3 右腿绷脚旁点地，重心移到支撑腿；

da-4 收回一位。

要求：动作腿往旁擦出，经过落半脚掌，落全脚，同时移动重心落成全脚二位，之后再经推半脚掌，推绷脚趾点地，同时移动重心回到支撑腿上。落压脚时，要提胯，并注意动作过程中重心的移动和转换。

（3）Battement tendu demi plié [巴特芒·唐究·德米·普利埃] 带蹲的擦地

节拍：四拍一次

准备拍：da5-8 双手扶把，双腿站一位；

da-1 右腿出旁点地；

da-2 落二位同时 Demi plié；

da-3 右腿绷脚点地，同时重心移到左腿；

da-4 收回一位。

要求：动作腿往旁擦出，经过落半脚掌，落全脚，同时移动重心到双腿上做二位 Demi plié，之后动作腿再推地伸直绷脚点地，重心在支撑腿站直同时移回到支撑腿上。落二位 Demi plié 时，上身躯干要上提，保持双膝外开，注意动作过程中重心的移动和转换。

（4）Port de bras [波·德·勃拉] 手臂舞姿与身体前、后、旁腰。

节拍：八拍一次

准备拍：da5-8 双手扶把，双腿站一位。

da1-2 右臂从扶把位置经二位打开七位，抬起三位；

da3-4 上身往左下旁腰；

da5-6 身体拉直，手臂打开七位；

da7-8 右臂七位 Allongé，放回把杆位置。

要求：这个动作是手臂动作和上身旁腰动作结合在一起的练习。在身体往旁下腰时，手臂保持三位舞姿形态，上身下腰要正对自己的身体侧旁方向，头在动作过程中随右臂的动作运动，下腰时头转向下腰一侧，身体保持双肩平行，肩部不要有前后的扭转。所有动作随着音乐而舒展，保持头、手臂、上身在动作过程中的协调。

3. 组合的动作节拍与做法详解

节拍：$\frac{4}{4}$ 拍，稍慢速

准备姿态：站在把杆前面，Épaulement croisé 方向，右腿后点地，双臂小七位 Allongé，身体对 2 点方向，头转向 En face，眼睛看 1 点方向。

准备拍：da1-2da- 右腿往旁迈步，同时身体转成 En face，左腿 Plié；1- 右腿往 3 点迈步重心站到右腿上，左腿绷脚旁点地，双臂保持小七位 Allongé 舞姿，头看 1 点方向；da-2 左腿经收一位擦地往后，左腿绷脚 Croisé 后点地，身体对 8 点方向，头转向 En face，眼睛看 1 点方向。

da3-4 保持舞姿，屈膝行礼，站直。

da5-6 保持上身舞姿，从左脚开始往旁迈步半脚尖，快速走四步，走向把杆。

da7-8 面对把杆，双手扶把，双腿落全脚站好一位，头看正前方。

① da1-4 右腿 Battement tendu 往旁 2 个。da- 重心挪到左腿上；1- 右腿往旁擦出，绷脚旁点地；da-2 右腿经擦地收一位；da3-4 动作同 da1-2 动作。

da5-8 右腿 Battement tendu pour le pied（压脚的）往旁。da-5 右腿往旁擦地，绷脚旁点地（图 2-1-1）；da-6 右腿经落半脚掌（图 2-1-2），落全脚二位，重心放在双腿上（图 2-1-3）；da-7 右腿推地绷脚旁点地，同时重心移回到左腿上站直；da-8 右腿经擦地收一位。

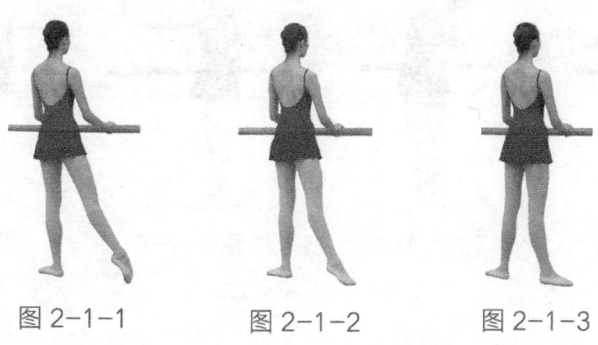

图 2-1-1　　　　　图 2-1-2　　　　　图 2-1-3

② da1-4 右腿 Battement tendu 往旁 2 个。动作同① da1-4 动作。

da5-8 右腿 Battement tendu demi plié 往旁。da-5 右腿往旁擦地，绷脚旁点地（图 2-1-4）；da-6 右脚落二位同时二位 Demi plié，重心在双腿上（图 2-1-5）；da-7 右腿推地绷脚旁点地，同时重心移回到左腿上站直；da-8 右腿经擦地收一位。

③ da1-4 右腿 Battement tendu 往前 2 个。da-1 右腿往前擦出，同时头转向右旁；da-2 右腿经擦地收一位；da3-4 动作同 da1-2 动作。

da5-8 右腿 Battement tendu 后 2 个。da-5 右腿往后擦出，同时头转向左旁；da-6

右腿经擦地收一位；da7-8 动作同 da5-6 动作。

④ da1-8 Port de bras 旁腰。da1-2 右臂从扶把变二位，向旁打开七位（图 2-1-6），抬起三位，头随右臂动作，眼睛看右手。da3-4 身体往左旁下旁腰，右臂保持三位，同时头转向左旁（图 2-1-7）。da5-6 身体拉直，右臂保持三位同时头转向右旁，看右手；da-6 右臂打开七位（图 2-1-8）。da7-8 右臂七位 Allongé（图 2-1-9），放回把杆，回到双手扶把身体姿态，同时头转回 En face 方向。

⑤ – ⑧ 左腿开始，动作同① – ④动作。

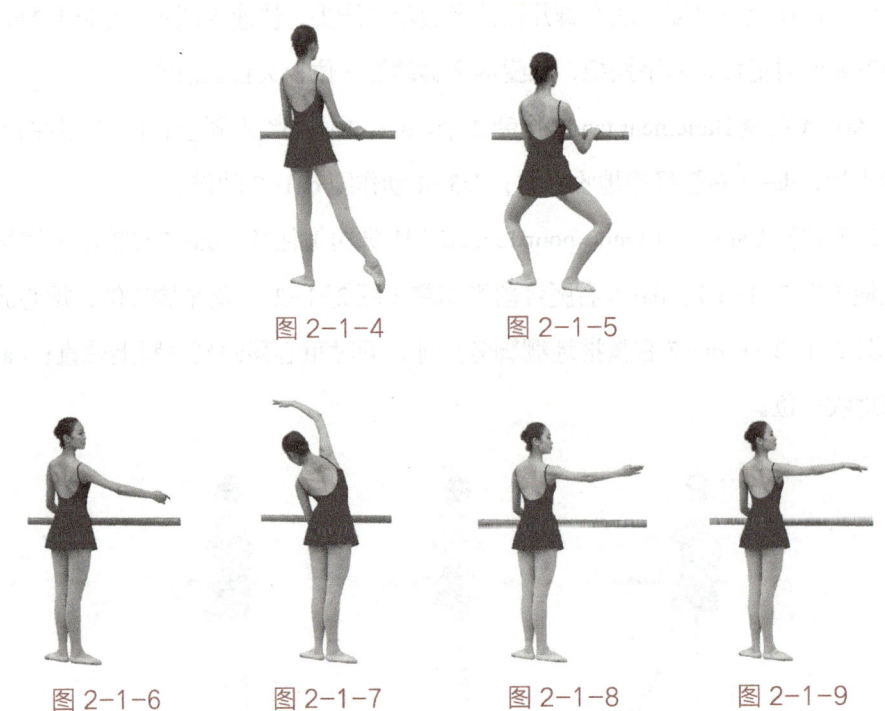

图 2-1-4   图 2-1-5

图 2-1-6   图 2-1-7   图 2-1-8   图 2-1-9

（二）Plié 蹲起练习

1. 练习目的与教学内容

初级阶段 1 的教学内容在初级阶段 2 课例 Demi plié 动作的基础上，加入 Grand plié，加入 Port de bras 上身的下腰动作，进一步锻炼整个身体的力量和柔韧性，手臂动作和腿部动作配合运动，手臂动作和上身下腰配合运动，训练身体的协调性与舞蹈感。

Grand plié

原意为"全蹲、大蹲"。Grand plié 在平时的训练中非常重要，它起到训练大腿肌肉的力量和身体控制能力的作用。

2. 主要动作的节拍进度与练习要求

（1）Demi plié [德米·普利埃] 半蹲

节拍：两拍一次

准备拍：da5-8 单手扶把，双腿站一位，右臂一位；右臂经二位打开七位；

da-1 双腿下蹲，同时手臂落下一位；

da-2 起直，同时手臂抬起二位。

要求：在下蹲和站起中加入手臂的动作，动作过程中双腿保持全脚着地，下蹲在最低点时脚跟不离地，不要有停顿，双腿双膝保持最大限度的外开。身体后背要直立挺拔，手臂动作与腿的屈伸动作要协调，动作平稳流畅，节拍连贯准确。

（2）Grand plié [格朗·普利埃] 全蹲

节拍：四拍一次

准备拍：da5-8 单手扶把，双腿站一位，右臂一位；右臂经二位打开七位；

da-1 双腿半蹲；

da-2 全蹲；

da-3 回到半蹲；

da-4 站直。

要求：双腿在一位或五位、四位脚位开始下蹲，动作过程中经过半蹲继续下蹲到全蹲，在最低点时脚跟稍离地，不要有停顿马上落下脚跟，回到半蹲，最后站直。做二位脚位全蹲时整个动作中脚后跟都不离地。双腿双膝保持最大限度的外开。身体后背要直立挺拔，动作要平稳流畅，节拍要连贯准确。

（3）Port de bras [波·德·勃拉] 手臂舞姿和上身的前、旁、后腰

节拍：四拍一次

准备拍：da5-8 单手扶把，双腿站一位，右臂一位；右臂经二位打开七位；

da1-2 上身下前腰，同时右臂从七位落下一位到二位；

da3-4 上身拉直，手臂二位。

要求：这个动作是手臂动作和上身下腰动作结合在一起的练习。在身体往前下腰和起来拉直时保持后背的挺直，往旁下腰、往后下腰保持上身双肩平正、防止扭转，头在动作过程中随右臂的动作运动。所有动作随着音乐而舒展，保持头、手臂、上身

在动作过程中的协调。

3. 组合的动作节拍与做法详解

节拍：$\frac{6}{8}$拍，中速

准备姿态：单手扶把，双腿站一位，右臂一位，头转向右旁方向。

准备拍：da5-6 右臂从一位打开小七位 Allongé，落回一位，头随右臂动作，眼睛看右手。

da7-8 右臂从一位抬起二位，同时头向左侧稍前倾，右臂打开七位，眼睛看右手，头随右臂动作转向右旁。

① da1-2 一位 Demi plié 2 个。da- 右臂七位 Allongé；1- 双腿下蹲，同时右臂从七位落下一位，头随右臂动作，眼睛看右手；da-2 双腿伸直夹紧，右臂从一位抬起二位，头随右臂动作，眼睛看右手；da-3 双腿下蹲，同时右臂从二位打开七位，头随右臂动作，眼睛看右手；da-4 双腿伸直夹紧，右臂保持七位，头看向右旁。

da5-8 一位 Grand plié。da5-6 双腿下蹲经过 Demi plié（图 2-2-1），继续蹲到 Grand plié，右臂保持七位舞姿（图 2-2-2）；da7-8 双脚落脚跟，双腿经过 Demi plié 位置（图 2-2-3），向上拉起伸直，最后站直夹紧双腿，右臂保持七位舞姿。

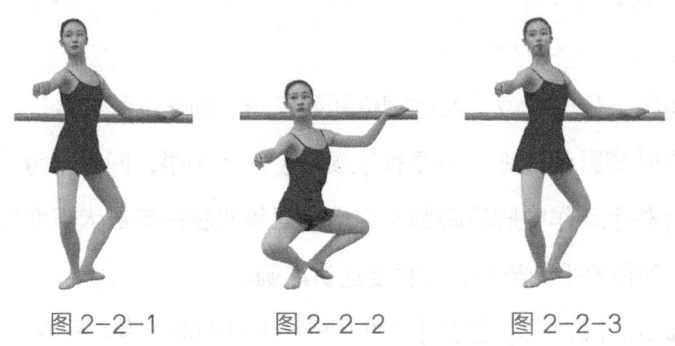

图 2-2-1   图 2-2-2   图 2-2-3

② da1-4 Port de bras 前腰。da- 右臂七位 Allongé，眼睛看右手；1-2 身体往前下腰，同时右臂落下，经一位到二位，头随右臂动作，眼睛看右手（图 2-2-4）；da3-4 身体向上拉起站直，右臂保持二位，眼睛看右手。

da5-6 身体保持直立不动，右臂从二位打开到七位，头随右手动作转向右旁。

da7-8 右腿 Battement tendu 往旁落二位。da-7 右腿往旁擦出，绷脚点地，右臂保持七位舞姿不动；da-8 右腿全脚落下二位，重心放到两条腿上，右臂保持七位舞姿。

③ da1-4 二位 Demi plié 2 个。动作同① da1-4 动作。

da5-8 二位 Grand plié。da5-6 双腿下蹲经过 Demi plié，继续蹲到 Grand plié，双脚脚跟踩住地面，右臂保持七位舞姿；da7-8 双腿经过 Demi plié，向上拉起伸直，最后双腿站直，右臂保持七位舞姿。

④ da1-6 Port de bras 旁腰。da- 右臂七位 Allongé，眼睛看右手；1-4 右臂抬起三位，头随右臂动作，眼睛看右手（图 2-2-5），身体向旁下腰，同时头转向左边；da5-6 身体向上拉起站直，同时右臂从三位手打开七位，头随右臂动作，眼睛看右手。

da7-8 右腿 Battement tendu 收前五位。da-7 右脚推地绷脚旁点地，同时身体重心移回到左腿上；da-8 右腿收前五位，右臂保持七位舞姿。

⑤ da1-4 五位 Demi plié 2 个。动作同① da1-4 动作。

da5-8 五位 Grand plié。动作同① da5-8 动作。

⑥ da1-6 Port de bras 后腰。da- 右臂七位 Allongé，眼睛看右手；1-2 右臂从七位落下一位，抬起二位；da3-4 身体向后下腰，右臂保持二位，头转向右旁方向（图 2-2-6）；da5-6 身体向上拉直，右臂保持二位舞姿。

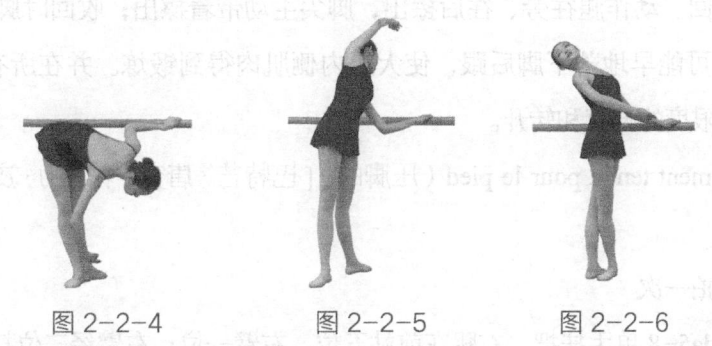

图 2-2-4　　　　　　图 2-2-5　　　　　　图 2-2-6

da7-8 右腿 Battement tendu 往前落四位。da-7 右腿往前擦出，绷脚点地，右臂从二位打开七位；da-8 右腿全脚落下四位，重心放到两条腿上，右臂保持七位舞姿。

⑦ da1-4 四位 Demi plié 2 个。动作同① da1-4 动作。

da5-8 四位 Grand plié。动作同① da5-8 动作。

⑧ da1-8 右臂 Port de bras。da- 右臂七位 Allongé，眼睛看右手；1-2 右臂从七位落下一位，抬起二位，头随右臂动作，眼睛看右手；da3-4 右臂抬起三位，头随右臂动作，眼睛看右手；da5-6 右臂打开七位，头随右臂动作，眼睛看右手；da-7 右臂七位 Allongé，同时右脚推地绷脚前点地；da-8 右腿收回五位，同时右臂落下一位，头随右臂动作，眼睛看右手，头抬起看向右旁方向。

（三）Battement tendu 擦地练习

1. 练习目的与教学内容

在初级阶段 2 的教学内容中，安排了五位脚位单手扶把的 Battement tendu 往旁、往前、往后的基础练习，加入 Battement tendu pour le pied（压脚的）的学习。这些动作都是 Battement tendu 动作的发展，是需要去掌握的动作。

2. 主要动作的节拍进度与练习要求

（1）Battement tendu [巴特芒·唐究] 擦地

节拍：两拍一次

准备拍：da5-8 单手扶把，右腿在前站五位，右臂一位；右臂经二位打开七位；

da-1 右腿擦地往外绷脚点地；

da-2 擦地收五位。

要求：动作腿往旁、往前和往后擦出，都要经全脚、半脚掌擦地，最后绷脚趾点地；收回时经半脚掌、全脚着地擦回。动作腿往前擦出，脚后跟主动带着擦出；收回时脚尖带着擦回。动作腿往旁、往后擦出，脚尖主动带着擦出；收回时脚后跟带着擦回。擦回时尽可能早地落下脚后跟，使大腿内侧肌肉得到锻炼。并在所有的过程中，做到双腿最大限度的伸直和转开。

（2）Battement tendu pour le pied（压脚的）[巴特芒·唐究·普·勒·皮耶] 带压脚的擦地

节拍：四拍一次

准备拍：da5-8 单手扶把，右腿在前站五位，右臂一位；右臂经二位打开七位；

da-1 右腿出旁点地；

da-2 落压脚跟，重心保持在左腿上；

da-3 右腿推绷脚点地；

da-4 收回五位。

要求：做压脚时要注意清晰地完成每一个动作，动作腿往旁擦出，脚经落压半脚掌、落压脚跟，再推绷脚背、脚趾，绷脚点地。压脚时身体重心始终保持在支撑腿上，骨盆要使劲提住，不能因压脚引起晃动，推绷脚的力量要一下绷到头且结实有力。

3. 组合的动作节拍与做法详解

节拍：$\frac{2}{4}$ 拍，稍慢速

准备姿态：单手扶把，右腿在前站五位，右臂一位，头转向右旁方向。

准备拍：da5-6 右臂从一位打开小七位 Allongé，落回一位，头随右臂动作，眼睛看右手；

da7-8 右臂从一位抬起二位，同时头向左侧稍前倾，右臂打开七位，眼睛看右手，头随右臂动作转向右旁方向（图 2-3-1）。

① da1-4 右腿 Battement tendu 往前。da1-2 右腿擦地往前，绷脚前点地，右臂保持七位舞姿（图 2-3-2）；da3-4 右腿擦地收回五位。

da5-8 右腿 Battement tendu 往前 2 个。da-5 右腿擦地往前，绷脚前点地，右臂保持七位舞姿；da-6 右腿擦地收回五位；da7-8 动作同 da5-6 动作。

② da1-4 右腿 Battement tendu 往旁。da1-2 右腿擦地往旁，绷脚旁点地，同时头转向 En face，右臂保持七位舞姿（图 2-3-3）；da3-4 右腿擦地收后五位。

da5-8 右腿 Battement tendu 往旁 2 个。da-5 右腿擦地往旁，绷脚旁点地，右臂保持七位舞姿；da-6 右腿擦地收前五位；da7-8 动作同 da5-6 动作；右腿擦地收后五位。

③ da1-4 右腿 Battement tendu 往后。da1-2 右腿擦地往后，绷脚后点地，同时头转向右旁方向，右臂保持七位舞姿（图 2-3-4）；da3-4 右腿擦地收五位。

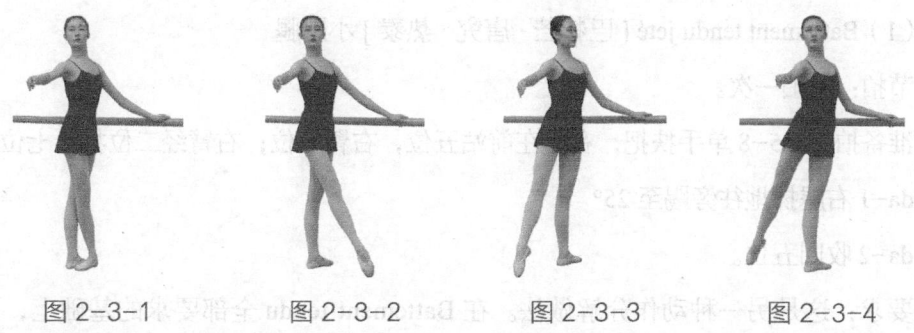

图 2-3-1　　　　图 2-3-2　　　　图 2-3-3　　　　图 2-3-4

da5-8 右腿 Battement tendu 往后 2 个。da-5 右腿擦地往后，绷脚后点地，头手保持七位舞姿；da-6 右腿擦地收五位；da7-8 动作同 da5-6 动作。

④ da1-8 右腿 Battement tendu pour le pied（压脚跟的）往旁 2 个。da-1 右腿擦地往旁，重心保持在左腿上（图 2-3-5）；da-2 右腿经落压半脚掌（图 2-3-6），落压

全脚（不移重心），同时头转向 En face 方向，头手保持七位舞姿（图 2-3-7）；da-3
右腿推地绷脚，旁点地（图 2-3-8）；da-4 右腿擦地收后五位，头手保持七位舞姿；
da5-8 动作同 da1-4 动作；右腿收前五位。

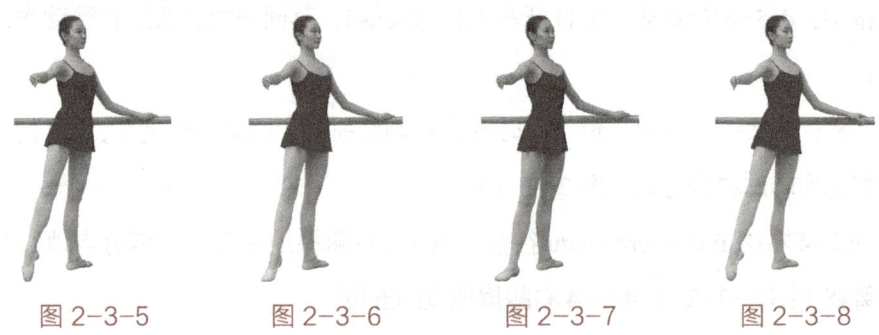

| 图 2-3-5 | 图 2-3-6 | 图 2-3-7 | 图 2-3-8 |

结束拍：da7-8 右臂经七位 Allongé，落下一位，头随右臂动作，眼睛看右手，头
抬起看右旁方向。

（四）Battement tendu jeté 小踢腿练习

1. 练习目的与教学内容

初级阶段 2 在初级阶段 1 的基础上，学习五位脚位单手扶把的 Battement tendu
jeté 往前、往旁、往后的基础练习，学习 Battement tendu jeté pointé 在不同方向上做。
这个动作是 Battement tendu jeté 动作的发展，是需要去掌握的基础动作。

2. 主要动作的节拍进度与练习要求

（1）Battement tendu jeté [巴特芒·唐究·热泰] 小踢腿

节拍：两拍一次。

准备拍：da5-8 单手扶把，右腿在前站五位，右臂一位；右臂经二位打开七位；

da-1 右腿擦地往旁踢至 25°；

da-2 收回五位。

要求：这是另一种动作分解做法。在 Battement tendu 全部要求的基础上，强调
动作腿擦地到最远处脚尖才能离地，踢到空中 25° 的高度，在空中要有停顿并继续
延伸。收回时，脚尖还要经过点地最远端的位置，然后经过擦地的全过程收回到五
位脚。动作腿踢出去时，要特别注意支撑腿和躯干的稳定，不要摇晃，躯干要保持
正直。

（2）Battement tendu jeté pointé [巴特芒·唐究·热泰·普安泰] 带点地的小踢腿

节拍：一拍一次

准备拍：da5-8 单手扶把，右腿在前站五位，右臂一位；右臂经二位打开七位，同时右腿打开旁 25°；

da- 右腿从 25° 落下旁点地；

1- 再踢起旁 25° 的高度停顿。

（同样节拍往前、往后做）

要求：在 Battement tendu jeté 的全部要求基础上，躯干和支撑腿保持稳定并有力地收紧上提，强调动作腿在点地和踢起时，始终保持整条腿的收紧和绷直转开，用力伸直膝盖、绷紧脚踝和脚趾，点地时也不能松懈。点地动作要做得短促有力，不要在地面上停留，一触地就迅速踢回到空中。

3. 组合的动作节拍与做法详解

节拍：$\frac{4}{4}$ 拍，快速

准备姿态：单手扶把，右腿在前站五位，右臂一位，头转向右旁方向。

准备拍：da5-6 右臂从一位打开小七位 Allongé，落回一位，头随右臂动作，眼睛看右手；

da7-8 右臂从一位抬起二位，同时头向左侧稍前倾，右臂打开七位，眼睛看右手，头随右臂动作转向右旁方向。

① da1-8 右腿 Battement tendu jeté 往前 2 个。da1-2 右腿经擦地往前踢前腿 25°，右臂保持七位舞姿；da-3 右腿落下，绷脚前点地；da-4 右腿擦地收回五位；da5-8 动作同 da1-4 动作。

② da1-4 右腿 Battement tendu jeté 往前 2 个。da-1 右腿经擦地往前踢前腿 25°，右臂保持七位舞姿；da-2 右腿经擦地收后回五位；da3-4 动作同 da1-2 动作。

da5-8 右腿 Battement tendu jeté pointé 往前 2 个。da-5 右腿经擦地往前踢前腿 25°，右臂保持七位舞姿；da-6 右腿快速点地，踢前腿 25°；da-7 动作同 da-6 动作；da-8 右腿经擦地收五位（图 2-4-1）。

③ da1-8 右腿 Battement tendu jeté 往旁 2 个。da1-2 右腿经擦地往旁踢旁腿 25°，同时头转向 En face 方向，右臂保持七位舞姿（图 2-4-2）；da-3 右腿落下，绷脚旁点地（图 2-4-3）；da-4 右腿擦地收后五位（图 2-4-4）；da5-8 动作同 da1-4 动作；

da-8 右腿收前五位。

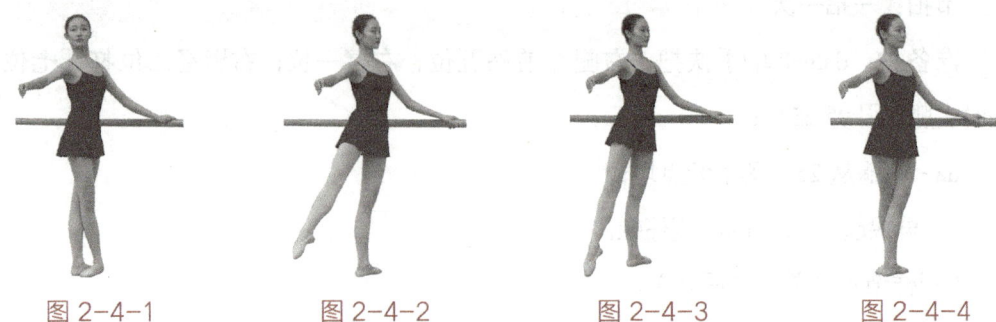

图 2-4-1　　　　　　图 2-4-2　　　　　　图 2-4-3　　　　　　图 2-4-4

④ da1-4 右腿 Battement tendu jeté 往旁 2 个。da-1 右腿经擦地往旁踢旁腿 25°，右臂保持七位舞姿；da-2 右腿经擦地收后五位；da3-4 动作同 da1-2 动作；da-4 右腿收前五位。

da5-8 右腿 Battement tendu jeté pointé 旁 2 个。da-5 右腿经擦地往旁踢旁腿 25°（图 2-4-5），右臂保持七位舞姿；da-6 右腿快速点地（图 2-4-6），踢旁腿 25°（图 2-4-7）；da-7 动作同 da-6 动作；da-8 右腿经擦地收后五位。

图 2-4-5　　　　　　图 2-4-6　　　　　　图 2-4-7

⑤ da1-8 右腿 Battement tendu jeté 往后 2 个。da1-2 右腿经擦地往后踢后腿 25°，同时头转向右旁方向，右臂保持七位舞姿；da-3 右腿落下，绷脚后点地；da-4 右腿擦地收五位；da5-8 动作同 da1-4 动作。

⑥ da1-4 右腿 Battement tendu jeté 往后 2 个。da-1 右腿经擦地往后踢后腿 25°，右臂保持七位舞姿；da-2 右腿经擦地收五位；da3-4 动作同 da1-2 动作。

da5-8 右腿 Battement tendu jeté pointé 往后 2 个。da-5 右腿经擦地往后踢后腿 25°，右臂保持七位舞姿；da-6 右腿快速点地，踢后腿 25°；da-7 动作同 da-6 动作；da-8 右腿经擦地收五位。

⑦ da1-8 右腿 Battement tendu jeté 往旁 4 个。da-1 右腿经擦地往旁踢旁腿 25°，

同时头转向 En face 方向，右臂保持七位舞姿；da-2 右腿经擦地收前五位；da3-4 动作同 da1-2 动作，da-4 右腿收后五位；da5-8 动作同 da1-4 动作。

⑧ da1-6 右腿 Battement tendu jeté 往旁 3 个。动作同⑦ da1-6 动作。

da7-8 五位 Demi plié。da- 右臂七位手 Allongé；7- 双腿下蹲，同时右臂从七位落下一位，头随右臂动作，眼睛看右手；da-8 双腿伸直，右臂保持一位，头抬起看右旁方向。

（五）Rond de jambe 划圈练习

1. 练习目的与教学内容

在初级阶段 2 的教学内容中，继续学习一位脚位单手扶把的 Rond de jambe par terre 的学习，往前、往旁、往后划 1/2 圈的基础练习，学习 Rond de jambe par terre plié、Port de bras 的学习。

Rond de jambe par terre plié

在 Rond de jambe par terre 基础上加入 Plié，进一步锻炼支撑腿的稳定性及动作腿的灵活性，加大髋关节的活动幅度。

2. 主要动作的节拍进度与练习要求

（1）Rond de jambe par terre [隆 · 德 · 让 · 巴 · 泰尔] 在地上的划圈

节拍：两拍一次（划 1/2 圈）

准备拍：da5-8 单手扶把，双腿站一位，右臂一位；右臂经二位打开七位；

da-1 右腿擦出前点地；

da- 划旁；

2- 划后。

要求：在划圈的过程中双腿保持充分的外开，动作腿在经过的每一个点上都要转开到最大限度。躯干摆正，胯不能随着腿的环动而晃动，支撑腿要非常用力地踩住地板，要保持胯部的稳定。做 En dehors 划圈时，用脚尖带着主动向后划，同时感觉脚后跟要向前顶着划。做 En dedans 划圈时，要向前推着脚跟并带动向前划。脚尖始终贴在地面上做，不要抬离开地面，圈要划得连贯平稳。

（2）Rond de jambe par terre plié [隆 · 德 · 让 · 巴 · 泰尔 · 普利埃] 在蹲的划圈

节拍：四拍一次

准备拍：da5-8 单手扶把，双腿站一位，右臂一位；右臂经二位打开七位；

da-1 一位 Plié；

da-2 右腿擦地往前；

da-3 划到旁，同时左腿伸直；

da-4 收一位。

要求：Plié 时重心在双腿上，动作腿打开前腿同时重心移动到支撑腿上。动作腿在划圈时要求转开、伸直、拉长，脚尖绷紧往远划。注意躯干的摆直，两胯固定不动，从前向旁划圈时要加深 Plié，后背收紧，上身始终提住，站直时重心保持在支撑腿一边。

（3）Port de bras（带点地舞姿）[波·德·勃拉] 在点地舞姿上的手臂动作和上身前、后、旁腰

节拍：① 四拍一次（前腰）

准备拍：da5-8 单手扶把，双腿站一位，右臂一位；右臂经二位打开七位；

da1-2 右腿前点地，上身往前下腰，同时支撑腿 Plié；

da3-4 拉直上身，同时左腿站直。

② 四拍一次（后腰）

da1-2 右腿前点地，上身往后下腰；

da3-4 拉直上身。

要求：往前下腰时后背收紧拉直往远下，双腿要用力伸直转开，重心不要往后扯，往前弯腰时注意不要驼背，拉起站直后背还是要往远伸长。向后弯腰时不要出现耸肩缩脖、塌腰腆胯的形态，手臂保持舞姿跟随着下腰动作。往前、往后下腰双肩要摆正，双腿伸直，保持重心的垂直，胯收紧向上提起，收紧腹肌、臀肌，保持准确的手臂形态。往前、往后下腰重心都始终保持在支撑腿上，前腿绷直脚尖轻轻点在地上。动作过程手臂动作的运动路线要清楚，手臂形态松弛优美，头、眼跟随手臂的动作运动，动作协调配合。

3. 组合的动作节拍与做法详解

节拍：$\frac{3}{4}$ 拍，稍快速

准备姿态：单手扶把，右腿在前站五位，右臂一位，头转向右旁方向。

准备拍：da5-6 右臂从一位打开小七位 Allongé，落下一位，头随右臂动作，眼睛看右手；

da7-8 右臂从一位抬起二位，同时头向左侧稍前倾，右臂打开七位，眼睛看右手，头随右臂动作转向右旁。

① da1-4 右腿 Rond de jambe par terre en dehors。da-1 右腿经擦地往前，绷脚前点地，右臂保持七位舞姿；da-2 右腿划旁；da-3 右腿划后；da-4 右腿经擦地收回一位。

da5-8 右腿 Rond de jambe par terre en dehors 2 个。da-5 右腿经擦地往前，绷脚前点地，右臂保持七位舞姿；da-6 右腿划旁、划后。da7-8 动作同 da5-6 动作。

② da1-4 右腿 Demi rond de jambe par terre plié en dehors 往前划旁。da-1 右腿收回一位同时双腿 Plié，右臂保持七位舞姿（图 2-5-1）；da-2 右腿经擦地往前，绷脚前点地（图 2-5-2）；da-3 右腿从前划到旁同时左腿站直，头转向 En face 方向（图 2-5-3）；da-4 右腿经擦地收回一位（图 2-5-4）。

图 2-5-1   图 2-5-2   图 2-5-3   图 2-5-4

da5-8 右腿 Demi rond de jambe par terre plié en dehors 往旁划后。da-5 双腿一位 Plié，右臂保持七位舞姿（图 2-5-5）；da-6 右腿经擦地往旁，绷脚旁点地（图 2-5-6）；da-7 右腿从旁划到后同时左腿站直，头转向右旁（图 2-5-7）；da-8 右腿经擦地收回一位。

③-④右腿 En dedans 做，动作同①-②动作。

⑤ da1-4 Port de bras 前腰。da- 右臂七位 Allongé；1-2 上身往前下腰，右臂在身体往前下腰同时经过一位到二位；da3-4 身体向上拉直到直立体态，手臂在身体向上拉起同时抬起三位，头随右臂动作，头抬起看右手。

da5-8 Port de bras 后腰。da5-6 右臂保持三位，上身往后下胸腰，头看向右旁方向；da7-8 身体拉起成直立体态，右臂在身体快拉直时打开七位。

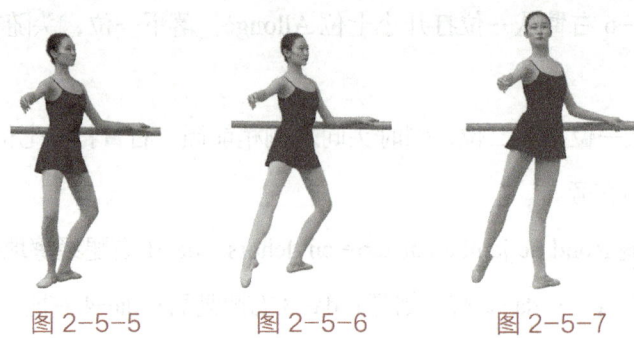

图 2-5-5   图 2-5-6   图 2-5-7

⑥ da1-4 Port de bras 前腰，带点地舞姿和 Plié。da- 右臂七位 Allongé，同时右腿擦地往前，绷脚前点地（图 2-5-8）；1-2 上身往前下腰，右腿保持前点地，同时支撑腿 Plié，右臂落下经过一位、到二位（图 2-5-9）；da3-4 身体向上拉直到直立体态，同时支撑腿站直，右腿保持前点地，右臂二位抬起三位，头随右臂动作，头抬起看右手（图 2-5-10）。

da5-8 Port de bras 后腰。da5-6 上身往后下胸腰，头看右旁方向（图 2-5-11）；da-7 身体拉起成直立体态，右臂在身体快拉直时打开七位；da-8 右臂七位 Allongé，右臂落下一位同时右腿擦地收五位，头随右臂动作，眼睛看右手，头抬起看右旁方向。

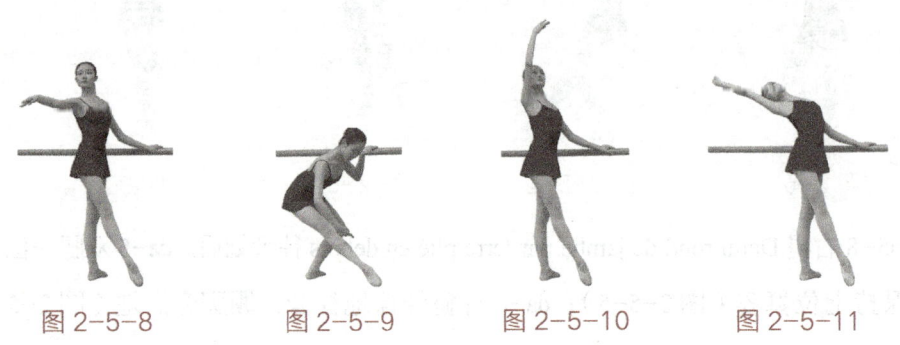

图 2-5-8   图 2-5-9   图 2-5-10   图 2-5-11

（六）Battement fondu 单腿蹲练习

1. 练习目的与教学内容

在初级阶段 2 的教学内容中，学习五位脚位单手扶把的 Battement fondu 往旁、往前、往后的基础动作，学习 Rond de jambe en l`air。

Rond de jambe en l`air

指"腿在空中划圈"。它除了锻炼腿的外开和控制能力外，主要是锻炼膝关节的灵活和小腿运动的自如性。

2. 主要动作的节拍进度与练习要求

（1）Battement fondu [巴特芒·丰究] 单腿蹲

节奏：两拍一次

准备拍：da5-8 单手扶把，右腿在前站五位，右臂一位；右臂经二位打开七位，右腿打开旁点地；

da-1 右腿收 Cou-de-pied 前，同时左腿 Plié；

da-2 左腿站直，同时右腿打开 45°。

要求：注意动作腿从 Cou-de-pied 位置上直接打开到 45°，打开前、旁、后腿的方向要准确。两腿都要同时弯和直，动作的整个过程中要保持双腿的外开。动作腿向前伸出时要留住膝盖，保持外开和大腿的高度，用脚跟和小腿主动推着往前伸直出去，最后向远伸出绷直到脚尖。回来时，用膝盖、脚尖主动带。向旁做时，要用脚背顶着伸出去，回来用脚尖主动带回。向后做时，膝盖要主动打开向后伸出去，收回来时，膝盖继续保持外开用脚后跟主动带回。动作过程中重心始终保持在支撑腿上，Demi plié 时支撑腿要保持外开，防止膝盖往前跪和倒脚，躯干保持平整，动作腿沿着直线伸出和收回。

（2）Rond de jambe en l`air [隆·德·让·昂·莱尔] 在空中的划圈

节拍：两拍一次

准备拍：da5-8 单手扶把，右腿在前站五位，右臂一位；右臂经二位打开七位，右腿打开旁点地；

da-1 右腿收 Passé；

da-2 右腿小腿往前划，划到旁伸直旁腿 45°。

要求：划圈时动作腿大腿保持腿的高度不动，膝关节要松弛，用脚尖带着清楚地划出一个圈来。脚尖要绷紧，并向远伸长整条腿，动作的重拍在伸直打开的那一下上。要注意动作腿保持外开，划圈的过程中不要有任何停顿。支撑腿要保持垂直，胯要摆正，躯干始终向上提起。做 En dehors 和 En dedans 划圈时，注意动作的路线。做 En dehors 小腿直收 Passé，同脚带动小腿划一个椭圆形打开到旁 45°，En dedans 动作路线相反。

3. 组合的动作节拍与做法详解

节拍：$\frac{3}{4}$ 拍，中速

准备姿态：单手扶把，右腿在前站五位，右臂一位，头转向右旁方向。

准备拍：da5-6 右臂从一位打开小七位 Allongé，落下一位，头随右臂动作，眼睛看右手；

da7-8 右臂从一位抬起二位，同时头向左侧稍前倾，右臂打开七位，眼睛看右手，头随右臂动作转向右旁。

① da1-4 右腿 Battement fondu 往前 2 个。da-1 右腿吸起 Cou-de-pied 前，同时左腿 Plié，右臂保持七位舞姿（图 2-6-1）；da-2 左腿站直，同时右腿伸直前腿 45°（图 2-6-2）；da3-4 动作同 da1-2 动作。

da5-8 右腿 Battement fondu 旁 2 个。da-5 右腿收 Cou-de-pied 前，同时左腿 Plié，右臂保持七位舞姿（图 2-6-3）；da-6 左腿站直，同时右腿伸直旁腿 45°（图 2-6-4）；da7-8 动作同 da5-6 动作；右腿收 Cou-de-pied 后（图 2-6-5）。

图 2-6-1   图 2-6-2   图 2-6-3   图 2-6-4

② da1-4 右腿 Rond de jambe en l`air en dehors 2 个。da-1 右腿收 Passé，右臂保持七位舞姿（图 2-6-6）；da-2 右腿小腿往前划，划到旁伸直旁腿 45°（图 2-6-7）；da3-4 动作同 da1-2 动作。

da5-6 右腿落下，绷脚旁点地。

da7-8 右腿擦地收后五位。

③ da1-8 右腿往后做，动作同① da1-8 动作。

④ da1-4 右腿 Rond de jambe en l`air en dedans 2 个。da-1 右腿小腿往前划，收到 Passé；da-2 右腿往旁伸直旁腿 45°；da3-4 动作同 da1-2 动作。

da5-6 右腿落下，绷脚旁点地。

da7-8 右腿擦地收前五位。

图 2-6-5　　　　　　　图 2-6-6　　　　　　　图 2-6-7

（七）Battement frappé 小弹腿练习

1. 练习目的与教学内容

在初级阶段 2 的教学内容中，学习站五位脚位单手扶把的 Battement frappé 往旁、往前、往后打开 25° 的基本动作做法；学习 Battement double frappé 往旁打开 25° 的分解动作做法，继续练习 Petit battement sur le cou-de-pied 小的击打动作。

Battement double frappé

与 Battement frappé 相同。增加动作的难度，进一步锻炼膝关节和小腿的灵活性，脚背的力量和脚尖的锐利。

2. 主要动作的节拍进度与练习要求

（1）Battement frappé [巴特芒·弗拉佩] 小弹腿

节拍：两拍一次

准备拍：da5-8 单手扶把，右腿在前站五位，右臂一位；右臂经二位打开七位，右腿打开旁腿 25°。

da-1 收 Cou-de-pied 前（包脚的）；

da-2 打开旁腿 25°。

（同样节拍往前、往后做）

要求：动作腿做 Battement frappé 时伸出 25° 的高度和收回 Cou-de-pied 的位置准确。强调往前踢出时，膝盖留住，用脚后跟带动向前，回来时膝盖主动往后带着收回。往后伸出和收回时与往前相反。动作过程中保持躯干的稳定，骨盆摆正，后背收紧，双腿保持外开，动作腿打开要迅速有力，在空中伸直绷紧控制住。

（2）Battement double frappé [巴特芒·杜勃尔·弗拉佩] 带打击的小弹腿

节拍：四拍一次

准备拍：da5-8 单手扶把，右腿在前站五位，右臂一位；右臂经二位打开七位，右腿打开旁腿 25°。

da-1 右腿收 Cou-de-pied 前（包脚的）；

da- 小腿向旁打开与地面垂直；

2- 右腿收 Cou-de-pied 后；

3-4 打开旁腿 25°。

要求：动作要求同 Battement frappé 和 Petit battement sur le cou-de-pied 两个动作的全部要求。强调每一个动作都要做得清晰利落，Petit battement sur le cou-de-pied 要做得干净清楚，Battement frappé 做得快速有力。

（3）Petit battement sur le cou-de-pied [珀蒂·巴特芒·絮·勒·库德皮耶] 在脚踝上小的击打

节拍：两拍一次

准备拍：da5-8 单手扶把，右腿在前站五位，右臂一位；右臂经二位打开七位，右腿打开旁腿 25°；

da-1 右腿收 Cou-de-pied 前（包脚的）；

da- 小腿向旁打开与地面垂直；

2- 右腿收 Ccou-de-pied 后。

要求：动作节奏加快，动作的幅度、路线、节奏同样要做得清晰干净。动作腿每次打开收回 Cou-de-pied 前（包脚的）、后的位置要准确，动作过程中大腿保持外开不动，膝关节放松，小腿、脚背绷紧，小腿向旁打开是直进直出，不能前后摆动。支撑腿要很有力地伸直转开，后背收紧控制住，强调躯干和支撑腿的稳定。

3. 组合的动作节拍与做法详解

节拍：$\frac{2}{4}$ 拍，快速

准备姿态：单手扶把，右腿在前站五位，右臂一位，头转向右旁方向。

准备拍：da5-6 右臂从一位打开小七位 Allongé，落下一位，头随右臂动作，眼睛看右手。

da7-8 右臂从一位抬起二位，同时头向左侧稍前倾，右臂打开七位，眼睛看右手，头随右臂动作转向右旁，da-8 右腿抬起 Cou-de-pied 前（包脚的）。

① 1-4 右腿 Battement frappé 往前 2 个。1- 右腿踢前腿 25°，右臂保持七位舞姿（图 2-7-1）；2- 右腿收 Cou-de-pied 前（包脚的）；3-4 动作同 1-2 动作。

5-8 右腿 Battement frappé 往旁 2 个。5- 右腿踢旁腿 25°，同时头转向 En face 方向，右臂保持七位舞姿（图 2-7-2）；6- 右腿收 Cou-de-pied 前（包脚的）；7-8 动作同 5-6 动作，右腿收 Cou-de-pied 后。

② 1-4 右腿 Battement frappé 往后 2 个。1- 右腿踢后腿 25°，同时头转向右旁方向，右臂保持七位舞姿（图 2-7-3）；2- 右腿收 Cou-de-pied 后；3-4 动作同 1-2 动作。

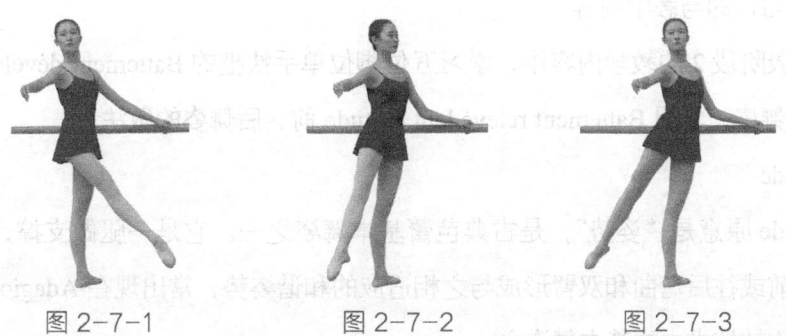

图 2-7-1   图 2-7-2   图 2-7-3

5-8 右腿 Battement frappé 往旁 2 个。5- 右腿踢旁腿 25°，同时头转向 En face 方向，右臂保持七位舞姿；da-6 右腿收 Cou-de-pied 后；7-8 动作同② 5-6 动作；右腿停在空中 25°，右臂保持七位舞姿。

③ 1-4 右腿 Battement double frappé 往旁 1 个。1- 右腿收 Cou-de-pied 前（包脚的），右臂保持七位舞姿（图 2-7-4）；2- 右腿小腿稍向旁打开，Cou-de-pied 后（图 2-7-5）；3- 右腿踢旁腿 25°；4- 右腿停在空中 25°（图 2-7-6）。

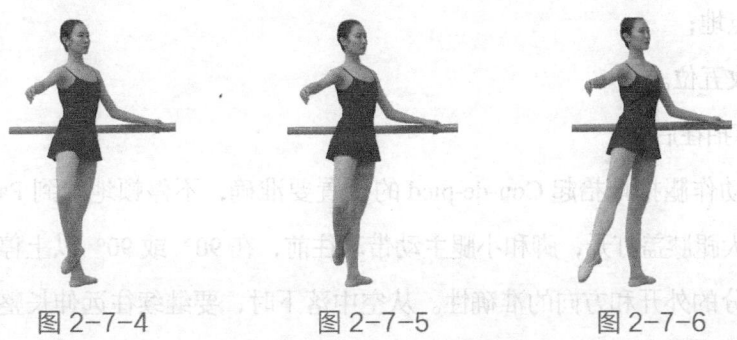

图 2-7-4   图 2-7-5   图 2-7-6

5-8 右腿 Battement double frappé 往旁 1 个。5- 右腿收 Cou-de-pied 后，右臂保持七位舞姿；6- 小腿向旁打开与地面垂直，收 Cou-de-pied 前（包脚的）；7- 右腿踢旁腿 25°；8- 右腿停在空中 25°。

④ da1-6 右腿 Petit battement sur le cou-de-pied 3 次。1- 右腿收 Cou-de-pied 前（包脚的），右臂保持七位舞姿；2- 小腿向旁打开与地面垂直，收 Cou-de-pied 后。3-6 右腿 Petit battement sur le cou-de-pied 2 次，动作同 1-2 动作。

7-8 右腿伸直绷脚旁点地，同时右臂七位 Allongé，右腿收前五位，同时右臂从七位落下一位，头随右臂动作，眼睛看右手，头抬起看右旁方向。

（八）Adagio 控制练习

1. 练习目的与教学内容

在初级阶段 2 的教学内容中，学习五位脚位单手扶把的 Battement développé 往前、往后 90° 舞姿；学习 Battement relevé lent attitude 前、后舞姿的做法。

Attitude

Attitude 原意是"姿势"，是古典芭蕾基本舞姿之一。它是一腿做支撑，另一腿在 90° 上往前或往后弯曲和双臂形成与之相适应的和谐姿势，常出现在 Adagio、跳跃中，是大舞姿旋转技术中的基本舞姿之一。

2. 主要动作的节拍进度与练习要求

（1）Battement développé [巴特芒·代弗洛佩] 腿的伸展

节拍：八拍一次

准备拍：da5-8 单手扶把，右腿在前站五位，右臂一位；右臂经二位打开七位；

da1-2 右腿吸 Passé；

da3-4 伸直前腿 90°；

da5-6 点地；

da7-8 收五位。

（同样节拍往后做）

要求：动作腿推地抬起 Cou-de-pied 的位置要准确，不停顿地抬到 Passé 的位置，往前伸出时大腿膝盖打开，脚和小腿主动带动往前，在 90° 或 90° 以上停住并往远延伸，保持充分的外开和方向的准确性。从空中落下时，要继续往远伸长整条腿，经过点地的位置收回。支撑腿结实地踩住地面并用力伸直上提，整个动作腿动作要做得连贯而有延伸感。往后伸出时大腿膝盖主动带动打开到后，伸直后腿时上身微微前倾，腿落下点地时身体恢复直立体态。

（2）Attitude [阿蒂迪德] 90° 屈膝舞姿

节拍：八拍一次

准备拍：da5-8 单手扶把，右腿在后站五位，右臂一位；右臂经二位打开七位；

da1-2 右腿抬起 Cou-de-pied 后；

da3-4 抬起 Attitude 往后 90°；

da-5 不动；

da-6 伸直；

da-7 点地；

da-8 收五位。

（同样节拍往前做）

要求：动作腿从 Cou-de-pied 抬起时，要保持整条腿的外开，抬起 90° 舞姿后，动作腿在身体后面，膝盖尽量对准肩膀，保持膝盖弯曲并主动转开向上抬起，大腿、膝盖、小腿和脚要保持在一个水平线上。身体保持平正，肩胯摆正，上身略向前倾，腰腹收紧，与头和手臂配合协调。往前做时大腿膝盖转开，小腿要主动往上抬起。

3. 组合的动作节拍与做法详解

节拍：$\frac{3}{4}$ 拍，稍快速的

准备姿态：单手扶把，右腿在前站五位，右臂一位，头转向右旁方向。

准备拍：da5-6 右臂从一位往旁打开抬起小七位 Allongé，头随右臂动作，眼睛看右手。

da7-8 右臂落下回到一位手位，头随右臂动作，眼睛看右手。

① da1-6 右腿 Battement développé 往前 1 个。da-1 右腿抬起 Cou-de-pied 前，右臂一位（图 2-8-1）；da-2 右腿吸起 Passé 前，同时右臂抬起二位，头随右臂动作，眼睛看右手（图 2-8-2）；da3-4 右腿伸直前腿 90° 或 90° 以上，同时右臂打开七位，头随右臂动作，眼睛看右手（图 2-8-3）；da-5 右腿保持前腿 90° 舞姿，右臂保持七位舞姿；da-6 右腿落下，绷脚前点地。

　　da7-8 右腿经 Battement tendu passé par terre 往后。**da-7** 右腿经擦地收一位马上往后擦出，绷脚后点地；**da-8** 右臂七位 Allongé，落下一位同时右腿收五位，头随右臂动作，眼睛看右手。

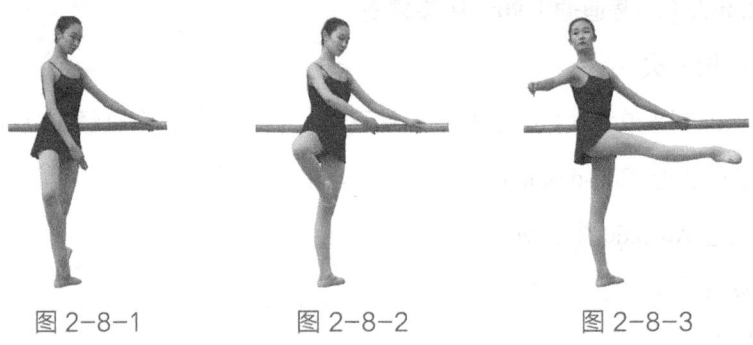

图 2-8-1　　　　　　　　图 2-8-2　　　　　　　　图 2-8-3

　　② **da1-6** 右腿 Battement développé 往后 1 个。**da-1** 右腿抬起 Cou-de-pied 后，右臂一位（图 2-8-4）；**da-2** 右腿吸起 Passé 后，同时右臂抬起二位，头随右臂动作，眼睛看右手（图 2-8-5）；**da3-4** 右腿伸直后腿 90° 或 90° 以上，同时右臂打开七位（图 2-8-6）。**da-5** 右腿保持后腿 90° 舞姿，右臂保持七位舞姿；**da-6** 右腿落下，绷脚后点地。

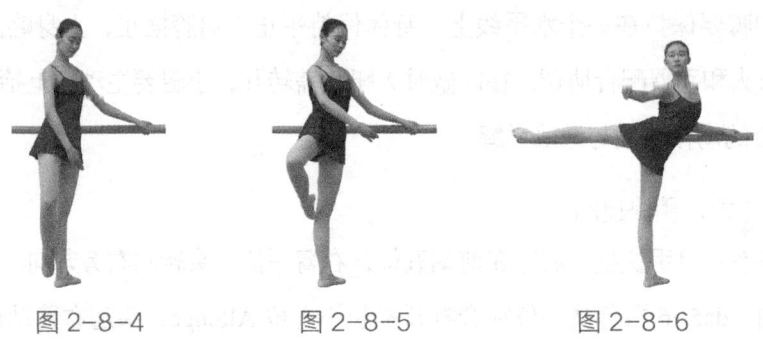

图 2-8-4　　　　　　　　图 2-8-5　　　　　　　　图 2-8-6

　　da7-8 右腿经 Battement tendu passé par terre 往前。**da-7** 右腿经擦地收一位马上往前擦出，前绷脚点地，头手保持七位舞姿；**da-8** 右臂在七位手位上 Allongé 伸展，落下一位手位同时右腿收回五位脚位，头随右臂动作，眼睛看右手。

　　③ **da1-6** 右腿 Battement développé 往旁一个。**da-1** 右腿抬起到 Cou-de-pied 前，右臂一位（图 2-8-7）；**da-2** 右腿吸起 Passé 前，同时右臂抬起二位，头随右臂动作，眼睛看右手（图 2-8-8）；**da3-4** 右腿伸直旁腿 90° 或 90° 以上，同时右臂打开七位（图 2-8-9）；**da-5** 右腿保持旁腿 90° 舞姿，头手保持七位手舞姿不动；**da-6** 右腿落

下旁点地，头手七位手舞姿不动；

da7-8 右臂七位 Allongé，落下一位同时右腿收后五位，头随右臂动作，眼睛看右手。

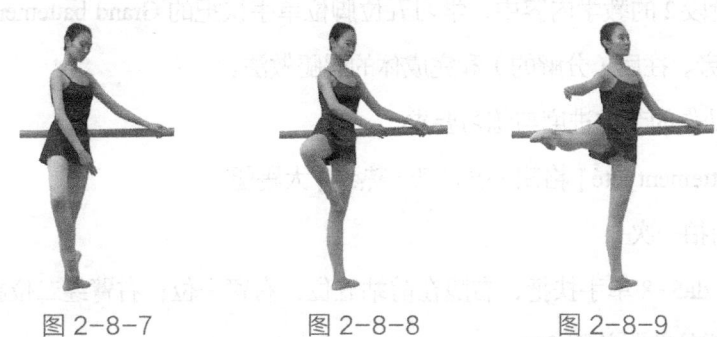

图 2-8-7   图 2-8-8   图 2-8-9

④ da1-8 右腿 Battement développé attitude 往后 1 个。da1-2 右腿抬起 Cou-de-pied 后，同时右臂抬起到二位，头随右臂动作，眼睛看右手（图 2-8-10）；da3-4 右腿往后打开 Attitude 后 90°，同时右臂抬起到三位，头随右臂动作，眼睛看右手（图 2-8-11）；da-5 右腿保持 Attitude 后 90° 舞姿，头手保持三位舞姿；da-6 右腿伸直后腿 90°；da-7 右腿落下，绷脚后点地，同时右臂打开七位，头随右臂动作，眼睛看右手；da-8 右臂七位 Allongé，落下一位同时右腿收五位，头随右臂动作，眼睛看右手。

⑤ - ⑦右腿从后开始，动作同① - ③动作。

⑧ da1-8 右腿 Battement développé attitude 往前 1 个。da1-2 右腿抬起 Sur le cou-de-pied 前，同时右臂抬起到二位，头随右臂动作，眼睛看右手（图 2-8-12）；da3-4 右腿往后打开 Attitude 前 90°，同时右臂抬起到三位，头随右臂动作，眼睛看右手（图 2-8-13）；da-5 右腿保持 Attitude 前 90° 舞姿，头手保持三位舞姿；da-6 右腿伸直前腿 90°；da-7 右腿落下，绷脚前点地，同时右臂打开七位，头随右臂动作，眼睛看右手；da-8 右臂七位 Allongé，落下一位同时右腿收五位，头随右臂动作，眼睛看右手，抬头看向右旁方向。

图 2-8-10   图 2-8-11   图 2-8-12   图 2-8-13

（九）Grand battement jeté 大踢腿练习

1. 练习目的与教学内容

在初级阶段 2 的教学内容中，学习五位脚位单手扶把的 Grand battement jeté 往前、往旁、往后（分解的）和完成体的踢腿做法。

2. 主要动作的节拍进度与练习要求

Grand battement jeté [格朗 · 巴特芒 · 热泰] 大踢腿

节拍：两拍一次

准备拍：da5-8 单手扶把，右腿在前站五位，右臂一位；右臂经二位打开七位；

da-1 右腿往前踢前腿 90°；

da-2 经点地，收回五位。

要求：做 Grand battement jeté 完成体的动作做法时，动作腿擦出和落地都经过擦地的过程，腿踢上去要有力量，落下时要有控制地落地并经过点地位置收回五位，踢腿中要保持腿部的开、绷、直和前、旁、后的方向的准确。身体始终保持垂直收紧和向上提起，后背结实有力，双肩和双胯保持平整。支撑腿保持稳定并有力地推地拉直转开，重心不能被踢出的腿所影响。腿踢得要快速、轻巧、自由、有力。

3. 组合的动作节拍与做法详解

节拍：$\frac{4}{4}$ 拍，稍快速

准备姿态：单手扶把，右腿在前站五位，右臂一位，头转向右旁方向。

准备拍：5-6 右臂从一位打开小七位 Allongé，落下一位，头随右臂动作，眼睛看右手；

7-8 右臂从一位抬起二位，同时头向左侧稍前倾，右臂打开七位，眼睛看右手，头随右臂动作转向右旁。

① 1-4 右腿 Grand battement jeté（分解的）往前 1 个。1- 右腿往前踢前腿 90° 或 90° 以上（图 2-9-1）；2- 右腿落下，绷脚前点地（图 2-9-2）；3- 右腿经擦地收五位（图 2-9-3）；4- 双腿五位，头、手保持七位舞姿。

5-8 右腿 Grand battement jeté 往前 2 个。5- 右腿往前踢前腿 90° 或 90° 以上，头手保持七位手舞姿；6- 右腿落下绷脚前点地，经擦地收五位，头手保持七位舞姿；7-8 动作同 5-6 动作。

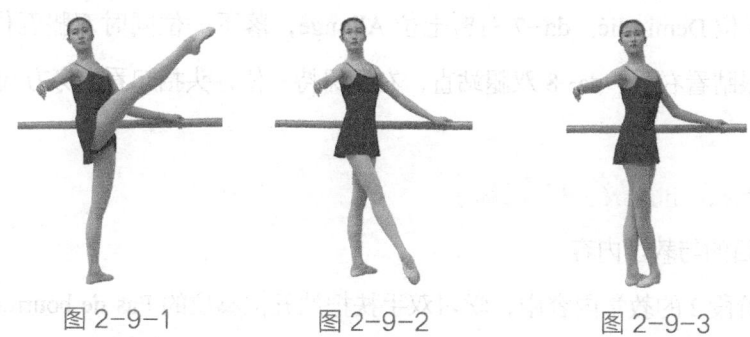

图 2-9-1   图 2-9-2   图 2-9-3

② 1-4 右腿 Grand battement jeté（分解的）往旁 1 个。1- 右腿往旁踢旁腿 90° 或 90° 以上，头手保持七位舞姿；2- 右腿落下，绷脚旁点地；3- 右腿经擦地收后五位；4- 双腿五位，头手保持七位舞姿。

5-8 右腿 Grand battement jeté 往旁 2 个。5- 右腿往旁踢旁腿 90° 或 90° 以上，头手保持七位舞姿（图 2-9-4）；6- 右腿落下绷脚旁点地，经擦地收前五位，头手保持七位舞姿（图 2-9-5）；7-8 动作同 5-6 动作（图 2-9-6）；8- 右腿收后五位，头手保持七位舞姿（图 2-9-7）。

图 2-9-4   图 2-9-5   图 2-9-6   图 2-9-7

③ 1-8 右腿 Grand battement jeté 往后，动作同① 1-8 动作。

④ 1-2 右腿 Grand battement jeté（分解的）往旁 1 个。1- 右腿往旁踢旁腿 90° 或 90° 以上，头手保持七位舞姿；2- 右腿落下，绷脚旁点地，经擦地收前五位。

3-4 右腿 Grand battement jeté 往旁 1 个。3- 右腿往旁踢旁腿 90° 或 90° 以上，头手保持七位舞姿；4- 右腿落下，绷脚旁点地，经擦地收后五位脚位，头手保持七位舞姿。

5-6 右腿 Grand battement jeté 往旁 1 个。动作同 1-2 动作。

da7-8 五位 Demi plié。da-7 右臂七位 Allongé，落下一位同时双腿五位蹲，头随右臂动作，眼睛看右手；da-8 双腿站直，右臂保持一位，头抬起看右旁方向。

（十）Pas de bourrée 舞步练习

1. 练习目的与教学内容

在初级阶段 2 的教学内容中，学习双手扶把站五位脚位的 Pas de bourrée 不换脚和换脚的动作做法。Pas de bourrée 常运用在中间练习、Adagio 和跳跃组合中。

Pas de bourrée 取自法国古老的民间舞蹈中舞步，既是独立舞步，也是辅助连接动作之一。训练脚的灵活敏捷，使脚下动作变得更加灵巧、利落，常作为变换和转移方向的辅助连接动作。

2. 主要动作的节拍进度与练习要求

Pas de bourrée [帕·德·布雷] 布雷舞步

（1）节拍：四拍一次（不换脚的）

准备拍：5-8 双手扶把，右腿在前站五位，右臂一位，右腿 Plié，左腿抬后 Cou-de-pied；

1- 左腿落半脚尖，右腿抬 Cou-de-pied 前；

2- 右腿落前五位半脚尖，左腿抬 Cou-de-pied 后；

3-4 左腿 Plié，右腿抬 Cou-de-pied 前。

（2）节拍：四拍一次（换脚的）

准备拍：5-8 双手扶把，右腿在前站五位，右臂一位，右腿 Plié，左腿抬后 Cou-de-pied；

1- 左腿落半脚尖，右腿抬 Cou-de-pied 前；

2- 右腿落一位半脚尖，左腿抬 Cou-de-pied 前；

3-4 左腿 Plié，右腿抬 Cou-de-pied 前。

要求：动作腿 Cou-de-pied 前、后的位置要准确，半脚尖要立高，保持两腿的外开，上身摆正，动作过程中重心的转换要平稳并迅速到位。做不换脚的做法时，五位半脚尖贴紧换脚。做换脚的做法时，移动步伐不要大，两只脚一直是不断交替转换身体重心，即一脚踩下去另一只脚马上抬起 Cou-de-pied。动作要做得轻巧、灵活、干净。

3. 组合的动作节拍与做法详解

节拍：$\frac{2}{4}$ 拍，稍快速

准备姿态：双手扶把，右腿在前站五位，头看前面。

准备拍：5-6 保持准备姿态不动；

7-8 右腿 Plié 下蹲，同时左腿抬起 Cou-de-pied 后，头转向右旁方向（图 2-10-1）。

① 1-4 不换脚 Pas de bourrée 1 次。1- 左腿在后五位踩下半脚尖，同时右腿抬起 Cou-de-pied 前，头转向 En face 方向，保持双手扶把姿态（图 2-10-2）；2- 右腿在前五位踩下半脚尖，同时左腿抬起 Cou-de-pied 后（图 2-10-3）；3-4 左腿在后五位全脚落下 Plié，同时右腿抬起 Cou-de-pied 前，头转向左旁方向（图 2-10-4）。

图 2-10-1   图 2-10-2   图 2-10-3   图 2-10-4

5-8 不换脚 Pas de bourrée 1 次。5- 右腿在前五位踩下半脚尖，同时左腿抬起 Cou-de-pied 后，头转向 En face 方向，保持双手扶把姿态；6- 左腿在后五位踩下半脚尖，同时右腿抬起 Cou-de-pied 前；7-8 右腿在前五位全脚落下 Plié，同时左腿抬起 Cou-de-pied 后，头转向右旁方向（图 2-10-5）。

② 1-4 换脚 Pas de bourrée 1 次。1- 左腿在后五位踩下半脚尖，同时右腿抬起 Cou-de-pied 前，头转向 En face 方向，保持双手扶把姿态（图 2-10-6）；2- 右腿往旁打开一位踩下半脚尖，同时左腿抬起 Cou-de-pied 前（图 2-10-7）；3-4 左腿在前五位全脚落下 Plié，同时右腿抬起 Cou-de-pied 后，头转向左旁方向（图 2-10-8）。

5-6 左腿站直，同时右腿从 Cou-de-pied 后往旁伸直绷脚旁点地，头转向 En face 方向，保持双手扶把姿态。

7-8 左腿 Plié 下蹲，同时右腿收 Cou-de-pied 后，头转向左旁方向，保持双手扶把姿态。

③-④左边开始。动作同①-②动作；7-8 左腿经擦地收后五位。

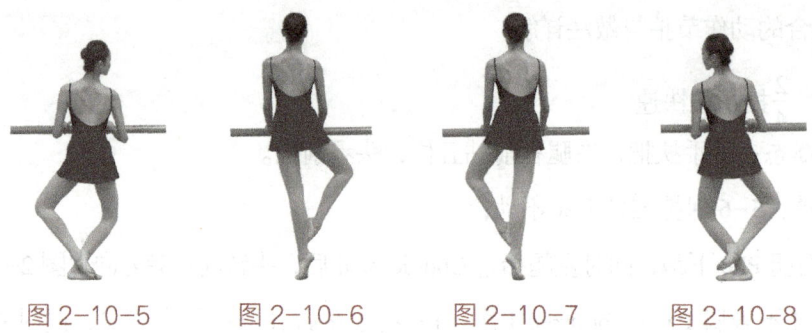

图 2-10-5　　　图 2-10-6　　　图 2-10-7　　　图 2-10-8

二、CENTRE 中间部分

（十一）Temps lié 协调练习

1. 练习目的与教学内容

在初级阶段 2 的教学内容中，开始在教室中间站在 Croisé 方向上练习动作，学习 Épaulement croisé 的身体方位；学习 Temps lié par terre 最基本的动作形式；学习 Port de bras（第二种）组合的动作做法。

（1）Temps lié par terre

Temps 原意为"时间"，Lié 原意为"连续的"。这是 Temps lié 系列组合中最基础的动作训练形式，锻炼躯干、腿、手臂、头和眼睛的配合，培养学生最初的身体重心转换意识和动作的表现力。

（2）Port de bras（第二种）

通过常用的最基础的几个手臂位置，组合成固定的手臂组合练习。训练手臂与头、眼睛在运动中相互配合，以及对最基本的手臂位置的运行路线掌握。

2. 主要动作的节拍进度与练习要求

（1）Temps lié par terre [唐·利埃·巴·泰尔] 身体的稳定协调练习

节拍：十六拍一组

准备拍：da5-8 教室中间，Épaulement croisé 方向，右腿在前站五位，双臂一位；

1- 五位 Demi plié，双臂一位；

da-2 左腿保持 Demi plié，右腿 Battement tendu 往前伸直点地，同时双臂抬二位；

da3-4 经四位 Demi plié 移动重心到右腿上，站直成 Croisé 后点地舞姿，同时双臂打开右五位；

da5-6 保持舞姿不动；

da7-8 保持舞姿不变，左腿收五位；

1- 五位 Demi plié，同时转成 En face，同时左臂落下二位，右臂七位不动；

da-2 左腿保持 Demi plié，右腿 Battement tendu 向旁伸直点地，左臂同时打开到七位；

da3-4 经二位 Demi plié 移动重心到右腿上，站直成 En face 旁点地舞姿，双臂七位；

da5-6 保持舞姿不动；

da7-8 左腿擦地收 Croisé 前五位，同时双臂七位 Allongé 回一位。

（同样节拍往后做）

要求：注意身体方向和手臂舞姿的准确。动作过程中的四位和二位脚位 Demi plié 不要停顿，换重心站直移动要到位，动作腿绷紧脚尖轻轻点在地上。往旁转身到 En face 和 Demi plié 同时完成。整套动作要做得平稳、连贯、流畅。

（2）Port de bras（第二种）[波·德·勃拉] 第二种手臂舞姿组合

节拍：八拍一次。

准备拍：da5-8 教室中间，Épaulement croisé 方向，右腿在前站五位，双臂一位；双臂经二位打开右五位；

da1-2 左臂打开七位，落一位同时右臂抬三位；

da3-4 左臂抬二位，同时右臂落下二位；

da5-6 双臂打开右五位；

da-7 左臂从三位打开七位；

da-8 双臂七位 Allongé，落一位。

要求：整个动作要做得流畅，平稳、连贯，注意手臂的位置的准确，包括手臂、手的形态，手臂的运动路线。头、眼睛要始终跟随手臂的运动而运动。

3. 组合的动作节拍与做法详解

节拍：$\frac{6}{8}$ 拍，中速

准备姿态：教室中间，Épaulement croisé 方向，右腿在前站五位，双臂一位，身体对 8 点方向，头转向右旁方向，眼睛看 1 点方向。

准备拍：da5-6 保持准备姿态不动；

da7-8 双臂从一位打开小七位 Allongé，落下一位，头随右手动作，眼睛看右手，头抬起看 1 点方向。

① 1-8 右边 Temps lié par terre 往前 1 次。1- 双腿五位 Demi plié，双臂保持一位，头看 1 点方向（图 2-11-1）；2- 在 Plié 上右腿往前擦地，绷脚前点地，同时双臂抬起二位，头向左倾，眼睛看右手（图 2-11-2）；da- 左腿保持 Plié，右腿全脚落地四位 Demi plié，同时身体重心放到双腿上，头手保持二位舞姿（图 2-11-3）；da3-4 身体重心移到右腿上同时站直，左腿伸直绷脚 Croisé 后点地，同时双臂打开右五位（图 2-11-4）；da5-6 保持 Croisé 后点地舞姿；da7-8 左腿收回五位，头手保持五位舞姿（图 2-11-5）。

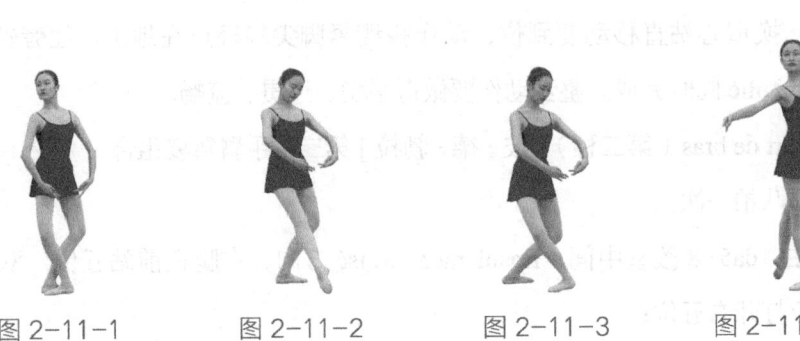

图 2-11-1　　　　　图 2-11-2　　　　　图 2-11-3　　　　　图 2-11-4

② da1-8 右边 Temps lié par terre 往旁 1 次。da- 头看左手；1- 以左腿为重心，右腿五位贴近左腿同时转到 En face 五位 Demi plié，同时左臂落下二位，头随左臂动作，头向右倾，眼睛看左手（图 2-11-6）；2- 在 Plié 上右腿往旁擦地，绷脚旁点地，同时左臂打开到七位，头随左臂动作转向左旁方向，眼睛看左手（图 2-11-7）；da- 左腿保持 Plié，右腿全脚落地二位 Demi plié，同时身体重心放到双腿上，双臂保持七位舞姿（图 2-11-8）；da3-4 身体重心移到右腿上同时站直，左腿伸直绷脚旁点地（图 2-11-9）；da5-6 保持 En face 旁点地舞姿；da7-8 双臂七位 Allongé，落下一位同时左腿收 Croisé 前五位，同时身体转向 2 点方向，头抬起看向 1 点方向（图 2-11-10）。

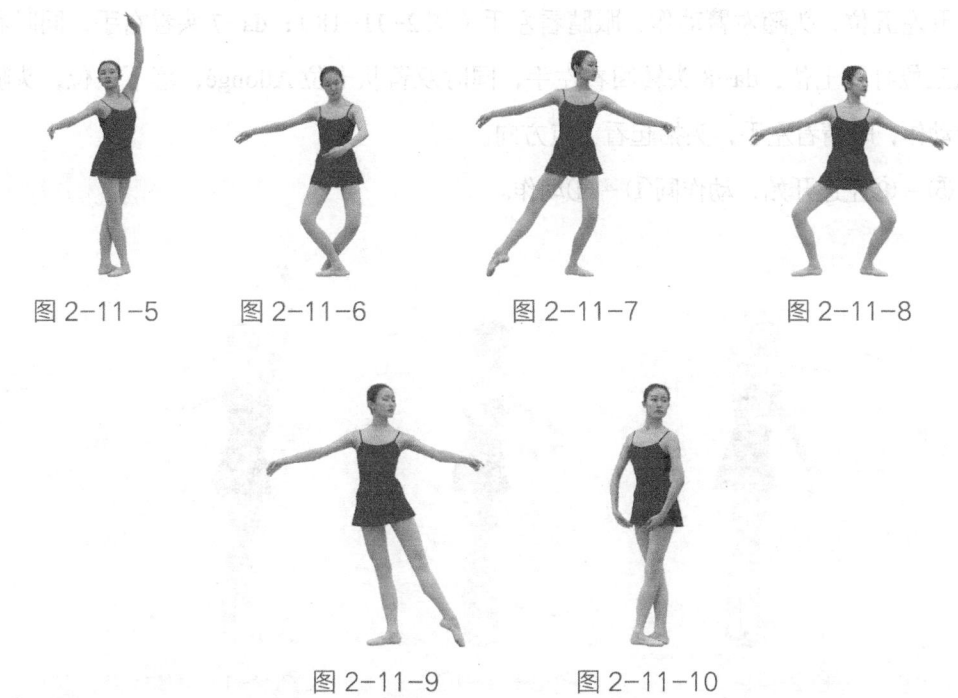

图 2-11-5　　　图 2-11-6　　　图 2-11-7　　　图 2-11-8

图 2-11-9　　　　　图 2-11-10

③ 1—8 左边 Temps lié par terre 往后 1 次。1— 双腿五位 Demi plié（图 2-11-11）；2— 在 Plié 上右腿往后擦地，绷脚后点地，同时双臂抬起二位，头向右倾，眼睛看向左手（图 2-11-12）；da— 左腿保持 Plié，右腿全脚落地四位 Demi plié，同时身体重心放到双腿上，头手保持二位舞姿（图 2-11-13）；da3—4 身体重心移到右腿上同时站直，左腿 Croisé 前点地，同时双臂打开左五位（图 2-11-14）；da5—6 保持 Croisé 前点地舞姿。da7—8 左腿收五位，头手保持五位舞姿（图 2-11-15）。

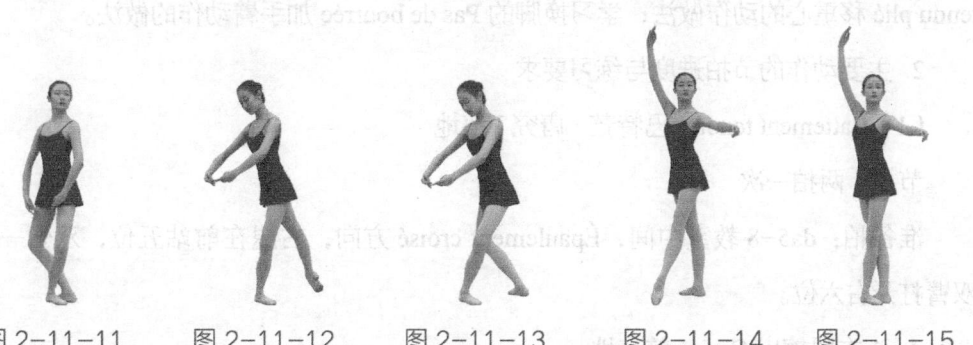

图 2-11-11　　　图 2-11-12　　　图 2-11-13　　　图 2-11-14　　　图 2-11-15

④ da1—8 右边 Port de bras（第二种）。da1—2 右臂打开七位，落下一位同时左手抬起三位，头随右臂动作，眼睛看右手，最后头抬起看左手（图 2-11-16）；da3—4 左臂落下二位，同时右臂抬起二位，头随左臂动作，眼睛看左手（图 2-11-17）；da5—6 双

臂打开左五位，头随左臂动作，眼睛看左手（图 2-11-18）；da-7 头看右手，同时右臂从三位打开七位；da-8 头转回看左手，同时双臂从七位 Allongé，落下一位，头随左臂动作，眼睛看左手，头抬起看 1 点方向。

⑤-⑧左边开始，动作同①-④动作。

图 2-11-16   图 2-11-17   图 2-11-18

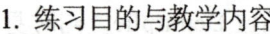

（十二）Battement tendu 擦地练习

1. 练习目的与教学内容

在初级阶段 2 的教学内容中，开始在教室中间站在 Croisé 方向上练习动作，学习 Épaulement croisé 的身体方位；学习站五位脚位带方向的 Battement tendu 往前、往后的基础动作练习，继续在 En face 方向上练习往旁的做法；学习站五位脚位 Battement tendu plié 移重心的动作做法；学习换脚的 Pas de bourrée 加手臂动作的做法。

2. 主要动作的节拍进度与练习要求

（1）Battement tendu [巴特芒·唐究] 擦地

节拍：两拍一次

准备拍：da5-8 教室中间，Épaulement croisé 方向，右腿在前站五位，双臂一位，双臂打开右六位。

da-1 右腿擦出 Croisé 前点地；

da-2 收五位。

（同样节拍往后做）

要求：详见第二课例第三个组合。在中间做 Battement tendu 更加强调支撑腿要结实有力地推地站稳，重心保留在支撑腿上，动作腿严格按照 Battement tendu 的全部要求擦出和收回，上身收紧上提，手臂舞姿准确并帮助身体保持稳定。注意身体 Croisé 五位方向准确，动作腿往前、往后擦出的方向要准确，尤其是后腿不能裂开，脚趾尖要对准支撑腿的脚后跟。动作腿 Croisé 前擦地用六位手位，动作腿 Croisé 后擦地用第三 Arabesque 手位，手臂舞姿要准确和优美，并帮助身体保持稳定。

（2）Battement tendu demi plié（移重心的）[巴特芒·唐究·德米·普利埃] 经蹲移重心的擦地

节拍：四拍一次

准备拍：da5-8 教室中间，En face 方向，右腿在前站五位，双臂一位；双臂经二位打开七位；

da-1 右腿出旁点地；

da-2 落二位 Demi plié；

da-3 站直同时重心站到右腿上，左腿旁点地；

da-4 左腿收五位。

要求：动作在按照 Battement tendu 和 Demi plié 两个动作的要求基础上，动作腿擦地要一下擦出到点地位置，做蹲时要腰腹收紧，骨盆提住，后背不能松懈，上身在动作过程中始终要上提，做 Demi plié 要保持双腿外开。注意动作过程中重心的移动转换和双腿最大限度的转开，从蹲上站直移动重心要一下推到支撑腿上，动作腿轻点地。动作过程中保持上身正直，保持手臂舞姿的准确并帮助身体保持平衡，以及手臂在整个动作中与腿部动作的协调。

（3）Pas de bourrée（换脚的）[帕·德·布雷] 换脚的布雷舞步

节拍：四拍一次（换脚的）

准备拍：da5-8 教室中间，Épaulement croisé 方向，右腿在前站五位，双臂一位；双臂打开左六位，头看右边，右腿 Plié，左腿抬后 Cou-de-pied。

1- 左腿落后五位半脚尖，右腿抬 Cou-de-pied 前；

2- 右腿落一位半脚尖，左腿抬 Cou-de-pied 前；

da3-4 左腿落五位 Plié，右腿抬 Cou-de-pied 前。

要求：详见第二课例第 10 个组合。在中间做 Pas de bourrée 时加入了手臂动作，注意手臂动作和腿部动作的配合，手臂动作和腿的换脚动作要同时完成，手臂动作舞姿位置要准确。

3. 组合的动作节拍与做法详解

节拍：$\frac{4}{4}$ 拍，中速

准备姿态：教室中间，Épaulement croisé 方向，右腿在前站五位，双臂一位，身体对 8 点方向，头看向 1 点方向。

准备拍：da5-6 双臂从一位打开小七位 Allongé，落下一位，头随右臂动作，眼睛看右手；

da7-8 双臂从一位抬起二位，头向左倾，眼睛看右手，右臂打开七位，头随右臂，双臂成右六位，眼睛看右手方向（图 2-12-1）。

① da1-6 右腿 Battement tendu 往前 3 个，在 Croisé 方向上。da-1 右腿往前擦地，绷脚前点地，双臂保持六位舞姿（图 2-12-2）；da-2 右腿经擦地收五位（图 2-12-3）；da3-6 右腿 Battement tendu 往前 2 个；动作同 da1-2 动作。

da7-8 五位 Demi plié。7- 双腿下蹲，手头保持六位舞姿（图 2-12-4）；da-8 双腿站直同时双臂变成第三 Arabespue 手臂舞姿，眼睛看向 8 点方向（图 2-12-5）。

图 2-12-1　　　　　图 2-12-2　　　　　图 2-12-3　　　　　图 2-12-4

② da1-6 左腿 Battement tendu 往后 3 个，在 Croisé 方向上。da-1 左腿往后擦地，绷脚后点地，头手保持第三 Arabespue 手臂舞姿（图 2-12-6）；da-2 左腿经擦地收五位（图 2-12-7）；da3-4 左腿 Battement tendu 后 2 个，在 Croisé 方向上做；动作同 da1-2 动作。

da7-8 五位 Demi plié。da-7 双腿下蹲，手头保持第三 Arabespue 手臂舞姿（图 2-12-8）；da-8 双腿站直同时身体变成 En face 方向，双臂变成七位，头眼看向 1 点

方向。

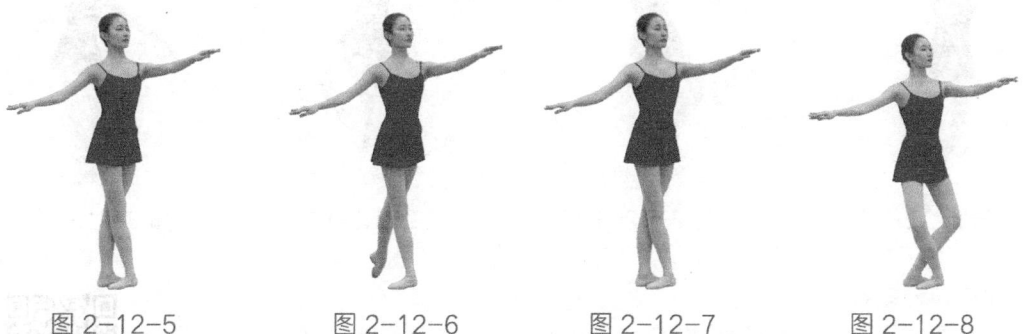

图 2-12-5　　　　　　图 2-12-6　　　　　　图 2-12-7　　　　　　图 2-12-8

③ da1-2 右腿 Battement tendu 往旁 1 个，在 En face 方向上做。da-1 右腿往旁擦地，绷脚旁点地，同时头转向左旁方向，双臂保持七位舞姿。

da3-4 左腿 Battement tendu 往旁 1 个；动作同 da1-2 动作。

da5-8 右、左腿 Battement tendu 各 1 个。动作同 da1-4 动作。

④ 1-4 右腿 Battement tendu demi plié（移重心的）1 个。da-1 右腿擦地往旁同时头转向左旁，双臂保持七位舞姿（图 2-12-9）；da-2 右腿落下全脚同时二位 Demi plié，身体重心移到双腿上（图 2-12-10）；da-3 重心移到右腿上同时站直，左腿伸直绷脚旁点（图 2-12-11）；da-4 右腿 Plié，同时左腿收 Cou-de-pied 后，同时右臂收二位手位，头转向右旁方向（图 2-12-12）。

图 2-12-9　　　　　　　　图 2-12-10　　　　　　　　图 2-12-11

5-8 Pas de bourrée（换脚的）1 次。5- 左腿在后五位踩下半脚尖，同时右腿抬起 Cou-de-pied 前，头转向 En face 方向，右臂打开七位（图 2-12-13）；6- 右腿往旁打开一位踩落半脚尖，同时左腿收 Cou-de-pied 前（图 2-12-14）；7- 左腿在前五位全脚落地五位 Demi plié，身体对 2 点方向双臂保持七位舞姿（图 2-12-15）；8- 双腿站直，双臂七位 Allongé，落一位手，头抬起看向 1 点方向。

图 2-12-12   图 2-12-13   图 2-12-14   图 2-12-15

（十三）Adagio 控制练习

1. 练习目的与教学内容

在初级阶段 2 的教学内容中，开始在教室中间站在 Croisé 方向上练习动作，学习 Épaulement croisé 的身体方位；学习站五位脚位带方向的 Battement développé 往前、往后的动作做法；继续在 En face 方向上练习 Battement développé 往旁的做法；学习五位脚位 Pas de bourrée suivi 原地和移动。按照教学步骤，每一个动作都需要在完成各自的单一和多次练习之后，才可以组合在一起做综合练习。

Pas de bourrée suivi

Suivi 原意为"连续不断的"。在五位半脚尖上交替换脚做的、不间断的一连串小碎步。锻炼半脚尖的能力和腿的灵活性，为最终在脚尖上完成此动作做准备，是女子脚尖动作中很有女性特点的舞步。

2. 主要动作的节拍进度与练习要求

（1）Battement développé [巴特芒·代弗洛佩] 腿的伸展

节拍：八拍一次

准备拍：da5-8 教室中间，Épaulement croisé 方向，右腿在前站五位，双臂一位；双臂经二位打开七位；

da1-2 右腿抬 Passé；

da3-4 伸直前腿 90°；

da5-6 点地；

da7-8 收五位。

（同样节拍往后做）

要求：详见第二课例第 8 个组合。在中间做 Battement développé 更加强调支撑腿的结实有力，推地站稳，重心保留在支撑腿上，动作腿严格按照 Battement développé 的全部要求伸展落地注意控制并轻点地，上身收紧上提，手臂舞姿准确并帮助身体保持稳定。注意身体 Croisé 五位方向准确，动作腿抬起打开前腿、后腿的方向要准确，尤其是后腿不能捌开。动作腿打开 Croisé 前腿用五位手位，动作腿打开 Croisé 后形成第三 Arabesque 舞姿，要保持动作腿在空中的外开和绷直，支撑腿要非常地有力，手臂舞姿要和腿的动作配合协调，手臂位置要准确并帮助身体保持稳定。

（2）Pas de bourrée suivi [帕·德·布雷·絮依维] 连续不断的小碎步

节拍：一拍连续做

准备拍：da5-8 教室中间，Épaulement croisé 方向，右腿在前站五位，双臂一位；

1- 双腿在五位半脚尖 Relevé 上原地踏步；

2- 重复以上动作。

要求：动作时躯干要使劲往上提着，双腿保持外开。双脚移动时节奏要平均，中心始终放在两只脚上，迈步要小、碎、快。移动时要始终保持五位脚的位置，双腿中间不能有缝隙，移动得要平稳、轻盈，连续不断。动作中手臂动作要平稳缓慢地抬起。

3. 组合的动作节拍与做法详解

节拍：$\frac{6}{8}$ 拍，慢速

准备姿态：教室中间，Épaulement croisé 方向，右腿在前站五位，双臂一位，身体对 8 点方向，头看向 1 点方向。

准备拍：da5-6 保持准备姿态不动；

da7-8 双臂从一位打开小七位 Allongé，落下一位，头随右手动作，眼睛看右手。

① da1-8 右腿 Battement développé 往前 1 个，在 croisé 方向上。da-1 右腿抬起 Cou-de-pied 前；da-2 右腿吸起 Passé 前，同时双臂抬起二位，头向左倾，眼睛看右手（图 2-13-1）；da3-4 右腿往前伸直前腿 90° 或 90° 以上，同时双臂打开右五位，头随右臂动作转向右旁方向（图 2-13-2）；da-5 右腿保持 Croisé 前腿 90° 舞姿；da-6 右腿从 90° 落下绷脚前点地，头手保持五位舞姿（图 2-13-3）；da-7 左臂打开七位同时头随左臂动作，眼睛看左手；da-8 双臂七位 Allongé，头转向右旁方向，眼睛看右手，双臂落下一位同时右腿收五位。

图 2-13-1　　　　　图 2-13-2　　　　　图 2-13-3

② da1-8 左腿 Battement développé 往后 1 个，在 Croisé 方向上。da-1 左腿抬起 Cou-de-pied 后；da-2 左腿吸起 Passé 后，同时双臂抬起二位，头向右倾，眼睛看左手（图 2-13-4）；da3-4 左腿往后伸直 90° 或 90° 以上，同时双臂打开第三 Arabesque 手臂舞姿，头随左臂动作，眼睛看左手，头看向 8 点方向（图 2-13-5）；da-5 左腿保持第三 Arabesque 90° 舞姿；da-6 左腿从 90° 落下绷脚后点地，头手保持第三 Arabesque 手臂舞姿（图 2-13-6）；da-7 左臂打开七位同时头随左臂动作，眼睛看左手，同时右臂变成七位；da-8 双臂七位 Allongé，头转向右旁方向，眼睛看右手，双臂落下一位同时左腿收五位，同时身体转向 En face 方向。

图 2-13-4　　　　　图 2-13-5　　　　　图 2-13-6

③ da1-8 右腿 Battement développé 旁 1 个，在 En face 方向上。da-1 右腿抬起 Cou-de-pied 前（图 2-13-7）；da-2 右腿吸起 Passé 前，同时双臂抬起二位，头向左倾，眼睛看右手（图 2-13-8）；da3-4 右腿往旁伸直 90° 或 90° 以上，同时双臂打开七位，头看向 1 点方向（图 2-13-9）；da-5 右腿保持 En face 旁腿 90° 舞姿；da-6 右腿落下绷脚旁点地，头手保持七位舞姿；da-7 双臂七位 Allongé 伸展，头转向右旁，眼睛看右手；da-8 双臂从七位落下一位手位同时右腿收 Cou-de-pied 后，同时左腿 Plié，头随右臂动作，眼睛看右手（图 2-13-10）。

图 2-13-7   图 2-13-8   图 2-13-9

④ da1-2 五位 Pas de bourrée suivi 原地的。da-1 右腿踩落到后五位半脚尖，同时左腿立起半脚尖，双腿原地半脚尖五位踏碎步，同时双臂慢慢抬起二位，头向右倾，眼睛看左手；da-2 双腿原地半脚尖五位踏碎步，双臂保持二位舞姿。

da3-6 五位 Pas de bourrée suivi 往前移动，往 1 点方向。da-3 双腿半脚尖五位踏碎步，往 1 点方向移动，同时双臂慢慢抬起三位，头随双臂动作，眼睛看左手（图 2-13-11）；da4-6 双腿半脚尖五位踏碎步，往 1 点方向移动，双臂保持三位舞姿。

da7-8 双臂打开七位，双腿落五位 Demi plié，马上左腿往前全脚擦出四位 Demi plié（图 2-13-12），身体重心移到左腿同时站直，右腿伸直绷脚后点地，双臂变成小七位 Allongé，头转向左旁方向，眼睛看 1 点方向（图 2-13-13）；da- 右腿收回五位，双臂收回一位。

图 2-13-10   图 2-13-11   图 2-13-12   图 2-13-13

（十四）Grand battement jeté 大踢腿练习

1. 练习目的与教学内容

在初级阶段 2 的教学内容中，开始在教室中间站在 Croisé 方向上练习动作，学习 Épaulement croisé 的身体方位；学习站 Croisé 五位脚位的 Grand battement jeté（分解的）往前、往后的基础动作练习，继续在 En face 方向上练习往旁的做法；学习 Pas glissde

的动作做法；学习 Pas de basque 舞步。

　　Pas de basque

　　是一种巴斯克舞步，是在法国巴斯克民族舞蹈特有动作的基础上加工提炼而成的。它是从一腿跳到另一腿的跳跃动作，它既是一个独立的舞步，也是一个连接动作，锻炼动作的协调性与舞蹈感。

　　2. 主要动作的节拍进度与练习要求

　　（1）Grand battement jeté（分解的）[格朗·巴特芒·热泰] 分解做的大踢腿

　　节拍：四拍一次

　　准备拍：5–8 教室中间，Épaulement croisé 方向，右腿在前站五位，双臂一位；双臂经二位打开右五位；

　　1– 右腿踢 Croisé 前腿；

　　2– 落下点地；

　　3– 收回五位；

　　4– 不动。

　　（往后动作节拍相同）

　　要求：详见第二课例第 9 个组合。在中间做 Grand battement jeté 更加强调支撑腿的结实有力，推地站稳，重心保留在支撑腿上，动作腿严格按照 Grand battement jeté 的全部要求擦地踢出和落下收回，上身收紧上提，手臂舞姿准确并帮助身体保持稳定。注意身体 Croisé 五位方向准确，动作腿往前、往后踢出腿的方向要准确。动作腿踢 Croisé 前腿用五位手位，动作腿踢 Croisé 后腿用第三 Arabesque 手位，手臂舞姿要准确和优美，并帮助身体保持稳定。

　　（2）Pas de basque（跳跃）[帕·德·巴斯克] 巴斯克舞步

　　节拍：四拍一次

　　准备拍：da5–8 教室中间，Épaulement croisé 方向，右腿在前站五位，双臂小七位 Allongé 准备；

　　da–1 双腿五位 Demi plié；

　　da–2 右腿往前擦出，绷脚前点地；

　　da–3 右腿从 Croisé 前划 Effacé 前，同时左腿推地伸直后腿，右腿落地 Plié 同时左腿快速收一位 Plié，马上往前擦出四位 Plié；

da-4 左腿站直同时右腿伸直 Croisé 后点地。

要求：要特别注意动作过程中两次绷脚离地的动作，不要往高跳，要沿着地面做跳跃，跳起两脚脚尖要紧贴地面。跳第一步时，前面的动作腿要从 Croisé 前划到旁，往远滑出跳出并将重心倒到腿上，腿推直同时用力伸直膝盖，绷直脚背、脚趾。另一腿同时推地绷脚收回一位并向前滑出将重心倒到腿上。动作过程要做得连贯，除了分解做法，不能在任何一个位置上停顿。强调动作过程中头、手、脚的协调配合。

3. 组合的动作节拍与做法详解

节拍：$\frac{4}{4}$ 拍，稍快速

准备姿态：教室中间，Épaulement croisé 方向，右腿在前站五位，双臂一位，身体对 8 点方向，头转向右旁方向，眼睛看 1 点方向。

准备拍：da5-6 双臂从一位打开小七位 Allongé，落下一位，头随右臂动作，眼睛看右手；

da7-8 双臂从一位抬起二位，头向左倾，眼睛看右手，双臂打开右五位，头随右臂动作，眼睛看右手方向（图 2-14-1）。

① 1-4 右腿 Grand battement jeté 往前 1 个，在 Croisé 方向上。1- 右腿踢前腿 90° 或 90° 以上，双臂保持右五位舞姿（图 2-14-2）；2- 右腿落下，绷脚前点地（图 2-14-3）；3- 右腿擦地收五位；4- 保持舞姿不动（图 2-14-4）。

5-8 右腿 Grand battement jeté 往前 2 个，在 Croisé 方向上。5- 右腿往前踢前腿 90° 或 90° 以上，双臂保持右五位舞姿；da- 右腿落下，绷脚前点地；6- 右腿擦地收五位；7-8 右腿 Grand battement jeté 往前 1 个；动作同 5-6 动作。

图 2-14-1   图 2-14-2   图 2-14-3   图 2-14-4

② da1–4 左腿 Grand battement jeté 往后 1 个，在 Croisé 方向上。da- 左臂从三位落下二位；1- 左腿往后踢后腿 90° 或 90° 以上，同时双臂变第三 Arabesque 手臂舞姿，头看 8 点方向（图 2-14-5）；2- 左腿落下，绷脚后点地（图 2-14-6）；3- 左腿擦地收五位（图 2-14-7）；4- 保持舞姿不动。

5–8 左腿 Grand battement jeté 往后 2 个，在 Croisé 方向上。5- 左腿往后踢后腿 90° 或 90° 以上，头手保持第三 Arabesque 手臂舞姿；da- 左腿落下，绷脚后点地；6- 左腿擦地收五位，双臂保持第三 Arabesque 手臂舞姿。7–8 左腿 Grand battement jeté 往后 1 个，在 Croisé 方向上。动作同 5–6 动作。

图 2-14-5　　　　　　　图 2-14-6　　　　　　　图 2-14-7

③ da1–4 右腿 Grand battement jeté 往旁 1 个，在 En face 方向上。da- 身体变成 En face 方向，双臂变七位，头看 1 点方向；1- 右腿往旁踢旁腿 90° 或 90° 以上，同时头转向左旁方向，看 8 点方向，双臂保持七位舞姿（图 2-14-8）；2- 右腿落下，绷脚旁点地（图 2-14-9）；3- 左腿擦地收后五位（图 2-14-10）；4- 保持舞姿不动。

图 2-14-8　　　　　　　图 2-14-9　　　　　　　图 2-14-10

5–6 右腿 Grand battement jeté 往旁 2 个，在 En face 方向上。5- 右腿往旁踢旁腿 90° 或 90° 以上，同时头手保持七位舞姿；da- 右腿落下，绷脚旁点地；6- 左腿擦地收前五位，双臂保持七位舞姿；

7-8 右腿 Grand battement jeté 往旁 1 个；动作同③5-6 动作，左腿经擦地收后五位。

④ da1-4 右腿 Pas glissade 往旁 1 次。da- 双臂七位 Allongé；1-2 双腿五位 Demi plié，同时双臂落下一位，头看向 8 点方向；3- 右腿从后五位往旁擦出，踢向空中同时左腿推地绷脚跳起，右腿落地 Plié 同时左腿快速收前五位 Demi plié，头转向右旁方向，身体对 2 点方向；4- 双腿站直五位，头手保持一位舞姿。

5-8 左腿 Pas de basque 往左 1 个。5- 双腿五位 Demi plié，手头保持一位舞姿；6- 左腿往前擦出，绷脚前点地同时双臂抬起二位（图 2-14-11）；da-7 左腿从 Croisé 前划旁，同时身体转向 8 点，双臂打开七位，眼睛看左手，右腿推地伸直后腿，双臂七位 Allongé，左腿落地 Plié 同时右腿快速收一位 Plié，马上往前擦出四位 Plié，双臂同时落下一位抬起二位，身体对 8 点（图 2-14-12）；8- 右腿站直同时左腿伸直 Croisé 后点地，双臂打开左五位，眼睛看右手（图 2-14-13）。

结束拍：da7-8 右臂打开七位，双臂七位 Allongé，落下一位同时左腿收五位，头随右臂动作，头抬起看 1 点方向。

图 2-14-11　　　图 2-14-12　　　图 2-14-13

三、JUMPS 跳跃部分

（十五）Pas sauté 小跳练习

1. 练习目的与教学内容

在初级阶段 2 的教学内容中，在教室中间继续学习一位、二位、五位脚位的 Pas sauté 的做法；学习 Changement de pied 的动作做法。

2. 主要动作的节拍进度与练习要求

（1）Pas sauté [帕·索泰] 双起双落的跳

节拍：四拍两次

准备拍：5-8 教室中间，En face 方向，双腿站一位，双臂一位；

1- 双腿一位下蹲；

da2-3 跳 2 次，落地 Demi plié；

4- 站直。

（同样节拍二位、五位脚位做）

要求：双腿起跳时是什么位置，在跳至空中和落地都保持同样的位置。双腿在空中垂直绷紧腿和脚，脚不要往外踢。五位跳起后，两腿在空中收紧成五位，双脚前后夹紧成一脚的位置。在跳的整个过程中，注意保持起跳和落地 Demi plié 的柔韧性、腿的外开，要始终保持上身的垂直，背肌、腰肌、腹肌收紧，肩部自然下垂，上身不要向前倾或空中塌腰撅肚。头保持正直，颈部不要因为起跳而随之用力，形成颈部的紧张僵硬。手臂在跳跃中要始终保持正确和自然的手臂姿态。一位跳结束落二位时，注意跳起时空中脚保持一位不变，落地再落到二位脚位置上。其他落地变换脚下位置要求一样。

（2）Changement de pied [尚日芒·德·皮耶] 双起双落换位跳

节拍：八拍四次

准备拍：5-8 教室中间，En face 方向，右腿在前站五位，双臂一位；

1- 五位 Demi plié；

da2-5 跳 4 次；

6- 不动；

7-8 站直。

要求：注意每次空中换脚要自然，空中用力绷直膝盖、脚背和脚尖，落地五位 Demi plié 位置准确，双腿保持外开，后背收紧挺直，头要保持正直，手臂放松保持自然的手臂位置。注意起跳和落地都要保持 Demi plié 的柔韧、腿的外开和推地的弹力。

3. 组合的动作节拍与做法详解

节拍：$\frac{2}{4}$ 拍，中速、轻快的

准备姿态：教室中间，En face 方向，双腿站一位，双臂一位，眼睛看 1 点方向。

准备拍：5-8 保持准备姿态不动。

① 1-4 一位 Pas sauté 1 个。1- 双腿一位 Demi plié，头手保持一位舞姿；da-2 双腿推地跳起，落地一位 Demi plié。

da3-4 一位 Pas sauté 1 个。da-3 动作同 da-2 动作；da-4 双腿伸直。

5-6 一位 Pas sauté 1 个。da-5 双腿一位 Demi plié，头手保持一位舞姿（图 2-15-1）；da-6 双腿推地跳起，落地一位 Demi plié（图 2-15-2）。

da7-8 一位 Pas sauté 1 个。da-7 动作同 da-6 动作，落二位 Demi plié（图 2-15-3）；da-8 双腿伸直。

图 2-15-1   图 2-15-2   图 2-15-3

② 1-4 二位 Pas sauté 2 个。动作同① 1-4 动作。

5-8 二位 Pas sauté 2 个。动作同① 1-4 动作（图 2-15-4）（图 2-15-5），落右腿在前五位 Demi plié（图 2-15-6），站直。

图 2-15-4   图 2-15-5   图 2-15-6

③ 1-2 五位 Pas sauté 1 个。da-1 双腿五位 Demi plié，头手保持一位舞姿；da-2 五位跳 1 个，落右腿在前五位 Demi plié。

da3-4 Changement de pied 1 个。da-3 五位换脚跳 1 个，落右腿在后五位 Demi plié，头手保持一位舞姿；da-4 双腿站直。

5–8 左边开始，动作同 da1–4 动作。

④ 1–2 Changement de pied 1 个。da–1 双腿五位 Demi plié，头手保持一位舞姿；da–2 五位换脚跳 1 个，落地右脚在后五位 Demi plié。

da–3 Changement de pied 1 个。动作同 da–2 动作。

da4–5 Changement de pied 2 个。动作同 da2–3 动作。

da–6 保持五位 Demi plié，双臂保持一位舞姿。

da7–8 双腿站直，双臂保持一位舞姿。

（十六）Pas assemblé 小跳练习

1. 练习目的与教学内容

在初级阶段 2 的教学内容中，初步接触往回做的组合形式。在教室中间学习 Pas assemblé 往前、往后的动作做法；继续练习 Pas assemblé 往旁的做法；继续学习 Pas glissade 往旁的做法。

2. 主要动作的节拍进度与练习要求

（1）Pas assemblé [帕·阿桑布莱] 双起双落的空中收腿跳

节拍：四拍一次

准备拍：5–8 教室中间，En face 方向，右腿在后站五位，双臂一位。

1– 五位 Demi plié；

da–2 右腿擦地往旁跳起；落地五位 Demi plié；

3–4 站直。

要求：跳前和跳后的五位 Demi plié 要把重心平均地放在两只脚上。双腿做推地和擦地要同时，在空中保持双腿的外开，动作腿踢出去的方向要准确，双腿在空中收紧五位时要迅速并用力夹紧，伸直膝盖，绷紧脚背、脚尖。动作要做得连贯、协调和流畅。

（2）Pas glissade [帕·格利沙德] 滑步跳

节拍：四拍一次

准备拍：5–8 教室中间，En face 方向，右腿在后站五位，双臂一位。

1– 五位 Demi plié；

da–2 右腿擦地往旁跳起，移动，落地五位 Demi plié；

3-4 站直。

要求：双腿跳至空中时有一刹那的停顿，并在空中用力伸直双腿，绷紧脚尖，身体保持垂直，重心移动要迅速到位，动作过程中躯干、肩和胯要摆正。

3. 组合的动作节拍与做法详解

节拍：$\frac{4}{4}$ 拍，快速

准备姿态：教室中间，En face 方向，右腿在后站五位，双臂一位，眼睛看 1 点方向。

准备拍：5-8 保持准备姿态不动。

① 1- 双腿五位 Demi plié，双臂保持一位舞姿（图 2-16-1）；

da-2 右腿 Pas assemblé 往旁 1 个。da- 右腿从后五位擦地往旁踢向空中，同时左腿推地跳起，右腿收前五位（图 2-16-2）；2- 落地五位 Demi plié（图 2-16-3）；

da3-4 双腿站直，双臂保持一位舞姿。

5-8 左腿 Pas assemblé 旁 1 个。动作同 1-4 动作。

② 1- 双腿五位 Demi plié，双臂保持一位舞姿；

da-2 右腿 Pas glissade 往旁 1 个。da- 右腿从后五位擦地往旁踢向空中，往右移动，同时左腿推地跳起；2- 右腿落地 Plié，同时左腿收前五位 Demi plié；

图 2-16-1　　　　图 2-16-2　　　　图 2-16-3

da3-4 双腿站直。

5- 双腿五位 Demi plié，双臂保持一位舞姿；

da-6 左腿 Pas assemblé 往前 1 个。da- 左腿从前五位擦地往前踢向空中，同时右腿推地跳起，落地左腿在前五位 Demi plié；

7-8 双腿站直。

③ 1- 双腿五位 Demi plié，双臂保持一位舞姿（图 2-16-4）；

　　da-2 左腿 Pas assemblé 往旁 1 个，往回做。da- 左腿从前五位擦地往旁踢向空中，同时右腿推地跳起，左腿收后五位（图 2-16-5）；2- 落地五位 Demi plié（图 2-16-6）；3-4 双腿站直。

　　5-8 右腿 Pas assemblé 往旁 1 个。动作同 1-4 动作。

　　　　图 2-16-4　　　　图 2-16-5　　　　图 2-16-6

　　④ 1-4 左腿 Pas glissade 往旁 1 个。动作同③ 1-4 动作。

　　da-5 双腿五位 Demi plié，双臂保持一位舞姿；

　　da-6 右腿 Pas assemblé 往后 1 个。da- 右腿从后五位擦地往后踢向空中，同时左腿推地跳起；6- 落地右腿在后五位 Demi plié；

　　7-8 双腿站直夹紧。

（十七）Pas jeté 小跳练习

　　1. 练习目的与教学内容

　　在初级阶段 2 的教学内容中，初步接触往回做的组合形式。在教室中间学习站五位脚位 Pas jeté 往旁的动作做法；学习站五位站脚位 Pas emboîté 往前、往后结束在 Cou-de-pied 的动作做法。

　　Pas emboîté

　　Emboîté 原意为"跟踪"，是一种双腿轮流交换向前或后踢的换脚跳。一般多用于女性舞蹈中，该练习主要训练腿脚的灵活性和跳至空中的能力。

　　2. 主要动作的节拍进度与练习要求

　　（1）Pas jeté [帕·热泰] 双起单落的换脚跳

　　节拍：两拍一次

　　准备拍：5-8 教室中间，En face 方向，右腿在后站五位，双臂一位。

1- 五位 Demi plié；

da-2 右腿擦地往旁跳起，落地。

要求：动作腿从五位擦地踢腿跳起，同 Pas assemblé 的要求。动作腿踢出时要更有力，方向要准确，要强调脚推地的力量，双腿在空中要用力伸直，落地后双腿要保持充分的外开，胯摆正，后背收紧，落 Cou-de-pied 的位置要准确。

（2）Pas emboîté [帕·昂布瓦泰] 两脚交换的跳

节拍：四拍一组

准备拍：5-8 教室中间，En face 方向，右腿在前站五位，双臂一位。

1- 五位 Demi plié；

da-2 双腿跳起，左腿落地 Plié，右腿收 Cou-de-pied 前；

da-3 左腿跳起，换右腿落地 Plié，左腿收 Cou-de-pied 后；

4- 左腿落五位，站直。

要求：双腿推地跳起，一腿落成前或后 Cou-de-pied 的位置要准确，双腿在动作过程中要始终保持外开，脚背脚尖绷紧，每次推地跳起双腿在空中都要完全伸直，五位并拢夹紧，保持后背收紧，保持放松的手臂位置，不要紧张用力。

3. 组合的动作节拍与做法详解

节拍：$\frac{2}{4}$ 拍，快速

准备姿态：教室中间，En face 方向，右腿在前站五位，双臂一位，眼睛看 1 点方向。

准备拍：5-8 保持准备姿态不动。

① 1- 双腿五位 Demi plié，手臂保持一位舞姿（图 2-17-1）。

da-2 右腿 Pas jeté 往旁 1 个。da- 右腿从后五位擦地往旁踢向空中，同时左腿推地跳起（图 2-17-2）；2- 右腿收前五位落地 Plié，同时左脚收 Cou-de-pied 后（图 2-17-3）。

da-3 右腿推地跳起同时左腿伸直夹紧五位，落五位 Demi plié，双臂保持一位舞姿。

da-4 双腿站直五位。

5-8 左腿 Pas jeté 往旁 1 个。动作同 1-4 动作。

图 2-17-1　　　　图 2-17-2　　　　图 2-17-3

② 1-4 右腿 Pas jeté 往旁 1 个。动作同① 1-4 动作。

5-6 右腿 Pas emboité 前 1 个。5- 双腿五位 Demi plié，双臂保持一位舞姿；da-6 双腿五位夹紧跳起，左腿落地 Plié，右腿 Cou-de-pied 前（图 2-17-4）。

da7-8 左腿 Pas emboité 后 1 个。da-7 左腿推地跳起同时右腿伸直夹紧五位（图 2-17-5），右腿落地 Plié，左腿 Cou-de-pied 后，双臂保持一位舞姿（图 2-17-6）；8- 左腿落后五位，双腿站直五位。

③ 1- 双腿五位 Demi plié，手臂保持一位舞姿。

da-2 右腿 Pas jeté 往旁 1 个，往回做。da- 右腿从前五位擦地往旁踢向空中，同时左腿推地跳起；2- 右腿收后五位落地 Plié，同时左脚收 Cou-de-pied 前。

da-3 右腿推地跳起同时左腿伸直夹紧五位，落五位 Demi plié，双臂保持一位舞姿。

da-4 双腿站直五位。

5-8 左腿 Pas jeté 往旁 1 个。动作同 1-4 动作。

图 2-17-4　　　　图 2-17-5　　　　图 2-17-6

④ 1-4 右腿 Pas jeté 往旁 1 个，动作同③ 1-4 动作。

5-6 左腿 Pas emboité 前 1 个。5- 双腿五位 Demi plié，双臂保持一位舞姿；da-6

双腿五位夹紧跳起，右腿落地 Plié，左腿 Cou-de-pied 前。

da7–8 右腿 Pas emboité 后 1 个。da–7 右腿推地跳起，同时左腿伸直夹紧五位，左腿落地 Plié，右腿 Cou-de-pied 后，双臂保持一位舞姿；8– 右腿落后五位，双腿站直五位。

（十八）Sissonne fermée 中跳练习

1. 练习目的与教学内容

在初级阶段 2 的教学内容中，在教室中间学习站五位脚位 Sissonne fermée 往前、往旁、往后的动作做法，学习 Grand échappé 的动作做法。

2. 主要动作的节拍进度与练习要求

（1）Sissonne fermée [西松·弗尔梅] 双起双落的移位跳

节拍：两拍一次

准备拍：5–8 教室中间，En face 方向，右腿在前站五位，双臂七位；

1– 五位 Demi plié；

da–2 双腿向旁踢跳起，往旁移动，落五位 Demi plié。

（同样节拍往前、往后做）

要求：动作节奏加快，要求双腿跳起，踢腿的力量和腿在空中的幅度都要到位。每次跳打开的两条腿在空中要伸直，踢出腿的方向要准确，稍后落下的那条腿要保持直地落下，经过点地收五位 Demi plié，不能在落地时先弯膝盖，并且两条腿几乎同时落地收五位 Demi plié。Sissonne fermée 90° 的 Plié 要做得深，移动踢腿要在 90° 以上，落地没有重心的腿收五位可稍稍晚一些，落地 Plié 要柔和。两腿保持外开，脚尖轻盈、柔和地擦地回五位。整个动作要做得连贯、清晰、有力，并往远移动。往前、往后要求一样，注意强调用腿的力量，手臂在跳起至空中不要帮助用力，保持手臂舞姿的自然放松与协调。

（2）Pas échappé [帕·埃夏佩] 双起双落的分腿跳

节拍：四拍一次

准备拍：5–8 教室中间，En face 方向，右腿在前站五位，双臂一位。

1– 五位 Demi plié；

da–2 跳起落二位 Demi plié；

da-3 跳起，右腿在后落五位 Demi plié；

4- 站直。

要求：强调要跳高，跳起后双腿在空中绷直膝盖和脚尖，落地二位位置准确，再推地跳起双腿垂直绷紧，脚不要往外踢，要始终保持躯干的挺拔，腰腹收紧，头要保持正直，保持起跳和落地的 Demi plié 的柔韧性、腿的外开。跳起同时配合手臂的动作，手臂动作的运动路线要清楚，每个位置都要清楚地经过。

3. 组合的动作节拍与做法详解

节拍：$\frac{3}{4}$ 拍，快速

准备姿态：站教室六点，Épaulement croisé 方向，右腿在前站五位，双臂一位，身体对 8 点方向，眼睛看 1 点方向。

准备拍：5-6 保持准备姿态不动。

7-8 双臂从一位打开小七位 Allongé，落下一位，头随右臂动作，眼睛看右手，头抬起看 1 点方向。

① 1- 双腿五位 Demi plié，双臂保持一位舞姿。

da-2 Pas échappé 二位 1 个。da- 从五位跳起，同时双臂抬起二位；2- 双腿落二位 Demi plié，双臂打开七位，头随右臂动作转向右旁方向；

da3 4 双腿从二位跳起，同时双臂七位 Allongé 伸展，右腿收后落五位 Demi plié，同时双臂落下一位，头转向左旁方向；da-4 双腿站直五位。

5-8 左边 Pas échappé 二位 1 个。动作同 1-4 动作。

② 1- 双腿五位 Demi plié，双臂保持一位舞姿。

da-2 Sissonne fermée 第一 Arabesque 1 个，往前移动，对 2 点方向。da- 双腿从五位推地跳起，右腿往前、左腿往后踢向空中，同时身体转向 2 点方向往前移动，双臂快速打开第一 Arabesque 舞姿，看 2 点方向；2- 落地五位 Demi plié，双臂保持第一 Arabesque 舞姿。

3-4 双腿站直五位。

5-6 Sissonne fermée 第一 Arabesque 1 个，往前移动，对 2 点方向。动作同 da1-2 动作。

da-7 Sissonne fermée 第一 Arabesque 1 个，往前移动，对 2 点方向。da-7 动作同

da-2 动作。

da-8 双腿站直五位，同时双臂经二位打开右六位，头随左臂动作转向左旁，看 1 点方向（图 2-18-1）。

③ 1- 双腿五位 Demi plié，双臂保持右六位舞姿（图 2-18-2）。

da-2 Sissonne fermée effacé 前腿 1 个，往后移动，对 6 点方向。da- 双腿从五位推地跳起，右腿往前、左腿往后踢向空中同时往 6 点方向移动（图 2-18-3）；2- 双腿落地五位 Demi plié（图 2-18-4）。

3-4 双腿站直五位。

da5-6 Sissonne fermée effacé 前腿 1 个，往后移动，对 6 点方向。动作同 1-2 动作。

da-7 Sissonne fermée effacé 前腿 1 个，往后移动，对 6 点方向。da-7 动作同 da-2 动作。

da-8 双腿站直五位，双臂从六位落下一位，头看 1 点方向。

图 2-18-1　　　　　图 2-18-2　　　　　图 2-18-3　　　　　图 2-18-4

④ 1- 双腿五位 Demi plié，双臂保持一位舞姿（图 2-18-5）。

da-2 Sissonne fermée écarté 旁 1 个，往旁移动，对 4 点方向。da- 双腿从五位推地跳起，右腿、左腿往旁踢向空中，同时往 4 点方向移动，同时双臂从一位打开七位 Allongé，头看 8 点方向（图 2-18-6）；2- 落地左脚收前五位 Demi plié，同时双臂落下一位（图 2-18-7）。

3-4 双腿站直五位。

da5-8 左边 Sissonne fermée écarté 旁 1 个，往旁移动，对 6 点方向。动作同 da1-4 动作。

图 2-18-5　　　　　　　图 2-18-6　　　　　　　图 2-18-7

（十九）Sissonne ouverte 中跳练习

1. 练习目的与教学内容

在初级阶段 2 的教学内容中，在教室中间学习站五位脚位 Sissonne ouverte 往前、往旁、往后的动作做法，学习站五位脚位 Sissonne fondu 的动作做法。

（1）Sissonne ouverte

Ouverte 原意为"敞开的"。它是指一腿打开成旁或前、后点地，45°、90° 等不同舞姿，构成多种舞姿形式，锻炼跳跃能力和控制力。

（2）Sissonne fondu

此动作既具有跳跃动作的性质，更具有 Fondu 动作的性质。

2. 主要动作的节拍进度与练习要求

（1）Sissonne ouverte [西松·乌韦尔] 双起单落的敞开式跳

节拍：四拍一次

准备拍：5-8 教室中间，En face 方向，右腿在前站五位，双臂七位；

1- 五位 Demi plié；

da-2 双腿跳起同时右腿吸起 Passé，左腿落地 Plié，右腿伸直旁腿 90°；

da-3 左腿跳起，右腿收后五位，落五位 Demi plié；

4- 站直。

要求：起跳和落地的 Plié 要蹲深，跳起时身体要有意识地收紧，每个方向做原地的跳时，Passé 要抬高，打开腿落地成舞姿要准确干净和停顿。跳起和停舞姿腿要伸直转开，绷紧脚尖，落地后背有力地收紧控制住身体，后背保持直立，防止坐腰。做移动的 Sissonne ouverte 要跳高往远移动，手臂动作要和跳起、落地协调配合。

（2）Sissonne fondu [西松·丰究] 双起单落的柔和跳

节拍：四拍一次

准备拍：5-8 教室中间，En face 方向，右腿在前站五位，双臂七位；

1- 五位 Demi plié；

da-2 双腿跳起同时右腿吸起 Passé，左腿落地 Plié，右腿经擦地踢旁腿 90°；

da-3 左腿跳起，右腿收后五位，落五位 Demi plié；

4- 站直。

要求：要做出 Fondu 的性质。落地 Plié 要做得富有韧性，并且是延续不断的。保持双腿的外开。动作腿经五位擦地不能有停顿，要做得连贯，支撑腿再次推地跳起要做得干脆，动作腿保持应有的高度，空中绷直双腿和脚尖。往前和往后做时，踢腿的方向要准确。手臂的动作要和腿的动作配合协调。

3. 组合的动作节拍与做法详解

节拍：$\frac{3}{4}$ 拍，快速

准备姿态：教室中间，En face 方向，右腿在前站五位，双臂一位，身体 En face 方向，眼睛看 1 点方向。

准备拍：5-6 保持准备姿态不动；

7-8 双臂从一位打开小七位 Allongé，落下一位，头随右臂动作，眼睛看右手，头抬起看 1 点方向。

① 1-4 右腿 Sissonne fondu 旁 1 个。da-1 双腿五位 Demi plié，双臂保持一位舞姿（图 2-19-1）；da2-3 双腿推地跳起同时右腿吸起 Passé 前，同时双臂抬起二位（图 2-19-2）；左腿落地同时右腿经落前五位马上往旁擦出踢旁腿 90°，同时左腿推地跳起，双臂打开七位，头看左旁方向（图 2-19-3）；右腿收后五位落地 Demi plié，双臂落下一位，头看左旁方向；4- 双腿站直五位，双臂保持一位舞姿。

　　图 2-19-1　　　　　　图 2-19-2　　　　　　图 2-19-3

5-8 左腿 Sissonne fondu 旁 1 个。动作同 1-4 动作；最后结束身体对 8 点方向，头看 1 点方向。

② 1-4 Sissonne ouverte 第三 Arabesque1 个，往前移动，对 8 点方向。1- 双腿五位 Demi plié，双臂保持一位舞姿；da-2 双腿从五位推地跳起，右腿向前、左腿向后踢向空中，同时往 8 点方向移动，同时双臂快速打开第三 Arabesque 手臂舞姿，头看 8 点方向，右腿落地 plié，左腿保持第三 Arabesque 90° 舞姿（图 2-19-4）；da-3 右腿推地跳起同时左腿夹回五位，落地五位 Demi plié，同时双臂落下一位；4- 双腿站直五位，双臂保持一位舞姿，身体对 8 点方向，头看 1 点方向。

5-8 右腿 Sissonne ouverte 旁 1 个，原地的，En face 方向。5- 双腿五位 Demi plié，双臂保持一位舞姿；da-6 双腿推地跳起同时右腿吸起 Passé，双臂抬起二位，左腿落地 Plié 同时右腿伸直旁腿 90°，同时双臂打开七位（图 2-19-5）；da-7 左腿推地跳起同时右腿收后五位，落地五位 Demi plié，双臂落下一位，头看左旁方向；8- 双腿站直五位，双臂保持一位舞姿。

③ 1-4 左腿 Sissonne fondu 旁 1 个。动作同① 1-4 动作。

5-8 右腿 Sissonne fondu 旁 1 个。动作同① 5-8 动作；最后结束身体对 2 点方向，头看 1 点方向。

④ 1-4 左腿 Sissonne ouverte croisé 前 1 个，往后移动，对 6 点方向。1- 双腿五位 Demi plié，双臂保持一位舞姿；da-2 双腿从五位推地跳起，左腿向前、右腿向后踢向空中，同时往 6 点方向移动，双臂抬起二位快速打开左五位，头看 8 点方向，右腿落地 Plié，左腿保持 Croise 前腿 90° 舞姿（图 2-19-6）；da-3 右腿推地跳起同时左腿夹回五位，落地五位 Demi plié，同时双臂七位 Allongé，落下一位；4- 双腿站直五位，双臂保持一位舞姿，身体对 2 点方向，头看 1 点方向。

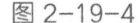

图 2-19-4   图 2-19-5   图 2-19-6

5–8 左腿 Sissonne ouverte 旁 1 个，原地的，En face 方向。动作同② 5–8 动作。

四、END 尾声

（二十）Révérence 行礼练习

1. 练习目的与教学内容

在初级阶段 2 的教学内容中，在教室中间继续练习 Révérence 女子行礼的动作做法；学习 Pas balancé en tournant 的舞步。

2. 主要动作的节拍进度与练习要求

Pas balancé en tournant [帕·巴朗塞·昂·图尔囊] 带转身的摇摆步

节拍：一小节一次

准备拍：da5–7 教室中间，En face 方向，右腿在前站五位，双臂小七位 Allongé；8dada– 五位 Demi plié，右腿往旁擦出。

1– 右腿往旁迈步落地成 Demi plié，左脚同时收 Cou-de-pied 后；

da– 左腿在后五位踩半脚尖，右腿在前离地绷直脚背；

da– 右腿落前五位上成 Demi plié，左脚同时成 Cou-de-pied 后。

要求：第一条腿向旁擦出时，要经过擦地的过程，腿要快速伸直膝盖，绷紧脚背、脚尖。接着沿着地面往远迈步，稍带一点跳跃。落地后第二条腿要快速收到 Cou-de-pied 后的位置上，过程要做得连贯、轻快，保持双腿的外开和弹性。强调动作过程中头、手、脚的配合。每次 En tournant 迈步的方向要准确朝一个方向，右边 En tournant 走 4 点、2 点、8 点、6 点，左边 En tournant 相反。

3. 组合的动作节拍与做法详解

节拍：$\frac{3}{4}$ 拍，中速

准备姿态：站教室 6 点，Épaulement croisé 方向，右腿后点地，双臂小七位 Allongé 舞姿，身体对 2 点方向，头看 1 点方向（图 2–20–1）。

准备拍：da5–6 身体保持舞姿不动。

da7–8 双臂在小七位 Allongé 舞姿上呼吸，头看 1 点方向。

da– 右腿从后经 Cou-de-pied 往前伸直同时左腿 Plié，双臂从小七位 Allongé 落下

一位抬起二位手位。

①1dada- 走步。右腿迈步前往 2 点方向，同时左腿伸直绷脚后点地，双臂保持二位舞姿（图 2-20-2）；da- 左腿从后经 Cou-de-pied 往前伸直，同时右腿 Plié，双臂保持二位。

2dada- 走步。左腿迈步前往 2 点方向，同时右腿伸直绷脚后点地，双臂慢慢打开七位舞姿（图 2-20-3）；da- 右腿从后经 Cou-de-pied 往前伸直，同时左腿 Plié，双臂从二位慢慢打开七位。

3dada- 走步。右腿迈步前往 2 点方向，同时左腿伸直绷脚后点地，双臂保持七位舞姿（图 2-20-4）；da- 左腿从后经 Cou-de-pied 往前伸直前点地（图 2-20-5）。

图 2-20-1　　　　　　图 2-20-2　　　　　　图 2-20-3　　　　　　图 2-20-4

4dada- 右腿保持站直不动，双臂保持七位舞姿，头看 1 点方向。

5dada- 双臂从七位抬起三位，头随左臂动作，眼睛看左手（图 2-20-6）。

6dada- 双臂从三位落下二位，同时双腿四位 Demi plié（图 2-20-7）。

7-8dada 身体重心移到左腿上同时站直，右腿后点地，双臂从二位经一位打开小七位 Allongé（图 2-20-8）；da- 右腿从后向旁 4 点方向擦出，身体对 2 点，身体稍向右旁倾，头看右旁方向。

②1dada-Pas balancé entournant1/4 方向 1 个。1- 往右旁迈步落 Plié，同时左脚 Cou-de-pied 后，左手回二位，双臂成右六位舞姿（图 2-20-9）；da- 左脚踩落后五位站直半脚尖，同时右腿绷脚伸直在左腿前面，双臂保持右六位舞姿；da- 右腿落地 Plié，左腿从后向旁 2 点方向擦出，身体稍向左旁倾，双臂从右六位打开到另一边左六位，头看左旁方向。

2dada- 左腿往 2 点方向迈步重复 dada- 动作（图 2-20-10）。

3dada- 右腿往 8 点方向迈步重复 dada- 动作（图 2-20-11）。

4dada- 左腿往 6 点方向迈步重复 dada- 动作（图 2-20-12）。

图 2-20-5　　　　图 2-20-6　　　　图 2-20-7　　　　图 2-20-8

图 2-20-9　　　　图 2-20-10　　　　图 2-20-11　　　　图 2-20-12

5-8 Révérence 行礼。5- 右腿往旁迈步站到右腿上，同时身体变成 En face 方向，左腿绷脚旁点地，右臂从二位打开七位，左臂保持七位舞姿，头随右臂动作，头转向右旁，眼睛看 2 点方向（图 2-20-13）；6- 左腿收一位，同时左臂从七位落下一位，左腿从一位往后擦出 Croisé 后点地，同时左臂从二位抬起三位成右五位，身体对 8 点方向，头随左臂动作，眼睛看左手（图 2-20-14）；7- 右腿 Plié 同时双膝向旁打开，屈膝行礼，上身微微前屈，头部微微点头，双臂小七位 Allongé 舞姿（图 2-20-15）；8- 双腿站直，上身立直，保持 Croisé 后点地舞姿，双臂保持小七位 Allongé 舞姿，头看 1 点方向（图 2-20-16）。

③－④左边开始，动作同①－②动作。

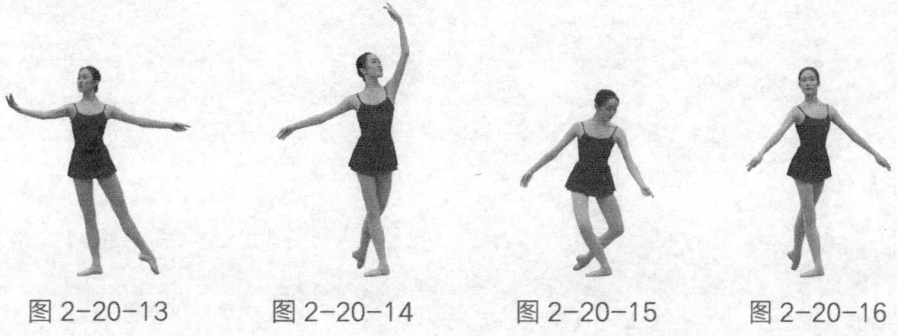

图 2-20-13　　　　图 2-20-14　　　　图 2-20-15　　　　图 2-20-16

中级阶段 1：第三课例

本课例视频
汇总

🗇 **练习总任务：**

　　本阶段课程的练习程度，是普及类学生的提升级别，也可以是准专业舞蹈学生规范动作的起始练习阶段。要在动作完成体节拍的基础程度上，逐渐展开与手臂同时运动的协调舞动，要在身体的方位舞姿上做多次的连续动作，并开始进入部分 Relevé（半脚掌）支撑动作的学习，将重心平衡的要求与能力进一步提升。

　　扶把部分从 Plié 开始的腿部练习，都同时加入手臂的 Port de bras 联动，从手脚分开练习逐步过渡到手脚配合的协调度练习。同时双腿在各个脚位上立起高半脚，为后期更多的单腿 Relevé 难度动作打好基础。原地旋转 Pirouetté 的技术技巧动作，开始在扶把和中间部分展开初步的学习，完成正确的旋转姿态与起落方式，是此阶段的关键。跳跃部分在各个脚位上的弹跳数量增多，为训练脚踝等下肢关节的敏捷度与支撑力加大强度。同时开始 Grand assemblé 中大跳类型动作的学习，在空中姿态与起落方式的掌握上，都为后期更多中大型跳跃技术动作的学习做好准备。

　　注意按照教学和学习的必要步骤，每一个动作都需要在完成各自的单一和多次练习之后，才彼此组合在一起做综合练习。

一、BARRE 扶把部分

（一）Warm up 热身练习

1. 练习目的与教学内容

中级阶段 1 的课例在前两个阶段课例教学内容的基础上，继续让学生掌握正确的身体基本站立姿态，在一位脚位上学习往旁、往前、往后的 Battement tendu pour le pied（勾绷脚的）动作，手臂和上身 Port de bras，以及腿部屈伸的 Demi plié 和脚部的 Relevé 的动作练习，使身体得到全面的活动。

2. 主要动作的节拍进度与练习要求

（1）Battement tendu pour le pied [巴特芒 · 唐究 · 普 · 勒 · 皮耶] 带勾绷脚的擦地

节拍：四拍一次

准备拍：da5-8 双手扶把，双腿站一位；

da-1 右腿擦出旁点地；

da-2 勾脚趾、脚腕；

da-3 绷脚背、脚趾、旁点地；

da-4 收回一位。

（同样节拍往前、往后做）

要求：动作腿往旁擦出，动作脚经过勾脚趾、勾脚腕，绷脚背、绷脚趾，落下绷脚点地。做勾绷脚时要注意清晰地完成每一下勾绷脚的动作过程，勾绷脚的力量要往远伸展。往前、往后动作要求相同。注意双腿要最大限度地伸直和转开。

（2）Port de bras [波 · 德 · 勃拉] 手臂舞姿和上身的前、后、旁腰

节拍：八拍一次

准备拍：da5-8 双手扶把，双腿站一位；

da1-2 上身下前腰（含胸），右臂抬起二位，上身拉直，右臂抬起三位，头转向右旁；

da3-4 上身下后腰；

da5-6 上身拉直；

da7-8 右臂打开七位，七位 Allongé，落下扶把。

要求：这里的下前腰动作是一种变化做法，能更好地起到热身的作用。上身往前下腰时，动作从头部开始带动身体下前腰，脊椎卷起同时往里含胸，手臂保持二位舞姿形态。上身往后下腰时保持双肩的平正，手臂保持三位舞姿形态，头看向右旁方向。所有动作随着连贯舒展而不间断的音乐动律，保持头、手臂、上身在动作过程中的协调配合。

3. 组合的动作节拍与做法详解

节拍：$\frac{4}{4}$ 拍，中速

准备姿态：站在把杆前面，Épaulement croisé 方向，右腿后点地，双臂小七位 Allongé，身体对 2 点方向，头转向正面 En face 方向，眼睛看 1 点方向。

准备拍：da-1 右腿往旁迈步，同时身体转成 En face 方向，左腿 Plié；右腿往 3 点迈步，重心站到右腿上，左腿绷脚旁点地，双臂保持小七位 Allongé 舞姿，头看 1 点方向。

da-2 左腿经收一位擦地往后，左腿绷脚 Croisé 后点地，身体对 8 点方向，头转向 En face 方向，眼睛看 1 点方向。

da3-4 保持舞姿，屈膝行礼，站直。

da5-6 保持上身舞姿，从左脚开始往旁迈步半脚尖，快速走四步，走向把杆。

da7-8 面对把杆，双手扶把，双腿落全脚站好一位，头看正前方。

① da1-4 右腿 Battement tendu pour le pied（勾绷脚的）往前。da-1 右腿往前擦出，绷脚点地，同时头转向右旁方向（图 3-1-1）；da-2 右腿勾脚趾（图 3-1-2）、勾脚腕（图 3-1-3）；da-3 右腿绷脚背、绷脚趾，绷脚前点地；da-4 右腿擦地收一位。

da5-8 右腿 Battement tendu pour le pied（勾绷脚的）往旁。动作同 da1-4 动作。

② da1-4 右腿 Battement tendu pour le pied（勾绷脚的）往后。动作同① da1-4 动作。

da5-8 右腿 Battement tendu 往旁 2 个。da-5 右腿往旁擦出，绷脚旁点地；da-6 右腿擦地收一位。da7-8 动作同 da5-6 动作。

③ da1-8 上身 Port de bras 往前、后下腰。da1-2 上身往前下腰（含胸）（图 3-1-4），上身拉直同时右臂从二位抬起三位，头转向右旁（图 3-1-5）；da3-4 上身往后下胸腰（图 3-1-6）；da5-6 上身拉直，同时手臂打开七位（图 3-1-7）；da7-8 右臂打开七位

Allongé（图 3-1-8），落下回到扶把位置（图 3-1-9）。

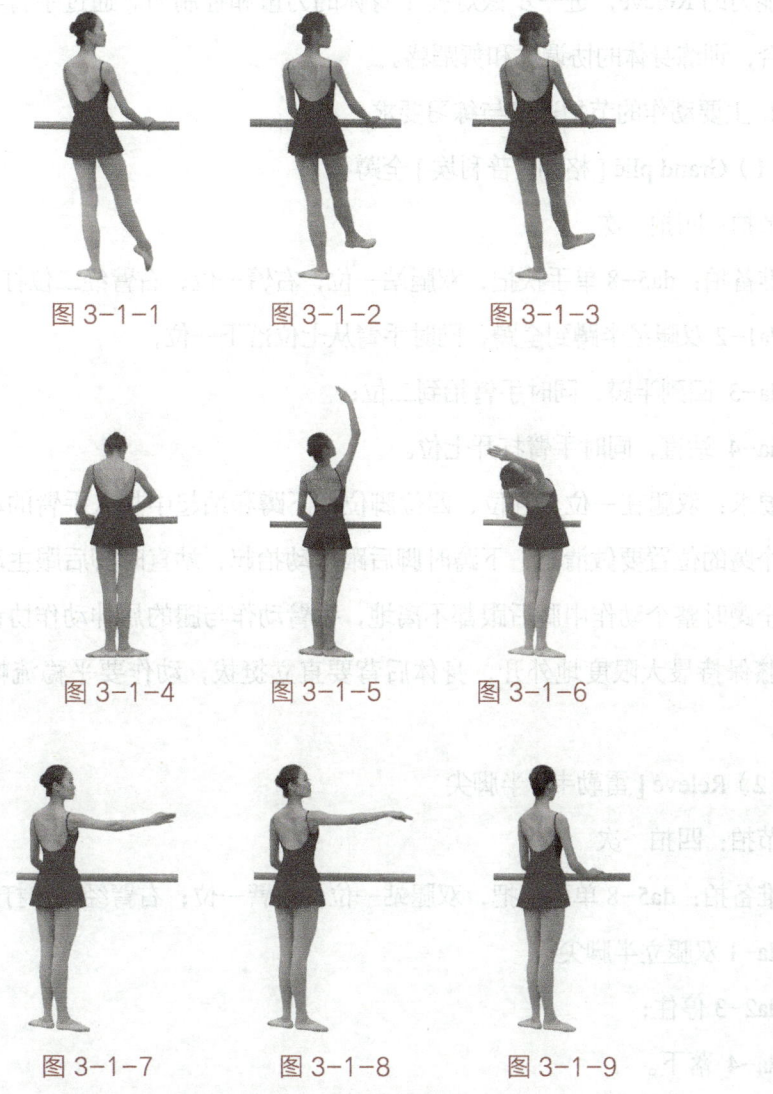

图 3-1-1   图 3-1-2   图 3-1-3

图 3-1-4   图 3-1-5   图 3-1-6

图 3-1-7   图 3-1-8   图 3-1-9

④ da1-2 一位 Demi plié。da-1 双腿下蹲；da-2 双腿站直。

da3-8 一位 Relevé。da3-4 双腿立起一位半脚尖；da5-6 保持一位半脚尖舞姿；da7-8 双腿落下全脚一位。

⑤ - ⑧左腿开始，动作同① - ④动作。

（二）Plié 蹲起练习

1. 练习目的与教学内容

中级阶段 1 的教学内容在前两个课例 Demi plié、Grand plié 动作的基础上，在 Plie

中加入手臂的 Port de bras，在手臂的 Port de bras 中加入下腰动作，以及锻炼足部半脚尖的能力的 Relevé，进一步锻炼整个身体的力量和控制力。通过手臂与身体动作的相互配合，训练身体的协调性和舞蹈感。

2. 主要动作的节拍进度与练习要求

（1）Grand plié [格朗·普利埃] 全蹲

节拍：四拍一次

准备拍：da5-8 单手扶把，双腿站一位，右臂一位；右臂经二位打开七位；

da1-2 双腿经半蹲到全蹲，同时手臂从七位落下一位；

da-3 回到半蹲，同时手臂抬到二位；

da-4 站直，同时手臂打开七位。

要求：双腿在一位、五位、四位脚位做下蹲和站起中加入手臂的动作。动作过程中每个蹲的位置要做清楚，下蹲时脚后跟被动抬起，站直时脚后跟主动落下。做二位脚位全蹲时整个动作中脚后跟都不离地，手臂动作与腿的屈伸动作协调配合，蹲时双腿双膝保持最大限度地外开，身体后背要直立挺拔，动作要平稳流畅，节拍要连贯准确。

（2）Relevé [雷勒韦] 半脚尖

节拍：四拍一次

准备拍：da5-8 单手扶把，双腿站一位，右臂一位；右臂经二位打开七位；

da-1 双腿立半脚尖；

da2-3 停住；

da-4 落下。

要求：双腿立半脚尖时，在抬起脚后跟前先要把整个身体用力向上提起，脚背有力地推绷。落下时，身体更要使劲向上提住，把脚后跟轻轻落到地上。保持身体的直立体态和手臂舞姿，身体挺拔，重心稳定。

（3）Port de bras [波·德·勃拉] 手臂舞姿和上身的前、旁、后腰

① 节拍：四拍一次（前腰）

准备拍：da5-8 单手扶把，双腿站一位，右臂一位；右臂经二位打开七位；

da1-2 上身下前腰，同时手臂从七位落下一位到二位；

da3-4 上身拉直，手臂三位。

② 节拍：四拍一次（后腰）

da1-2 上身下后腰，同时手臂三位；

da3-4 上身拉直，手臂打开七位。

要求：在身体往前下腰和起来拉直时保持后背的挺直，往后下腰保持上身双肩平正、防止往一侧扭转，往旁下腰要正对自己的身体侧旁方向，头在动作过程中随右臂的动作运动。注意所有动作要随着音乐而舒展，保持头、手臂、上身在动作过程中的协调。组合中上身往前下腰和往后下腰接在一起练习，是以后训练中经常练习的动作组合方式。

3. 组合的动作节拍与做法详解

节拍：$\frac{6}{8}$ 拍，慢速

准备姿态：单手扶把，双腿站一位，右臂一位，头转向右旁方向。

准备拍：da5-8 身体保持准备姿态不动。

① da1-4 一位 Demi plié 2 个。da-1 双腿下蹲，同时右臂打开小七位 Allongé，头随右臂动作，眼睛看右手（图 3-2-1）；da-2 双腿站直一位，右臂落回一位，头随右臂动作，眼睛看右手。da-3 双腿下蹲，同时右臂抬起二位，头随右臂动作，眼睛看右手（图 3-2-2）；da-4 双腿站直一位，右臂打开七位，头随右臂动作转向右旁方向。

da5-8 一位 Relevé。da-5 双腿立起一位半脚尖，同时头转向 En face 方向（图 3-2-3）；da6-7 双腿保持一位半脚尖舞姿；da-8 双腿落全脚一位。

② da1-4 一位 Grand plié。da- 右臂七位 Allongé，眼睛看右手；1-2 双腿下蹲经过 Demi plié，继续下蹲到 Grand plié，同时右臂从七位落下一位（图 3-2-4）；da3-4 双脚落脚跟，双腿经过 Demi plié，同时右臂抬起二位，双腿站直一位，同时右臂打开七位。

da5-8 右腿 Battement tendu 往旁 2 个。da-5 右腿擦地往旁，绷脚旁点地；da-6 右腿擦地收一位；da-7 右腿擦地往旁，绷脚旁点地，同时右臂七位 Allongé，眼睛看右手；da-8 右腿落全脚二位，同时右臂落下一位。

③ da1-4 二位 Demi plié 2 个。动作同① da1-4 动作。

da5-8 二位 Relevé，动作同① da5-8 动作（图 3-2-5）。

④ da1-4 二位 Grand plié，动作同② da1-4 动作。注意二位 Grand plié 下蹲时脚后

跟不离地（图 3-2-6）。

da5-6 右腿 Battement tendu 往旁 2 个。动作同② da5-8 动作；右腿收前五位。

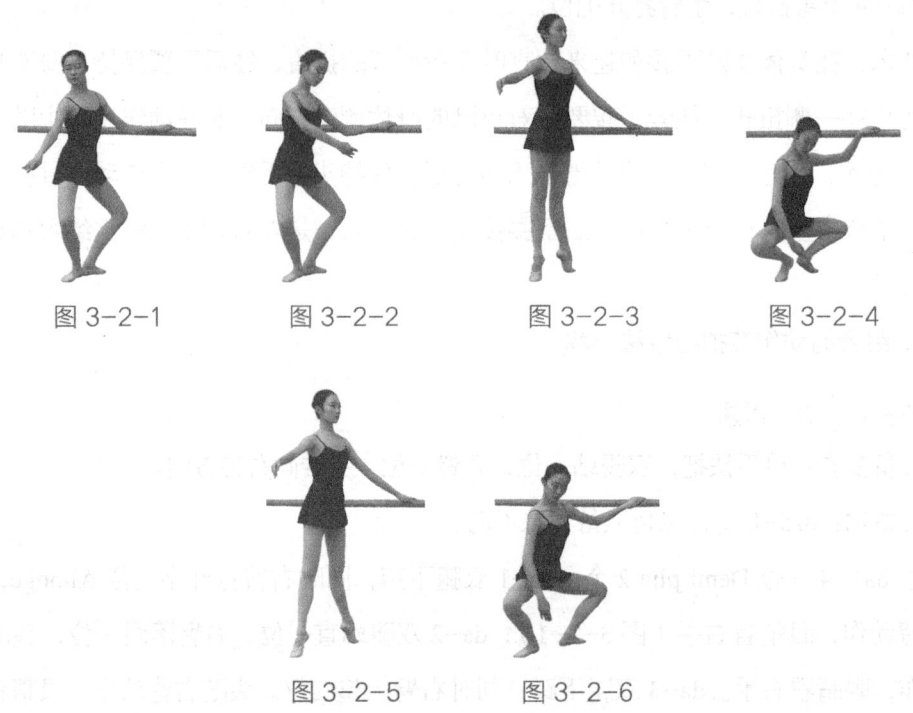

图 3-2-1　　　　　　图 3-2-2　　　　　　图 3-2-3　　　　　　图 3-2-4

图 3-2-5　　　　　　图 3-2-6

⑤ da1-4 五位 Demi plié 2 个。动作同① da1-4 动作。

da5-8 五位 Grand plié。动作同② da1-4 动作（图 3-2-7）。

⑥ da1-4 Port de bras 前腰。da- 右臂七位 Allongé，眼睛看右手；1-2 身体往前下腰，同时七位手经一位到二位，头随右臂动作，眼睛看右手（图 3-2-8）；da3-4 身体往上拉直，同时右臂抬起三位，头随右臂动作，眼睛看右手。

da5-8 Port de bras 后腰。da5-6 上身往后下胸腰，右臂保持三位，头看右旁方向（图 3-2-9）；da-7 上身慢慢拉起直立体态，同时右臂在身体快拉直时往旁打开七位，头看向右旁方向；da-8 右腿往前擦出，落全脚四位，重心放到双腿上，右臂保持七位舞姿。

⑦ da1-4 四位 Demi plié 2 个。动作同① da1-4 动作。

da5-8 四位 Grand plié。动作同② da1-4 动作（图 3-2-10）。

⑧ da1-4 Port de bras 旁腰。da- 右臂七位 Allongé，眼睛看右手；da5-6 上身往旁下腰，同时右臂抬起三位，头随右臂动作，眼睛看右手（图 3-2-11）；da3-4 上身拉

起直立体态，同时右臂打开七位，头随右臂动作，眼睛看右手。

图 3-2-7   图 3-2-8   图 3-2-9

da5-8 五位 Relevé。da-5 右腿绷脚前点地，同时右臂七位 Allongé；da-6 右腿收五位半脚尖，同时右臂经一位、二位抬起三位（图 3-2-12）；da7-8 保持五位 Relevé 舞姿。

图 3-2-10   图 3-2-11   图 3-2-12

结束拍：da7-8 双腿落全脚五位，同时右臂经七位 Allongé，落下一位，头抬起看右旁方向。

（三）Battement tendu 擦地练习

1. 练习目的与教学内容

在中级阶段 1 的教学内容中，继续练习在单手扶把上站五位脚位的 Battement tendu 往旁、往前、往后的基础练习，学习 Battement tendu pour le pied（压脚的）两拍的做法，这一阶段又加入 Battement tendu demi plié、Battement tendu passé par terre。这些动作都是 Battement tendu 动作的发展，与之有紧密联系并需要去掌握的动作。

（1）Battement tendu Demi plié

此动作是将 Battement tendu 和 Demi plié 两个动作元素连接起来的合成动作，称为

"带蹲的擦地"。它进一步训练了身体的协调和动作的连贯性，锻炼了腿部肌肉的柔韧性，训练重心的稳定与转换，对于 Pas assemblé 等跳跃动作都有重要的训练价值。

（2）Battement tendu passé par terre

这个动作只往前和后做，训练脚松与绷的能力，以及对身体重心的稳定控制，为后面 Battement tendu jeté balancé、Rond de jambe par terre 等动作的学习做准备。

2. 主要动作的节拍进度与练习要求

（1）Battement tendu [巴特芒·唐究] 擦地

节拍：一拍一次

准备拍：da5-8 单手扶把，右腿在前站五位，右臂一位；右臂经二位打开七位；

da- 右腿擦地往外绷脚点地；

1- 擦地收五位。

要求：动作腿往旁、往前和往后擦出，都要经全脚、半脚掌擦地，最后绷脚趾点地；收回时经半脚掌、全脚着地擦回。动作腿往前擦出，脚后跟主动带着擦出；收回时脚尖带着擦回。动作腿往旁、往后擦出，脚尖主动带着擦出；收回时脚后跟带着擦回。擦回时尽可能早地落下脚后跟，使大腿内侧肌肉得到锻炼。并在所有的过程中，做到双腿最大限度地伸直和转开。

（2）Battement tendu demi plié [巴特芒·唐究·德米·普利埃] 带蹲的擦地

节拍：两拍一次

准备拍：da5-8 单手扶把，右腿在前站五位，右臂一位，右臂经二位打开七位；

da-1 右腿出旁点地；

da-2 收五位同时双腿下蹲。

要求：动作腿往旁擦出，重心移动到支撑腿上，收回五位同时做一个 Demi plié，重心回到双脚上。上身躯干在动作过程中始终要上提，Demi plié 保持双膝外开，注意动作过程中重心的移动转换和双腿最大限度地转开。

（3）Battement tendu passé par terre [巴特芒·唐究·帕·塞·巴·泰尔] 经过地面的擦地

节拍：两拍一次

准备拍：da5-8 单手扶把，右腿在前站五位，右臂一位；右臂经二位打开七位；

1- 右腿往前擦出；

da– 经过一位；

2– 往后擦出；

da– 回一位。

要求：动作腿擦地的过程要求同 Battement tendu，在经过一位时保持腿的外开，脚要放松地经一位不停顿的再 Battement tendu 往后擦出，脚尖绷紧点地。同样的动作从后开始向前做。注意动作中躯干摆正，骨盆不应随腿的前后擦地而摇摆。

（4）Battement tendu pour le pied（压脚的）[巴特芒·唐究·普·勒·皮耶] 带压脚的擦地

节拍：两拍一次

准备拍：da5–8 单手扶把，右腿在前站五位，右臂一位；右臂经二位打开七位；

da– 右腿出旁点地；

1– 落压脚跟，重心保持在左腿上；

da– 右腿推绷脚点地；

2– 收回一位。

要求：做压脚时要注意清晰地完成每一个动作过程，动作腿往旁擦出，脚经落压半脚掌、落压脚跟，再推绷脚背、脚趾，绷脚点地。压脚时身体重心始终保持在支撑腿上，骨盆要使劲提住，不能因压脚引起晃动，推绷脚的力量要一下绷到头且结实有力。

3. 组合的动作节拍与做法详解

节拍：$\frac{2}{4}$ 拍，稍快速

准备姿态：单手扶把，右腿在前站五位，右臂一位，头转向右旁方向。

准备拍：da5–6 右臂从一位打开小七位 Allongé，落下一位，头随右臂动作，眼睛看右手；

da7–8 右臂从一位抬起二位，同时头向左侧稍前倾，右臂打开七位，头随右臂动作转向右旁，眼睛看右手。

① da1–2 右腿 Battement tendu demi plié 往前。da–1 右腿往前擦地，绷脚前点地（图 3-3-1）；da–2 右腿擦地收五位，同时双腿五位 Demi plié，右臂保持七位舞姿（图 3-3-2）。

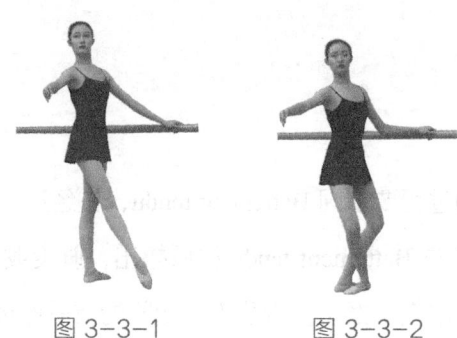

图 3-3-1   图 3-3-2

da3-4 右腿 Battement tendu 往前。da-3 右腿往前擦地，绷脚前点地；da-4 右腿擦地收五位，右臂保持七位舞姿。

da5-6 右腿 Battement tendu 往前 2 个。da- 右腿往前擦地，绷脚前点地；5- 右腿擦地收五位，右臂保持七位舞姿；da-6 动作同 da-5 动作。

da7-8 右腿 Battement tendu passé par terre 往前、后。da- 右腿右腿往前擦地，绷脚前点地（图 3-3-3）；7- 右腿经一位（图 3-3-4），擦地往后，绷脚后点地（图 3-3-5）；da-8 右腿收后五位。

图 3-3-3   图 3-3-4   图 3-3-5

② da1-2 右腿 Battement tendu demi plié 往后。动作同① da1-2 动作。

da3-4 右腿 Battement tendu 往后。动作同① da3-4 动作。

da5-6 右腿 Battement tendu 往后 2 个。动作同① da5-6 动作。

da7-8 右腿 Battement tendu passé par terre 往后、前。动作同① da7-8 动作。

③ da1-2 右腿 Battement tendu demi plié 往旁。动作同① da1-2 动作；右腿收后五位 Demi plié。

da3-4 右腿 Battement tendu 往旁。动作同① da3-4 动作；右腿收前五位。

da5-8 右腿 Battement tendu 旁 4 个。da- 右腿往旁擦地，绷脚旁点地；5- 右腿擦地收后五位，右臂保持七位舞姿；da-6 动作同① da-5 动作，右腿收前五位；da7-8

动作同 da5-6 动作。

④ da1-4 右腿 Battement tendu pour le pied（压脚的）往旁 2 个。da- 右腿往旁擦地，绷脚旁点地；1- 右脚经半脚掌，压落脚后跟，重心保持在左腿上；da- 右腿绷脚旁点地；2- 右腿擦地收后五位；da3-4 动作同④ da1-2 动作，收前五位。

da5-8 右腿 Battement tendu demi plié 二位。da-5 右腿往旁擦地，绷脚旁点地，同时右臂七位 Allongé；da-6 右腿落全脚二位 Demi plié，同时右臂落下一位，抬起二位，头随右臂动作；da-7 左腿站直，同时右腿绷脚旁点地，同时右臂打开七位；da-8 右腿擦地收回前五位，同时右臂落下一位，头随右臂动作，抬头转向右旁方向。

（四）Battement tendu jeté 小踢腿练习

1. 练习目的与教学内容

在中级阶段 1 的教学内容中，继续在五位脚位单手扶把上练习 Battement tendu jeté 往前、往旁、往后，学习 Battement developpé 25°、Battement tendu jeté balance 的动作做法。这个动作是 Battement tendu jeté 动作的发展，是需要去掌握的基础动作。

Battement tendu jeté balancé

进一步训练腿、脚的灵活性和重心的稳定，以及腿和脚的力量。

2. 主要动作的节拍进度与练习要求

（1）Battement tendu jeté [巴特芒·唐究·热泰] 小踢腿

节拍：两拍一次

准备拍：da5-8 单手扶把，右腿在前站五位，右臂一位；右臂经二位打开七位；

da-1 右腿擦地踢至 25°；

da-2 收回五位。

要求：在 Battement tendu 全部要求的基础上，强调动作腿擦地到最远处脚尖才能离地，踢到空中 25° 的高度，在空中要有停顿并继续延伸。收回时，脚尖还要经过前点地最远端的位置，然后经过擦地的全过程收回到五位脚。动作腿踢出去时，要特别注意支撑腿和躯干的稳定，不要摇晃，躯干要保持正直。

（2）Battement tendu jeté balancé [巴特芒·唐究·热泰·巴朗塞] 腿的前后摆动

节拍：两拍一次

准备拍：da5-8 单手扶把，右腿在前站五位，右臂一位；右臂经二位打开七位；

da-1 右腿经擦地往前踢腿 25°；

da-2 经收一位往后踢腿 25°。

要求：动作腿在经过一位时，整个脚要放松地平铺在地面上经过。动作腿踢前和后时，方向要准确，保持腿部的外开和绷直，腿前、后摆动时上身和胯要控制不动，支撑腿和躯干收紧上提并控制住，重心始终保持在支撑腿上。

3. 组合的动作节拍与做法详解

节拍：$\frac{2}{4}$ 拍，稍快速

准备姿态：单手扶把，右腿在前站五位，右臂一位，头转向右旁方向。

准备拍：da5-6 右臂从一位打开小七位 Allongé，落下一位，头随右臂动作，眼睛看右手；

da7-8 右臂从一位抬起二位，同时头向左侧稍前倾，右臂打开七位，头随右臂动作转向右旁，眼睛看右手。

① da1-4 右腿 Battement tendu jeté 往前 2 个。da-1 右腿经擦地往前踢前腿 25°，右臂保持七位舞姿；da-2 右腿擦地收五位；da3-4 动作同 da1-2 动作。

da5-8 右腿 Battement développé 往前。da-5 右腿吸起 Cou-de-pied 前，右臂保持七位舞姿；da-6 右腿踢伸前腿 25°；da-7 右腿保持前腿 25° 舞姿；da-8 右腿经擦地收五位。

② da1-4 右腿 Battement tendu jeté 往旁 2 个。da-1 右腿经擦地往旁踢旁腿 25°，同时头转向 En face 方向，右臂保持七位舞姿；da-2 右腿擦地收后五位；da3-4 动作同 da1-2 动作，右腿收前五位。

da5-8 右腿 Battement développé 往旁。动作同① da5-8 动作；da-8 右腿收后五位。

③ da1-4 左腿 Battement tendu jeté 往前 2 个。da-1 左腿经擦地往前踢前腿 25°，同时头转向右旁方向，右臂保持七位舞姿；da-2 左腿擦地收五位，右臂保持七位舞姿。da3-4 动作同 da1-2 动作。

da5-8 左腿 Battement développé 往前。动作同① da5-8 动作（图 3-4-1）（图 3-4-2）。

④ da1-6 右腿 Battement tendu jeté balancé 往后、前 3 次。da-1 右腿擦地往后踢后

腿 25°，右臂保持七位舞姿；da-2 右腿经收一位往前踢前腿 25°；da-3 右腿经收一位往后踢前后腿 25°；da4-5 动作同④ da2-3 动作；da-6 右腿收后五位。

da7-8 五位 Demi plié。da- 右臂七位 Allongé；7- 双腿下蹲，同时右臂落下一位，抬起二位；da-8 双腿站直，同时右臂打开七位，头随右臂动作转向右旁。

⑤-⑧右腿往后开始，动作同①-④动作节奏（图 3-4-3）（图 3-4-4）。

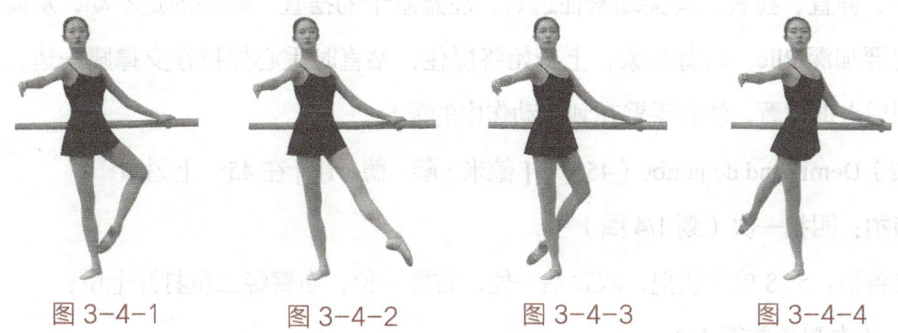

图 3-4-1   图 3-4-2   图 3-4-3   图 3-4-4

（五）Rond de jambe 划圈练习

1. 练习目的与教学内容

在中级阶段 1 的教学内容中，继续练习一位脚位单手扶把的 Rond de jambe par terre 往前、往旁、往后划 1/2 圈的基础动作，学习 Rond de jambe par terre prèparation、Demi rond de jambe 45°、Port de bras 的学习。

（1）Rond de jambe par terre prèparation

这个动作是 Rond de jambe par terre 的准备动作。俄罗斯学派以此动作作为 Rond de jambe 组合的开始动作，在准备拍中做，锻炼支撑腿的稳定以及动作腿与手臂的配合。

（2）Rond de jambe（45°）

这个动作是由 Battement relevé lent 和 Rond de jambe 两部分组成。在 45° 上进行髋关节的转动练习，加强髋关节的力量和活动自如的能力，锻炼支撑腿的稳定和动作腿的灵活自如。

2. 主要动作的节拍进度与练习要求

（1）Rond de jambe par terre prèparation [隆·德·让·巴·泰尔·普雷帕拉雄] 划圈的准备动作

节拍：四拍一次

准备拍：da5-8 单手扶把，双腿站一位，右臂一位；右臂经二位打开七位；

da-1 双腿 Plié，同时右腿擦地往前；

da-2 右腿划到旁，同时左腿站直；

da3-4 右腿划后。

要求：在 Plié 同时，动作腿打开前腿，重心移动到支撑腿上。动作腿在划圈时要求转开、伸直、拉长，脚尖绷紧往远划。注意躯干的摆直，两胯固定不动，从前向旁划圈时要加深 Plié，后背收紧，上身始终提住，站直时重心保持在支撑腿一边，并继续划到后点地位置。注意手臂在划圈动作中的配合。

（2）Demi rond de jambe（45°）[德米·隆·德·让] 在 45° 上划圈

节拍：四拍一次（划 1/4 圈）

准备拍：5-8 单手扶把，双腿站一位，右臂一位；右臂经二位打开七位；

da-1 右腿抬前腿 45°；

da-2 划旁；

da-3 停住；

da-4 点地，收一位。

要求：动作腿在空中 45° 绷直整条腿，划旁时保持一个平行高度运动，支撑腿要很有力地向上拉直转开，骨盆提起，收紧腹肌，后背收紧挺直，两肩下压，划到旁时身体摆正，头转向 En face。

（3）Port de bras（圆的）[波·德·勃拉] 手臂舞姿和上身的前、后、旁腰

节拍：八拍一次

准备拍：da5-8 单手扶把，双腿站一位，右臂一位；右臂经二位打开七位；

da1-2 上身往前下腰；

da3-4 转到旁腰；

da5-6 转到后腰；

da7-8 上身拉直。

要求：做圆的 Port de bras 特别注意重心的垂直。往前下腰时双腿要非常结实地踩住地面，保持重心垂直。上身不要驼背，转到旁腰、后腰时，两肩摆正，保持重心垂直，胯收紧向上提起，收紧腹肌、臀肌。上身拉起要尽快立直，要把前、旁、后腰三个方向圆的路线做清楚，手臂随上身的转动在圆的轨道上做它的手臂运行路线。整个

动作过程要做得流畅，平稳、连贯，注意手臂的位置要准确，头、眼睛始终要跟随手臂的运动而运动。

3. 组合的动作节拍与做法详解

节拍：$\frac{3}{4}$ 拍，中速

准备姿态：单手扶把，右腿在前站五位，右臂一位，头转向右旁方向。

准备拍：da5-6 右臂从一位打开小七位 Allongé，落下一位，头随右臂动作，眼睛看右手；

da7-8 右臂从一位抬起二位，同时头向左侧稍前倾，右臂打开七位，头随右臂动作转向右旁，眼睛看右手。

① da1-2 右腿 Rond de jambe par terre en dehors。da1-2 右腿擦地到前点地，划到旁、后点地，右臂保持七位舞姿。

da3-4 右腿 Rond de jambe par terre en dehors。右腿经一位往前擦地前点地，划到旁、后点地。

da5-8 右腿 Rond de jambe par terre prèparation en dehors。da- 右臂七位 Allongé，眼睛看右手；5- 右腿经一位 Demi plié 往前擦地前点地，同时右臂落下一位，抬起二位（图3-5-1）；da-6 左腿站直，同时右腿划到旁点地，同时右臂打开七位（图3-5-2）；da7-8 右腿划到后点地（图3-5-3）。

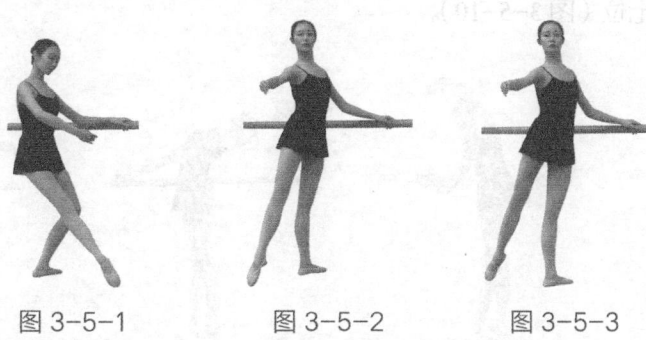

图 3-5-1　　　　图 3-5-2　　　　图 3-5-3

② da1-4 右腿 Rond de jambe par terre en dehors 2个。动作同① da1-4 动作。

da5-8 右腿 Demi rond de jambe 45° en dehors 往前划旁。da-5 右腿经一位往前擦地抬起前腿 45°（图3-5-4）；da6-7 右腿从前划到旁腿 45°（图3-5-5）；da-8 右腿落下点地（图3-5-6），收后五位，右臂保持七位舞姿。

图 3-5-4　　　　　　　图 3-5-5　　　　　　　图 3-5-6

③ da1-4 右腿 Rond de jambe par terre en dedans 2 个。动作同① da1-4 动作。

da5-8 右腿 Rond de jambe par terre prèparation en dedans。da- 右臂七位 Allongé，眼睛看右手；5- 右腿经一位 Demi plié 往后擦地后点地，同时右臂落收二位；da-6 左腿站直，同时右腿划到旁点地，同时右臂落下一位，抬起七位；da7-8 右腿划到前点地。

④ da1-4 右腿 Rond de jambe par terre en dedans 2 个。动作同③ da1-4 动作。

da5-8 右腿 Demi rond de jambe 45° en dedans 往后划旁。动作同② da5-8 动作。

⑤ da1-8 圆的 Port de bras 下腰。da- 右臂七位 Allongé，眼睛看右手；1-2 上身往前下腰，同时右臂经一位到二位，头随右臂动作，眼睛看右手（图 3-5-7）；da3-4 上身从前腰转到旁腰，同时右臂从二位划到三位，眼睛看左旁方向（图 3-5-8）；da5-6 上身从旁腰划到后腰，右臂保持三位手位，头转向右旁方向（图 3-5-9）；da7-8 上身拉直同时右臂打开七位（图 3-5-10）。

图 3-5-7　　　　　　图 3-5-8　　　　　　图 3-5-9　　　　　　图 3-5-10

⑥ da1-8 左腿 Battement relevé lent 第四 Arabesque。da-1 右臂七位 Allongé，落下经一位抬二位（图 3-5-11）；da-2 左腿擦地往后绷脚点地，同时右臂打开第四 Arabesque 手臂舞姿（图 3-5-12）；da3-4 左腿抬起后腿 90°（图 3-5-13）；da5-6 保持第四 Arabesque 舞姿；da-7 左腿落下后点地，同时右臂收二位，打开七位，头随右臂动作；

da-8 左腿收回五位，同时右臂七位 Allongé，落下一位，头抬起转向右旁方向。

图 3-5-11　　　　　图 3-5-12　　　　　图 3-5-13

（六）Battement fondu 单腿蹲练习

1. 练习目的与教学内容

在中级阶段 1 的教学内容中，学习五位脚位单手扶把 Battement fondu 往旁、往前、往后的基础动作在 Relevé 上做，并配合手臂动作。学习 Battement double fondu、Plié soutenu、Soutenu en tournant。

（1）Battement double fondu

加强支撑腿的力量，锻炼躯干的控制和重心的稳定，继续训练两条腿的柔韧性、力量和弹性。

（2）Plié soutenu

Soutenu 原意为"保持住"，也被称为"Battement tendu soutenu"。这个动作是 Plié 和 Battement tendu 的合成动作。支撑腿做曲直的动作，动作腿在脚不离开地面的状态下做伸收的动作，锻炼身体的协调性和灵活运用双腿的能力，动作要做得连贯而富有弹性，并为以后的迈步动作或类似的动作打下基础。

（3）Soutenu en tournant

Soutenu en tournant 是学习者最初接触到的具有旋转性质的动作。训练身体各种各样的转身，它经常作为动作之间的连接辅助动作，使动作间的衔接更加流畅、平稳与复杂化。

2. 主要动作的节拍进度与练习要求

（1）Battement double fondu [巴特芒·杜勃尔·丰究] 带两次蹲的单腿蹲

节拍：四拍一次

准备拍：da5-8 单手扶把，右腿在前站五位，右臂一位；右臂经二位打开七位；

da-1 右腿吸起 Cou-de-pied 前，同时左腿 Plié；

da-2 左腿站直，右腿 Cou-de-pied 前不动；

da-3 左腿 Plié；

da-4 左腿站直，右腿伸直前腿 45°。

要求：首先按照 Battement fondu 的全部要求，强调动作腿 Cou-de-pied 的位置要准确。Demi plié 时支撑腿要深蹲，要做得连贯、协调，没有停顿。重心始终保持在支撑腿上，躯干保持平整和稳定，动作的整个过程中要保持双腿的外开。

（2）Plié soutenu [普利埃·苏特纽] 保持舞姿的伸收动作

节拍：两拍一次

准备拍：da5-8 单手扶把，右腿在前站五位，右臂一位；右臂经二位打开七位；

da-1 右腿擦出旁点地，同时左腿 Plié；

da-2 右腿收前五位半脚尖。

要求：动作腿按照 Battement tendu 的要求擦出和收回。支撑腿按照 Demi plié 的要求。强调两条腿同时开始动作，并且同时结束，在动作的过程中始终保持外开。向旁做时，躯干保持正直，骨盆收紧提住，不能因为动作腿的擦出而牵动重心，后背要有力地控制住，头保持在 En face 位置上。

（3）五位 Soutenu en tournant [苏特纽·昂·图尔囊] 保持五位舞姿转身

节拍：四拍一次

准备拍：da5-8 单手扶把，右腿在前站五位，右臂一位；右臂经二位打开七位，同时双腿立起五位 Relevé；

da1-2 双腿站五位半脚尖 Soutenu en tournant1/2 圈；

da-3 站住；

da-4 落五位。

要求：转身时身体保持一个整体旋转，手、头、眼睛要配合协调，帮助身体旋转。旋转中两腿贴紧，保持外开，换腿的过程要快，重心放在双腿上。

3. 组合的动作节拍与做法详解

节拍：$\frac{3}{4}$ 拍，中速

准备姿态：单手扶把，右腿在前站五位，右臂一位，头转向右旁方向。

准备拍：da5-6 右臂从一位打开小七位 Allongé，落下一位，头随右臂动作，眼睛看右手；

da7-8 右臂从一位抬起二位，同时头向左侧稍前倾，右臂打开七位，眼睛看右手，头随右臂动作转向右旁。

① da1-4 右腿 Battement double fondu 往前。da-1 右脚吸起 Cou-de-pied 前，同时左腿 Plié，右臂保持七位舞姿（图 3-6-1）；da-2 左腿站直，右腿保持 Cou-de-pied 前舞姿（图 3-6-2）；da-3 左腿 Plié（图 3-6-3）；da-4 左腿站直，同时右腿伸直前腿 45°（图 3-6-4）。

da5-8 右腿 Battement fondu 往前，结束立 Relevé。da- 右臂七位 Allongé；5- 右腿收回 Cou-de-pied 前，同时左腿 Plié（图 3-6-5）；da-6 右腿往前伸直前腿 45°。同时左腿站直立起半脚尖（图 3-6-6）；da-7 保持前腿 45° 舞姿；da-8 右腿收回五位半脚尖。

图 3-6-1   图 3-6-2   图 3-6-3

图 3-6-4   图 3-6-5   图 3-6-6

② da1-4 右腿 Battement double fondu 往旁。动作同① da1-4 动作；在 da-1 时右脚起 Cou-de-pied 前，左腿 Plié，同时头转到 En face 方向。

da5–8 右腿 Battement fondu 往旁，结束立 Relevé。动作同①da5–8 动作；在 da–5 时右脚收 Cou-de-pied 后；da–8 结束收后五位半脚尖。

③ da1–4 右腿 Battement double fondu 往后。动作同① da1–4 动作；在 da–1 时右脚起 Cou-de-pied 后，左腿 Plié，同时头转到右旁方向。

da5–8 右腿 Battement fondu 往后，结束立 Relevé。动作同① da5–8 动作；收后五位半脚尖。

④ da1–4 右腿 Plié soutenu，结束五位 Relevé 2 个。da–1 右腿往旁擦地，绷脚旁点地，同时左腿 Plié，右臂保持七位舞姿；da–2 右腿收前五位半脚尖。da3–4 动作同 da1–2 动作；右腿收后五位半脚尖。

da5–8 五位 Soutenu en tournant 1/2 圈。da–5 右腿 Plié soutenu 往旁点地，右臂七位 Allongé（图 3–6–7）；da–6 右腿收后前五位半脚尖，同时右臂收二位（图 3–6–8）；da–7 五位 Soutenu en tournant 往左转 1/2 圈，左腿在前五位半脚尖，右臂扶把，左臂收二位（图 3–6–9），打开七位 Allongé；da–8 右臂落下一位，双腿落全脚五位，头抬起转向左旁方向。

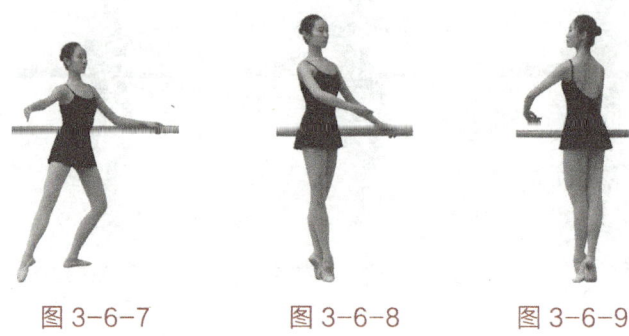

图 3–6–7   图 3–6–8   图 3–6–9

（七）Battement frappé 小弹腿练习

1. 练习目的与教学内容

在中级阶段 1 的教学内容中，学习站五位脚位单手扶把的 Battement double frappé 往前、往后 25° 的分解动作做法，继续练习 Battement frappé 往旁、往前、往后打开 25° 的基本动作做法；学习 Petit battement sur le cou-de-pied 带附点（动作节奏）的动作做法。

2. 主要动作的节拍进度与练习要求

（1）Battement double frappé [巴特芒·杜勃尔·弗拉佩] 带打击的小弹腿

节拍：四拍一次

准备拍：da5–8 单手扶把，右腿在前站五位，右臂一位；右臂经二位打开七位，右腿打开旁 25°；

1– 右腿收 Cou-de-pied 后；

da– 小腿向旁打开与地面垂直；

2– 右腿收 Cou-de-pied 前（包脚的）；

da3–4 打开前腿 25°。

（同样节拍往后做）

要求：动作要求同 Battement frappé 和 Petit battement sur le cou-de-pied 两个动作的全部要求。强调每一个动作都要做得清晰利落，Petit battement sur le cou-de-pied 要做得干净清楚，Battement frappé 做得快速有力，动作腿打开 25° 的方向准确。

（2）Petit battement sur le cou-de-pied [珀蒂·巴特芒·絮·勒·库德皮耶] 在脚踝上小的击打

节拍：两拍一次（带附点的）

准备拍：da5–8 单手扶把，右腿在前站五位，右臂一位；右臂经二位打开七位，右腿打开旁 25°。

da–1 收 Cou-de-pied 后，经小腿向旁打开与地面垂直，再收 Cou-de-pied 前（包脚的）；

da–2 不动。

要求：动作带附点的节奏变化，击打动作要做得灵活、轻巧、干净、快速，动作腿做 Battement frappé 时伸出点地和收回 Cou-de-pied 的位置准确。强调往前踢出时，膝盖留住，用脚后跟带动向前，回来时膝盖主动往后带着收回。往后伸出和收回时与往前相反。动作过程中保持躯干的稳定，骨盆摆正，后背收紧，双腿保持外开。

3. 组合的动作节拍与做法详解

节拍：$\frac{4}{4}$ 拍，快速

准备姿态：单手扶把，右腿在前站五位，右臂一位头转向右旁方向。

准备拍：da5-6 右臂从一位打开小七位 Allongé，落下一位，头随右臂动作，眼睛看右手；

da7-8 右臂从一位抬起二位，同时头向左侧稍前倾，右臂打开七位，眼睛看右手，头随右臂动作转向右旁，da-8 右腿往旁擦地，绷脚旁点地。

① da1-4 右腿 Battement double frappé 往前 1 个。da-1 右腿快速收 Cou-de-pied 后，右臂保持七位舞姿；da-2 右腿小腿快速打开收 Cou-de-pied 前（包脚的）；da3-4 右腿往前踢前腿 25°（图 3-7-1）。

da5-8 右腿 Battement frappé 往前 2 个。da-5 右腿快速收 Cou-de-pied 前（包脚的），右臂保持七位舞姿；da-6 右腿往前踢前腿 25°；da7-8 动作同 da5-6 动作。

② da1-4 右腿 Battement double frappé 往旁 1 个。da-1 右腿快速收 Cou-de-pied 前（包脚的），同时头转向 En face 方向，右臂保持七位舞姿；da-2 右腿小腿快打开收 Cou-de-pied 后；da3-4 右腿往旁踢旁腿 25°（图 3-7-2）。

da5-8 腿 Battement frappé 往旁 2 个。da-5 右腿快速收 Cou-de-pied 前（包脚的），右臂保持七位舞姿；da-6 右腿往旁踢旁腿 25°；da-7 右腿快速收 Cou-de-pied 后；da-8 右腿往旁踢旁腿 25°。

③－④ 右腿往后开始，动作同 ①－② 动作（图 3-7-3）。

图 3-7-1　　　　　　　　图 3-7-2　　　　　　　　图 3-7-3

⑤ da1-4 右腿 Petit battement（带附点的）2 次。da-1 右腿快速收 Cou-de-pied 后（图 3-7-4），再快速打开收 Cou-de-pied 前（包脚的）（图 3-7-5），右臂保持七位舞姿；da-2 不动；da3-4 动作同 da1-2 动作。

da5-6 右腿 Petit battement 1 次。da-5 右腿快速收 Cou-de-pied 后，右臂保持七位舞姿；da-6 小腿快速打开收 Cou-de-pied 前（包脚的）。

da7-8 右腿快速收 Cou-de-pied 后；da-8 不动。

⑥ da1-4 右腿 Petit battement sur le cou-de-pied；动作同⑤ da1-4 动作，先收 Cou-de-pied 前（包脚的）。

da5-6 右腿 Petit battement sur le cou-de-pied 1 次。动作同⑤ da5-6 动作；先收 Cou-de-pied 前（包脚的）。

da7-8 右腿快速收 Cou-de-pied 前；da-8 右腿伸直绷脚旁点地，同时右臂七位 Allongé。

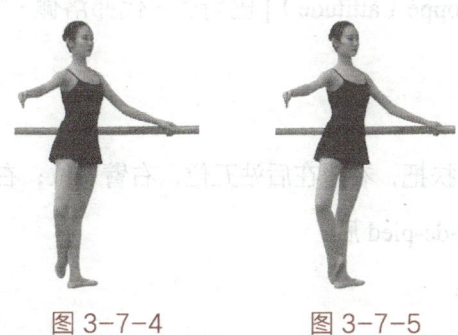

图 3-7-4   图 3-7-5

结束拍：da7-8 右腿收前五位，同时右臂落下一位，头抬起转向右旁方向。

（八）Adagio 控制练习

1. 练习目的与教学内容

在中级阶段 1 的教学内容中，继续在单手扶把站五位脚位的 Battement développé 往前、往后 90° 舞姿；学习 Battement développé passé、Battement développé attitude 后、前舞姿的做法。

Battement développé passé

Passé 原意是"经过的"，作为连接动作，它起到使动作腿从一个方向变换到另一个方向、从一个舞姿过渡到另一个舞姿的连接作用。

2. 主要动作的节拍进度与练习要求

（1）Battement développé passé [巴特芒·代弗洛佩·帕塞] 腿从伸展舞姿屈膝收回

节拍：八拍一次

准备拍：da5-8 单手扶把，右腿在前站五位，右臂一位；右臂经二位打开七位；

da-1 右腿吸 Cou-de-pied 前；

da-2 右腿吸 Passé 前；

da3-4 往旁伸直旁腿 90°；

da5-6 收回 Passé 前；

da7-8 不动。

要求：动作腿从 90° 舞姿上收回 Passé 时，大腿要保持高度不变，用脚尖带动收回到支撑腿的膝盖处，脚尖轻轻贴在支撑腿内侧外缘边上，腿要保持充分的外开，同时身体向上提起。

（2）Battement développé（attitude）[巴特芒·代弗洛佩·阿蒂迪德] 腿在 90° 上的半屈膝舞姿

节拍：八拍一次

准备拍：**da5-8** 单手扶把，右腿在后站五位，右臂一位；右臂经二位打开七位；

da1-2 右腿抬起 Cou-de-pied 后；

da3-4 抬起 Passé 后；

da-5 抬起 Attitude 后 90°；

da-6 不动；

da7-8 伸直，点地，收一位。

（同样节拍往前做）

要求：动作腿经 Cou-de-pied 位置，保持整条腿的外开抬起至 Passé 后，打开 90° 舞姿到身体后面，动作腿膝盖尽量对准肩膀，保持膝盖弯曲并主动转开向上抬起，大腿、膝盖、小腿和脚要保持在一个水平线上。身体保持平正，肩胯摆正，上身略向前倾，腰腹收紧，与头和手臂舞姿配合协调。往前打开时，大腿膝盖转开，小腿带动伸出并主动往上抬起。

3. 组合的动作节拍与做法详解

节拍：$\frac{4}{4}$ 拍，慢速

准备姿态：单手扶把，右腿在前站五位，右臂一位，头转向右旁方向。

准备拍：**da5-6** 身体保持准备姿态不动。

da7-8 右臂从一位打开小七位 Allongé，头随右臂动作，眼睛看右手。

① **da1-6** 右腿 Battement développé 往前 1 个。**da-1** 右腿吸起 Cou-de-pied 前，右臂一位；**da-2** 右腿吸起 Passé 前，同时右臂抬起二位，头随右臂动作，眼睛看右手（图 3-8-1）；**da3-4** 右腿往前伸直前腿 90° 或 90° 以上，同时右臂抬起三位，头随右臂动作，头转向右

旁方向（图 3-8-2）；da-5 保持右腿前腿 90° 舞姿；da-6 右腿落下，绷脚前点地，同时右臂打开七位。

da7-8 右腿落全脚四位 Demi plié（图 3-8-3）；da-8 右腿站直，同时左腿伸直绷脚后点地，重心站在右腿上，同时右臂七位 Allongé，左腿收五位，同时右臂落下一位（图 3-8-4）。

图 3-8-1   图 3-8-2   图 3-8-3   图 3-8-4

② da1-6 左腿 Battement développé 往后 1 个。da-1 左腿吸起 Cou-de-pied 后，右臂一位；da-2 左腿吸起 Passé 后，同时右臂抬起二位，头随右臂动作，眼睛看右手（图 3-8-5）；da3-4 右腿往后伸直，后腿 90° 或 90° 以上，同时右臂打开第四 Arabesque 手臂舞姿，头随右臂动作，眼睛看右手（图 3-8-6）；da-5 保持左腿后腿 90° 舞姿；da-6 左腿落下，绷脚后点地，同时右臂打开七位。

da7-8 左腿落全脚四位 Demi plié（图 3-8-7）；da-8 左腿站直，同时右腿伸直绷脚前点地，重心站在左腿上，同时右臂七位 Allongé，右腿收五位，同时右臂落下一位（图 3-8-8）。

图 3-8-5   图 3-8-6   图 3-8-7   图 3-8-8

③ da1-6 右腿 Battement développé passé 往旁 1 个。da-1 右腿吸起 Cou-de-pied 前，右臂一位；da-2 右腿吸起 Passé 前，同时右臂抬起二位，头随右臂动作，眼睛看右手（图 3-8-9）；da3-4 右腿往旁伸直旁腿 90° 或 90° 以上，同时右臂打开七位（图

3-8-10）；da5-6 右腿收回 Passé 前，同时右臂收二位（图 3-8-11）。

　　da7-8 右腿 Battement retiré tours lents en dehors 1/8 圈。脚后跟往后挪动两步（图 3-8-12）。

图 3-8-9　　　　图 3-8-10　　　　图 3-8-11　　　　图 3-8-12

　　④ da1-8 右腿 Battement développé attitude 往前。da1-2 右腿往前打开 Attitude 前 90°，同时右臂抬起三位；da3-4 保持 Attitude 前 90° 舞姿（图 3-8-13）；da5-6 右腿伸直前腿，同时右臂三位 Allongé；da7-8 右腿落下，绷脚前点地，同时右臂打开七位，右腿收前五位，同时身体转回 En face 方向，右臂落下一位。

　　⑤ da1-6 右腿 Battement développé passé 往旁 1 个。动作同③ da1-6 动作；右腿收 Passé 后，右臂收二位。

　　da7-8 右腿 Battement retiré tours lents en dedans 1/8 圈。脚后跟往前挪动两步（图 3-8-14）。

　　⑥ da1-8 右腿 Battement développé attitude 后。da1-2 右腿往后打开 Attitude 后 90°，同时右臂抬起三位；da3-4 保持 Attitude 后 90° 舞姿（图 3-8-15）；da5-6 右腿伸直后腿，同时右臂三位 Allongé；da7-8 右腿落下，绷脚后点地，同时右臂打开七位，右腿收前五位，同时身体转回 En face 方向，右臂落下一位。

图 3-8-13　　　　图 3-8-14　　　　图 3-8-15

（九）Grand battement jeté 大踢腿练习

1. 练习目的与教学内容

在中级阶段 1 的教学内容中，学习五位脚位单手扶把的 Grand battement jeté 往前、往旁、往后完成体的踢腿做法；学习 Grand battement jeté balancé；学习 Grand battement jeté pointé 往旁的动作做法。

（1）Grand battement jeté balancé

Balancé 原意是"摇摆"的意思，是 Battement tendu jeté balancé 动作的发展，踢腿的同时加入身体的动作，更强调身体的重心稳定平衡，腿的力量和大幅度的摆动。

（2）Grand battement jeté pointé

Pointé 原意是"尖锐"的意思，在 Battement jeté pointé 基础上加大的腿部动作幅度，进一步锻炼髋关节和腿部的力量，为 Cabriolé 等跳跃动作做准备。

2. 主要动作的节拍进度与练习要求

（1）Grand battement jeté balancé [格朗·巴特芒·热泰·巴朗塞] 带身体摆动的大踢腿

节拍：两拍一次

准备拍：da5-8 单手扶把，右腿在前站五位，右臂一位；右臂经二位打开七位。

da-1 右腿踢前腿；

da-2 经一位踢后腿。

要求：Grand battement jeté balancé 往前、往后为一组动作。在前面所学 Grand battement jeté 要求的基础上，在踢前腿的时候上身同时稍往后倾倒，往后踢腿的同时身体稍往前倾倒。要求支撑腿在腿和身体的大幅度动作过程中结实有力收紧，骨盆上提，腰腹收紧，身体往前往后倾倒要往远伸展，腰腹不能松懈。腿落下往远，要经过一个完整的 Battement tendu 再踢起。

（2）Grand battement jeté pointé [格朗·巴特芒·热泰·普安泰] 带点地的大踢腿

节拍：一拍一次

准备拍：da5-7 单手扶把，右腿在前站五位，右臂一位；右臂经二位打开七位。

da- 右腿踢前腿；

1- 右腿落下点地；

da- 再踢起。

要求：在前面所学 Grand battement jeté 要求的基础上，腿从空中落下时要有控制地轻轻落在 Battement tendu 点地的位置上，腿绷紧伸直，脚背绷紧点地不停顿，马上再踢向空中，强调躯干和支撑腿的稳定和挺拔。上身不要帮助用力。

3. 组合的动作节拍与做法详解

节拍：$\frac{2}{4}$ 拍，快速

准备姿态：单手扶把，右腿在前站五位，右臂一位，头转向右旁方向。

准备拍：da5-6 右臂从一位打开小七位 Allongé，落下一位，头随右臂动作，眼睛看右手。

da7-8 右臂从一位抬起二位，同时头向左侧稍前倾，右臂打开七位，眼睛看右手，头随右臂动作转向右旁。

① da1-4 右腿 Grand battement jeté 往前 2 个。da-1 右腿往前踢前腿 90° 或 90° 以上，右腿落下绷脚前点地；da-2 右腿经擦地收五位，右臂保持七位舞姿；da3-4 动作同 da1-2 动作。

da5-8 右腿 Grand battement jeté balancé 往前、后。da-5 右腿往前踢前腿 90° 或 90° 以上（图 3-9-1）；da- 右腿落下绷脚经前点地，经一位擦地（图 3-9-2）；6- 往后踢后腿 90° 或 90° 以上（图 3-9-3）；da- 右腿落下绷脚经后点地，经一位擦地；7- 往前踢前腿 90° 或 90° 以上，右腿落下绷脚前点地；da-8 右腿擦地收五位。

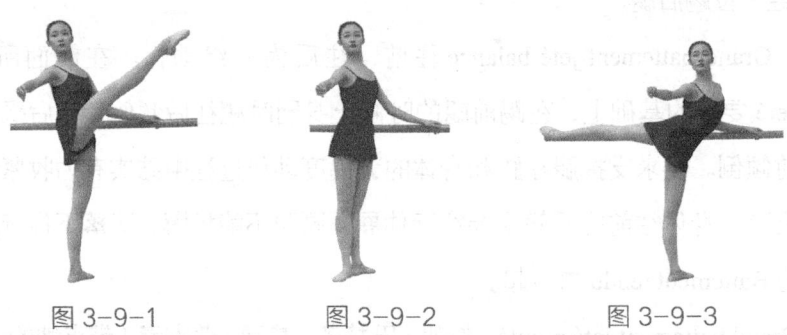

图 3-9-1   图 3-9-2   图 3-9-3

② da1-4 右腿 Grand battement jeté 往旁 2 个。da-1 右腿往旁踢旁腿 90° 或 90° 以上，右腿落下绷脚旁点地；da-2 右腿经擦地收后五位，右臂保持七位舞姿；da3-4 动作同① da1-2 动作，右腿收前五位。

da5-6 右腿 Grand battement jeté pointé 往旁 1 个。da-5 右腿往旁踢旁腿 90° 或 90° 以上（图 3-9-4）；da- 右腿落下绷脚旁点地（图 3-9-5）；da-6 右腿再踢起旁

腿 90° 或 90° 以上（图 3-9-6），右腿落下绷脚旁点地。

图 3-9-4　　　　　　图 3-9-5　　　　　　图 3-9-6

da7-8 右腿收后五位，同时五位 Demi plié，同时右臂七位 Allongé，落下一位，双腿站直，同时右臂抬起二位，打开七位。

③-④右腿往后开始，动作同①-②动作节奏。

二、CENTRE 中间部分

（十）Temps lié 协调练习

1. 练习目的与教学内容

在中级阶段 1 的教学内容中，开始在教室中间站在 Croisé 方向上练习动作，学习 Épaulement croisé 的身体方位；学习 Temps lié 带 Port de bras 的动作形式；学习 Grand plié 和 Relevé。

2. 主要动作的节拍进度与练习要求

（1）Temps lié（带 Port de bras）[唐·利埃·波·德·勃拉] 带上身下腰的身体的稳定与协调练习

节拍：十六拍一组

准备拍：da5-8 教室中间，Épaulement croisé 方向，右腿在前站五位，双臂一位；

da-1 五位 Demi plié，双臂一位；

da-2 左腿保持 Demi plié，右腿 Battement tendu 往前伸直点地，同时双臂抬二位；

da3-4 经四位 Demi plié 移重心到右腿上，站直成 Croisé 后点地舞姿，同时双臂打开右五位；

da5-6 上身往后下腰；

da7-8 上身拉直，左腿收五位；

da-1 五位 Demi plié，同时转成 En face，左臂落下二位，右臂七位不动；

da-2 左腿保持 Demi plié，右腿 Battement tendu 向旁伸直点地，左臂同时打开到七位；

da3-4 经二位 Demi plié 移动重心到右腿上，站直成 En face 旁点地舞姿，双臂七位；

da5-6 上身往左旁下腰；

da7-8 上身拉直，左腿擦地收 Croisé 前五位，同时双臂七位 Allongé 回一位。

（同样节拍往后做）

要求：保持手臂各位置上的基本手臂形态，每个手臂位置的运动路线要准确清晰，随着音乐节拍动作要做得连贯平稳，同时头部和眼睛要与手臂的动作协调。下腰时重心要始终保持在支撑腿上，动作腿轻轻点地。下腰时注意骨盆用力提起并保持垂直，手臂在下腰时保持舞姿随身体一起动。往旁下腰时，双腿要用力伸直转开，重心不要往外扯。往后下腰时，不要出现耸肩缩脖的形态。双肩要摆正，双腿伸直，保持重心的垂直，胯收紧向上提起，收紧腹肌、臀肌，不要向前腆胯，保持准确的手臂形态。

（2）Temps lié en posé [唐·利埃·昂·波塞] 上步成点地舞姿的身体稳定与协调练习

节拍：八拍一组

准备拍：da5-8 教室中间，Épaulement croisé 方向，右腿在前站五位，双臂一位。

da-1 左腿 Plié，同时右腿经 Cou-de-pied 伸出 Croisé 前点地，双臂抬二位；

da-2 右腿往前迈步，成 Croisé 后点地，双臂打开右五位；

da-3 保持舞姿不动；

da-4 左腿收五位；

da-5 左腿 Plié，同时转身 En face，右腿经 Cou-de-pied 伸出旁点地，左臂落二位，双臂成右六位；

da-6 右腿往旁迈步成 En face 旁点地，左臂打开成七位；

da-7 保持舞姿不动；

da-8 左腿收前五位，双臂下一位。

（同样节拍往后做）

要求：注意身体方向的准确，手臂舞姿的准确。动作腿从 Cou-de-pied 到伸直打开点地舞姿的过程要做清楚，动作过程中的上步成舞姿的重心移动要到位，动作腿绷紧脚尖轻轻点在地上。往旁转身到 En face 和从 Cou-de-pied 到伸直打开点地舞姿同时完成。整套动作要做得平稳、连贯、流畅，重心的移动要迅速。

3. 组合的动作节拍与做法详解

节拍：$\frac{6}{8}$ 拍，中速

准备姿态：教室中间，Épaulement croisé 方向，右腿在前站五位，双臂一位，身体对 8 点方向，头眼看向 1 点方向。

准备拍：da5-6 保持准备姿态不动；

da7-8 双臂从一位打开小七位 Allongé，落下一位，头随右手动作，眼睛看右手，头抬起看向 1 点方向。

① da1-4 右边 Temps lié 往前。da-1 双腿五位 Demi plié，双臂一位（图 3-10-1）；da-2 右腿往前擦地，绷脚前点地，左腿保持 Plié，同时双臂抬起二位（图 3-10-2）；da-3 右腿落全脚四位 Demi plié，双臂保持二位（图 3-10-3）；da-4 右腿站直，同时左腿伸直绷脚后点地，重心站在右腿上，同时双臂打开右五位（图 3-10-4）。

图 3-10-1　　　图 3-10-2　　　图 3-10-3　　　图 3-10-4

da5-8 Port de bras 后腰。da5-6 上身往后下腰，双臂保持五位舞姿（图 3-10-5）；da7-8 上身拉直（图 3-10-6），左腿收后五位（图 3-10-7）。

② da1-4 右边 Temps lié 往旁。da-1 双腿五位 Demi plié，同时身体转到 En face 方向，同时左臂落下二位（图 3-10-8）；da-2 右腿往旁擦地，绷脚旁点地，左腿保持 Plié，同时左臂打开七位（图 3-10-9）；da-3 右腿落全脚二位 Demi plié，双臂保持七位（图 3-10-10）；da-4 右腿站直，同时左腿伸直绷脚；旁点地，重心站在右腿上，同时双臂

保持七位舞姿（图3-10-11）。

图 3-10-5　　　　　　图 3-10-6　　　　　　图 3-10-7

图 3-10-8　　　　图 3-10-9　　　　图 3-10-10　　　　图 3-10-11

da5-8 Port de bras 旁腰。da5-6上身往左旁下旁腰，双臂保持左五位舞姿（图3-10-12）；da-7上身拉直，右臂打开七位（图3-10-13）；da-8左腿落二位，双臂七位 Allongé，眼睛看右手（图3-10-14）。

图 3-10-12　　　　　　图 3-10-13　　　　　　图 3-10-14

③ da1-4 二位 Grand plié。da- 双臂七位 Allongé，眼睛看左手；da1-2 双腿下蹲，同时双臂落下一位；da3-4 双腿站直，同时双臂经二位打开七位，头随左臂动作转向左旁方向。

da5-8 二位 Relevé。da5-6 双腿立起半脚尖，同时头转回 En face 方向，双臂保持七位；da7-8 双腿落下全脚二位，左腿绷脚旁点地，同时双臂七位 Allongé，左腿收回前五位，同时右臂落下一位，身体转向 2 点方向，眼睛看 1 点方向。

④ da1-4 左边 Temps lié en posé 往前，迈步成 Croisé 后点地舞姿。da-1 右脚吸起 Cou-de-pied 前，往前伸直绷脚前点地，同时左腿 Plié，双臂抬起二位（图 3-10-15）；da-2 右腿往前迈步，重心站到左腿上，右腿绷脚后点地，同时双臂打开左五位，头随左臂转向左旁方向（图 3-10-16）；da-3 保持 Croisé 后点地舞姿；da-4 右腿收后五位。

da5-8 右边 Temps lié en posé 往旁，迈步成 En face 旁点地舞姿。da-5 左脚吸起 Cou-de-pied 前，同时身体转到 En face 方向，右臂落下二位，左腿往旁伸直绷脚旁点地，同时右腿 Plié，右臂打七位，头随右臂动作（图 3-10-17）；da-6 左腿往旁迈步，重心站到左腿上，右腿绷脚旁点地，同时双臂打开左五位 Allongé，头随右臂动作，眼睛看右手（图 3-10-18）；da-7 保持旁点地舞姿；da-8 右腿收前五位，同时身体转向 8 点方向，双臂落下一位，头抬起转向 En face 方向。

图 3-10-15   图 3-10-16   图 3-10-17   图 3-10-18

（十一）Battement tendu 擦地练习

1. 练习目的与教学内容

在中级阶段 1 的教学内容中，继续在教室中间站在 Croisé 方向上练习动作。继续练习五位带方向的 Battement tendu 往前、往后和 En face 往旁的基础动作练习；学习的五位带方向的 Battement tendu jeté 往前、往后和 En face 往旁的基础动作练习；继续练习换脚的 Pas de bourrée 加手臂动作的做法；学习 Passé relevé 的动作做法。

Passé relevé

锻炼一条腿作为支撑身体重心的半脚尖能力，为 Pirouette 旋转动作的学习做准备。

2. 主要动作的节拍进度与练习要求

（1）Battement tendu jeté [巴特芒·唐究·热泰] 小踢腿

节拍：一拍一次

准备拍：da5-8 教室中间，Épaulement croisé 方向，右腿在前站五位，双臂一位；双臂经二位打开右六位；

da- 右腿擦地踢至 25°；

1- 收回五位。

要求：详见第三课例第 4 个组合。动作腿严格按照 Battement tendu jeté 的全部要求擦出和收回，在中间做 Battement tendu jeté 更加强调支撑腿的作用，要结实有力地推地站稳，重心保留在支撑腿上，上身收紧上提，手臂舞姿要准确并帮助身体保持稳定。

（2）Pas de bourrée（换脚的）[帕·德·布雷] 换脚的布雷舞步

节拍：四拍一次

准备拍：da5-6 站教室中间，Épaulement croisé 方向，右腿在前站五位，双臂一位；双臂经二位打开左六位，右腿 Plié，左腿抬后 Cou-de-pied；

da-1 左腿落半脚尖，右腿前 Cou-de-pied，双臂二位；

da-2 右腿落一位半脚尖，左腿前 Cou-de-pied；

da3-4 左腿 Plié，右腿抬后 Cou-de-pied，双臂打开右六位。

要求：Cou-de-pied 前、后的位置要准确，半脚尖要立高，保持两腿的外开，上身摆正，动作过程中重心的转换要平稳并迅速到位。做不换脚的做法时，五位半脚尖贴紧换脚，做换脚的做法时，移动步伐不要大，两只脚一直是不断交替转换身体重心，即一脚踩下去另一只脚马上抬起 Cou-de-pied。动作要做得轻巧、灵活、干净。注意动作中手和头与脚下动作的配合，两腿交替换重心，身体开始准备在 Épaulement croisé 方向，第一步踩下半脚尖同时身体变成 En face，结束 Plié 时身体重新回到 Épaulement croisé 方向。

（3）Passé relevé [帕塞·雷勒韦] 一腿屈腿的半脚尖立

节拍：四拍一次

准备拍：da5-6 在教室中间，En face 方向，右腿在前站五位，双臂一位；五位 Demi plié；

da1-2 左腿推立半脚尖，同时右腿抬起 Battement retiré 前；

da3-4 落后五位 Demi plié。

要求：两腿推地立到一条腿上，向上拉起，重心不要倒向一边。Battment retiré 的位置要准确，推地抬起的瞬间要绷紧脚背、脚尖。保持两腿的外开，躯干保持正直，后背收紧，胯提住。

3. 组合的动作节拍与做法详解

节拍：$\frac{4}{4}$ 拍，稍快速

准备姿态：教室中间，Épaulement croisé 方向，右腿在前站五位，双臂一位，身体对 8 点方向，头眼看向 1 点方向。

准备拍：da5-6 双臂从一位打开小七位 Allongé，落下一位，头随右手动作，眼睛看右手；

da7-8 双臂从一位抬起二位，头向左倾，眼睛看右手，打开七位，同时身体转向 En face 方向。

① da1-2 右腿 Battement tendu 往旁 1 个。da-1 右腿往旁擦出，绷脚旁点地，同时头转向左旁方向（图 3-11-1）；da-2 右腿擦地收后五位。

da3-4 右腿 Battement tendu 旁 1 个。da-3 右腿往旁擦出，绷脚旁点地，同时头转向右旁方向；da-4 右腿擦地收前五位。

da5-6 右腿 Battement tendu jeté 旁 2 个。da-5 右腿往旁踢旁腿 25°，同时头转向 En face 方向（图 3-11-2），右腿经擦地收一位；da-6 右腿往旁踢旁腿 25°，右腿经擦地收后五位。

da7-8 五位 Demi plié。da- 双臂七位 Allongé；7- 双腿下蹲，同时双臂落下一位；da-8 双臂站直，同时双臂经二位打开七位。

② da1-6 左腿动作同① da1-6 动作，最后左腿收后五位，同时身体转到 8 点方向。

da7-8 五位 Demi plié。da- 双臂七位 Allongé；7- 双腿下蹲，同时双臂落下一位；da-8 双臂站直，同时双臂经二位打开右六位，身体对 8 点方向。

③ da1-4 右腿 Battement tendu 前 2 个，在 Croisé 方向上做。da-1 右腿往前擦出，绷脚旁点地，双臂保持右六位舞姿（图 3-11-3）；da-2 右腿擦地收五位；da3-4 动作同 da1-2 动作。

图 3-11-1　　　　　　　　　图 3-11-2　　　　　　　　　图 3-11-3

da5-6 右腿 Battement tendu jeté 前 2 个。da-5 右腿往前踢前腿 25°（图 3-11-4），右腿经擦地收前五位；da-6 动作同 da-5 动作。

da7-8 五位 Demi plié。da- 双臂七位 Allongé；7- 双腿下蹲，双臂保持右六位舞姿；da-8 双臂站直，同时双臂打开第三 Arabesque 手臂舞姿。

④ da1-6 左腿往后做，动作同③ da1-6 动作（图 3-11-5）（图 3-11-6）。

图 3-11-4　　　　　　　　　图 3-11-5　　　　　　　　　图 3-11-6

da7-8 双臂收二位；da-8 右腿 Plié，左腿抬起 Cou-de-pied 后，同时左臂打开七位，双臂成左六位（图 3-11-7）。

⑤ da1-4 右边换脚的 Pas de bourrée。da-1 左脚在后五位踩下半脚尖，同时右脚抬起 Cou-de-pied 前，身体转向 En face 方向，双臂收二位，眼睛看 1 点（图 3-11-8）；da-2 右脚往旁踩半脚尖，同时左脚抬起 Cou-de-pied 前（图 3-11-9）；da-3 左腿落前五位 Plié，同时右腿抬起 Cou-de-pied 后，右臂打开七位，双臂成右六位，头转向左旁方向（图 3-11-10）；da-4 保持舞姿不动。

da5-8 左边换脚的 Pas de bourrée。动作同 da1-4 动作，最后右腿落前五位，同时双腿五位 Demi plié，双臂保持二位舞姿。

图 3-11-7　　　　　图 3-11-8　　　　　图 3-11-9　　　　图 3-11-10

⑥ da1-4 右腿 Passé relevé。da1-2 右腿吸起 Battement retiré 前，同时左腿站直立起半脚尖（图 3-11-11）；da3-4 右腿落后五位 Demi plié（图 3-11-12）。

da5-6 左腿 Passé relevé（图 3-11-13），动作同 da1-2 动作。

da7-8 左腿落后五位 Demi plié，身体对 8 点方向（图 3-11-14）；在 8- 双腿站直，双臂七位 Allongé，落下一位，头随右臂动作，抬起看 1 点方向。

图 3-11-11　　　　图 3-11-12　　　　图 3-11-13　　　　图 3-11-14

（十二）Adagio 控制练习

1. 练习目的与教学内容

在中级阶段 2 的教学内容中，继续在教室中间站在 Croisé 方向上练习动作；学习站五位带方向的 Battement relevé lent 往前、往后的动作做法；学习 Battement développé écarté 旁和 Croisé attitude 后的动作做法；学习 Port de bras（第四种）的动作做法；学习移动的 Pas de bourrée 的动作做法。

2. 主要动作的节拍进度与练习要求

（1）Battement relevé lent [巴特芒·雷勒韦·朗] 慢慢地抬腿

节拍：四拍一次

准备拍：da5-8 教室中间，Épaulement croisé 方向，右腿在前站五位，双臂一位；

双臂经二位打开右五位。

　　da-1 右腿往前擦出点地；

　　da-2 抬 Croisé 前腿 90°；

　　da-3 点地；

　　da-4 收一位。

（同样节拍往后做）

　　要求：注意身体 Croisé 方向准确，动作腿经过 Battement tendu 整个过程中，抬腿时要用力绷直膝盖、脚背和脚趾，保持整条腿的外开，动作要做得连续不断，抬到 90° 停住。动作腿落下往远落点地。身体的重心要始终保持在支撑腿上，支撑腿要保持外开，膝盖伸直。要特别注意抬腿时两胯摆正，双肩保持松弛、平齐，不要耸起，抬起前腿、后腿的方向要准确。在中间做 Battement relevé lent 更加强调支撑腿的作用，要结实有力地推地站稳，上身收紧上提，手臂舞姿准确并帮助身体保持稳定。

　　（2）Battement développé（écarté）[巴特芒·代弗洛佩·艾卡泰] 在斜线上旁腿的伸展

　　节拍：八拍一次

　　准备拍：da5-8 教室中间，Épaulement croisé 方向，右腿在前站五位，双臂一位，双臂经二位打开右五位。

　　da1-2 右腿吸 Battement retiré；

　　da3-4 伸直旁腿 90°；

　　da5-6 不动；

　　da7-8 点地，收五位。

　　要求：动作腿抬起 Battement retiré 时身体保持垂直，动作腿抬起打开旁腿对着 6 点的方向要准确，头看向 2 点方向，上身稍向右旁倾倒，身体 Écarté 方向要准确。动作腿在空中保持外开和绷直，支撑腿要非常有力地伸直，手臂舞姿要和腿的动作配合协调，手臂位置要准确并帮助身体保持稳定。

　　（3）Battement développé（attitude）[巴特芒·代弗洛佩·阿迪蒂德] 抬腿成 90° 后屈膝的舞姿

　　节拍：八拍一次

　　准备拍：da5-8 教室中间，Épaulement croisé 方向，右腿在前站五位，双臂一位，双臂经二位打开右五位。

da1-2 左腿经 Cou-de-pied 抬 Passé 后，双臂抬二位；

da3-4 左腿往后打开 Attitude 90°，同时双臂打开右五位，头随右臂动作转向右旁；

da5-6 保持 Attitude 后舞姿。

da7-8 右腿伸直后腿，落下点地，左臂打开七位，收五位，同时双臂落下一位。

要求：动作腿从 Cou-de-pied、Passé 抬起时，要保持整条腿的外开。大腿保持外开，主动往后打开，动作腿打开 90° 舞姿后，膝盖尽量对准肩膀，膝盖弯曲并主动转开，大腿、膝盖、小腿和脚要保持在一个水平线上。身体保持平正，肩、胯摆正，头和手臂舞姿配合协调。

（4）Port de bras（第四种）[波·德·勃拉] 第四种手臂舞姿

节拍：八拍一组

准备拍：da5-8 教室中间，Épaulement croisé 方向，右腿在前站五位，双臂一位，双臂经二位打开右五位。

da1-2 左臂由三位打开七位的同时左肩往后转向 4 点方向，头随左手，转到 4 点方向，同时右臂随着平移向前，对 8 点，后背对外；

da3-4 双臂同时七位 Allongé 成第四 Arabesque 的手臂姿态，同时头从左边稍低头经过胸前划到右边，抬头看外，上身稍下胸腰；

da5-6 右臂回二位同时左臂经一位到二位，双手成二位手，同时身体转正回到对 8 点方向；

da7-8 双臂再次打开右五位，头看右边。

要求：按照手臂位置的要求做，打开手臂的路线要清楚。第一个动作手臂打开七位手，往 4 点方向打开，上身随手臂动作同时往后转，注意只转腰，胯收紧保持不动，双肩要摆正，双腿伸直夹紧。第二个动作七位 Allongé，伸展同时稍向后下胸腰，头转回看向 1 点。动作中始终保持重心的垂直，胯收紧向上提起，收紧腹肌、臀肌，不要塌腰；整个动作要做得流畅、平稳、连贯，注意手臂位置的准确，包括手臂的形态，手臂的运动路线。头、眼睛要始终跟随手臂的运动而运动。

3. 组合的动作节拍与做法详解

节拍：$\frac{3}{4}$ 拍，中速

准备姿态：站教室中间，Épaulement croisé 方向，右腿在前站五位，双臂一位，身体对 8 点方向，头转向右旁方向，眼睛看 1 点方向。

准备拍：da5-6 保持准备姿态不动。

da7-8 双臂从一位打开小七位 Allongé，落下一位，头随右手动作，眼睛看右手。

① da1-8 Port de bras（第四种）。da-1 双臂抬起二位（图 3-12-1）；da-2 双臂打开右五位，头随右臂动作（图 3-12-2）；da-3 左臂往 4 点方向打开七位，同时头看左臂动作，上身转向 6 点方向，右臂保持七位（图 3-12-3）；da-4 双臂七位 Allongé，同时头转向 8 点方向，眼睛看右手，往后挑胸腰（图 3-12-4）；da5-6 双臂保持七位 Allongé 舞姿；da-7 双臂收二位，同时上身转向 8 点方向，头随右臂动作；da-8 双臂打开右五位。

图 3-12-1　　　　图 3-12-2　　　　图 3-12-3　　　　图 3-12-4

② da1-4 右腿 Battement relevé lent 前，Croisé 方向。da-1 右腿擦地往前；da-2 右腿抬起前腿 90°（图 3-12-5）；da-3 保持前腿 90° 舞姿；da-4 右腿落下，绷脚前点地。

da5-8 右腿 Battement relevé lent 后，Effacé 方向。da-5 右腿经一位擦地往后，绷脚后点地，同时左臂落下二位；da-6 右腿抬起后腿 90°，同时双臂打开第一 Arabesque 手臂舞姿（图 3-12-6）；da-7 保持第一 Arabesque 舞姿；da-8 右腿落下，绷脚后点地，收后五位，同时双臂落下一位。

③ da1-6 左腿 Battement développé écarté 旁。da-1 左腿吸起 Cou-de-pied 前，双臂保持一位；da-2 左腿吸起 Passé 前，同时双臂抬起二位（图 3-12-7）；da3-4 左腿往旁伸直旁腿 90° 或 90° 以上，同时双臂打开右五位，上身往右旁倾，头随右臂动作转向右旁方向（图 3-12-8）；da5-6 保持旁腿 90° 舞姿。

da7-8 移动的 Pas de bourrée。da-7 左腿落下，绷脚旁点地，同时左腿 Plié，左臂打开七位（图 3-12-9）；da-8 左腿收后五位半脚尖，同时右腿抬起 Cou-de-pied

前（图 3-12-10），右腿往旁踩落半脚尖，同时左腿收 Cou-de-pied 前，同时双臂七位 Allongé（图 3-12-11），双腿落全脚五位 Demi plié，同时双臂落下一位（图 3-12-12）。

图 3-12-5　　　　　　图 3-12-6　　　　　　图 3-12-7

图 3-12-8　　　图 3-12-9　　　图 3-12-10　　　图 3-12-11

④ da1-6 右腿 Battement développé attitude 后，Croisé 方向。da-1 右腿吸起 Cou-de-pied 后，双臂保持一位；da-2 右腿吸起 Passé 后，同时双臂抬起二位，头向左倾，眼睛看左手（图 3-12-13）；da3-4 右腿往后打开 Attitude 90°，同时双臂打开左五位，头随左臂动作转向左旁（图 3-12-14）；da5-6 保持 Attitude 后舞姿。

da7-8 右腿伸直后腿，同时双臂五位 Allongé（图 3-12-15）；da-8 右腿落下，绷脚后点地收五位，同时双臂落下一位。

图 3-12-12　　　图 3-12-13　　　图 3-12-14　　　图 3-12-15

（十三）Grand battement jeté 大踢腿练习

1. 练习目的与教学内容

在中级阶段 2 的教学内容中，开始在教室中间站在 Effacé 方向上练习动作，学习 Épaulement éffacé 的身体方位；学习站 Effacé 五位脚位的 Grand battement jeté 和 Grand battement jeté pointé 往前、往后的动作做法，继续在 En face 方向上练习往旁踢腿和学习 Grand battement jeté pointé 的做法；学习五位 Relevé；继续练习 Passé relevé；学习五位 Pirouette en dehors 的动作做法。

Pirouette

Pirouette 原意"旋转"，是古典芭蕾训练中重要的技术部分之一。指在任何位置上以一脚脚尖或半脚尖为支点所做的旋转。它分为小的 Pirouette、Grand pirouette 两大类。最简单的 Pirouette 通常在五位上做。Pirouette 可向外做（从支撑腿向外）En dehors，也可向里做（朝向支撑腿）En dedans。

2. 主要动作的节拍进度与练习要求

（1）Grand battement jeté [格朗·巴特芒·热泰] 大踢腿

节拍：两拍一次

准备拍：da5-8 教室中间，Épaulement effacé 方向，右腿在前站五位，双臂一位；双臂经二位打开右五位。

1- 右腿踢前腿；

da- 落下点地；

2- 收回五位；

（同样节拍往后做）

要求：在中间做 Grand battement jeté 更加强调支撑腿的作用，要结实有力、推地站稳，重心保留在支撑腿上，动作腿严格按照 Grand battement jeté 的全部要求擦地踢出和落下收回，上身收紧上提，手臂舞姿要准确并帮助身体保持稳定。注意身体 Effacé 五位方向准确，动作腿往前、往后踢出腿的方向要准确。动作腿踢 Effacé 前腿用五位手位，动作腿踢 Effacé 后腿用第一 Arabesque 手位，手臂舞姿要准确并帮助身体保持稳定。

（2）Grand battement jeté pointé [格朗·巴特芒·热泰·普安泰] 带点地的大踢腿

节拍：一拍一次

准备拍：da5-8 教室中间，Épaulement croisé 方向，右腿在前站五位，双臂一位；双臂经二位打开右五位，右腿踢前腿。

1- 右腿落下点地；

da- 再踢起。

要求：详见第三课例第 9 个组合。在中间做点地的踢腿，身体收紧提起，支撑腿要非常结实地伸直踩在地上，更加强调躯干和支撑腿的稳定和挺拔。

（3）Pirouette en dehors [皮鲁埃特·昂·德奥] 向外的转圈

节拍：四拍一次

准备拍：da5-8 教室中间，En face 方向，右腿在前站五位，双臂一位；五位 Demi plié。

da-1 右腿抬起 Battement retiré 同时，左腿立起半脚尖，双臂二位，向右边的方向转圈；

da-2 右腿落后五位 Demi plié；

da3-4 站直。

要求：推起半脚尖时，身体要提起来，后背收紧，支撑腿要伸直、有力，动作腿 Battement retiré 位置要准确，保持双腿在旋转中的持续转开。头、手和转要配合协调。

3. 组合的动作节拍与做法详解

节拍：$\frac{3}{4}$ 拍，快速

准备姿态：教室中间，Épaulement croisé 方向，右腿在前站五位，双臂一位，身体对 8 点方向，头眼看 1 点方向。

准备拍：da5-6 双臂从一位打开小七位 Allongé，落下一位，头随右臂动作，眼睛看右手。

da7-8 双臂从一位，抬起二位，头向左倾，眼睛看右手，双臂打开右五位，同时身体转向 2 点方向，头随右臂动作，眼睛看右手方向。

① 1-2 右腿 Grand battement jeté 往前 2 个，Effacé 方向。1- 右腿踢前腿 90° 或 90° 以上；da- 右腿落下，绷脚前点地；2- 右腿经擦地收五位；da3-4 动作同 da1-2 动作。

5-8 右腿 Grand battement jeté pointé 前 1 个。5- 右腿踢前腿 90° 或 90° 以上（图

3-13-1）；da- 右腿落下，绷脚前点地（图 3-13-2）；6- 右腿再踢前腿 90° 或 90°
以上（图 3-13-3）；da-7 右腿落下，绷脚前点地；da-8 右腿经擦地收五位，同时双
臂打开第一 Arabesque 手臂舞姿（左臂打开七位 Allongé，右臂同时经一位抬起二位
Allongé），眼睛看 2 点方向。

图 3-13-1   图 3-13-2   图 3-13-3

② da1-4 左腿 Grand battement jeté 往后 2 个，Effacé 方向。动作节拍同① da1-4
动作节拍。

da5-8 左腿 Grand battement jeté pointé 后 1 个。动作节拍同① da5-8 动作节拍
（图 3-13-4）（图 3-13-5）（图 3-13-6）；da-8 右腿经擦地收后五位，同时双臂打
开七位，身体转向 En face 方向。

图 3-13-4   图 3-13-5   图 3-13-6

③ da1-4 右腿 Grand battement jeté 旁 2 个。动作节拍同① da1-4；第一个旁腿收
前五位，第二个旁腿收后五位。

da5-8 右腿 Grand battement jeté pointé 旁 1 个。动作节拍同① da5-8 动作；da-8
右腿经擦地收前五位，同时双腿五位 Demi plié，双臂落下一位（图 3-13-7）。

④ da1-2 五位 Relevé。da-1 双腿立起五位半脚尖，同时双臂抬起二位（图 3-13-8）；
da-2 双腿落全脚五位 Demi plié（图 3-13-9）。

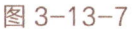

图 3-13-7　　　　　　　　图 3-13-8　　　　　　　　图 3-13-9

da3-4 右腿 Passé relevé。da-3 右腿快速吸起 Passé 前，同时左腿立起半脚尖，双臂保持二位（图 3-13-10）；da-4 右腿落前五位 Demi plié，左臂打开七位，双臂成左六位（图 3-13-11）；

da5-6 五位 Pirouette en dehors 1 个。da-5 左腿从五位 Demi plié 上快速吸起 Battement retiré 前，同时右腿快速立起半脚尖，双臂抬起二位，往右转一个圈；da-6 右腿落后五位 Demi plié，同时双臂打开七位，身体对 2 点方向，头留在右旁方向（图 3-13-12）。

da7-8 双腿站直五位，同时双臂七位 Allongé，落下一位，头抬起看 1 点方向。

图 3-13-10　　　　　　　图 3-13-11　　　　　　　图 3-13-12

三、JUMPS 跳跃部分

（十四）Pas échappé 小跳练习

1. 练习目的与教学内容

在中级阶段 1 的教学内容中，在教室中间学习 Pas échappé 四位的做法；继续练习 Pas échappé 二位的做法；继续练习站一位、二位的 Pas sauté 的做法；继续练习

Changement de pied 的动作做法。

2. 主要动作的节拍进度与练习要求

（1）Pas échappé [帕·埃夏佩] 双起双落的分腿跳

① 节拍：四拍一次（落四位的）

准备拍：da5-7 教室中间，Épaulement croisé 方向，右腿在前站五位，双臂一位；da-8 五位 Demi plié。

da-1 双腿跳起，落 Croisé 五位 Demi plié；

da-2 跳起，右腿落后五位 Demi plié；

da3-4 站直。

② 节拍：两拍一次（落二位的）

准备拍：da5-7 站教室中间，En face 方向，右腿在前站五位，双臂一位；da-8 五位 Demi plié。

da-1 双腿跳起，落二位 Demi plié；

da-2 双腿跳起，落五位 Demi plié。

要求：做 Pas échappé 四位时注意身体 Croisé 方向的准确。跳起后双腿在空中绷直膝盖和脚尖，落地四位位置准确，再推地跳起双腿垂直绷紧，脚不要往外踢，要始终保持躯干的挺拔，腰腹收紧，头要保持正直，保持起跳和落地的 Demi plié 的柔韧性、腿的外开。做 Pas échappé 二位跳起后双腿在空中绷直膝盖和脚尖，落地二位脚位位置要准确，再推地跳起双腿垂直绷紧，脚不要往外踢，要始终保持躯干的挺拔，腰腹收紧，头要保持正直，保持起跳和落地的 Demi plié 的柔韧性、腿的外开。

（2）Pas sauté [帕·索泰] 双起双落的跳

节拍：一拍一次

准备拍：da5-7 教室中间，En face 方向，双腿站一位，双臂一位；da-8 一位 Demi plié。

da-1 跳起，落地 Demi plié。

要求：起跳时什么位置，在跳至空中和落地都保持同样的位置。双腿在空中垂直绷紧腿和脚，脚不要往外踢。五位跳起后，两腿在空中收紧成五位，双脚前后夹紧成一脚的位置。在跳的整个过程中，注意保持起跳和落地 Demi plié 的柔韧性、腿的外开，要始终保持上身的垂直，背肌、腰肌、腹肌收紧，肩部自然下垂，上身不要向前倾或空中塌腰腆肚。头保持正直，颈部不要因为起跳而随之用力，形成颈部的紧张僵硬。手臂在跳跃中要始终保持正确和自然的手臂姿态。一位跳结束落二位时，注意跳起时空中脚保持一位不变，落地再落到二位脚位置上。其他落地变换脚下位置要求一样。

（3）Changement de pied [尚日芒·德·皮耶] 双起双落换位跳

节拍：一拍一次

准备拍：da5-7 教室中间，En face 方向，右腿在前站五位，双臂一位；da-8 五位 Demi plié。

da-1 跳起，换脚落五位。

要求：注意每次空中换脚自然交换，空中两腿要用力绷直膝盖、脚背和脚尖，落地五位 Demi plié 位置准确，双腿保持外开，后背收紧挺直，头要保持正直，手臂放松保持自然的手臂位置。注意起跳和落地都要保持 Demi plié 的柔韧、腿的外开和推地的弹力。

3. 组合的动作节拍与做法详解

节拍：$\frac{2}{4}$ 拍，中速、轻快的

准备姿态：教室中间，En face 方向，双腿站一位，双臂一位，眼睛看 1 点方向。

准备拍：da5-7 保持准备姿态不动。

da-8 五位 Demi plié，双臂保持一位舞姿（图 3-14-1）。

① da1-4 一位 Pas sauté 3 个。da-1 双腿推地跳起，落一位 Demi plié（图 3-14-2）；da2-3 动作同 da-1 动作，做 2 个，第二个跳结束右腿收前五位 Demi plié（图 3-14-3）；da-4 双腿保持五位 Demi plié 舞姿，双臂保持一位舞姿。

da5-8 二位 Pas sauté 3 个。da-5 双腿推地跳起，落二位 Demi plié（图 3-14-4）；da6-7 动作同 da-5 动作，做 2 个，第二个跳（图 3-14-5）结束左腿收前五位 Demi plié（图 3-14-6）；da-8 双腿保持五位 Demi plié 舞姿，双臂保持一位舞姿。

② da1-4 五位 Changement de pied 3 个。da-1 双腿推地跳起，左腿落后五位 Demi plié；da-2 双腿推地跳起，右腿落后五位 Demi plié；da-3 动作同① da-1 动作；da-4 双腿保持五位 Demi plié 舞姿，双臂保持一位舞姿。

da5-8 Pas échappé 二位，右、左边各 1 个。da- 双腿从五位跳起，同时双臂抬起

二位；5- 双腿落二位 Demi plié，同时双臂打开七位；da- 双腿从二位跳起，同时双臂
七位 Allongé，头随右臂动作；6- 右腿收后五位 Demi plié，同时双臂落下一位。da7-8
左边动作同①da5-6 动作，结束身体对 8 点方向。

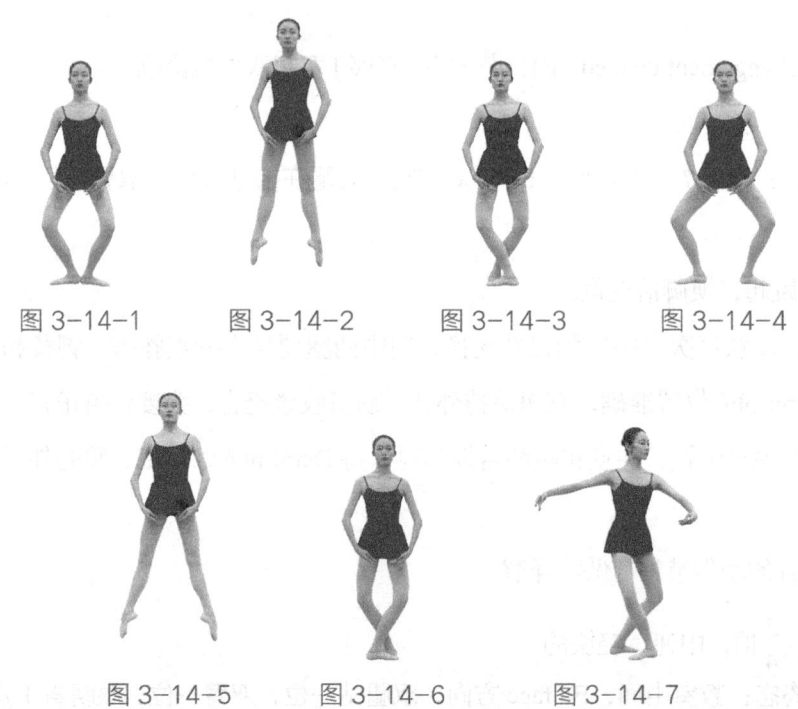

图 3-14-1   图 3-14-2   图 3-14-3   图 3-14-4

图 3-14-5   图 3-14-6   图 3-14-7

　　③ da1-4 右边 Pas échappé 四位，Croisé 方向，身体对 8 点方向。da- 双腿从五
位跳起，同时双臂抬起二位；1- 双腿落四位 Demi plié，同时双臂打开右六位（图
3-14-7）；da- 双腿从四位跳起，同时双臂第一 Arabesque allongé，眼睛看 8 点方向
（图 3-14-8）；2- 双腿落五位 Demi plié，同时双臂落下一位；da3-4 双腿站直五位，
双臂保持一位舞姿。

　　da5-8 右边 Pas échappé 二位，结束在一腿 Cou-de-pied 后。da- 双腿从五位跳起，同
时身体转到 En face 方向，双臂抬起二位，头随右臂动作；5- 双腿落二位 Demi plié，同
时双臂打开七位（图 3-14-9）；da- 双腿从二位跳起，同时双臂七位 Allongé，头随右
臂动作；6- 左腿落地 Plié，右腿收 Cou-de-pied 后，同时双臂成右六位（图 3-14-10）；
da-7 左腿推地跳起，右腿伸直五位，同时双臂落下一位；da-8 双腿站直五位，双臂保
持一位舞姿。

　　④ da1-8 左边开始，动作同③ da1-8 动作。

图 3-14-8 图 3-14-9 图 3-14-10

（十五）Pas assemblé 小跳练习

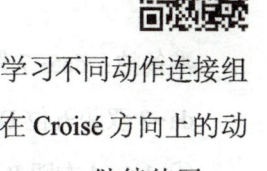

1. 练习目的与教学内容

在中级阶段 1 的教学内容中，学习在 Croisé 方向上做动作，学习不同动作连接组合在一起的动作做法。在教室中间学习 Pas assemblé 往前、往后在 Croisé 方向上的动作做法；继续练习 Pas assemblé 往旁的做法；继续练习五位 Pas sauté；继续练习 Pas glissade 往旁的做法。

2. 主要动作的节拍进度与练习要求

（1）Pas assemblé [帕·阿桑布莱] 双起双落的空中收腿跳

节拍：一拍一次

准备拍：da5-7 站教室中间，En face 方向，右腿在后站五位，双臂一位；8- 五位 Demi plié。

da- 右腿擦地往旁跳起；

1- 右腿落前五位 Demi plié。

要求：跳前和跳后的五位 Demi plié 要把重心平均地放在两只脚上。双腿做推地和擦地要同时，在空中要保持双腿的外开，动作腿踢出去的方向要准确，双腿在空中收紧五位时要迅速并用力夹紧，伸直膝盖，绷紧脚背、脚尖。动作要做得连贯、协调和流畅。跳跃动作中加入了手臂动作，要注意和腿部动作的配合。

（2）Pas glissde [帕·格利沙德] 滑步跳

节拍：一拍一次

准备拍：da5-7 站教室中间，En face 方向，右腿在后站五位，双臂一位；da-8 五位 Demi plié。

da- 右腿擦地往旁跳起，移动；

1- 左腿落前五位 Demi plié。

要求：双腿跳至空中时有一刹那的停顿，并在空中用力伸直双腿，绷紧脚尖，身体保持垂直，重心移动要迅速到位，动作过程中躯干、肩和胯要摆正。跳跃动作中加入了手臂动作，要注意和腿部动作的配合。

3. 组合的动作节拍与做法详解

节拍：$\frac{4}{4}$ 拍，快速

准备姿态：教室中间，En face 方向，右腿在后站五位，双臂一位，眼睛看 1 点方向。

准备拍：da5-7 保持准备姿态不动。

da-8 双腿五位 Demi plié。

① da1-4 右腿 Pas assemblé 旁接五位 Pas sauté。da-1 右腿从后五位擦地往旁踢向空中，同时左腿推地跳起，右腿收前五位，同时双臂小七位 Allongé，落地五位 Demi plié，右臂落下一位；da-2 双腿五位推地跳起，同时双臂打开左六位（图 3-15-1），落五位 Demi plié，身体对 8 点方向；da3-4 双腿站直五位，再五位 Demi plié。

da-5 右腿 Pas assemblé 往前 1 个，Croisé 方向。da- 右腿从前五位擦地往前踢向空中，同时左腿推地跳起，右腿收前五位，同时双臂换右八位（左臂经一位抬二位，右臂右臂打开七位）（图 3-15-2）；5- 落地五位 Demi plié。

da-6 左腿 Pas assemblé 往后 1 个，Croisé 方向。da- 左腿从后五位擦地往后踢向空中，同时左腿推地跳起，左腿收后五位，同时双臂第三 Arabesque 手臂舞姿（图 3-15-3）；6- 落地五位 Demi plié，同时双臂落下一位。

da7-8 双腿站直五位，再五位 Demi plié。

图 3-15-1   图 3-15-2   图 3-15-3

② da1–4 左边重复一次。动作同① da1–4 动作。

da5–8 右腿 Pas glissade 旁接 Pas assemblé 旁。da–5 右腿从后五位擦地往旁踢向空中，往右移动，同时左腿推地跳起，同时双臂经二位打开七位，右腿落地 Plié，同时左腿收前五位 Demi plié；da–6 右腿从后五位擦地往旁踢向空中，同时左腿推地跳起，右腿收前五位，同时双臂七位 Allongé，落地五位 Demi plié，双臂落下一位；da7–8 双腿站直五位。

③ – ④左边开始，动作同① – ②动作。

（十六）Pas jeté 小跳练习

1. 练习目的与教学内容

在中级阶段 2 的教学内容中，学习不同动作连接组合在一起的动作做法。在教室中间继续练习 Pas jeté 往旁的动作做法；学习 Temps levé、Pas de chat 的动作做法。

（1）Temps levé

指重心不变、直上直下的一种单起单落的跳跃动作，可以在各种舞姿上做，可以原地、移动的做。

（2）Pas de chat

Chat 原意为"猫"。Pas de chat 是一种模仿猫跳跃的动作，称为"猫步"，一般多用于女性舞蹈中，是一个非常具有女性特征的动作。Pas de chat 动作以轻盈、灵巧为其特点。

2. 主要动作的节拍进度与练习要求

（1）Pas jeté [帕·热泰] 双起单落的换脚跳

节拍：一拍一次

准备拍：da5–7 教室中间，En face 方向，右腿在后站五位，双臂一位；da–8 五位 Demi plié。

da–1 右腿擦地往旁跳起，右腿落地 plié，左腿成 Cou-de-pied 后。

要求：动作腿从五位擦地踢腿跳起，同 Pas assemblé 的要求。动作腿踢出时要更有力，方向要准确，强调脚推地的力量，双腿在空中要用力伸直，落地后双腿要保持充分的外开，胯摆正，后背收紧，落 Cou-de-pied 的位置要准确。跳跃动作中加入了手臂动作，要注意和腿部动作的配合。

（2）Temps levé（Cou-de-pied）[唐·勒韦] 一脚在脚踝上单起单落的跳

节拍：一拍一次

准备拍：da5-7 教室中间，En face 方向，右腿在前站五位，双臂一位；da-8 右腿 Plié，左腿 Cou-de-pied 后。

da-1 右腿推地跳起，落地 Plié 保持舞姿。

要求：推地跳起转开伸直绷脚，保持空中垂直并往高跳，空中和落地保持 Cou-de-pied 位置不动并轻轻贴紧前面腿，整个动作过程中保持后背收紧，保持双腿转开，手臂配合腿部动作做得轻松优美。

（3）Pas de chat [帕·德·夏] 猫步跳

节拍：两拍一次

准备拍：da5-7 教室中间，En face 方向，右腿在后站五位，双臂一位；da-8 五位 Demi plié。

da-1 五位 Demi plié；

da-2 双腿推地跳起，空中交换位置，落回五位。

要求：两腿在空中吸起 Passé 后要保持两腿的外开，膝盖要向两边打开并在空中稍作停顿，脚背和脚尖在空中绷直，起跳和落地要有弹性，要求往上跳，跳起要做得轻盈敏捷，跳出猫的灵巧敏捷特点。起跳和落地双腿都几乎是同时开始和结束，但在空中有相互交换的过程，要求身体、手和腿的舞姿要做到准确而清楚地配合协调。

3. 组合的动作节拍与做法详解

节拍：$\frac{4}{4}$ 拍，中速、轻快的

准备姿态：教室中间，En face 方向，右腿在后站五位，双臂一位，眼睛看 1 点方向。

准备拍：da5-7 保持准备姿态不动；

da-8 双腿五位 Demi plié。

① da1-4 右腿 Pas jeté 旁接 Temps levé。da- 右腿从后五位擦地往旁踢向空中，同时左腿推地跳起，两腿在空中伸直，双臂小七位 Allongé；1- 右腿收前五位落地 Plié，左腿收 Cou-de-pied 后，同时右臂经一位抬起二位，双臂打开左六位，头转向右旁方向；da-2 保持左腿 Cou-de-pied 后，双臂六位舞姿，右腿推地跳起 Temps levé，落地保

持舞姿；da-3 动作同 da-2 动作，右腿推地跳起，左腿伸直后五位，双腿落五位，同时双臂落下一位；da-4 双腿五位 Demi plié。

da5-8 左腿动作同 da1-4 动作。

② da1-4 右腿 Pas glissade 旁接 Pas jeté 旁。da-1 右腿从后五位擦地往旁踢向空中，往右移动，同时左腿推地跳起，同时双臂经二位打开七位，右腿落地 Plié，同时左腿收前五位 Demi plié；da- 右腿从后五位擦地往旁踢向空中，同时左腿推地跳起，两腿在空中伸直，双臂小七位 Allongé；2- 右腿收前五位落地 Plié，左腿收 Cou-de-pied 后，同时右臂经一位抬起二位，双臂打开左六位，头转向右旁方向；da-3 右腿推地跳起，左腿伸直后五位，双腿落五位，同时双臂落下一位；da-4 双腿五位 Demi plié（图 3-16-1）。

da5-8 左腿 Pas de chat 2 个，往 8 点方向。da- 左腿从后五位吸 Passé 往前，同时右腿推地跳起在空中从后吸 Passé 往前，同时双臂经二位打开右六位，眼睛看左臂（图 3-16-2），双腿在空中交换前后位置（图 3-16-3）；5- 左腿落地 Plié 同时右腿落前五位 Demi plié（图 3-16-4）；da-6 双腿站直五位，双臂保持六位舞姿，再五位 Demi plié；da7-8 动作同 da5-6 动作。

③ - ④左腿开始，动作同① - ②动作。

图 3-16-1   图 3-16-2   图 3-16-3   图 3-16-4

（十七）Sissonne fermée 中跳练习

1. 练习目的与教学内容

在中级阶段 1 的教学内容中，学习不同动作连接组合在一起的动作做法。在教室中间继续学习 Sissonne fermée 往前、往旁的动作做法；学习 Grand assemblé 的动作做法；学习 Sissonne tombée 和 Pas coupé 的动作做法。

（1）Sissonne tombée

Tombée 原意为"下降、下落"，指身体垂直跳起后重心倒到动作腿上，并结束在 Demi plié 舞姿上。它是一个辅助连接动作，可以向前、旁、后方向移动做。

（2）Pas coupé

Coupé 原意为"切割"。指身体重心从一条腿迅速变换到另一条腿上，作为辅助连接性动作，它不是一个独立的动作，属于准备动作或过渡性动作，为其他动作提供推力，常用于跳跃和脚尖动作中，它具有敏锐、快捷的特点。

2. 主要动作的节拍进度与练习要求

（1）Sissonne fermée [西松·弗尔梅] 双起双落的移位跳

节拍：一拍一次

准备拍：da5-7 教室中间，En face 方向，右腿在前站五位，双臂七位；da-8 五位 Demi plié。

da-1 双腿踢旁跳起，往左旁移动，右腿落前五位 Demi plié。

（同样节拍往前做）

要求：动作节奏加快，要求腿跳起踢腿的力量和腿在空中的幅度。每次跳打开的两条腿在空中要伸直，踢出腿的方向要准确，稍后落下的那条腿要保持直地落下，经过点地收五位 Demi plié，不能在落地时先弯膝盖，并且两条腿几乎同时落地收五位 Demi plié。Sissonne fermée 90° 的 Plié 要做得深，移动踢腿要在 90° 以上，落地没有重心的腿收五位可稍稍晚一些，落地 Plié 要柔和。两腿保持外开，脚尖轻盈、柔和的擦地回五位。整个动作要做得连贯、清晰、有力，并往远移动。往前、往后要求一样，注意强调用腿的力量，手臂在跳起至空中不要帮助用力，保持手臂舞姿的自然放松与协调。

（2）Sissonne tombée [西松·通贝] 倒重心的跳

节拍：一拍一次

准备拍：da5-7 教室中间，Épaulement croisé 方向，右腿在前站五位，双臂一位；da-8 五位 plié。

da-1 双腿五位夹紧跳起，前面腿往前滑出的同时重心倒到前腿上成 Demi plié，后面的腿快速收 Sur le cou-de-pied。

要求：跳起后前面腿一定要往远滑出，重心移动要快要远，后腿形成舞姿要迅速，手臂动作要与腿部动作协调配合。

3. 组合的动作节拍与做法详解

节拍：$\frac{3}{4}$ 拍，快速有生气地

准备姿态：站教室六点，Épaulement croisé 方向，右脚在前站五位，双臂一位，身体对 8 点方向，眼睛看 1 点方向。

准备拍：da5-6 保持准备姿态不动（图 3-17-1）。

da7-8 双臂从一位打开小七位 Allongé；da-8 双臂落下一位，双腿五位 Demi plié，头随右臂动作，眼睛看右手。

① da1-4 右腿 Sissonne tombée 接 Grand assemblé 旁，对 2 点方向。da- 双腿五位跳起，同时身体转向 2 点方向，双臂抬起二位；1- 左腿落地 Plié，右腿伸直前腿，同时双臂打开左六位，重心移到右腿上，同时左腿收 Cou-de-pied 后（图 3-17-2）；da-2 左腿踩落后五位推地跳起，同时右腿往 4 点方向踢旁腿 90°，双臂打开七位 Allongé（图 3-17-3），双腿落五位 Demi plié，双臂落下一位；da3-4 双腿站直五位，再五位 Demi plié。

图 3-17-1　　　　　图 3-17-2　　　　　图 3-17-3

da5-8 左腿动作同 da1-4 动作，da7-8 双臂抬起二位，打开第一 Arabesque 手臂舞姿，同时身体转向 2 点方向。

② da1-4 第一 Arabesque sissonne fermée 3 个，对 2 点方向。da- 双腿从五位推地跳起至空中，同时右腿踢前腿 45°、左腿踢后腿 90°，往 2 点方向移动，双臂保持第一 Arabesque 手臂舞姿（图 3-17-4）；1- 落地五位 Demi plié，头手保持第一 Arabesque 舞姿；da2-3 动作同① da-1 动作，重复 2 个，第二个左腿收前五位 Demi plié，同时双臂落下一位；da-4 双腿站立。

da5-6 左边 Sissonne fermée 旁 1 个。da- 双腿五位 Demi plié，双臂保持一位舞姿。

5- 双腿从五位推地跳起，右腿、左腿向旁踢向空中同时往 7 点方向移动，同时双臂从一位打开七位 Allongé，头看 2 点方向（图 3-17-5），落地右腿收前五位 Demi plié，同时双臂收左六位；da-6 双腿站立。

　　da7-8 右边 Sissonne fermée 旁 1 个。da-7 动作同 da-5 动作；da-8 五位 Relevé，同时双臂打开右五位，头随左臂动作，眼睛看左手。

图 3-17-4　　　　　　　　　　　图 3-17-5

（十八）Grand assemblé 中跳练习

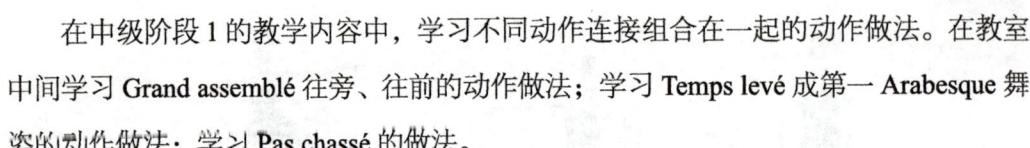

1. 练习目的与教学内容

在中级阶段 1 的教学内容中，学习不同动作连接组合在一起的动作做法。在教室中间学习 Grand assemblé 往旁、往前的动作做法；学习 Temps levé 成第一 Arabesque 舞姿的动作做法；学习 Pas chassé 的做法。

（1）Grand assemblé

在 Pas assemblé 动作的基础上，腿踢到 90°，身体在空中向动作腿方向移动的，不仅动作幅度加大并且身体在空中具有了飞行感，常与其他中跳、大跳动作组合，锻炼身体在空中快速移动能力。

（2）Pas chassé

Chassé 原意为"追赶"。它作为一个独立的动作，指一腿在空中"追赶上"另一腿，取代其原来的位置，可以向任何方向移动的跳。它可以与其他动作连起来做，同时也可作为其他动作的辅助连接动作。

2. 主要动作的节拍进度与练习要求

（1）Grand assemblé [格朗·阿桑布莱] 大的双起双落空中收腿跳

节拍：一拍一次

准备拍：da5-7 教室中间，Épaulement croisé 方向，左腿在前点地，双臂七位；da-8 右腿 Plié，左腿抬前 25°；

da-1 左腿往前迈步 Coupé，右腿往旁踢 90° 跳起，右腿落前五位 Demi plié。

要求：Coupé 一踩地马上推地跳起，动作要快，动作腿踢腿要高，幅度要大，腿踢出去的方向要准确，双腿在空中收紧五位时要迅速并用力夹紧，伸直膝盖，绷紧脚背、脚尖并移动重心。在空中要保持双腿的外开，动作要做得连贯、协调和流畅。

（2）Temps levé（Arabesque）[唐·勒韦] 在 Arabesque 舞姿上单起单落的跳

节拍：两拍一次

准备拍：da5-8 教室中间，Épaulement croisé 方向，右腿在前站五位，双臂一位；

da- 左腿 Plié，右腿打开前腿，对 2 点方向，双臂二位；

1- 右腿迈步落地同时推地跳起，左腿踢后腿成第一 Arabesque；

2- 落地成 Plié 保持第一 Arabesque 舞姿。

要求：组合中学习的是第一 Arabesque 舞姿上的 Temps levé。首先要掌握好第一 Arabesque 的基本舞姿以及身体在 Effacé 方向上的准确位置。跳起前，右腿先要往远迈步，落地像做 Coupé 一样，脚一落地马上就推地跳起，左腿同时离地往后向上踢后腿 90°，双腿在空中伸直绷脚转开，落地保持左腿后腿 90° 舞姿。整个动作过程中保持后背收紧，手臂配合腿部动作做得轻松优美。

（3）Pas chassé [帕·夏塞] 追赶步

节拍：一拍一次

准备拍：da5-7 教室中间，Épaulement croisé 方向，右腿在前站五位，双臂一位；da-8 五位 Plié。

da- 双腿跳起，左腿落地 Plié，右腿直腿向前伸出，往远滑步，对 2 点。

1- 右腿迈步前大四位 Tombée 推地跳起，左腿从 Plié 上推地跳起在空中和右腿迅速并拢五位，同时往前移动。

要求：跳起后在空中要往远移动，后腿推地跳起要快并在空中迅速和前面腿并拢五位，用力伸直膝盖，绷紧脚背、脚尖，不能松散，落地 Demi plié 要有弹性，不能停顿并马上接下一个跳。要与其他动作配合协调，要做得连贯，起到辅助连接的作用。

3. 组合的动作节拍与做法详解

节拍：$\frac{3}{4}$ 拍，快速有生气地准备姿态：站教室六点，Épaulement croisé 方向，左腿在前站五位，双臂一位，身体对 2 点方向，眼睛看 1 点方向。

准备拍：da5-6 保持准备姿态不动。

da7-8 双臂从一位打开小七位 Allongé；da-8 双臂落下一位，双腿五位 Demi plié，头随左臂动作，眼睛左手。

① da1-4 右腿 Pas glissade 旁接 Grand assemblé 旁，在 En face 方向。da-1 右腿从后五位擦地往旁踢向空中，往右移动，同时左腿推地跳起，同时双臂抬起二位，右腿落地 Plié，同时左腿落地前五位 Coupé，同时右腿踢旁腿 90°，左腿迅速与右腿在空中夹紧五位，同时双臂打开左五位 Allongé（图 3-18-1）；da-2 落地右腿在前五位 Demi plié（图 3-18-2）；da3-4 双腿站直五位，双臂落下一位，再五位 Demi plié。

da5-8 左腿动作同 da1-4 动作。

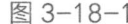

图 3-18-1　　　　图 3-18-2

② da1-2 右腿第一 Arabesque temps levé，往 2 点方向。da-1 双腿五位跳起，同时双臂二位，左腿落地 Plié，右腿打开前腿 25° 往前迈步落地，同时右腿推地跳起，左腿踢后腿 90 度，双臂打开第一 Arabesque 手臂舞姿，对 2 点方向；da-2 双腿落五位 Demi plié，同时双臂落下一位，头转向左旁方向。

da3-4 左腿动作同 da1-2 动作，往 8 点方向。

da5-8 右腿第一 Arabesque temps levé 接 Grand assemblé 前，往 2 点方向。da-5 右腿第一 Arabesque temps levé，动作同 da-1 动作（图 3-18-3）；da-6 右腿落地，同时左腿往前迈步 Chassé 空中五位跳起夹紧，同时双臂打开七位 Allongé，头转向左旁方向，右腿落地 Plié，左腿往前迈步；da-7 右腿往前迈步 Coupé 推地，同时左腿踢前腿 90°，同时双腿在空中夹紧五位，双臂经一位、二位打开左四位，头随左臂动作转向左旁方向（图 3-18-4）；da-8 双腿落地五位 Demi plié，双臂保持四位舞姿（图

3-18-5）。

结束拍：da7-8 双腿站直五位，双臂打开七位 Allongé，落下一位，抬头看 1 点方向。

图 3-18-3　　　　图 3-18-4　　图 3-18-5

（十九）Grand fouetté sauté 中跳练习

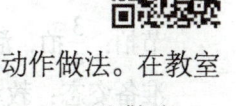

1. 练习目的与教学内容

在中级阶段 1 的教学内容中，学习不同动作连接组合在一起的动作做法。在教室中间学习 Grand fouetté sauté 成第一 Arabesque 的动作做法；Sissonne ouverte 的做法。

Grand fouetté sauté

它是在地面 Grand fouetté 动作的基础上逐步发展而来的空中跳跃动作，是在转身动作的过程加入了 Temps levé 跳跃动作，是单起单落复杂的跳跃动作，锻炼身体在空中的快速转动能力和身体的敏捷性。

2. 主要动作的节拍进度与练习要求

（1）Grand fouetté sauté [格朗·弗韦泰] 大的变身跳

节拍：两拍一次

准备拍：da5-8 教室中间，Épaulement croisé 方向，右腿在前点地，双臂七位；

da-1 右腿 Coupé 前，跳起，左腿踢旁腿，变身成后腿；

da-2 落地保持后腿舞姿。

要求：踢腿要像做 Grand battement jeté 一样要往高踢腿，推地跳起要往高跳。在空中身体转身要快速敏捷往上，动作腿在空中保持腿的高度，不能上下摆动。手臂动作要和身体、腿的动作协调配合，三位手要在空中保持时间长一些再打开。落地更要保持舞姿的高度并往上抬，胯和后背在动作过程中始终上提和收紧，落地 Plié 要控制并保持外开，舞姿摆正。

（2）Sissonne ouverte [西松 · 乌韦尔] 双起单落的敞开式跳

节拍：四拍一次

da5-8 教室中间，Épaulement croisé 方向，右腿在前站五位，双臂一位；

da-1 双腿五位 Demi plié；

da-2 跳起，往前移动，落地成 Attitude 后 90°；

da-3 跳起收后五位，落地五位 Demi plié；

da-4 双腿站直五位。

要求：起跳和落地的 Plié 要蹲深，跳起时身体要有意识地收紧，要跳高往远移动，打开腿落地成舞姿要准确干净和停顿。跳起和停，舞姿腿要转开，绷紧脚尖，落地后背有力地收紧控制住身体，后背收紧，防止塌腰。手臂动作要和跳起、落地协调配合。

3. 组合的动作节拍与做法详解

节拍：$\frac{3}{4}$拍，活泼的

准备姿态：教室中间，Épaulement croisé 方向，右腿在前五位，双臂一位，身体对 8 点方向，眼睛看 1 点方向。

准备拍：da5-6 身体保持准备姿态不动。

da7-8 双臂从一位打开小七位 Allongé，头随右臂动作，眼睛看右手，右腿往前擦地，绷脚点地（图 3-19-1）。

① da1-4 Grand fouetté sauté 成第一 Arabesque 1 个。da-1 右腿 Coupé 上步 Plié 推地跳起，同时左腿从后往前踢旁腿 90°，双臂经一位、二位抬至三位，身体对 1 点方向（图 3-19-2），在空中转身同时左腿变成后腿 90°，身体对 3 点方向；da-2 落地停在第一 Arabesque 90°，双臂打开第一 Arabesque 舞姿（图 3-19-3）；da-3 右腿推地跳起，同时左腿收前五位夹紧，落地五位 Demi plié，同时双臂落下一位，双腿站直五位；da-4 双腿五位 Demi plié。

da5-8 右腿 Sissonne ouverte attitude croisé 后 1 个。da-5 双腿推地跳起，同时左腿踢前腿 45°，右腿踢 Attitude 后 90°，双臂经二位打开七位，头转向左旁方向，往 2 点方向移动（图 3-19-4）；da-6 落地停在 Attitude 后舞姿（图 3-19-5）；da-7 左腿推地跳起，同时双腿收五位夹紧，同时双臂七位 Allongé，落地五位 Demi plié，同时双臂落下一位，双腿站直五位；da-8 双腿五位 Demi plié。

② da1-8 左边动作同① da1-8 动作。

图 3-19-1　　　　　　图 3-19-2　　　　　　图 3-19-3

图 3-19-4　　　　图 3-19-5

四、END 尾声

（二十）Révérence 行礼练习

1. 练习目的与教学内容

在中级阶段 1 的教学内容中，综合了前两个课例中所学动作，在教室中间继续练习 Battement développé croisé 往前、往后地点舞姿、Temps lié、Pas de bourrée、上身圆的 Port de bras、Pas de basque 舞步、Révérence 女子行礼的动作做法；将动作连接融合在一起练习。

2. 主要动作的节拍进度与练习要求

Pas de basque（舞步）[帕·德·巴斯克] 巴斯克舞步

节拍：一小节一次

准备拍：da5-8 教室中间，Épaulement croisé 方向，右腿在前站五位，双臂小七位 Allongé。

da- 双腿五位 Demi plié，右腿往 Croisé 前擦出，绷脚划到 Effacé 前，同时身体转到 Effacé；1- 右腿往前上步同时 Plié，左腿从后经擦地到 Croisé 前；

da- 左腿上步半脚尖，右腿收后五位；

da- 右腿落地 Plié 同时左腿往 Croisé 前擦出。

要求：第一步右腿伸直绷脚贴着地面往远划出，第二步左腿要擦地经一位 Demi plié 的过程再往前擦出迈步，要站到高的半脚尖上，右腿要收回到左腿后面在做 Plié。动作过程中手臂做 Port de bras，慢慢从一位、二位打开到七位。整个动作要做得连贯，不能在任何一个位置上停顿。强调动作过程中头、手、脚的配合。

3. 组合的动作节拍与做法详解

节拍：$\frac{3}{4}$拍，中速

准备姿态：教室中间，Épaulement croisé 方向，右腿在前站五位，双臂一位，身体对 8 点方向，眼睛看 1 点方向。

准备拍：da5-6 身体和手臂保持舞姿不动；

da7-8 双臂小七位 Allongé，落下一位，头随右臂动作，眼睛看右手。

① da1-2 右腿 Battement développé 成 Croisé 前点地舞姿。da-1 右腿吸起 Cou-de-pied 前，同时双臂抬起二位，右腿伸直前点地，双臂打开右六位，手心稍向上，对 8 点方向（图 3-20-1）；da-2 右腿收五位，同时双臂落下一位。

da3-4 左腿 Battement développé 成后第四 Arabesque 点地舞姿。da-3 左腿吸起 Cou-de-pied 后，同时双臂抬起二位，左腿伸直后点地，双臂打开第四 Arabesque 手臂舞姿，对 8 点方向（图 3-20-2）；da-4 左腿收五位，同时双臂落下一位。

图 3-20-1   图 3-20-2

da5-6 右腿 Temps lié 向前。da-5 右腿全脚往前擦地同时双腿四位 Demi plié，双臂抬起二位（图3-20-3）；da-6 右腿站直，同时左腿伸直后点地，双臂打开右五位，头转向左旁方向（图3-20-4）。

da7-8 右腿 Plié，同时双臂五位 Allongé（图3-20-5）；da-8 Pas de bourrée（直腿的）；左腿收后五位半脚尖，同时右腿往旁迈步半脚尖，左腿收前五位半脚尖，双腿落地五位 Demi plié，双臂落下一位。

图3-20-3   图3-20-4   图3-20-5

② da1-2 左腿 Temps lié 向前。da-1 左腿全脚擦地，同时双腿四位 Demi plié，双臂抬起二位（图3-20-6）；da-2 左腿站直，同时右腿伸直后点地，双臂打开左五位，头转向左旁方向（图3-20-7）。

da3-6 圆的 Port de bras 下腰。da-3 右腿全脚落下大四位，同时左腿 Plié，上身往前下前腰，同时双臂收二位（图3-20-8）；da-4 身体从前腰往右转到旁腰，同时双臂打开右五位，头随右臂动作转向右旁方向（图3-20-9）；da-5 上身从旁腰划到后腰，双臂保持右五位，头看左手（图3-20-10）；da-6 上身拉直同时重心移到左腿上站直，右腿绷脚后点地，双臂同时换成左五位，头看左旁方向。

图3-20-6   图3-20-7   图3-20-8   图3-20-9

da7-8 右臂落下二位，第三 Arabesque 手臂舞姿（图 3-20-11）；da-8 右腿收五位，同时双臂落下一位。

图 3-20-10　　　　　　　图 3-20-11

③ da1-8 左腿动作同① da1-8 动作。

④ da-1 右腿 Pas de basque 舞步。da- 右腿擦地往前 Croisé 方向，对 8 点方向，同时双臂抬起二位（图 3-20-12），划到 Effacé 前腿，同时身体转向 2 点方向，双臂打开七位（图 3-20-13）；1- 右腿往前迈步 Plié，同时左腿从后经一位擦地往前（图 3-20-14），迈步半脚尖，右腿收后五位半脚尖（图 3-20-15）。

da-2 左腿 Pas de basque 舞步。动作同 da-1 动作。

da3-4 动作同 da1-2 动作，双臂变成小七位 Allongé 舞姿。

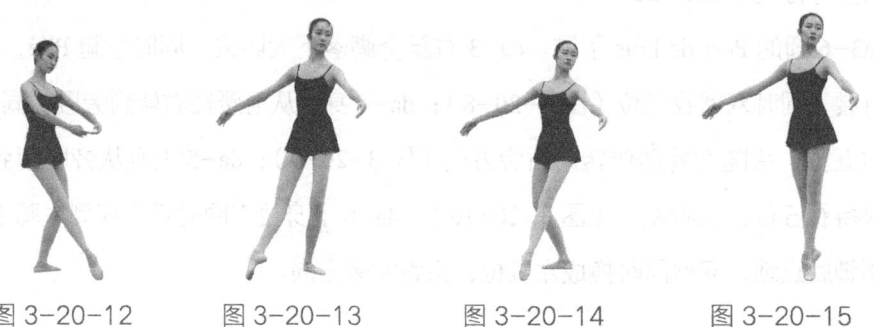

图 3-20-12　　　　　图 3-20-13　　　　　图 3-20-14　　　　　图 3-20-15

da5-8 Révérence。da-5 右腿往旁迈步，重心站到右腿上，同时右腿绷脚旁点地，右臂经一位、二位打开七位，身体对 En face 方向，头随右臂动作；da-6 左腿经一位擦地往后，绷脚后点地，左臂经一位、二位抬起三位臂，头随左臂动作；da-7 双腿下蹲同时双膝向旁打开，上身稍向前屈，头微微点头，屈膝行礼，左臂落下七位（手心朝上）；da-8 右腿站直，左腿保持 Croisé 后点地，双臂小七位 Allongé，眼睛看 1 点方向。

中级阶段 2：第四课例

本课例视频
汇总

练习总任务：

本阶段课程逐渐加强了练习内容的综合性，每个训练组合包含的动作元素，都比以前有所增加，动作与动作之间的连接节拍也更为紧密。要求学生在多类型的动作转换和连接中，同样追求高质量的动作完成度，让获得准确的、优美的舞蹈能动性得以进一步提升。

扶把部分更多的学习双腿在五位脚上交换重心的运动方式，强化调动身体重心的支配能力。学习 Battement développé 更多发展性的动作与连接，以增强在大舞姿上腿部丰富的空间表现力。在中间部分的 Port de bras 和 Adagio 组合中，要求完成更为多样的姿态与舞姿，以达到从单一动作练习向舞台表演转化的层级进步。跳跃部分的练习更为紧密，小跳中连续多次的 Pas ballotté 和 Pas ballonné 开始学习，要求在变化身体重心与灵巧移动的基础上，去完成身体各种舞姿在空中的变换与衔接。对于 Grand jeté 大跳动作的初始练习，也将身体运用爆发力和控制力在高空对舞姿张力和姿态的位移，有了更高更强的技术要求和练习目标。

注意按照教学和学习的必要步骤，每一个动作都需要在完成各自的单一和多次练习之后，才彼此组合在一起做综合练习。

一、BARRE 扶把部分

（一）Warm up 热身练习

1. 练习目的与教学内容

中级阶段 2 的课例在前三个课例教学内容的基础上，继续让学生在正确的身体基本站立姿态下，练习在一位脚位上往前、往旁、往后的 Battement tendu 动作，学习 Battement tendu pour le pied 的变化做法、Demi rond de jambe par terre，以及 Battement tendu demi plié 不同做法的动作练习，使腿部得到全面的活动。

2. 主要动作的节拍进度与练习要求

（1）Battement tendu pour le pied [巴特芒·唐究·普·勒·皮耶] 带勾绷脚的擦地

节拍：四拍一次

准备拍：da5-8 双手扶把，双腿站一位。

da-1 右腿勾脚出前；

da-2 绷脚背、脚趾；

da-3 前点地；

da-4 收回一位。

（同样节拍往后做）

要求：动作腿往旁或往前、往后擦出，经过勾脚趾、勾脚腕，绷脚背、绷脚趾，落下绷脚点地。做勾绷脚时要注意清晰地完成每一下勾绷脚的动作，勾绷脚的力量要往远伸展。注意双腿要最大限度地伸直和转开。此动作是带勾绷脚的擦地的变化做法。

（2）Demi rond de jambe par terre plié [德米·隆·德·让·巴·泰尔·普利埃] 带蹲在地上划 1/4 圈

节拍：两拍一次

准备拍：da5-8 双手扶把，双腿站一位。

da-1 右腿出前点地，左腿 Plié；

da-2 右腿划旁，左腿站直。

要求：动作腿往前擦出，脚后跟主动带着经过全脚、半脚掌、脚尖擦地，最后绷紧脚尖点地，同时支撑腿 Plié；做 En dehors 划圈时，用脚尖带着主动向旁划，同时感觉脚后跟要向前顶着划。做 En dedans 划圈时，脚尖主动带着擦出，划圈时要向前推着脚跟并带动向旁划。划圈时脚尖贴在地面上做，并在所有的过程中，做到双腿最大限度地有力外开，支撑腿和骨盆结实稳定。

（3）Battement tendu demi plié [巴特芒·唐究·德米·普利埃] 带蹲的擦地

节拍：两拍一次

准备拍：da5-8 双手扶把，双腿站一位。

da-1 右腿出旁点地；

da-2 收一位 Demi plié。

要求：动作腿往旁擦出，经全脚、半脚掌擦地，最后绷脚趾点地；收回时经半脚掌、全脚着地擦回同时双腿做 Demi plié。Plié 时上身躯干要上提，保持双膝外开，注意动作过程中重心转换和动作的平稳连贯。

3. 组合的动作节拍与做法详解

节拍：$\frac{4}{4}$ 拍，中速

准备姿态：站在把杆前面，Épaulement croisé 方向，右腿后点地，双臂小七位 Allongé，身体对 2 点方向，头转向正面 En face 方向，眼睛看 1 点方向。

准备拍：da1-2 右腿往旁迈步，同时身体转成 En face 方向，左腿 Plié；da-1 右腿往 3 点迈步重心站到右腿上，左腿绷脚旁点地，双臂保持小七位 Allongé 舞姿，头看 1 点方向；da-2 左腿经收一位擦地往后，左腿绷脚 Croisé 后点地，身体对 8 点方向，头转向 En face 方向，眼睛看 1 点方向。

da3-4 保持舞姿，屈膝行礼，站直。

da5-6 保持上身舞姿，从左脚开始往旁迈步半脚尖，快速走四步，走向把杆。

da7-8 面对把杆，双手扶把，双腿落全脚站好一位，头看正前方。

① da1-4 右腿 Battement tendu pour le pied 往前（勾绷脚的）。da-1 右腿勾脚往前擦出，头转向右旁方向（图 4-1-1）；da-2 右脚绷脚背、脚趾；da-3 右腿落下，绷脚前点地（图 4-1-2）；da-4 右腿擦地收一位。

da5-6 右腿 Battement tendu 往前。da-5 右腿往前擦出；da-6 右腿擦地收一位。

da7-8 右腿 Battement tendu 往旁。da-7 右腿往旁擦出，同时头转回 En face 方向；da-8 右腿擦地收一位。

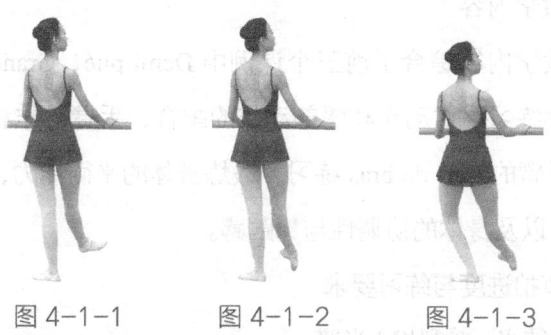

图 4-1-1   图 4-1-2   图 4-1-3

② da1-2 右腿 Demi rond de jambe par terre plié en dehors 前划旁。da-1 右腿往前擦出，同时左腿 Plié，头转向右旁方向（图 4-1-3）；da-2 右腿划到旁点地，同时左腿站直，头转回 En face 方向（图 4-1-4）。

da3-4 二位 Demi plié。da-3 右腿落全脚二位 Demi plié；da-4 重心移到左腿上站直，同时右腿绷脚旁点地。

da5-8 右腿 Battement tendu demi plié 往旁。da-5 右腿擦地收一位；da-6 右腿往旁擦出，绷脚旁点地（图 4-1-5）；da-7 右腿收一位，同时一位 Demi plié（图 4-1-6）；da-8 双腿站直一位。

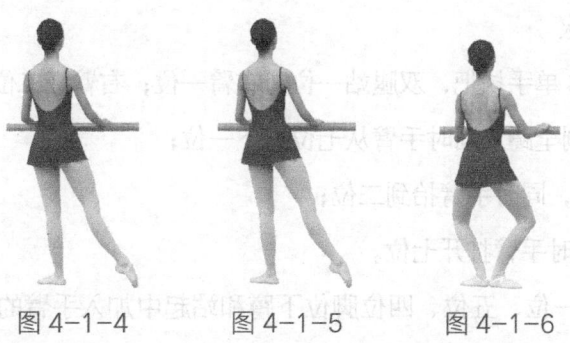

图 4-1-4   图 4-1-5   图 4-1-6

③ da1-8 右腿往后开始，动作同① da1-8 动作；注意右腿擦地往后同时头转向左旁方向。

④ da1-8 右腿往后开始，动作同② da1-8 动作；注意右腿擦地往后同时头转向左旁方向。

⑤－⑧左腿开始，动作同①－④动作。

（二）Plié 蹲起练习

1. 练习目的与教学内容

中级阶段 2 的教学内容综合了前三个课例中 Demi plié、Grand plié、Port de bras、Relevé 的动作，继续练习手臂动作和腿部动作的配合，手臂动作和上身下腰动作的配合，在半脚尖上做手臂的 Port de bras 练习，锻炼身体的平衡能力，进一步锻炼整个身体的力量和控制力，以及身体的协调性与舞蹈感。

2. 主要动作的节拍进度与练习要求

（1）Demi plié [德米·普利埃] 半蹲

节拍：两拍一次

准备拍：da5-8 单手扶把，双腿站一位，右臂一位；右臂经二位打开七位；

da-1 双腿下蹲，同时臂落下一位；

da-2 起直，同时手臂抬起二位。

要求：双腿在下蹲和站起中加入手臂的动作，动作过程中双腿保持全脚着地，下蹲在最低点时脚跟不离地，不要有停顿，双腿双膝保持最大限度的外开。身体后背要直立挺拔，手臂动作要与腿的屈伸动作协调，动作要平稳流畅，节拍要连贯准确。

（2）Grand plié [格朗·普利埃] 全蹲

节拍：四拍一次

准备拍：da5-8 单手扶把，双腿站一位，右臂一位；右臂经二位打开七位；

da1-2 经半蹲到全蹲，同时手臂从七位落下一位；

da-3 回到半蹲，同时手臂抬到二位；

da-4 站直，同时手臂打开七位。

要求：双腿在一位、五位、四位脚位下蹲和站起中加入手臂的动作。动作过程中每个蹲的位置要做清楚，下蹲时脚后跟被动抬起，站直时脚后跟主动落下。做二位脚位全蹲时整个动作中脚后跟都不离地，手臂动作要与腿的屈伸动作协调配合，蹲时双腿双膝保持最大限度的外开，身体后背要直立挺拔，动作平稳流畅，节拍连贯准确。

（3）Relevé [雷勒韦] 半脚尖

节拍：八拍一次

准备拍：da5-8 单手扶把，双腿站一位，右臂一位；右臂经二位打开七位；

da1-2 立半脚尖，同时手臂从七位落下一位抬起二位；

da3-4 停在半脚尖上，手臂抬起三位；

da5-6 落下，手臂打开七位；

da7-8 不动。

要求：双腿立半脚尖的同时加入手臂动作，脚后跟离地前先要把整个身体用力向上提起，脚背有力地推绷到半脚尖。在结实的半脚尖上做手臂的 **Port de bras**，保持身体的直立体态和手臂舞姿得优美，手臂动作要做得协调连贯平稳，头和眼睛要随手臂的动作运动。落下时，身体提住不松懈，将脚后跟轻轻落到地上。足部要结实有力，手臂要圆润流畅。

（4）Port de bras [波·德·勃拉] 手臂舞姿和上身的前、旁、后腰

节拍：八拍一次

准备拍：da5-8 单手扶把，双腿站一位，右臂一位；右臂经二位打开七位；

da1-2 上身下前腰，同时手臂从七位落下一位到二位；

da3-4 身体转到旁腰，同时右臂从二位抬到三位；

da5-6 身体转到后腰，右臂保持三位；

da7-8 上身拉直，同时手臂打开七位。

要求：身体往前下腰后，保持前腰的位置直接将身体转向旁腰，同样再从旁腰转成后腰。注意每个下腰位置身体舞姿得准确，保持上身得平正，每个位置上得下腰均沿一个划圆的路线转动，头在动作过程中随右臂的动作运动。注意所有动作随着音乐而舒展保持头、手臂、上身在动作过程中得协调。组合中上身往前下腰、往旁下腰和往后下腰接在一起练习，是以后训练中经常出现的动作组合方式。

3. 组合的动作节拍与做法详解

节拍：$\frac{6}{8}$ 拍，慢速

准备姿态：单手扶把，双腿站一位，右臂一位，头转向右旁方向。

准备拍：da5-6 右臂从一位打开小七位 Allongé，落下一位，头随右臂动作，眼睛看右手。

da7-8 右臂抬起二位，同时头向左侧稍前倾，右臂打开七位，头随右臂动作转向右旁，眼睛看右手。

① da1-4 一位 Demi plié 2 个。da- 右臂七位 Allongé；1- 双腿下蹲，同时右臂从七位落下一位，头随右臂动作，眼睛看右手；da-2 双腿站直一位，右臂从一位抬起二位，头随右臂动作，眼睛看右手。da-3 双腿下蹲，同时右臂打开七位，头随右臂动作，眼睛看右手，da-4 双腿站直一位，右臂保持七位，头看向右旁方向。

da5-8 一位 Grand plié。da- 右臂七位 Allongé；da5-6 双腿下蹲经过 Demi plié，继续下蹲到 Grand plié，同时右臂从七位落下一位；da7-8 双脚落脚跟，双腿经过 Demi plié，同时右臂抬起二位，双腿站直一位，同时右臂打开七位。

② da1-4 Port de bras 前腰。da- 右臂七位 Allongé，眼睛看右手；1-2 身体往前下腰，同时七位手经一位到二位，头随右臂动作，眼睛看右手；da3-4 身体往上拉直，同时右臂抬起三位，头随右臂动作，眼睛看右手。

da5-8 Port de bras 后腰。da5-6 上身往后下胸腰，右臂保持三位，头看右旁方向；da-7 上身慢慢拉直，同时右臂在身体快拉直时往旁打开七位，头看向右旁方向；da-8 右腿往旁擦出，落地站二位，重心放到双腿上，右臂保持七位舞姿。

③ da1-4 二位 Demi plié 2 个。动作同① da1-4 动作。

da5-8 二位 Grand plié。动作同① da1-4 动作；注意二位 Grand plié 下蹲时脚后跟不离地。

④ da1-6 二位 Relevé。da- 右臂七位 Allongé，眼睛看右手；1- 右臂落下一位手位，同时双腿立起二位半脚尖，头随右臂动作，眼睛看右手；da-2 右臂抬起二位，头随右臂动作，眼睛看右手；da3-4 右臂抬起三位，头随右臂动作，眼睛看右手（图4-2-1）；da-5 右臂打开七位；da-6 双腿落全脚二位，右臂保持七位舞姿。

da7-8 右腿推地绷脚旁点地，同时身体重心移回到左腿上，右腿经擦地收前五位，右臂保持七位舞姿。

⑤ da1-4 五位 Demi plié 2 个。动作同① da1-4 动作。

da5-8 五位 Grand plié。动作同① da5-8 动作。

⑥ da1-6 圆的 Port de bras 下腰。da- 右臂七位 Allongé，眼睛看右手；da1-2 身体往前下腰，同时七位手经一位到二位，头随右臂动作，眼睛看右手（图4-2-3）da3-4 身体从前腰转到旁腰，同时右臂从二位抬到三位，眼睛看左旁方向（图4-2-4）；da5-6 身体从旁腰转到后腰，右臂保持三位，头转向右旁方向（图4-2-5）。

图 4-2-1　　　　图 4-2-2　　　　图 4-2-3　　　　图 4-2-4　　　　图 4-2-5

da7-8 上身慢慢拉直成直立体态，右臂在身体快拉直时打开七位，头看右旁方向；

da-8 右腿往前擦出，落全脚站四位，重心放到双腿上，右臂保持七位舞姿。

⑦ da1-4 四位 Demi plié 2 个。动作同① da1-4 动作。

da5-8 四位 Grand plié。动作同① da5-8 动作。

⑧ da1-6 四位 Relevé。da- 右臂七位 Allongé，眼睛看右手；1- 右臂落下一位，同时双腿立起四位半脚尖，头随右臂动作，眼睛看右手；da-2 右臂抬起二位手位，同时左臂收到二位，头随右臂动作，眼睛看右手；da3-4 双臂打开右四位 Allongé，头随双臂动作，眼睛看正前方（图 4-2-2）；da5-6 保持四位 Relevé 舞姿。

da7-8 落四位 Demi plié，同时双臂收二位，重心移到左腿同时站直，右腿绷脚前点地，双臂往旁打开七位（左臂扶把，右臂七位），眼睛看右旁方向；da-8 右臂七位 Allongé，右臂落下一位，同时右腿收五位，头抬起头看右旁方向。

（三）Battement tendu 擦地练习

1. 练习目的与教学内容

初级阶段 2 的教学内容在前三个阶段的课例的基础上，在单手扶把上继续练习站五位的 Battement tendu 往旁、往前、往后，并加入了手臂动作的配合练习，还加入 Battement tendu demi plié 在二位、四位上的做法。

2. 主要动作的节拍进度与练习要求

（1）Battement tendu [巴特芒·唐究] 擦地

节拍：一拍一次

准备拍：da5-8 单手扶把，右腿在前站五位，右臂一位；右臂经二位打开七位；

da- 右腿擦地往旁绷脚点地；

1- 擦地收一位。

要求：动作腿往旁、往前和往后擦出，都要经全脚、半脚掌擦地，最后绷脚趾点地；收回时经半脚掌、全脚着地擦回。动作腿往前擦出，脚后跟主动带着擦出；收回时脚尖带着擦回。动作腿往旁、往后擦出，脚尖主动带着擦出；收回时脚后跟带着擦回。擦回时尽可能早地落下脚后跟，使大腿内侧肌肉得到锻炼。并在所有的过程中，做到双腿最大限度地伸直和转开。注意动作中腿和手臂的配合运动。手臂的动作位置要准确，具舞蹈美感。

（2）Battement tendu demi plié [巴特芒·唐究·德米·普利埃] 带蹲的擦地

节拍：两拍一次

准备拍：da5-8 单手扶把，右腿在前站五位，右臂一位；右臂经二位打开七位。

da-1 右腿出前点地；

da-2 落四位 Demi plié；

da-3 站直，动作腿前点地；

da-4 收五位。

要求：动作腿往前擦出，动作脚经过落半脚掌，落全脚，同时移动重心到双腿上做四位 Demi plié，之后动作腿再推地伸直绷脚点地，重心在支撑腿站直同时移回到支撑腿上。落四位 Demi plié 时，上身躯干要上提，保持双膝外开，注意动作过程中重心地移动和转换。往后落四位 Demi plié 要求相同。

3. 组合的动作节拍与做法详解

节拍：$\frac{2}{4}$ 拍，中速

准备姿态：单手扶把，右腿在前站五位，右臂一位，头转向右旁方向。

准备拍：da5-6 右臂从一位打开小七位 Allongé，落下一位，头随右臂动作，眼睛看右手。

da7-8 右臂从一位抬起二位，同时头向左侧稍前倾，右臂打开七位，头随右臂动作转向右旁，眼睛看右手。

① da1-2 右腿 Battement tendu 往前。da-1 右腿往前擦地，绷脚前点地；da-2 右腿擦地收五位，右臂保持七位舞姿。

da3-4 右腿 Battement tendu 往前 2 个。da- 右腿往前擦地，绷脚前点地；3- 右腿擦地收五位，右臂保持七位舞姿；da-4 动作同 da-3 动作。

da5-8 右腿 Battement tendu demi plié 四位，往前。da-5 右腿往前擦地，绷脚前点地（图4-3-1）；da-6 右腿全脚落四位同时 Demi plié，身体重心移动到双腿上（图4-3-2）；da-7 身体重心移到左腿上同时站直，右腿伸直绷脚前点地；da-8 右腿擦地收五位，右臂保持七位舞姿。

② da1-2 左腿 Battement tendu 往后。动作同① da1-2 动作。

da3-4 左腿 Battement tendu 往后 2 个。动作同① da3-4 动作。

da5-8 左腿 Battement tendu demi plié 四位，往后。动作同① da5-8 动作。

③ da1-2 右腿 Battement tendu 往旁。da-1 右腿擦地往旁同时头从旁转到 En face 方向，da-2 右腿收后五位。

da3-4 右腿 Battement tendu 往旁 2 个。da- 右腿往旁擦地，绷脚旁点地；3- 右腿擦地收前五位，右臂保持七位舞姿；da-4 动作同 da-3 动作，右腿收后五位。

da5-8 右腿 Battement tendu demi plié 二位，往旁。da-5 右腿往旁擦地，绷脚旁点地；da-6 右腿全脚落二位同时 Demi plié，身体重心移动到双腿上；da-7 身体重心移到左腿上同时站直，右腿伸直绷脚旁点地；da-8 右腿擦地收前五位，右臂保持七位舞姿。

④ da1-7 右腿 Battement tendu 往旁 6 个，配合手臂 Port de bras。da- 右腿往旁擦出同时右臂七位 Allongé，眼睛看右手（图4-3-3）；1- 右腿收一位，右臂慢慢落下；da- 往旁擦出，右臂慢慢落下；2- 右腿收一位，右臂落下一位（图4-3-4）；da- 右腿往旁擦出，右臂从一位慢慢抬起二位（图4-3-5）；3- 右腿收一位，右臂抬起二位（图4-3-6）；da- 右腿往旁擦出，右臂从二位慢慢抬起三位；4- 右腿收一位，右臂抬起三位；da- 右腿往旁擦出，右臂从三位慢慢打开七位手位；5- 右腿收一位，右臂慢慢落下；da- 右腿往旁擦地，右臂慢慢打开七位；6- 右腿收一位，右臂落下七位。

图 4-3-1　　　　　　图 4-3-2　　　　　　图 4-3-3

da7–8 右腿 Battement tendu demi plié 五位。da– 右腿往旁擦出，右臂七位 Allongé，眼睛看右手；7– 右腿擦地收一位同时 Demi plié，右臂落下一位；da–8 双腿站直一位，右臂保持一位舞姿，头抬起转向右旁方向。

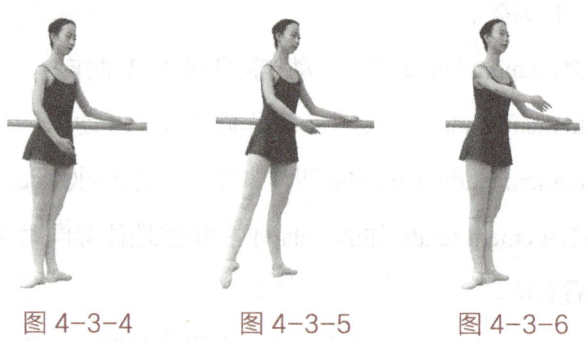

图 4-3-4　　　　　图 4-3-5　　　　　图 4-3-6

（四）Battement tendu jeté 小踢腿练习

1. 练习目的与教学内容

在中级阶段 2 的教学内容中，继续在五位脚单手扶把上加快节奏练习 Battement tendu jeté 往前、往旁、往后，继续练习 Battement tendu jeté balancé、Battement developpé、Battement tendu jeté pointé，和组合在一起的动作做法。这些动作是 Battement tendu jeté 动作的发展，是需要去掌握的基础动作。

2. 主要动作的节拍进度与练习要求

（1）Battement tendu jeté [巴特芒·唐究·热泰] 小踢腿

节拍：一拍一次

准备拍：da5–8 单手扶把，右腿在前站五位，右臂一位；右臂经二位打开七位。

da– 右腿擦地踢至 25°；

1– 收回五位脚。

要求：在 Battement tendu 全部要求的基础上，强调动作腿擦地到最远处脚尖才能离地，踢到空中 25° 的高度，在空中要有停顿并继续延伸。收回时，脚尖还要经过前点地最远端的位置，然后经过擦地的全过程收回到一位脚。动作腿踢出去时，要特别注意支撑腿和躯干的稳定，不要摇晃，躯干要保持正直。动作节奏加快更加要求身体得稳定和腿快速踢出伸直的控制能力。

（2）Battement tendu jeté balancé [巴特芒·唐究·热泰·巴朗塞] 腿的前后摆动

节拍：两拍一次

准备拍：da5-8 单手扶把，右腿在前站五位，右臂一位；右臂经二位打开七位。

da-1 右腿经擦地往前踢腿 25°；

da-2 右腿经收一位往后踢腿 25°。

要求：动作腿在经过一位时，整个脚要放松地平铺在地面上经过。动作腿踢前和后方向要准确，保持腿部的外开和绷直，腿前、后摆动时上身和胯要控制不动，支撑腿和躯干收紧上提并控制住，重心始终保持在支撑腿上。

3. 组合的动作节拍与做法详解

节拍：$\frac{4}{4}$ 拍，稍快速

准备姿态：单手扶把，右腿在前站五位，右臂一位，头转向右旁方向。

准备拍：da5-6 右臂从一位打开小七位 Allongé，落下一位，头随右臂动作，眼睛看右手；

da7-8 右臂从一位抬起二位，同时头向左侧稍前倾，右臂打开七位，头随右臂动作转向右旁，眼睛看右手。

① da1-2 右腿 Battement tendu jeté 往前。da-1 右腿经擦地往前踢前腿 25°，右臂保持七位舞姿；da-2 右腿擦地收五位。

da3-4 右腿 Battement tendu jeté 往前 2 个。da- 右腿经擦地往前踢前腿 25°，右臂保持七位舞姿；3- 右腿擦地收五位；da-4 动作同① da-3 动作。

da-5 右腿 Battement développé jeté 往前。da- 右腿吸起 Cou-de-pied 前，右臂保持七位舞姿；5- 右腿打开前腿 25°。

da6-8 右腿 Battement tendu jeté balancé 往后、前。da-6 右腿经擦地收回一位，马上往后踢后腿 25°，右臂保持七位舞姿；da-7 右腿经擦地收回一位，马上往前踢前腿 25°；da-8 右腿经擦地收五位。

② da1-2 左腿 Battement tendu jeté 往后。动作同① da1-2 动作。

da3-4 左腿 Battement tendu jeté 往后。动作同① da3-4 动作。

da-5 左腿 Battement développé jeté 往后。动作同① da-5 动作（图 4-4-1）（图 4-4-2）。

da6-8 左腿 Battement tendu jeté balancé 往前、后。动作同① da6-8 动作（图 4-4-3）（图 4-4-4）。

③ da1-2 右腿 Battement tendu jeté pointé 往旁 2 个。da-1 右腿经擦地往旁踢旁腿 25°，同时头转回 En face 方向，右臂保持七位舞姿；2- 右腿快速点地，再踢旁腿 25°；da-3 动作同③ 2- 动作；da-4 右腿经擦地收后五位。

da5-8 右腿 Battement tendu jeté pointé 旁。动作同 da1-4 动作；da-8 右腿收前五位。

图 4-4-1   图 4-4-2   图 4-4-3   图 4-4-4

④ da1-4 右腿 Battement tendu jeté 往旁 4 个。da- 右腿经擦地往旁踢旁腿 25°，右臂保持七位舞姿；1- 右腿擦地收一位。da2-4 动作同 da-1 动作；da-4 腿收后五位。

da5-8 右腿 Battement tendu jeté 往旁 4 个。动作同 da1-4 动作；da- 右腿经擦地往旁踢旁腿 25°，同时右臂七位 Allongé；8- 右腿擦地收一位，同时右臂落下一位，头抬起看右旁方向。

（五）Rond de jambe 划圈练习

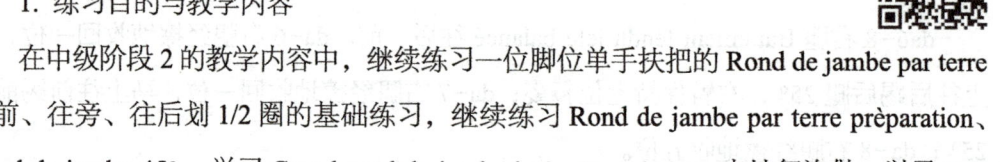

1. 练习目的与教学内容

在中级阶段 2 的教学内容中，继续练习一位脚位单手扶把的 Rond de jambe par terre 往前、往旁、往后划 1/2 圈的基础练习，继续练习 Rond de jambe par terre préparation、Rond de jambe 45°，学习 Grand rond de jambe jeté、Port de bras 点地舞姿做，以及 Plié soutenu en tournant。

（1）Grand rond de jambe jeté

这动作既有划圈练习，也有踢腿练习，主要锻炼支撑腿和身体的稳定。

（2）Plié soutenu en tournant

在 Plié soutenu 动作中加入了身体的转体动作，增加了动作技术难度。它常作为动作与动作之间的连接，起到转换动作方向的作用。

2. 主要动作的节拍进度与练习要求

（1）Rond de jambe par terre [隆·德·让·巴·泰尔] 在地上的划圈

节拍：一拍一次（划 1/2 圈）

准备拍：da5-8 单手扶把，双腿站一位，右臂一位；右臂经二位打开七位；

da-1 右腿擦出前点地；

da- 划旁；

da- 划后。

要求：在划圈的过程中双腿保持充分的外开，动作腿在经过的每一个点上都要转开到最大限度。躯干摆正，胯不能随着腿的环动而晃动，支撑腿要非常用力地踩住地板，要保持胯部的稳定。做 En dehors 划圈时，用脚尖带着主动向后划，同时感觉脚后跟要向前顶着划。做 En dedans 划圈时，要向前推着脚跟并带动向前划。脚尖始终贴在地面上做，不要抬离开地面，圈要划得连贯平稳。

（2）Rond de jambe par terre prèparation [隆·德·让·巴·泰尔·普雷帕拉雄] 划圈的准备动作

节拍：两拍一次

准备拍：da5-8 单手扶把，双腿站一位，右臂一位；右臂经二位打开七位；

da-1 双腿 plié 同时右腿擦地往前；

da-2 划到旁，同时左腿站直；

da- 划后。

要求：在 Plié 同时，动作腿打开前腿，重心移动到支撑腿上。动作腿在划圈时要求转开、伸直、拉长，脚尖绷紧往远划。注意躯干的摆直，两胯固定不动，从前向旁划圈时要加深 Plié，后背收紧，上身始终提住，站直时重心保持在支撑腿一边并继续划到后点地位置。注意手臂在划圈动作中的配合。

（3）Rond de jambe（45°）[隆·德·让] 在 45° 上划圈

节拍：四拍一次（划 1/2 圈）

准备拍：da5-8 单手扶把，双腿站一位，右臂一位；右臂经二位打开七位；

da-1 右腿抬 45°；

da-2 划旁；

da-3 划后；

da-4 点地，收一位。

要求：动作腿在空中 45° 上绷直整条腿，划旁时保持一个平行高度运动，支撑腿要很有力地向上拉直转开，骨盆提起，收紧腹肌，后背收紧挺直，两肩下压，划到旁时身体摆正，头转向 En face，腿划到后时身体稍前倾，头转向旁边。

（4）Grand rond de jambe jeté [格朗·隆·德·让·热泰] 划圈的踢腿

节拍：四拍一次

准备拍：da5-8 单手扶把，双腿站一位，右臂一位；右臂经二位打开七位；

da-1 右腿抬小 Attitude 前；

da-2 踢斜前划到后；

da-3 点地；

da-4 收五位。

要求：动作腿强调先伸直再划圈，用脚尖带着，划的过程中保持腿的外开，上身摆正，躯干和支撑腿稳定，踢出腿要有力量，划圈要有控制地划。做 En dehors 方向划圈时旁腿最高，En dedans 方向划圈时前腿最高。

（5）Port de bras（圆的）[波·德·勃拉] 手臂舞姿和上身的前、后、旁腰

节拍：八拍一次

准备拍：da5-8 单手扶把，双腿站一位，右臂 位；右臂经二位打开七位；

da1-2 左腿后点地，上身往前下腰，同时右腿 Plié，落成大四位；

da3-4 转到旁腰；

da5-6 转到后腰；

da7-8 上身拉直，同时右腿站直，收五位。

要求：双腿放好大四位，身体重心放在 Plié 的前腿上，后腿全脚踩在地上。往前下腰时双腿要非常结实地踩住地面，上身往前下腰不要驼背，转到旁腰、后腰时，两肩摆正，保持重心在前腿上，胯收紧向上提起，收紧腹肌、臀肌。上身拉起要尽快立直，同时腿站直，后腿绷脚轻点地。要把前、旁、后腰三个方向圆的路线做清楚，手臂随上身的转动在圆的轨道上做它的手臂运行路线。整个动作过程要做得流畅、平稳、连贯，注意手臂的位置的准确，头、眼睛要始终跟随手臂的运动而运动。

（6）Plié soutenu en tournant [普利埃·苏特纽·昂·图尔囊] 保持舞姿的身体的转圈

节拍：四拍一次

准备拍：da5-8 单手扶把，双腿站一位，右臂一位；右臂经二位打开七位；

da-1 右腿擦出旁，同时左腿蹲；

da-2 右腿收前五位半脚尖，同时左腿半脚尖；

da-3 往左边转身 1/2 圈，变成左腿前五位；

da-4 落五位蹲。

要求：按照 Plié soutenu 和五位 Soutenu en tournant 的全部要求。注意在 En tournant 的过程中，头的"一留一甩"动作要和转身动作配合协调，躯干保持一个整体转身，手保持在二位上。双腿在开始转动时就要马上换脚，两条腿在转换位置时相互靠近，重心保持在两条腿上。

3. 组合的动作节拍与做法详解

节拍：$\frac{3}{4}$ 拍，中速

准备姿态：单手扶把，右腿在前站五位，右臂一位，头转向右旁方向。

准备拍：da5-6 右臂从一位打开小七位 Allongé，落下一位，头随右臂动作，眼睛看右手；

da7-8 右臂从一位抬起二位，同时头向左侧稍前倾，右臂打开七位，头随右臂动作转向右旁，眼睛看右手。

① da1-2 右腿 Rond de jambe par terre prèparation en dehors。da- 右臂七位 Allongé 伸展，双腿五位 Demi plié，右臂落下一位，头随右臂动作；1- 右腿往前擦地，同时右臂抬起二位（图 4-5-1）；da-2 右腿划到旁点地，同时左腿站直，右臂打开七位，右腿划到后点地，右臂保持七位舞姿。

da3-4 右腿 Rond de jambe par terre en dehors 2 个。da-3 右腿从后经一位擦地到前点地，划到旁、后点地；右臂保持七位舞姿；da-4 动作同 da-3 动作。

da5-6 右腿 Rond de jambe par terre prèparation en dehors。da-5 动作同 da-1 动作。da-6 右腿划到旁、后点地，同时左腿站直，同时右臂抬起三位，打开三位 Allongé（图 4-5-2）。

da7-8 右腿 Rond de jambe par terre en dehors 2 个。动作同 da3-4 动作。

② da1-4 右腿 Rond de jambe 45° en dehors。da-1 右腿擦地抬前腿 45°，同时右臂落下七位手位，头转向右旁方向；da-2 右腿划到旁腿；da-3 右腿划到后腿；da-4

右腿落下，绷脚后点地，收一位。

da5-8 右腿 Grand rond de jambe jeté en dehors。da-5 右腿经擦地踢起前小 Attitude，保持大腿外开，小腿垂直与地面，头手保持七位舞姿（图4-5-3）；da-6 右腿顺膝盖方向往斜前方伸直，同时右腿往斜前踢腿，划旁（图4-5-4）、后腿；da-7 右腿落下，绷脚后点地（图4-5-5）；da-8 右腿收五位，右臂保持七位舞姿。

图 4-5-1　　　图 4-5-2　　　图 4-5-3　　　图 4-5-4　　　图 4-5-5

③ da1-2 右腿 Rond de jambe par terre prèparation en dedans。da- 右臂七位 Allongé 伸展双腿五位 Demi plié，右臂收二位，头稍左倾，眼睛看右手（图4-5-6）；1- 右腿往后擦地，同时右臂保持二位；da-2 右腿划到旁点地，同时左腿站直，右臂落下一位，从旁抬起七位，右腿划到前点地，右臂保持七位舞姿。

da3-4 右腿 Rond de jambe par terre en dedans。动作同①da3-4 动作。

da5-6 右腿 Rond de jambe par terre prèparation en dehors。da-5 动作同 da-1 动作。da-6 右腿划旁、后点地，同时左腿站直，右臂从一位打开三位 Allongé 舞姿（图4-5-7）。

da7-8 右腿 Rond de jambe par terre en dedans。动作同 da3-4 动作。

图 4-5-6　　　图 4-5-7

④ da1-4 右腿 Rond de jambe 45° en dedans。动作同②da1-4 动作。

da5-8 右腿 Grand Rond de jambe jeté en dedans。da-5 右腿经擦地踢起后小 Attitude，

保持大腿外开，小腿垂直与地面，头手保持七位舞姿（图 4-5-8）；da-6 右腿顺膝盖方向往斜后方伸直，同时右腿往斜后踢腿，划旁（图 4-5-9）、前腿（图 4-5-10）；da-7 右腿落下，绷脚前点地（图 4-5-11）；da-8 右腿收五位，右臂保持七位舞姿。

图 4-5-8   图 4-5-9   图 4-5-10   图 4-5-11

⑤ da1-6 圆的 Port de bras 下腰。da- 右臂七位 Allongé，左腿往后擦出，绷脚后点地，眼睛看右手（图 4-5-12）；1-2 上身往前下腰，同时左腿落全脚成大四位，右臂经一位到二位，头随右臂动作，眼睛看右手（图 4-5-13）；da3-4 上身从前腰转到旁腰，同时右臂从二位划到三位，眼睛看左旁方向（图 4-5-14）；da5-6 上身从旁腰划到后腰，右臂保持三位手位，头转向右旁方向（图 4-5-15）。

da7-8 上身拉直同时右腿站直，左腿绷脚后点地，右臂七位 Allongé；da-8 左腿收五位。

图 4-5-12   图 4-5-13   图 4-5-14   图 4-5-15

⑥ da1-4 Port de bras 旁腰，在旁点地上做。da-1 右臂七位 Allongé，同时右腿擦地往旁，左腿 Plié（图 4-5-16）；da-2 右腿保持旁点地，上身拉直同时手臂抬起三位（图 4-5-17），往左下旁腰（图 4-5-18）；da3-4 上身拉直直立体态，手臂在身体往上拉起同时打开七位，头随右臂动作转向右旁方向（图 4-5-19）。

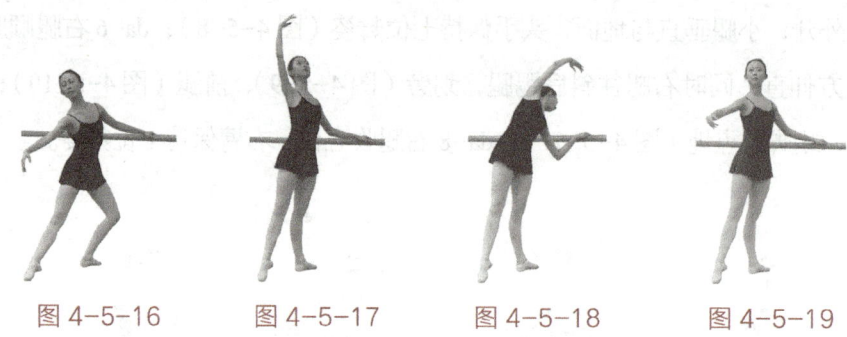

图 4-5-16   图 4-5-17   图 4-5-18   图 4-5-19

da5-8 Plié soutenu en tournant1/2 圈。da-5 右腿擦地往旁，同时左腿 Plié（图 4-5-20）；da-6 右腿收回前五位半脚尖，右臂保持七位舞姿；da-7 右臂收二位（图 4-5-21），双脚在五位半脚尖上换脚转半圈，停在左腿前五位半脚尖，右手扶把，左臂打开七位，头转向左旁方向（图 4-5-22）；da-8 右臂七位 Allongé，双腿落五位 Demi plié，同时手臂从七位落下一位，双腿站直五位，头抬起看左旁方向。

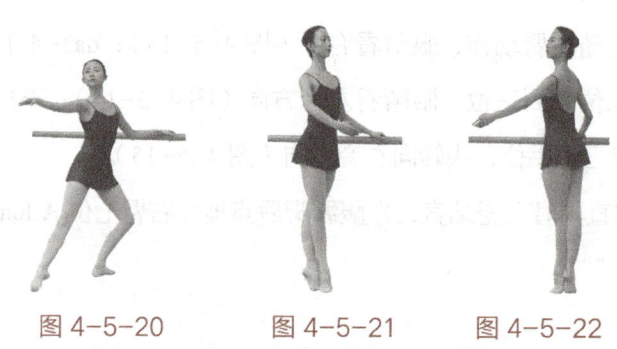

图 4-5-20   图 4-5-21   图 4-5-22

（六）Battement fondu 单腿蹲练习

1. 练习目的与教学内容

在中级阶段 2 的课例中，学习五位脚单手扶把 Battement fondu 往旁、往前、往后的基础动作带 Relevé 做，并配合手臂动作。学习 Battement double fondu 带 Demi rond de jambe，继续练习五位 Soutenu en tournant，学习 Battement développé attitude 前舞姿。

2. 主要动作的节拍进度与练习要求

（1）Battement double fondu（带 Demi rond de jambe）[巴特芒·杜勃尔·丰究·德米·隆·德·让] 带划圈的两次蹲的单腿蹲

节拍：四拍一次

准备拍：da5-8 单手扶把，右腿在前站五位，右臂一位；右臂经二位打开七位；

da-1 右腿 Cou-de-pied，同时左腿 Plié；

da-2 右腿伸直 45°，同时左腿站直；

da-3 左腿 Plié，同时右腿划旁；

da-4 左腿站直。

要求：按照 Battement fondu 的全部要求。强调动作腿 Cou-de-pied 的位置准确。Demi plié 时支撑腿要深蹲，要做得连贯、协调，没有停顿。重心始终保持在支撑腿上，躯干保持平整和稳定，动作的整个过程中要保持双腿的外开。注意第二次 Plié 时，要保持动作腿的高度，在站直划旁时，要保持腿的高度、双腿的外开和重心的稳定。

（2）Rond de jambe en l`air [隆·德·让·昂·莱尔] 在空中的划圈

节拍：一小节一次

准备拍：da5-8 单手扶把，右腿在前站五位，右臂一位；右臂经二位打开七位。

da- 右腿收 Passé，脚尖带着小腿向前划；

1 da 伸直旁腿 45°

要求：详见第二课例第 6 个组合。

（3）五位 Soutenu en tournant [苏特纽·昂·图尔囊] 保持五位舞姿转身

节拍：两拍一次。

准备拍：da5-8 单手扶把，右腿在前站五位，右臂一位；右臂经二位打开七位，同时双腿立起半脚尖；

da-1 五位 Soutenu en tournant 1/2 圈；

da-2 站住。

要求：转身时身体保持一个整体旋转，手、头、眼睛要配合协调，帮助身体旋转。旋转中两腿贴紧，保持外开，换腿的过程要快，重心放在双腿上。

（4）Battement développé attitude [巴特芒·代弗洛佩·阿迪蒂德] 抬腿成 90° 前屈膝的舞姿

节拍：两拍一次

准备拍：da5-8 单手扶把，右腿在前站五位，右臂一位；右臂经二位打开七位。

da-1 右腿吸 Passé；

da-2 打开 Attitude 前。

要求：动作腿从 Cou-de-pied、Passé 抬起时，要保持整条腿的外开。大腿保持外开由小腿主动往前打开，动作腿打开 90°舞姿后，膝盖尽量对准肩膀，膝盖弯曲并主动转开，大腿、膝盖、小腿和脚要保持在一个水平线上。身体保持平正，肩、胯摆正，头和手臂舞姿要协调。

3. 组合的动作节拍与做法详解

节拍：$\frac{3}{4}$ 拍，中速

准备姿态：单手扶把，右腿在前站五位，右臂一位，头转向右旁方向；

准备拍：da5-6 右臂从一位打开小七位 Allongé，落下一位，头随右臂动作，眼睛看右手；

da7-8 右臂从一位抬起二位，同时头向左侧稍前倾，右臂打开七位，眼睛看右手，头随右臂动作转向右旁。

① da1-4 右腿 Battement double fondu 带 Demi rond de jambe relevé。da- 右臂七位 Allongé 伸展；1- 右脚吸 Cou-de-pied 前，同时左腿 Plié，右臂落下一位抬二位，眼睛看右手（图 4-6-1）；da-2 右腿往前伸直前腿 45°，同时左腿伸直立起半脚尖，右臂经二位打开七位，头看向右旁方向（图 4-6-2）；da-3 左腿 Plié，同时右腿划到旁腿，头转向 En face 方向（图 4-6-3）；da-4 左腿立起半脚尖，右腿保持旁腿 90°，右臂保持七位舞姿（图 4-6-4）。

图 4-6-1　　　　　图 4-6-2　　　　　图 4-6-3　　　　　图 4-6-4

da5-6 右腿 Rond de jambe en l`air en dehors 2 个。da- 右腿从 45°收回 Passé；5- 右腿保持大腿不动，右脚带动向前划圈，一直划到旁伸直膝盖，右臂保持七位舞姿；da-6 动作同 da-5 动作。

da7-8 左腿落下全脚，同时右腿落下旁点地，收回后五位。

② da1-4 右腿 Battement double fondu 带 Demi rond de jambe relevé。da- 右臂七位 Allongé 伸展；1- 右脚吸起 Cou-de-pied 后，同时左腿 Plié，右臂落下一位，眼睛看右

手；da-2 右腿往后伸直后腿 45°，同时左腿伸直立起半脚尖，右臂经二位打开七位，头看向右旁方向；da-3 左腿 Plié，同时右腿划到旁腿，头转向 En face 方向；da-4 左腿立起半脚尖，右腿保持旁腿 90°，右臂保持七位舞姿。

da5-6 右腿 Rond de jambe en l`air en dedans 2 个。da- 右腿保持大腿不动，右脚带动向前划圈收回 Passé，右臂保持七位舞姿；5- 右腿往旁伸直旁腿；da-6 动作同 da-5 动作。

da7-8 左腿落下全脚，同时右腿落下旁点地，收回前五位。

③ da1-4 右腿 Battement fondu 往前。da- 右臂七位 Allongé 伸展；1- 右脚吸起 Cou-de-pied 前，同时左腿 Plié，右臂落下一位，眼睛看右手；da-2 右腿往前伸直 90°，同时左腿伸直立起半脚尖，右臂经二位抬起三位，头看向右旁方向（图 4-6-5）；da-3 保持前腿 90° 舞姿；da-4 右腿落下收五位半脚尖，同时右臂打开七位。

da5-8 左腿 Battement fondu 往后。da- 右臂七位 Allongé 伸展；5- 左脚从半脚尖上抬起 Cou-de-pied 后，同时右腿 Plié，右臂落下一位，眼睛看右手；da-6 左腿往后伸直 90°，同时右腿伸直立起半脚尖，右臂经二位打开第四 Arabesque 手臂舞姿，头 En face 方向，眼睛看右手（图 4-6-6）；da-7 保持后腿 90° 舞姿；da-8 左腿落下收五位半脚尖，同时右臂打开七位。

④ da1-4 右腿 Battement fondu 往旁。da- 右臂七位 Allongé；1- 右脚吸起 Cou-de-pied 前，同时左腿 Plié，右臂落下一位，眼睛看右手；da-2 右腿往旁伸直 90°，同时左腿伸直立起半脚尖，右臂经二位打开七位，头看向右旁方向（图 4-6-7）；da-3 保持旁腿 90° 舞姿；da-4 右腿落下收前五位半脚尖，右臂保持七位舞姿。

图 4-6-5　　　　　　图 4-6-6　　　　　　图 4-6-7

da5-6 五位 Soutenu en tournant 1/2 圈。da-5 双脚在五位半脚尖上换脚碾转半圈，同时右臂从七位收回二位，转的时候甩头看后面；da-6 结束在左脚前五位半脚尖，右手扶把，左臂打开七位，头转向左旁方向。

da7-8 右腿 Battement développé attitude 往前。da-7 右臂七位 Allongé 伸展，左腿吸起 Passé，同时手臂从七位落下一位抬起二位（图 4-6-8）；da-8 左腿打开前 Attitude，大腿保持 90°，膝盖弯曲，小腿端平，同时左臂抬起三位，保持七位舞姿不动（图 4-6-9）。

图 4-6-8   图 4-6-9   图 4-6-10

结束拍：da-7 左腿伸直，同时左臂三位 Allongé（图 4-6-10）；da-8 左腿落下五位 Demi plié，同时左臂落下一位，头随左臂动作，眼睛看左手，最后抬头看向左旁。

（七）Battement frappé 小弹腿练习

1. 练习目的与教学内容

在中级阶段 2 的教学内容中，学习站五位脚位单手扶把的 Battement double frappé 往前、往旁、往后 25° 的两拍一次动作做法，学习 Battement frappé 往旁、往前、往后打开 25° 的一拍一次做法；学习 Battement double frappé plié 点地的动作做法，以及站五位脚位的 Pirouette 旋转动作，学习第二 Arabesque 点地舞姿。

（1）Battement double frappé plié

Battement double frappé 的变化做法。增加动作的难度，锻炼膝关节和小腿的灵活性，脚背的力量和脚尖的锐利的基础上，锻炼对身体的控制和重心的稳定。

（2）五位 Pirouette

Pirouette 原意"旋转"，是古典芭蕾训练中重要的技术部分之一，指在任何位置上以一脚脚尖或半脚尖为支点所做的旋转。最简单的 Pirouetté 通常从五位脚位置上做。Pirouette 分为 En dehors 和 En dedans 两种做法。

2. 主要动作的节拍进度与练习要求

（1）Battement frappé [巴特芒·弗拉佩] 小弹腿

节拍：一拍一次

准备拍：da5-8 单手扶把，右腿在前站五位，右臂一位；右臂经二位打开七位，右腿打开旁 25°；

da- 右腿收 Cou-de-pied；

1- 打开旁腿 25°。

（同样节拍往前、往后做）

要求：动作腿做 Battement frappé 时，伸出 25° 的高度和收回 Cou-de-pied 的位置要准确。强调往前踢出时，膝盖留住，用脚后跟带动向前，回来时膝盖主动往后带着收回。往后伸出和收回时与往前相反。动作过程中保持躯干的稳定，骨盆摆正，后背收紧，双腿保持外开，动作腿打开要迅速有力，在空中伸直绷紧控制住。节奏的加快要更强调支撑腿重心的稳定和动作腿伸出收回的速度和力度。

（2）Battement double frappé [巴特芒·杜勃尔·弗拉佩] 带打击的小弹腿

节拍：两拍一次

准备拍：da5-8 单手扶把，右腿在前站五位，右臂一位；右臂经二位打开七位，右腿打开旁 25°；

da-1 右腿收 Cou-de-pied 后；

da- 打开收 Cou-de-pied 前（包脚的）；

2- 打开旁腿 25°。

（同样节拍往前、往后做）

要求：强调 Battement frappé 和 Petit battement sur le cou-de-pied 两个动作都要做得清晰利落，Petit battement sur le cou-de-pied 要做得干净清楚，Battement frappé 做得快速有力，动作腿打开 25° 的方向准确。

（3）Battement double frappé plié [巴特芒·杜勃尔·弗拉佩·普利埃] 带打击结束在蹲上的小弹腿

节拍：两拍一次

准备拍：da5-8 单手扶把，右腿在前站五位，右臂一位；右臂经二位打开七位，右腿打开旁 25°；

da-1 右腿收 Cou-de-pied 后；

da- 打开收 Cou-de-pied 前（包脚的）；

2- 打开旁点地。

要求：动作要求同 Battement double frappé 的所有要求。注意 Plié 时重心保持在支撑腿上并保持大腿和膝盖的外开，上身收紧上提，动作腿要有控制地点地到最远处，脚趾尖不能杵在地上。

（4）五位 Pirouette [皮鲁埃特] 从五位脚位置上开始的旋转

节拍：八拍一次

准备拍：da5-8 单手扶把，右腿在前站五位，右臂一位；右臂经二位打开七位，右腿打开旁 25°；

da1-2 右腿旁点地，同时右臂七位 Allongé；

da3-4 右腿收前五位 Demi plié，右臂落一位抬二位；

da5-6 五位 Pirouette en dehors 1/2 圈，双臂二位；

da7-8 左腿保持 Retiré 舞姿。

（同样节拍 En dedans 做）

要求：在双腿五位 Demi plié 的基础上，支撑腿推立半脚尖时，身体要提起来，后背收紧，支撑腿要快速伸直，同时动作腿快速推吸到 Retiré 前，双腿保持外升的转半个圈。转圈时双臂要收到二位，转完圈后一手再扶把杆。过程中的甩头要快，眼睛迅速找到目标位置，注意转圈时身体要保持一个整体，头、手、腿的动作和转圈动作要协调。做 En dedans 时特别要强调支撑腿主动推转的力量。

3. 组合的动作节拍与做法详解

节拍：$\frac{2}{4}$ 拍，快速

准备姿态：单手扶把，右腿在前站五位，右臂一位，头转向右旁方向。

准备拍：da5-6 右臂从一位打开小七位 Allongé，落下一位，头随右臂动作，眼睛看右手；

da7-8 右臂从一位抬起二位，同时头向左侧稍前倾，右臂打开七位，眼睛看右手，头随右臂动作转向右旁，da-8 右腿往旁踢前腿 25°。

① da1-2 右腿 Battement double frappé 往前 1 个。da-1 右腿 Petit battement sur le cou-de-pied 后、前（包脚的）；da-2 右腿踢前腿 25°。

da3-4 右腿 Battement frappé 往前 2 个。da- 右腿快速收 Cou-de-pied 前（包脚的）；3- 右腿快速踢前腿 25°；da-4 动作同 da-3 动作。

da5-6 右腿 Battement double frappé 往旁 1 个。动作同 da1-2 动作；右腿踢旁腿 25°，同时头转向 En face 方向。

da7-8 右腿 Battement frappé 往旁 2 个。动作同 da3-4 动作；第一个先收 Cou-de-pied 前（包脚的），第二个收 Cou-de-pied 后。

② da1-2 右腿 Battement double frappé 往后 1 个。动作同① da1-2 动作；Petit battement sur le cou-de-pied 收前（包脚的）、后；右腿往后踢出同时头转向右旁方向。

da3-4 右腿 Battement frappé 往后 2 个。动作同① da3-4 动作。

da5-6 右腿 Battement double frappé plié 往旁 1 个。da-5 右腿 Petit battement sur le cou-de-pied 后（图 4-7-1）、前（包脚的）（图 4-7-2）；da-6 右腿踢出旁点地，同时左腿 Plié 头转向 En face 方向（图 4-7-3）。

da7-8 左腿快速站直，同时右腿抬起 25°（图 4-7-4）；da-8 不动。

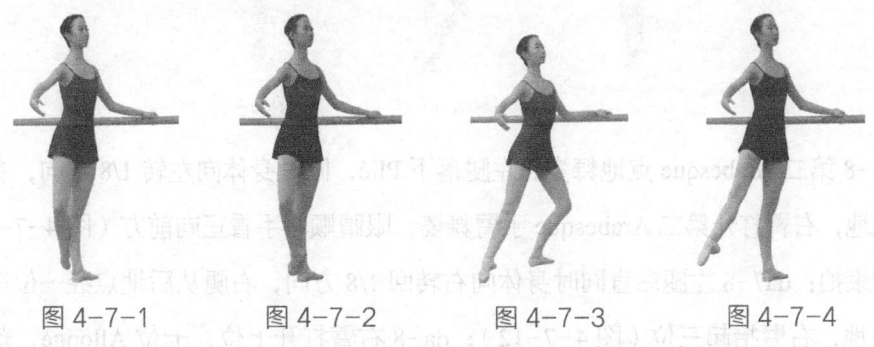

图 4-7-1   图 4-7-2   图 4-7-3   图 4-7-4

③-④右腿从后开始，动作同①-②全部动作。

⑤ da1-8 五位 Pirouette en dehors 1/2 圈。da1-2 右腿旁点地，同时右臂七位 Allongé（图 4-7-5）；da3-4 右腿擦地收前五位 Demi plié，右臂落下一位抬起二位（图 4-7-6）；da-5 右腿推立半脚尖转半个圈，同时左腿快速推吸 Retiré 前，转动时双臂收二位（右臂从七位到扶把，左臂从扶把到二位）；da6-8 左腿保持 Retiré 舞姿，右手扶把，左手二位，眼睛看正前方（图 4-7-7）。

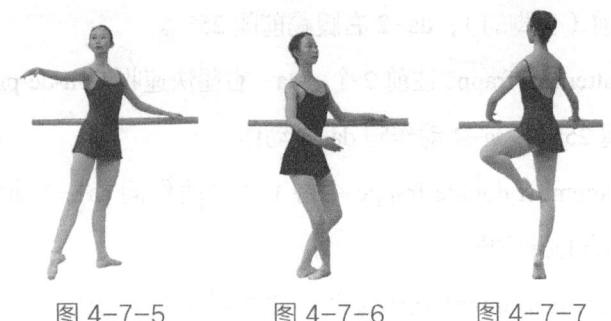

图 4-7-5　　　　　图 4-7-6　　　　　图 4-7-7

⑥ da1–7 五位 Pirouette en dedans 1/2 圈。da1–2 左腿落下前五位半脚尖上，同时左臂打开七位，七位 Allongé（图 4-7-8）；da3–4 双腿落五位 Demi plié，左臂落下一位抬起二位（图 4-7-9）；da–5 腿推立半脚尖辗转半个圈，同时右腿快速吸起 Retiré 前，转动时双臂收二位（左臂从二位打开七位到扶把，右臂从扶把到二位）（图 4-7-10）；da6–7 右腿保持 Retiré 舞姿，左手扶把，右手二位，眼睛看正前方。

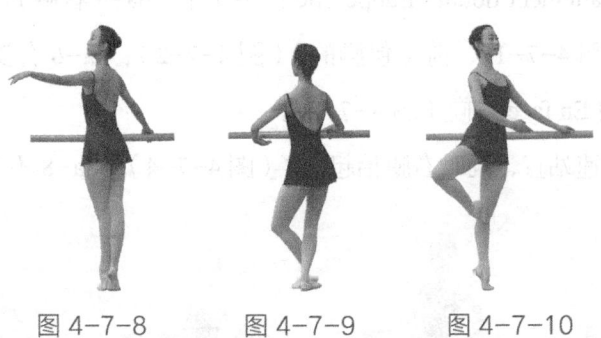

图 4-7-8　　　　　图 4-7-9　　　　　图 4-7-10

da–8 第二 Arabesque 点地舞姿。左腿落下 Plié，同时身体向左转 1/8 方向，右腿伸直后点地，右臂打开第二 Arabesque 手臂舞姿，眼睛顺右手看正向前方（图 4-7-11）。

结束拍：da7–8 左腿站直同时身体向右转回 1/8 方向，右腿从后地点经一位往前擦出前点地，右臂抬起三位（图 4-7-12）；da–8 右臂打开七位，七位 Allongé，落下一位同时右腿擦地收五位，头抬起看向右旁方向（图 4-7-13）。

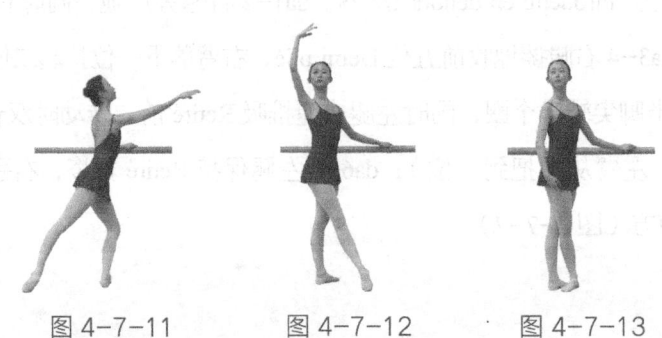

图 4-7-11　　　　　图 4-7-12　　　　　图 4-7-13

（八）Adagio 控制练习

1. 练习目的与教学内容

在中级阶段 2 的教学内容中，学习单手扶把站五位脚位的 Battement développé balloté 往前、往后的动作做法；学习 Battement développé Rond de jambe、Battement développé fouetté，以及学习 Plié soutenu 往前、往后，学习五位脚位 Pas de bourrée suivi entournant。

（1）Battement développé balloté

Balloté 原意为"摇摆"。动作腿在不同方向上伸展的同时，上身往前、旁、后做倾倒，最大限度地展开舞姿。进一步锻炼身体重心的稳定、身体和腿的控制能力以及动作的幅度。

（2）Battement développé rond de jambe

训练腿的控制能力和幅度，锻炼髋关节的力量。

（3）Fouetté

以支撑腿为轴，在转体中动作腿变换舞姿，可以转身 1/4 或 1/2，训练身体的稳定性以及腿的控制能力，为中间的 Fouetté en tournant 类动作做准备。

2. 主要动作的节拍进度与练习要求

（1）Battement développé balloté [巴特芒·代弗洛佩·巴洛泰] 加入身体动作的抬腿

节拍：四拍一次

准备拍：da5–8 单手扶把，右腿在前站五位，右臂一位；右臂经二位打开七位；

da–1 右腿 Passé；

da–2 伸出前腿，同时左腿 Plié，身体后倾；

da–3 左腿站直；右腿前腿不动；

da–4 右腿落下，收五位。

（同样节拍往后做）

要求：动作腿的伸出、支撑腿 Plié 和上身的倾倒同时完成。腿往前伸出时，上身往后倾倒，两肩和两胯保持端正，腹背收紧挺直，骨盆在蹲和下腰时要垂直摆正。腿往后伸出时，上身往前、往下展开，保持肩胯摆正并向上挑胸腰。

（2）Battement développé rond de jambe [巴特芒·代弗洛佩·隆·德·让] 腿的大舞姿上的环动

节拍：八拍一次

准备拍：da5-8 单手扶把，右腿在前站五位，右臂一位；右臂经二位打开七位；

da1-2 右腿起 Passé 前，右腿出前腿；

da3-4 划到旁腿；

da5-6 划到后腿；

da7-8 落下点地，收五位。

要求：按照 Battement développé 的要求打开腿，腿在做环动时，保持双肩和双胯保持端正，腹背收紧挺直，注意动作腿在划向旁、后时充分转开和伸直，脚尖绷紧并拉长整条腿。

（3）Fouetté [弗韦泰] 转身变换腿部舞姿

节拍：八拍一次

准备拍：da5-8 单手扶把，右腿在前站五位，右臂一位；右臂经二位打开七位，右腿打开前 90°；

da1-2 左腿碾转同时右腿变旁腿；

da3-4 左腿碾转同时右腿变后腿；

da5-6 不动；

da7-8 落下点地，收五位。

要求：动作腿保持舞姿的高度，支撑腿重心放到前脚掌上，脚后跟推着往前 En dedans 转 1/4 或 1/2 圈或往后 En dehors 转 1/4 或 1/2 方向移动，同时动作腿保持腿的位置不动，变成旁腿、后腿或旁腿、前腿。支撑腿做转动要保持身体平稳，动作腿要保持和固定在一个位置上，不能因为支撑腿的转动和身体的变动，而导致腿晃动与摇摆。

3. 组合的动作节拍与做法详解

节拍：$\frac{6}{8}$ 拍，慢速

准备姿态：单手扶把，右腿在前站五位，右臂一位，头转向右旁方向。

准备拍：da5-6 右臂从一位打开小七位 Allongé，头随右臂动作，眼睛看右手；

da7-8 右臂落下一位抬起二位，打开七位，头随右臂动作，头转向右旁方向。

① da1-4 右腿 Battement développé balloté 往前 1 个。da- 右臂七位 Allongé；1- 右腿吸 Cou-de-pied 前，同时右臂落下一位（图 4-8-1），右腿吸 Passé 前，同时右臂抬二位，头随右臂，眼睛看右手（图 4-8-2）；da-2 右腿往前伸直前腿 90° 或 90° 以上，同时左腿 Plié，右臂抬起到三位，上身往后下胸腰，头随右臂动作，头转向右旁方向（图 4-8-3）；da-3 左腿站直，右腿保持前腿 90° 舞姿（图 4-8-4）；da-4 右腿落下，绷脚点地收五位。

图 4-8-1   图 4-8-2   图 4-8-3   图 4-8-4

da5-8 左腿 Battement développé balloté 往后 1 个。da- 右臂七位 Allongé；5- 左腿吸起 Cou-de-pied 后，右臂落下一位（图 4-8-5），左腿吸起 Passé 后，同时右臂抬起到二位，头随右臂动作，眼睛看右手（图 4-8-6）；da-6 左腿往后伸直后腿 90° 或 90° 以上，同时右腿 plié，右臂打开第四 Arabesque 舞姿，上身挑胸腰往前倾（图 4-8-7）；da-7 右腿站直，身体拉直，左腿保持第四 Arabesque 舞姿（图 4-8-8）；da-8 左腿落下，绷脚点地收回五位。

图 4-8-5   图 4-8-6   图 4-8-7   图 4-8-8

② da1-8 右腿 Battement développé rond de jambe en dehors 1 个。da- 右臂七位 Allongé；1- 右腿吸起 Cou-de-pied 前，右臂落下一位，右腿吸起 Passé 前，同时右臂抬起到二位，头随右臂动作，眼睛看右手；da-2 右腿往前伸直前腿 90° 或 90° 以上，

同时右臂打开到七位，头随右臂动作，眼睛看右手（图4-8-9）；da3-4右划到旁腿，同时头转向En face方向，右臂保持七位舞姿（图4-8-10）；da5-6右腿划到后腿，头转向右旁方向，右臂保持七位舞姿（图4-8-11）；da7-8右腿落下，绷脚后点地；右腿收五位，右臂保持七位舞姿。

图4-8-9　　　　　　图4-8-10　　　　　　图4-8-11

③ da1-4右腿Battement développé balloté往后1个。da- 右臂七位Allongé；1- 右腿吸起Cou-de-pied后，右臂落下一位，右腿吸起后，同时右臂抬起到二位，头随右臂动作，眼睛看右手；da-2右腿往后伸直后腿90°或90°以上，同时左腿Plié，右臂打开第二Arabesque舞姿，上身往前倾挑胸腰；da-3左腿站直，上身拉直，右腿保持第二Arabesque舞姿；da-4右腿落下，绷脚点地点地收五位，右臂打开七位。

da5-8左腿Battement développé balloté往前1个。da- 右臂七位Allongé伸展；5- 左腿吸起Cou-de-pied前，右臂落下一位，左腿吸起Passé前，同时右臂抬起到二位，头随右臂动作，眼睛看右手；da-6左腿往前伸直90°或90°以上，同时右腿Plié，右臂抬起三位，上身往后下胸腰，头随右臂动作，头转向右旁方向；da-7右腿站直，左腿保持前腿90°舞姿、右臂保持三位舞姿；da-8左腿落下，绷脚点地收五位。

④ da1-8右腿Battement développé rond de jambe en dedans 1个。动作同② da1-8动作。

⑤ da1-2左腿Plié soutenu往后1个。da- 右臂七位Allongé；1- 左腿擦地往后，同时身体往左转身1/8方向，右腿Plié，右臂落下一位抬起二位，打开第四Arabesque手臂舞姿；da-2左腿收五位同时右腿站直，双腿夹紧，右臂保持舞姿。

da3-4右腿Plié soutenu往旁1个。da- 右臂经二位；3- 右腿擦地往旁，同时身体往右转身1/4方向，左腿Plié，右臂抬起三位，成Écarté后舞姿；da-4右腿收后五位半脚尖同时右腿站直半脚尖，双腿夹紧，右臂同时打开七位，眼睛看右手。

da5-8 五位 Pas de bourrée suivi entournant 转 1 圈。da5-6 两腿五位原地 Suivi 碎步往右转一圈，转的同时左臂从扶把打开七位 Allongé，收回二位，右臂从七位收回二位，头在转身时先留向左旁方向，身体面向把杆时头转向右旁方向。da-7 停住五位 Relevé，同时右臂打开七位，左手扶把；da-8 全脚落五位。

⑥ da1-4 右腿 Battement développé 往前。da- 右臂七位 Allongé；1- 右腿吸起 Cou-de-pied 后，右臂落下一位，右腿吸起 Passé 后，同时右臂抬起到二位，头随右臂动作，眼睛看右手；da-2 右腿往前伸直前腿 90° 或 90° 以上，同时右臂打开到七位，头随右臂动作，眼睛看右手；da3-4 右腿保持前腿 90° 舞姿，右臂保持七位舞姿（图 4-8-12）；

da5-8 Fouetté en dadans 1/2。da-5 左腿往前碾转 1/4，右腿变成旁腿 90° 舞姿，双臂七位手，头转看正前方（图 4-8-13）；da-6 左腿继续碾转 1/4，右腿变成后腿 90° 舞姿，左臂在七位上变成第四 Arabesque 舞姿，眼睛看左手方向（图 4-8-14）；da-7 保持第四 Arabesque 舞姿；da-8 右腿落下绷脚后点地，同时右臂从打开七位，头随左臂动作，眼睛看右手，右臂七位 Allongé，落下一位同时右腿收五位，头抬起看左旁方向。

图 4-8-12　　　　　图 4-8-13　　　　　图 4-8-14

（九）Grand battement jeté 大踢腿练习

1. 练习目的与教学内容

在中级阶段 2 的教学内容中，继续学习和练习手臂参与腿部动作的配合，以及变换支撑腿重心。继续练习五位脚单手扶把的 Grand battement jeté 往前、往旁、往后的踢腿；学习 Grand battement jeté développé，学习 Grand battement jeté pointé 往前和往后做；继续练习 Grand battement jeté pointé 往旁的做法，学习 Piqué 成第四 Arabesque 舞姿。

Grand battement jeté développé

这个动作是 Battement développé 和 Grand battement jeté 两个动作的结合，所以具备了两个动作的特点，既有腿的柔美伸展，又有踢腿的力量体现。锻炼腿部有控制地快速伸展能力。

2. 主要动作的节拍进度与练习要求

（1）Grand battement jeté [格朗·巴特芒·热泰] 大踢腿

节拍：一拍一次

准备拍：da5-8 单手扶把，右腿在前站五位，右臂一位；右臂经二位打开七位；

da- 右腿踢前腿；

1- 收回五位脚。

（往旁、往后节奏相同）

要求：做 Grand battement jeté 完成体的动作做法时，擦出和落地都经过擦地的过程，腿踢上去要有力量，落下时要有控制，落地并经过点地位置收回五位，踢腿中要保持腿部的开、绷、直和前、旁、后的方向的准确。身体始终保持垂直收紧和向上提起，后背结实有力，双肩和双胯保持平整。支撑腿保持稳定并有力地推地拉直转开，重心不能被踢出的腿所影响。踢腿要快速、轻巧、自由、有力。注意不能因为动作节奏的加快而忽略脚下经擦地踢出和收回的过程。

（2）Grand battement jeté développé [格朗·巴特芒·热泰·代佛洛佩] 伸展式的大踢腿

节拍：两拍一次

准备拍：da5-8 单手扶把，右腿在前站五位，右臂一位；右臂经二位打开七位；

da-1 右腿起 Passé；

da-2 伸出前腿。

要求：这个节奏是 Grand battement jeté développé 的分解做法。要求抬起 Passé 位置的准确，伸展出去要按照 Battement développé 的动作要求，腿伸出后在空中要有停顿，伸直转开，后背收紧挺直，支撑腿结实有力地推地上提。注意手与腿的协调配合。

3. 组合的动作节拍与做法详解

节拍：$\frac{4}{4}$拍，稍快速

准备姿态：单手扶把，右腿在前站五位，右臂一位，头转向右旁方向。

准备拍：da5-6 右臂从一位打开小七位 Allongé，落下一位，头随右臂动作，眼睛看右手。

da7-8 右臂从一位抬起二位，同时头向左侧稍前倾，右臂打开七位，眼睛看右手，头随右臂动作转向右旁。

① da1-2 右腿 Grand battement jeté 往前 1 个。da-1 右腿往前踢前腿 90° 或 90° 以上，右腿经擦地收五位，右臂保持七位舞姿；da-2 双腿站五位不动。

da3-4 右腿 Grand battement jeté 往前 2 个。da-3 动作同 da-1 动作。da-4 动作同 da-1 动作。

da5-6 右腿 Grand battement jeté développé 往前 1 个。da- 右臂七位 Allongé；5- 右脚吸 Cou-de-pied 后，右臂落下一位，右腿吸起 Passé 前，同时右臂抬起到二位，头随右臂动作，眼睛看右手（图 4-9-1）；da-6 右腿往前踢前腿 90° 或 90° 以上前腿，同时右臂打开到七位，头随右臂动作，眼睛看右手（图 4-9-2）。

da7-8 右腿 Grand battement jeté pointé 前 1 个。da-7 右腿快速脚尖地点再踢起前腿 90° 或 90° 以上；da-8 右腿经擦地收五位，右臂保持七位舞姿。

② da1-2 右腿 Grand battement jeté 往旁 1 个。动作同① da1-2 动作；注意右腿收后五位。

da3-4 右腿 Grand battement jeté 往旁 2 个。动作同① da3-4 动作；注意右腿第一次收回前五位，第二次收后五位。

da5-6 右腿 Grand battement jeté développé 往旁 1 个。动作同① da5-6 动作（图 4-9-3）（图 4-9-4）。

图 4-9-1   图 4-9-2   图 4-9-3

da7-8 右腿 Grand battement jeté pointé 旁 1 个。动作同① da7-8 动作；最后右腿收

前五位。

③ da1–2 左腿 Grand battement jeté 往后 1 个。动作同① da1–2 动作。

da3–4 左腿 Grand battement jeté 往后 2 个。动作同① da3–4 动作。

da5–6 左腿 Grand battement jeté développé 往后 1 个。动作同① da5–6 动作（图 4–9–5）（图 4–9–6）。

da7–8 左腿 Grand battement jeté pointé 后 1 个。动作同① da7–8 动作。

图 4–9–4　　　　　　　图 4–9–5　　　　　　　图 4–9–6

④ da1–2 右腿 Grand battement jeté 往旁 1 个。动作同② da1–2 动作；注意右腿收前五位。

da3–4 右腿 Grand battement jeté 往旁 2 个。动作同① da3–4 动作；注意右腿第一次收后五位，第二次前五位。

da5–8 右腿 pique 第四 Arabesque 1 个。da– 右臂七位 Allongé；5– 右脚吸起 Cou-de-pied 后，右臂落下一位，右腿吸起 Passé 前，同时右臂抬起到二位，头随右臂动作，眼睛看右手（图 4–9–7）；da–6 右腿往前伸直前腿 90°，左腿 plié，右臂保持二位，眼睛看右手（图 4–9–8）；da–7 右腿往前上步半脚尖，左腿抬后腿 90°，右臂往前伸展成第四 Arabesque 舞姿，眼睛随右臂看前方（图 4–9–9）；da–8 保持第四 Arabesque 舞姿。

图 4–9–7　　　　　　　图 4–9–8　　　　　　　图 4–9–9

结束拍：da7-8 左腿收五位半脚尖，右臂经二位打开七位，头随右臂动作，眼睛看右手；da-8 右臂七位 Allongé，落下一位，双腿落下全脚五位，头抬起看右旁方向。

二、CENTRE 中间部分

（十）Port de bras 头手练习

1. 练习目的与教学内容

Port de bras 在芭蕾训练中是一个很重要的组成部分，既是基本动作的名称，也是动作组合的名称，它有着固定的组合训练形式。它不单纯是手臂动作的练习，而是在手臂的运动中加入了躯干、头和眼睛的配合，是一项综合性的动作练习。通过在运动中掌握手臂的基本位置、手臂的正确运行路线、手臂的平稳流畅移动、躯干的灵活柔软、头的位置和正确运动路线，以及它的装饰性和表现力，达到协调、灵活、平稳、流畅、统一配合的运动目的，使手臂更富有表现力，更加流畅柔润并具造型美。

在第四阶段的教学内容中，综合了前三堂课例中所学动作，在教室中间继续练习 Port de bras 下腰在点地舞姿上、Port de bras 圆的、Allongé 舞姿、第四 Arabesque 点地舞姿、换脚的 Pas de bourrée 的动作做法；学习 Pas glissade 成五位半脚尖的做法；并将动作连接融合在一起练习。

2. 主要动作的节拍进度与练习要求

1.Port de bras（在点地舞姿上）[波·德·勃拉] 手臂舞姿和上身的前、旁、后腰

节拍：（1）四拍一组（前、后腰）

准备拍：5-8 教室中间，Épaulement croisé 方向，右腿在前站五位，双臂一位；双臂经二位打开七位，右腿打开前点地。

1-2 下前腰同时左腿 Plié，双臂经一位到二位，身体起直同时左腿站直，双臂五位；

3-4 下后腰，拉直，手臂保持舞姿。

（2）四拍一次（旁腰）

准备拍：5-8 教室中间，En face 方向，右腿在前站五位，双臂一位；双臂经二位打开七位，右腿打开旁点地。

1–2 上身下旁腰，双臂收四位，往点地腿的方向；

3–4 拉直身体，打开七位收。

要求：往前下腰时后背收紧拉直往远下，腿要用力伸直转开，重心不要往后扯，往前弯腰时注意不要驼背，拉起站直后背还是要往远伸长。向后弯腰时不要出现耸肩缩脖、塌腰腆胯的形态，手臂保持舞姿随身体的动作。往前、往后下腰双肩要摆正，往旁下腰保持骨盆摆正，不要送胯或扭胯，双腿伸直，保持重心的垂直，胯收紧向上提起，收紧腹肌、臀肌，保持准确的手臂形态。往前、往后下腰重心都始终保持在支撑腿上，前腿绷直脚尖轻轻点在地上。动作过程中手臂动作的运动路线要清楚，手臂形态要松弛优美，头眼要跟随手臂的动作运动。

（3）Port de bras（圆的）[波 · 德 · 勃拉] 手臂舞姿和上身的前、后、旁腰

节拍：四拍一组

准备拍：5–8 教室中间，Épaulement croisé 方向，右腿在前站五位，双臂一位；双臂经二位打开七位，右腿打开前落成 Croise 大四位。

1– 上身往前下腰；

2– 转到旁腰；

3– 转到后腰；

4– 上身拉直。

要求：做圆的 Port de bras 要特别注意重心的垂直。往前下腰时双腿要非常结实地踩住地面，保持重心垂直。上身不要驼背，转到旁腰、后腰时，两肩摆正，保持重心垂直，胯收紧向上提起，收紧腹肌、臀肌。上身拉起要尽快立直，要把前、旁、后腰三个方向圆的路线做清楚，手臂随上身的转动在圆的轨道上做它的手臂运行路线。整个动作过程要做得流畅，平稳、连贯，注意手臂位置的准确，头、眼睛始终要跟随手臂的运动而运动。

（4）Pas glissade [帕 · 格利沙德] 滑步成五位半脚尖

节拍：两拍一次

准备拍：5–8 站教室中间，En face 方向，右腿在前站五位，双臂一位；右臂经二位打开七位，五位 Demi plié，右腿擦出旁点地。

1– 右腿往旁迈步半脚尖，左腿收到前五位半脚尖；

2– 五位 Demi plié。

要求：Demi plié 保持身体收紧胯上提，动作腿顺地面往远迈，支撑腿同时加深蹲。迈步上去身体重心要快速移动，第二条腿要快速收到五位，双腿并拢夹紧。

3. 组合的动作节拍与做法详解

节拍：$\frac{3}{8}$ 拍，稍快速

准备姿态：教室中间，Épaulement croisé 方向，右腿在前站五位，双臂一位，身体对 8 点方向，头眼看向 1 点方向。

准备拍：5-6 保持准备姿态不动。

7-8 双臂从一位打开小七位 Allongé，落下一位，头随右手动作，眼睛看右手，头抬起看向 1 点方向。

① da1-2 双腿五位 Demi plié 同时右腿全脚往前 Chassé 擦出四位 Demi plié，同时右臂从一位抬起二位，左臂保持一位（图 4-10-1）；da-2 右腿站直，同时左腿后点地，右臂打开七位，头随右臂动作转向右旁（图 4-10-2）。

da3-4 左腿落全脚同时双腿四位 Demi plié，同时左臂从一位抬起二位，右臂保持七位（图 4-10-3）；da-4 左腿站直，同时右腿绷脚前点地，左臂打开七位，头随左臂动作转向左旁（图 4-10-4）。

图 4-10-1   图 4-10-2   图 4-10-3   图 4-10-4

da5-6 Port de bras 前腰。da- 双臂七位 Allongé，同时头转回看右手；5- 上身往前下腰，同时左腿 Plié，双臂落下一位提起二位，头随右臂动作（图 4-10-5）；da-6 上身拉起，同时左腿站直，右腿绷脚前点地，双臂打开右五位（图 4-10-6）。

da7-8 Port de bras 后腰。da-7 身体往后下胸腰，双臂保持右五位（图 4-10-7）；da-8 上身拉直，保持 Croisé 前点地舞姿（图 4-10-8）。

② da1-2 右腿落全脚同时双腿四位 Demi plié，双臂保持右五位舞姿；da-2 右腿站直，同时左腿绷脚后点地。

图 4-10-5　　　　　图 4-10-6　　　　　图 4-10-7　　　　　图 4-10-8

　　da3-4 da- 左腿收回五位，头看左手；3- 右腿往旁 3 点方向全脚擦出，同时二位 Demi plié，左手从三位落下二位；da-4 右腿站直，同时左腿绷脚旁点地，左臂打开七位，头看左旁方向。

　　da5-8 Port de bras 旁腰，在旁点地上做。da- 右臂七位 Allongé，同时头转回看右手（图 4-10-9）；5-6 上身往左下旁腰，同时双臂收左四位，头随右臂动作转向左旁（图 4-10-10）；da-7 上身拉直，同时双臂打开七位，头随右臂动作；da-8 双臂七位 Allongé，双臂落下一位，同时左腿收前五位，身体对 2 点方向，头看 1 点方向。

　　③ da1-2 双腿五位 Demi plié，同时左腿全脚往前 Chassé 擦出四位 Demi plié，同时双臂从一位抬起二位，头稍右倾，眼睛看左手（图 4-10-11）；da-2 重心移到左腿上站直，同时右腿绷脚后点地，双臂打开左五位，头随左臂动作转向左旁方向（图 4-10-12）。

图 4-10-9　　　　　图 4-10-10　　　　　图 4-10-11　　　　　图 4-10-12

　　da3-6 圆的 Port de bras 下腰。da-3 右腿全脚落下大四位，同时左腿 Plié，上身往前下前腰，同时双臂收回二位（图 4-10-13）；da-4 身体从前腰转到右旁旁腰，同时双臂打开右五位，头随右臂动作转向右旁方向；da-5 上身从旁腰划到后腰，双臂保持五位，头看左手；da-6 上身拉直同时重心移到左腿上站直，右腿绷脚后点地，双臂同时换成左五位，头看左旁方向（图 4-10-14）。

da7-8 双臂打开成第四 Arabesque 舞姿。da-7 右臂往 6 点打开七位，左臂从七位落下一位，往 2 点抬起七位 Allongé，同时右臂变七位 Allongé，头随左臂动作，上身对 4 点方向；da-8 左腿 Plié，形成第四 Arabesque 舞姿（图 4-10-15）。

图 4-10-13   图 4-10-14   图 4-10-15

④ da1-2 Pas glissade 往旁。da-1 右腿往旁 6 点方向上步同时转 1/4 方向，左腿收到前五位半脚尖 Relevé，身体对 4 点方向，左臂经一位抬起二位，双臂同时变成右六位，头留在左旁方向，眼睛看 2 点方向（图 4-10-16）；da-2 保持五位半脚尖舞姿。

da3-4 Pas glissade 往前。da-3 左腿往前 4 点方向上步同时转 1/2 圈，右腿同时收前五位半脚尖 Relevé，身体对 8 点方向，右臂经一位抬起二位，左臂打开七位，双臂同时变成左六位，头留在右旁方向，眼睛看 2 点方向（图 4-10-17）；da-4 保持五位半脚尖舞姿。

图 4-10-16   图 4-10-17   图 4-10-18

da5-6 换脚的 Pas de bourrée。da- 右腿 plié 同时左腿抬起 Cou-de-pied 后；5- 左腿落后五位半脚尖，同时右腿抬起 Cou-de-pied 前；da- 右腿往一位落半脚尖，同时左腿收到 Cou-de-pied 前，右臂打开七位，双臂七位 Allongé 伸展；6- 落五位 Demi plié，同时双臂落下一位。

da7-8 结束成 Croisé 前点地 Plié。da- 右腿站直，同时左腿抬起 Cou-de-pied 前，双臂抬起二位；7- 左腿打开前点地，同时右腿 Plié，双臂经一位打开小七位 Allongé，头转向 8 点方向（图 4-10-18）。

（十一）Battement tendu 擦地练习

1. 练习目的与教学内容

Battement tendu 既是基本动作的名称，也是动作组合的名称。在教室中间，通过一系列不同的擦地动作练习，在训练整条腿的开、绷、直，锻炼脚部的柔韧性、弹性的伸展动作，增强腿的力量的基础上，进一步锻炼身体的控制能力和重心的平衡能力。

在第四阶段的教学内容中，综合了前三堂课例中所学动作，继续在教室中间站在 Croisé 方向上练习动作。继续练习五位带方向的 Battement tendu、Battement tendu jeté 往前、往后和 En face 往旁的基础动作；继续练习 Battement développé 结束在点地舞姿；继续练习 Battement tendu pour le pied（压脚的）；学习 Pas de bourrée en tournant 的做法；并将动作连接融合在一起练习。

2. 主要动作的节拍进度与练习要求

（1）Battement tendu [巴特芒·唐究] 擦地

节拍：一拍一次（带方向）

准备拍：5-8 教室中间，Épaulement croisé 方向，右腿在前站五位，双臂一位；双臂经二位打开右六位。

da- 右腿擦出 Croisé 前点地；

1- 收五位。

（同样节拍往后做）

要求：见第课四例 4-3（略）。在中间做 Battement tendu 更加强调支撑腿要结实有力地推地站稳，重心保留在支撑腿上，动作腿严格按照 Battement tendu 的全部要求擦出和收回，上身收紧上提，手臂舞姿准确并帮助身体保持稳定。注意身体 Croisé 五位方向准确，动作腿往前、往后擦出的方向要准确，脚趾尖要对准支撑腿的脚后跟。动作腿 Croisé 前擦地用六位手位，动作腿 Croisé 后擦地用第三 Arabesque 手位，手臂舞姿要准确和优美，并帮助身体保持稳定。

（2）Battement tendu jeté [巴特芒·唐究·热泰] 小踢腿

节拍：一拍一次

准备拍：5-8 教室中间，Épaulement croisé 方向，右腿在前站五位，双臂一位；双臂经二位打开右六位。

da- 右腿踢前 25°；

1- 收回五位脚。

要求：见第四课例 4-4（略）。动作腿严格按照 Battement tendu jeté 的全部要求擦出和收回，在中间做 Battement tendu jeté 更加强调支撑腿要结实有力地推地站稳，重心保留在支撑腿上，上身收紧上提，手臂舞姿准确并帮助身体保持稳定。

（3）Pas de bourrée en tournant [帕·德·布雷] 转身的布雷舞步

节拍：两拍一次

准备拍：5-8 教室中间，Épaulement croisé 方向，右腿在前站五位，双臂一位；双臂经二位打开左六位，右腿 Plié，左腿抬后 Cou-de-pied。

1- 左腿落五位半脚尖，右腿前 Cou-de-pied，双臂二位，同时转身对 6 点；

da- 右腿落一位半脚尖，左腿前 Cou-de-pied，同时转身对 2 点；

2- 落五位 Demi plié。

要求：Cou-de-pied 前、后的位置要准确，半脚尖要立高，保持两腿的外开，动作过程中重心的转换要平稳并迅速到位。两只脚一直是不断交替转换身体重心，即一脚踩下去另一只脚马上抬起 Cou-de-pied。动作要做得轻巧、灵活、干净。注意动作中手和头与脚下动作的配合，两腿交替换重心。身体转身的方向要方向要清楚，第一步半脚尖转身留头，第二步半脚尖转身甩头看 1 点方向。

3. 组合的动作节拍与做法详解

节拍：$\frac{4}{4}$ 拍，稍快速

准备姿态：教室中间，Épaulement croisé 方向，右腿在前站五位，双臂一位，身体对 8 点方向，头眼看向 1 点方向。

准备拍：5-6 双臂从一位打开小七位 Allongé，落下一位，头随右手动作，眼睛看右手。

7-8 双臂从一位抬起到二位，头向左倾，眼睛看右手，打开右五位，头随右臂动

作，眼睛看右手方向。

① da1-2 右腿 Battement tendu 往前 2 个，Croisé 方向。da-1 右腿往前擦出前点地，再经擦地收五位，双臂保持右五位手舞姿不动（图 4-11-1）；da-2 动作同① da-1 动作。

da3-4 右腿 Battement tendu jeté 往前 2 个，Croisé 方向。da-3 右腿往前踢前腿 25°，再经擦地收五位，双臂保持右五位舞姿（图 4-11-2）；da-4 动作同① da-3 动作。

da-5 Battement développé 前点地。da- 右腿 Cou-de-pied，双臂保持五位舞姿（图 4-11-3）；5- 打开前点地（图 4-11-4）。

da-6 右腿落全脚同时四位 Demi plié，同时双臂换左五位，眼睛看右手。

da7-8 右腿站直，同时左腿绷脚后点地，双臂保持五位舞姿；da-8 左腿收五位，双臂保持五位舞姿。

　　图 4-11-1　　　　图 4-11-2　　　　图 4-11-3　　　　图 4-11-4

② da1-2 左腿 Battement tendu 往后 2 个，Croisé 方向。动作节拍同① da1-2 动作节拍；双臂保持五位（图 4-11-5）。

da3-4 左腿 Battement tendu jeté 往后 2 个，Croisé 方向。动作节拍同① da3-4 动作节拍；双臂保持五位（图 4-11-6）。

da-5 Battement développé 后点地；动作节拍同① da-5 动作节拍（图 4-11-7）。（图 4-11-8）

da-6 左腿落全脚同时四位 Demi plié，同时双臂换右五位，眼睛看右手。

da7-8 左腿站直，同时右腿绷脚前点地，双臂保持五位舞姿；da-8 右腿收五位，双臂保持五位舞姿。

③ da1-2 右腿 Battement tendu 往旁 2 个，En face 方向。da- 右腿往旁擦地绷脚同

时身体转向 En face 方向，左臂打开七位，头转向左旁方向，双臂保持七位舞姿；1-右腿经擦地收后五位；da-2 动作同③ da-1 动作；最后收前五位。

da3-4 右腿 Battement tendu pour le pied（压脚的）往旁 1 个。da- 右腿往旁擦地绷脚；3- 落压到全脚后，马上推绷脚点地；da-4 右腿收后五位，手臂保持七位舞姿。

图 4-11-5　　　图 4-11-6　　　图 4-11-7　　　图 4-11-8

da5-8 左腿开始，动作同③ 1-4 动作。

④ da1-4 一位 Battement tendu jeté 4 个。da- 右腿往旁踢旁腿 25°，同时头转向左旁，双臂保持七位舞姿；1- 右腿经擦地收一位；da2-4 动作同④ da-1 动作，重复 3 次；4- 右腿收前五位 Plié，同时左腿抬起 Cou-de-pied 后，右臂落下一位抬起二位，左臂保持七位，双臂形成左六位（图 4-11-9）。

5-6 换脚的 Pas de bourrée en tournant。5- 左脚在后五位踩下半脚尖同时转身 1/4 方向，身体对 6 点方向，同时右脚抬起 Cou-de-pied 前，头留在右旁方向，眼睛看 8 点方向，双臂收二位（图 4-11-10）；da- 右脚踩落前五位同时转身 1/2 方向，身体对 2 点方向，同时左脚抬起 Cou-de-pied 前，双臂保持二位舞姿，头看 2 点方向（图 4-11-11）；6- 落五位 Demi plié（图 4-11-12）。

图 4-11-9　　　图 4-11-10　　　图 4-11-11　　　图 4-11-12

da7–8 Pas glissade 往前。da– 保持 Plié，左腿 Battement développé 前 25°，双臂二位（图 4–11–13）；7– 左腿往前迈步半脚尖，右腿收五位 Relevé，双臂打开右五位（图 4–11–14）；da–8 双臂打开七位 Allongé，双腿直腿落五位，同时双臂落一位，头抬起看向 1 点方向。

图 4–11–13　　　图 4–11–14

（十二）Adagio 控制练习

1. 练习目的与教学内容

Adagio，作为中间动作的重要训练组合，通过在中间的 Battement développé、大舞姿 Tour lent、Grand fouetté、Port de bras、大小 Pirouette 等一系列动作的训练，锻炼身体的控制、稳定的能力，锻炼腿脚、于头和躯干的协调能力，不同训练阶段的 Adagio 组合在内容和形式上也不相同，循序渐进地丰富、变换和复杂化，体现其具有舞台表演性的训练价值。

在第四阶段的教学内容中，综合了前三堂课例中所学动作，继续在教室中间站在 croisé、effacé 方向上练习动作；继续练习 Battement développé、Battement développé écarté、Grand Rond de jambe 90°、五位 Pas de bourrée suivi、换脚的 Pas de bourrée；学习 Battement développé balloté 往前、往后的动作做法；学习 Garand fouetté en dedans 成第一 Arabesque 的动作做法；学习 Tour lent 在第一 Arabesque 舞姿上的做法；学习 Attitude effacé 舞姿的做法；并将动作连接融合在一起练习。

（1）Garand fouetté

是一种通过身体的转身来变化腿部舞姿的动作形式，它不仅使腿部动作变化丰富，还加强对身体重心稳定和平衡能力的锻炼，进一步增强身体的控制能力和快速变化舞姿的能力，可以在全脚、半脚尖和脚尖上做。

（2）Tour lent

Tour 是"转"的意思，Lent 是"慢慢的"的意思。它是在任何一种舞姿上都可以做慢转的动作形式，也是掌握所有技术技巧旋转能力的最基础训练，是加强身体稳定性和大舞姿控制能力的重要训练手段，为各种大舞姿转做准备。它本身就是一个技术动作，不仅带有训练性，还具有表演性，起到训练稳定性和控制能力的作用。

2. 主要动作的节拍进度与练习要求

（1）Battement développé balloté [巴特芒·代弗洛佩·巴洛泰] 加入身体动作的抬腿

节拍：四拍一次

准备拍：5-8 教室中间，Épaulement croisé 方向，右腿在前站五位，双臂一位。

da-1 右腿 Passé；

da-2 伸出前腿，同时左腿 Plié，身体后倾；

da-3 左腿站直；右腿前腿不动；

da-4 落下，收五位。

（同样节拍往后做）

要求：见第四课例 4-8（略）。在中间做时注意身体 Effacé 方向的准确，往前、往后出腿方向要准确，上身肩胯摆正。动作腿往高抬，支撑腿 Plié 要蹲深，双腿保持最大限度的转开，头和手臂动作要与腿部动作配合协调，手臂打开成舞姿要和腿的伸展同时完成。

（2）Fouetté（成第一 Arabesque）[弗韦泰] 在大舞姿上转身变换腿部舞姿

节拍：两拍一次

准备拍：5-8 教室中间，En face 方向，右腿在前站五位，双臂一位；双臂经二位打开七位，右腿打开旁腿 90°。

1- 从旁腿碾转 1/4 方向；

2- 变成后腿成第一 Arabesque。

要求：保持后背收紧，在转身的过程中动作腿保持高度和外开，支撑腿要主动用脚后跟推着往前移动，并且步伐移动要碎和快。

（3）Tour lent（在第一 Arabesque 舞姿上）[图尔·朗] 慢的转身

节拍：四拍转 1/2 圈

准备拍：5-8 教室中间，Épaulement effacé 方向，右腿在前站五位，双臂一位；双臂经二位打开七位，右腿打开后腿 90°。

1-4 保持舞姿从 2 点转到 6 点。

要求：动作腿保持空中舞姿不变，做碾转时重心放到支撑腿脚掌上，脚后跟贴着地面主动往前移动，动作腿随身转动一起走，不能主动带动或不动。每一步碾转步伐要碎、快地平稳移动，不能往上蹿或颠。碾转要在音乐节拍中平均分配，不能早到或晚到。

3. 组合的动作节拍与做法详解

节拍：$\frac{3}{4}$ 拍，中速

准备姿态：站教室 4 点位置，Épaulement croisé 方向，右腿在前站五位，双臂一位，身体对 8 点方向，头眼看向 1 点方向。

准备拍：5-6 保持准备姿态不动。

7-8 双臂从一位打开小七位 Allongé，落下一位，头随右手动作，眼睛看右手。

① da1-4 五位 Pas de bourrée suivi，往前移动的，对 8 点方向。da- 右腿起 Cou-de-pied，打开前点，同时左腿 Plié，双臂一位（图 4-12-1）；1-2 右腿迈步往前半脚尖，左腿收后五位半脚尖，五位碎步往前移动，同时双臂从一位抬起二位，打开右四位 Allongé，对 8 点方向（图 4-12-2）；3- 五位 Pas de bourrée suivi 碎步往前移动，同时双臂抬起三位（图 4-12-3）；4　直腿落下五位全脚，双臂同时打开七位，落下一位。

da5-8 右腿 Battement développé 往前 1 个。da-5 右腿吸起 Cou-de-pied 前，双臂保持一位，头向左倾，眼睛看右手；da-6 右腿吸起 Passé 前，同时双臂抬起到二位，头向左倾，眼睛看右手；da7-8 右腿往前伸直前腿 90° 或 90° 以上，同时双臂打开右五位，右腿控制在 90° 上，头随右臂动作转向右旁方向（图 4-12-4）。

图 4-12-1　　　　图 4-12-2　　　　图 4-12-3　　　　图 4-12-4

② da1-4 右腿 Grand rond de jambe en dehors 90°，从前腿划到后腿。da1-2 右腿从前腿划到旁腿，同时左臂从三位打开七位，右臂保持七位，头转向 En face 方向，对 8 点方向（图 4-12-5）；da3-4 右腿从旁腿划到后腿，同时左臂从七位落下经一位抬起二位，双臂同时变成第一 Arabesque 手臂舞姿，头随左臂动作（图 4-12-6）。

da5-8 左腿 Battement développé écarté 后。da- 右腿落下，绷脚后点地收五位，双臂落下一位；5- 左腿吸起 Cou-de-pied 后，双臂保持一位，头向右倾，眼睛看左手；da-6 左腿吸起 Passé 后，同时双臂抬起到二位；da7-8 左腿往旁伸直旁腿 90° 或 90° 以上，同时双臂打开右五位，上身向右旁倾，头随右臂动作转向右旁方向（图 4-12-7）。

图 4-12-5　　　　　　　　图 4-12-6　　　　　　　　图 4-12-7

③ da-1 左腿往旁 Tombée；左腿从空中落下 Plié，右腿绷脚旁地点，双臂换左五位，上身向左旁倾，头随左臂动作转向左旁方向（图 4-12-8）。

da-2 在 Plié 上 Fouetté en dehors 变 Effacé 前腿；左腿保持 Plié，身体往右转身 1/4 方向变成 Effacé 前腿，同时双臂换右五位，头留在左旁方向，眼睛看左手（图 4-12-9）。

da-3 右腿往前迈一步站直，左腿推直绷脚后点地，成 Effacé 后点地舞姿，双臂保持五位舞姿。

da-4 左腿收五位，同时左臂打开七位，双臂七位 Allongé，落下一位。

da5-6 左腿 Battement développé balloté 后，Effacé 方向。da-5 左腿吸起 Cou-de-pied 后，双臂保持一位，左腿吸起 Passé 后，同时双臂抬起到二位，头向左倾，眼睛看右手；da-6 左腿往后伸直后腿 90° 或 90° 以上，同时右腿 plié，上身挑胸腰同时往前倾，双臂打开第一 Arabesque 舞姿，眼睛看右手方向（图 4-12-10）。

da7-8 右腿站直，保持第一 Arabesque 舞姿不动；8- 左腿落下，绷脚后点地收五位，同时双臂落下一位。

图 4-12-8　　　　　　图 4-12-9　　　　　　图 4-12-10

④ da1-2 右腿 Battement développé balloté 前。da-1 右腿吸起 Cou-de-pied 前，双臂保持一位，右腿吸起 Passé 前，同时双臂抬起到二位，头向右倾，眼睛看左手；da-2 右腿往前伸直前腿 90° 或 90° 以上，同时左腿 Plié，上身挑胸腰同时往后倾，双臂打开右五位，头转向左旁方向，眼睛看左手（图 4-12-11）。

da3-4 左腿站直，保持 Effacé 前腿舞姿；在 4- 节拍时，右腿落下前点地，左臂同时打开七位手位，收回五位。

da5-8 右腿 Battement développé écarté 后。da- 双臂七位 Allongé，落下一位。5- 右腿吸起 Cou-de-pied 前，双臂保持一位，头向左倾，眼睛看右手；da-6 右腿吸起 Passé 前，同时双臂抬起到二位；da7-8 右腿往旁伸直旁腿 90° 或 90° 以上，同时双臂打开左五位，上身向左旁倾，头随左臂动作，眼睛看左手，头转向 8 点方向（图 4-12-12）。

图 4-12-11　　　　　　图 4-12-12　　　　　　图 4-12-13

⑤ da1-4 Fouetté en dedans 成第一 Arabesque 90° 舞姿。da1-2 左腿 Tour lent en dedans，身体拉直同时往左转身 1/4，变成第一 Arabesque 舞姿，右臂打开七位同时和左臂变成第一 Arabesque 舞姿（图 4-12-13）；3-4 保持第一 Arabesque 舞姿。

da5-8 Tour lent en dedans 1/2，在第一 Arabesque 舞姿上。da5-6 左腿重心移动到脚

掌上，左脚脚后跟往前快速移动，往左转 1/4 方向，对 6 点方向，保持第一 Arabesque 舞姿站住（图 4-12-14）；da7-8 动作同⑤ da5-6 动作；往左转 1/4 方向，对 4 点方向（图 4-12-15）。

⑥ da1-4 Tour lent en dedans 1/2，在第一 Arabesque 舞姿上。da-1 往左转 1/4 方向，对 2 点方向（图 4-12-16）；da-2 动作同⑥ da-1 动作，往左转 1/4 方向，对 8 点方向；da3-4 保持第一 Arabesque 舞姿站住（图 4-12-17）。

图 4-12-14   图 4-12-15   图 4-12-16

da-5 从第一 Arabesque 变成 Attitude effacé 后舞姿，双臂打开左五位，头转向右旁方向（图 4-12-18）。

da-6 右腿伸直，同时左腿 Plié，双臂五位 Allongé，眼睛看右手（图 4-12-19）。

图 4-12-17   图 4-12-18   图 4-12-19

da-7 换脚的 Pas de bourrée；右腿收后五位半脚尖，同时左腿吸起 Cou-de-pied 前，双臂落下一位，左腿往旁落一位半脚尖，同时右腿吸起 Cou-de-pied 前，双臂抬起二位，头随右臂动作。

da-8 右腿从 Cou-de-pied 打开前腿 25°，同时左腿 Plié，右腿落全脚同时经两腿四位 Plié，在 Plié 上重心移到右腿上，同时左腿伸直绷脚后点地，双臂打开七位 Allongé，形成第四 Arabesque 舞姿（右臂对 8 点方向，左臂对 4 点方向），上身对 6 点方向，头转向 1 点方向。

结束拍：da7-8 右腿站直，同时身体转回 8 点方向，双臂打开七位同时 Allongé 伸展，左腿收五位同时双臂落下一位，头抬起看右旁方向。

（十三）Grand battement jeté 大踢腿练习

1. 练习目的与教学内容

在中级阶段教学内容中，综合了前三个阶段中所学动作，继续在教室中间站在 Croisé 方向上练习动作。继续练习 Grand battement jeté、Grand battement jeté pointé 往前、往旁、往后的动作做法，继续练习 Retiré relevé、Changement de pied；学习四位 Relevé 和四位 Pirouette en dehors 的动作做法；并将动作连接融合在一起练习。

2. 主要动作的节拍进度与练习要求

（1）Grand battement jeté [格朗·巴特芒·热泰] 大踢腿

节拍：一拍一次

准备拍：5-8 教室中间，Épaulement effacé 方向，右腿在前站五位，双臂一位；双臂经二位打开右五位。

da- 右腿踢前腿；

1- 收回五位。

（同样节拍往后做）

要求：见第四课例 4-9（略）。在中间做 Grand battement jeté 更加强调支撑腿的结实有力，推地站稳，重心保留在支撑腿上，动作腿严格按照 Grand battement jeté 的全部要求擦地踢出和落下收回，上身收紧上提，手臂舞姿准确并帮助身体保持稳定。注意身体 Croisé 五位方向准确，动作腿往前、往后踢出腿的方向要准确。动作腿踢 Croisé 前腿用五位手位，动作腿踢 Croisé 后腿用第三 Arabesque 手位，手臂舞姿要准确和优美，并帮助身体保持稳定。

（2）Grand battement jeté pointé [格朗·巴特芒·热泰·普安泰] 带点地的大踢腿

节拍：一拍一次

准备拍：5-8 教室中间，Épaulement effacé 方向，右腿在前站五位，双臂一位；双臂经二位打开右五位，右腿踢前。

1- 右腿落下点地；

da- 再踢起。

　　要求：在前面所学 Grand battement jeté 要求的基础上，腿从空中落下时要有控制地轻轻落在 Battement tendu 点地的位置上，腿绷紧伸直，脚背绷紧点地不停顿，马上再踢向空中，强调躯干和支撑腿的稳定和挺拔。上身不要帮助用力。在中间做点地的踢腿，身体收紧提起，支撑腿要非常结实地伸直踩在地上，更加强调躯干和支撑腿的稳定和挺拔。

　　（3）Pirouette en dehors（四位）[皮鲁埃特·昂·德奥] 从四位立起往外的转圈

　　节拍：八拍一次

　　准备拍：8- 四位 Demi plié。

　　1-2 左腿立起半脚尖，同时右腿抬起 Battement retiré，落后四位 Demi plié；

　　3-4 四位 Demi plié；

　　5-6 左腿立起半脚尖，同时右腿抬起 Battement retiré 向右边的方向转一圈；

　　7- 右腿落后大四位 Plié；

　　8- 站直，点地，收五位。

　　要求：推起半脚尖时，身体要提起来，后背收紧，支撑腿要伸直、有力，动作腿 Battement retiré 位置要准确，保持双腿在旋转中的持续转开。头、手和转要配合协调。

　　3. 组合的动作节拍与做法详解

　　节拍：$\frac{3}{4}$拍，快速

　　准备姿态：站在教室中间，Croisé 方向，右脚在前站五位，双臂一位，身体对 8 点方向，头眼看向 1 点方向。

　　准备拍：5-6 双臂从一位打开小七位 Allongé，落下一位，头随右臂动作，眼睛看右手。

　　7-8 双臂从一位抬起二位，头向左倾，眼睛看右手，打开右五位，头随右臂动作，眼睛看右手方向。

　　① da1-2 右腿 Grand battement jeté 前 1 个。da- 右腿往前踢前腿 90° 或 90° 以上；1- 右腿落下，经擦地收五位；da-2 双腿五位夹紧，双臂保持右五位舞姿。

　　da3-4 右腿 Grand battement jeté pointé 前 1 个。da- 右腿往前踢前腿 90° 或 90° 以上（图 4-13-1）；3- 右腿落下，绷脚前点地（图 4-13-2）；da- 右腿再往前踢前腿 90° 或 90° 以上（图 4-13-3）；4- 右腿经擦地收五位，双臂保持右五位舞姿（图 4-13-4）。

da-5 右腿 Grand battement jeté 前 1 个。**da-** 右腿往前踢前腿 90° 或 90° 以上；**5-** 右腿落下经擦地收五位。

图 4-13-1   图 4-13-2   图 4-13-3   图 4-13-4

da-6 双腿五位 Demi plié，同时左臂打开七位，双臂七位 Allongé，落下一位。

da-7 五位 Changement de pied 1 个。**da-** 双腿从五位跳起，在空中交换五位；**7-** 左脚在前落五位 Demi plié，身体对 2 点方向，双臂保持一位，头看左旁方向。

da-8 双腿站直，同时双臂从一位抬起二位，打开第三 Arabesque 手臂舞姿，看 2 点方向。

② da1-6 右腿往后，动作同① da1-6 动作。（图 4-13-5）（图 4-13-6）（图 4-13-7）（图 4-13-8）

图 4-13-5   图 4-13-6   图 4-13-7   图 4-13-8

da-7 动作同① da-7 动作；落地身体对 8 点方向。

da-8 双腿站直，同时身体往右转 1/8 方向，对 1 点方向，双臂从一位抬起二位，打开七位，头转向左旁方向。

③ da1-2 右腿 Grand battement jeté 旁 1 个。动作同① da1-2 动作；2- 右腿收后五位。

da3-4 右腿 Grand battement jeté pointé 旁 1 个。动作同① da3-4 动作；4- 右腿收

前五位。

  da-5 右腿 Grand battement jeté 旁 1 个。动作同① da-5 动作；5- 右腿收后五位。

  da-6 双腿五位 Demi plié，同时双臂七位 Allongé，落下一位。

  da-7 五位 Changement de pied 1 个；最后结束右脚在前五位 Demi plié，身体对 1 点方向。

  da-8 双腿站直，双臂保持一位，看 1 点方向；8- 双腿五位 Demi plié。

  ④ da1-2 右腿 Retiré relevé。da-1 右腿从五位 Plié 快速吸起 Battement retiré 前，同时左腿从五位快速立起半脚尖，双臂抬起二位（图 4-13-9）；2- 右腿往后打开，同时左腿落到四位 Demi plié，双臂打开左臂在前六位（图 4-13-10）。

  da3-4 四位 Relevé。da-3 双腿四位 Relevé，同时双臂 Allongé 成第一 Arabesque 手臂舞姿（图 4-13-11）；da-4 双腿落四位 Demi plié，右臂回二位成左六位。

  da5-6 四位 Pirouette en dehors 1 个。da-5 右腿从四位 Plié 快速吸起 Battement retiré 前，同时左腿从五位快速立起半脚尖，双臂抬起二位，往右转一个圈；da-6 双腿落下大四位 Plié，同时双臂打开七位，身体对 2 点方向，头看左旁方向（图 4-13-12）。

  da7-8 左腿站直，同时右腿绷脚后点地，双臂七位 Allongé；8- 右腿擦地收五位，双臂落下一位，头抬起转向 1 点方向。

图 4-13-9   图 4-13-10   图 4-13-11   图 4-13-12

三、JUMPS 跳跃部分

（十四）Changement de pied 小跳练习

1. 练习目的与教学内容

中级阶段 2 的教学内容中，综合了前三个课例中所学动作，在教室中间继续练习

Changement de pied、Pas échappé 二位；学习 Pas emboîté 换脚的做法；学习 Pas échappé 四位在 Croisé 方向上的做法；并将动作连接融合在一起练习。

2. 主要动作的节拍进度与练习要求

（1）Changement de pied [尚日芒·德·皮耶] 双起双落换位跳

节拍：一拍一次

准备拍：da5-7 教室中间，En face，右腿在前站五位，双臂一位；da-8 五位 Demi plié。

da-1 跳起，换脚落五位。

要求：空中两腿要用力绷直膝盖、脚背和脚尖，跳起腿在空中自然换脚。保持身体的垂直，背肌、腰肌、腹肌收紧，头要保持正直，保持自然的手臂位置。注意起跳和落地都要保持 Demi plié 的柔韧、腿的外开和推地的弹力。

（2）Pas emboîté [帕·昂布瓦泰] 两脚交换的跳

节拍：四拍一组

准备拍：da5-7 教室中间，En face，右腿在前站五位，双臂一位；8- 五位 Demi plié。

da-1 跳起，左腿落地 Plié，右腿收 Cou-de-pied 前；

da-2 跳起，换右腿落地 Plié，左腿收 Cou-de-pied 前；

da3-4 左腿落五位，站直。

要求：双腿推地跳起一腿落成前或后 Cou-de-pied 的位置要准确，双腿在动作过程中要始终保持外开，脚背脚尖绷紧，每次推地跳起双腿在空中都要完全伸直，双腿紧贴着一位换脚，保持后背的收紧，手臂保持放松。

（3）Pas échappé（四位）[帕·埃夏佩] 从四位起跳的双起双落分腿跳

节拍：两拍一次

准备拍：da5-8 教室中间，Épaulement croisé，右腿在前站五位，双臂一位；da-8 五位 Demi plié；

da-1 双腿跳起，落 Croisé 四位 Demi plié；

da-2 跳起，落五位 Demi plié；

da3-4 站直。

要求：做 Pas échappé 四位时，注意身体 Croisé 方向的准确。跳起后双腿在空中绷直膝盖和脚尖，落地四位位置准确，再推地跳起双腿垂直绷紧，脚不要往外踢，要始终保持躯干的挺拔，腰腹收紧，头要保持正直，保持起跳和落地的 Demi plié 的柔韧性、腿的外开。

3. 组合的动作节拍与做法详解

节拍：$\frac{2}{4}$拍，快速

准备姿态：教室中间，Épaulement croisé 方向，右腿在前站五位，双臂一位，看 1 点方向。

准备拍：da5-6 保持准备姿态不动；

da7-8 双臂打开小七位 Allongé；8- 双臂收一位，同时双腿五位 Demi plié。

① da1-4 五位 Changement de pied 3 个。da-4 双腿站直五位，再五位 Demi plié。

da5-6 左、右腿 Emboîté 成 Cou-de-pied 前各 1 个。da-5 双腿从五位跳起，左腿收 Cou-de-pied 前，同时右腿 Plié（图 4-14-1）；da- 右腿推地跳起，同时左腿伸直在空中和右腿并拢一位（图 4-14-2）；6- 左腿落 Plié，右腿收 Cou-de-pied 前（图 4-14-3）。

da-7 左腿推地跳起，同时右腿伸直夹紧五位，落地五位 Demi plié。

da-8 双腿站直五位，再五位 Demi plié，双臂保持一位。

② da1-4 动作同① da1-4 动作。

da5-6 右、左腿 Emboîté 成 Cou-de-pied 后各 1 个。da-5 双腿从五位跳起，右腿收 Cou-de-pied 后，同时左腿 Plié（图 4-14-4）；da- 左腿推地跳起，同时右腿伸直在空中和左腿并拢一位（图 4-14-5）；6- 右腿落 Plié，左腿收 Cou-de-pied 后（图 4-14-6）。

da-7 右腿推地跳起，同时左腿伸直夹紧五位，落地五位 Demi plié。

图 4-14-1　　　　图 4-14-2　　　　图 4-14-3　　　　图 4-14-4

da-8 双腿站直五位，再五位 Demi plié，双臂保持一位。

③ da1-4 Pas échappé 落二位，左、右边各 1 个。da-1 双腿从五位跳起，同时双臂抬起二位；da-2 双腿落二位 Demi plié，同时双臂打开七位；da3-4 左边动作同①da1-2 动作。

da-5 Pas échappé 落四位，对 8 点方向。da- 双腿从五位跳起，同时双臂抬起二位；5- 双腿落四位 Demi plié，同时双臂打开右六位（图 4-14-7）。

da-6 双腿从四位跳起，同时双腿打开二位，同时身体转动 1 点方向，落二位 Demi plié，双臂打开七位（图 4-14-8）。

图 4-14-5   图 4-14-6   图 4-14-7   图 4-14-8

da-7 双腿从二位推地跳起，同时双臂七位 Allongé，7- 左脚在前落五位，双臂落下一位。

da-8 双腿站直五位，再五位 Demi plié，双臂保持一位。

④ da1-8 左边动作同③da1-8 动作。

（十五）Pas assemblé 小跳练习

1. 练习目的与教学内容

中级阶段 2 的教学内容中，综合了前三个课例中所学动作，继续学习不同动作连接组合在一起的动作做法。学习在 Effacé 方向上做动作，在教室中间继续练习 Pas assemblé、Pas glissade 往旁的做法；学习 Pas double assemblé、移动的五位 Pas sauté、Pas ballotté 的做法。并将动作连接融合在一起练习。

（1）Pas double assemblé

Double 是"双的"意思，它是指一条腿从五位上向旁做两次 Pas assemblé 的动作，进一步锻炼跳跃能力和腿的力量。

（2）Pas ballotté

Ballotté 原意为"摇摆"的意思。这是一脚换一脚、前后连续做的跳，在点地、45°、90° 上做，跳要做出摇摆的感觉，训练跳跃的灵活性和身体的控制能力。

2. 主要动作的节拍进度与练习要求

（1）Pas double assemblé [帕·杜勃尔·阿桑布莱] 一腿做两次空中收腿跳

节拍：两拍一次

准备拍：da5-7 教室中间，En face，右腿在前站五位，双臂一位；da-8 五位 Demi plié；

da-1 右腿擦地跳起，落后五位；

da-2 右腿擦地跳起，落前五位。

要求：动作要求同 Pas assemblé 的所有要求。它是在同一条腿上推地跳两个 Pas assemblé，第一个跳可以做得稍小一点，第二个跳要跳得高一点，要求两次跳之间没有停顿，要做得连贯，空中要伸直两条腿。

（2）Pas sauté（五位移动的）[帕·索泰] 双起双落的移动跳

节拍：两拍一次

准备拍：da5-8 教室中间，Épaulement croisé，右腿在前站五位，双臂一位；da-8 五位 Demi plié。

da-1 五位跳起往前移动，落五位 Demi plié；

da-2 不动。

要求：和五位 Pas sauté 的动作要求一样，跳起双腿在空中伸直绷脚夹紧五位同时往前移动，身体在空中收紧保持垂直，手臂动作要轻柔往远伸长。

（3）Pas ballotté [帕·巴洛泰] 摇摆的连续换脚跳

节拍：两拍一组

准备拍：da5-8 教室中间，Épaulement croisé 方向，右腿在前站五位，双臂一位；da-8 五位 Demi plié。

da-1 跳起右腿经 Passé 打开 Effacé 前腿 45°，左腿落地 Plié；

da-2 跳起收五位，左腿经 Passé 打开后腿 45°，右腿落地 Plié。

要求：注意身体在 Effacé 方向上的准确，跳起打开成前腿、后腿不能分开。落地 Plié 不能蹲死，跳要做得连贯轻柔，两个动作之间的跳起双腿要在空中经过五位夹紧的过程，后背收紧，胯要始终上提，手头与身体和跳跃动作配合协调。

3. 组合的动作节拍与做法详解

节拍：$\frac{2}{4}$拍，稍快速

准备姿态：教室中间，Épaulement croisé 方向，右腿在后站五位，双臂一位，看 1 点方向。

准备拍：da5-7 保持准备姿态不动；

da-8 双腿五位 Demi plié。

① da1-4 Pas assemblé 旁，右、左腿交替做 3 个；da-1 右腿从后五位擦地往旁踢向空中，同时左腿推地跳起，右腿收前五位，落地五位 Demi plié；da2-3 左、右腿动作同 da-1 动作，结束右脚在前五位 Demi plié；da-4 双腿站直五位，再五位 Demi plié（图4-15-1）。

da5-6 Pas glissade 接 Pas assemblé 往旁。da-5 左腿从后五位擦地往旁踢向空中，在空中往左旁移动同时右腿推地跳起，双腿在空中伸直二位，双臂经二位打开七位，眼睛看右臂（图4-15-2），左腿落地 Plié 同时右腿收前五位 Demi plié（图4-15-3）；da-6 左腿开始从后五位擦地往旁踢向空中，同时右腿推地跳起，双臂七位 Allongé 伸展，左腿收前五位（图4-15-4），落地五位 Demi plié，双臂落下一位，身体对 2 点方向（图4-15-5）。

图 4-15-1   图 4-15-2   图 4-15-3   图 4-15-4

da7-8 五位 Pas sauté 1 个，带移动的，往 2 点方向。da-7 双腿推地跳起，在空中夹紧五位，同时往前移动，对 2 点方向，同时双臂经二位打开左四位 Allongé，眼睛看 1 点方向（图4-15-6）；7-8 双腿落五位 Demi plié，双臂保持四位 Allongé 舞姿。

② da1-2 右腿 Pas double assemblé 旁 1 个。da-1 五位 Plié 同时右腿从后五位擦地往旁踢向空中，同时左腿推地跳起，右腿收后五位，落地五位 Demi plié；da-2 右腿从

后五位擦地往旁踢向空中，同时左腿推地跳起，右腿收前五位，落地五位 Demi plié。

da3-4 双腿站直五位，再五位 Demi plié。

da5-6 Pas ballotté 前、后 45° 各 1 个，在 Effacé 方向上。da- 双腿推地跳起同时右脚吸到 Passé 前，双臂抬起二位；5- 左腿落地 Plié，右腿 Développé 伸直前腿 45°，上身微下胸腰，双臂打开右六位，眼睛看左旁方向（图 4-15-7）；da- 左腿推地跳起同时右腿夹回五位，左腿吸起 Passé 后，右臂收回二位；6- 右腿落地 Plié，左腿 Développé 伸直后腿 45°，上身微往前倾，双臂打开左六位，眼睛看右臂（图 4-15-8）。

图 4-15-5　　　　图 4-15-6　　　　图 4-15-7　　　　图 4-15-8

da7-8 Pas coupé 接 Pas assemblé 旁 1 个。da- 左腿收回 Cou-de-pied 后；7- 左腿落后五位 Coupé，同时右腿擦地往旁踢向空中，同时左腿推地跳起，右臂打开七位同时双臂七位 Allongé；da-8 右腿收后五位，落地五位 Demi plié，双臂落下一位，身体对 2 点方向，双腿站直五位，眼睛看 1 点方向。

（十六）Pas jeté 小跳练习

1. 练习目的与教学内容

在中级阶段 2 的教学内容中，综合了前三个课例中所学动作，继续学习不同动作连接组合在一起的动作做法。继续在 Effacé 方向上学习动作，在教室中间继续练习 Pas jeté 往旁、Temps levé 成 Cou-de-pied 舞姿的做法；学习 Pas ballonné 往前、移动的 Pas jeté 往前、往旁落地成 Cou-de-pied、Attitude、Arabesque 舞姿的动作做法；并将动作连接融合在一起练习。

Pas ballonné

Ballonné 原意为"弹出的气球"，是双起单落跳跃动作。它在连续做时，则成为单起单落的跳，锻炼单腿的跳跃能力和凌空移动的能力。

2. 主要动作的节拍进度与练习要求

（1）Pas jeté（移动的）[帕·热泰]移动双起单落的换脚跳

节拍：一拍一次

准备拍：da5-7 教室中间，Épaulement croisé 方向，右腿在前站五位，双臂一位；da-8 五位 Demi plié。

da-1 擦地往旁（或往前）踢腿 45°，跳起，移动，落地 Plié 成 Cou-de-pied 后（或 Attitude 后、Arabesque）。

要求：第一条腿要踢腿往上跳并往远落，第二条腿要推地往上，将重心快速移动到第一条腿上。后背收紧，起跳和落地方向准确，舞姿准确，跳跃动作中加入了手臂动作，要注意和腿部动作的协调。

（2）Pas ballonné（移动的）[帕·巴洛内]移动的双起单落的跳

节拍：一拍一次

准备拍：da5-7 教室中间，Épaulement croisé 方向，右腿在前站五位，双臂一位；da-8 五位 Demi plié。

da-1 右腿往前擦出踢 45°，左腿推地跳起，左腿落地 Plié，右腿收 Cou-de-pied。

要求：要求动作腿踢腿要踢到 45°，收回 Cou-de-pied 的位置可稍高一些。踢向空中和推地跳起的腿都要完全伸直，绷直膝盖和脚背、脚尖。跳起至空中打开的舞姿要有停留，两腿要始终保持外开，后背有力地挺直，尤其是在 Effacé 方向上往前、往后做时，躯干要摆正，Plié 要做得有弹力和控制力。

3. 组合的动作节拍与做法详解

节拍：$\dfrac{6}{8}$拍，急速

准备姿态：教室中间，Épaulement croisé 方向，右腿在后站五位，双臂一位，看 1 点方向。

准备拍：da5-7 保持准备姿态不动；

da-8 双腿五位 Demi plié。

① da1-2 右腿 Jeté temps levé 旁 1 个。da- 右腿从后五位擦地往旁踢向空中，同时左腿推地跳起，两腿在空中伸直，双臂七位 Allongé；1- 右腿收前五位落地 Plié，左

腿 Cou-de-pied 后，同时右臂经一位抬起二位，双臂成左六位，头转向右旁方向（图 4-16-1）；da-2 右腿推地跳起 Temps levé，保持 Cou-de-pied 后，双臂保持左六位舞姿（图 4-16-2），落地保持舞姿。

da3-4 右腿推地跳起，同时左腿伸直在空中夹紧五位，双臂落下一位；3- 双腿落下五位 Demi plié；da-4 双腿站直五位，再五位 Demi plié。

da5-8 左腿动作同 da1-4 动作。

② da1-2 移动的 Pas jeté 往旁、前各 1 个。da- 右腿从后五位擦地往旁踢向空中，往 4 点方向移动，同时左腿推地跳起，两腿在空中伸直打开 45°，双臂七位 Allongé（图 4-16-3）；1- 右腿落地 Plié，左脚收 Cou-de-pied 前，同时双臂经一位抬起二位，头转向右旁方向（图 4-16-4）；da- 左腿经五位擦地往前踢向空中，往 2 点方向移动，同时右腿推地跳起，两腿在空中伸直往前、后打开 45°，双臂打开七位（图 4-16-5）；2- 左腿落地 Plié，右腿停 Attitude 后 45°，头转向左旁方向（图 4-16-6）。

图 4-16-1   图 4-16-2   图 4-16-3

图 4-16-4   图 4-16-5   图 4-16-6

da3-4 左腿推地跳起，同时右腿伸直在空中夹紧五位，双臂落下一位；3- 双腿落下五位 Demi plié；da-4 双腿站直五位，再五位 Demi plié。

da5-6 移动的 Pas ballonné effacé 前 2 个。da- 左腿从五位擦地往前踢 Effacé 前腿

45°，同时身体往左转 1/4 方向，往 8 点方向移动，同时右腿推地跳起，双臂经二位打开左六位，头转向右旁方向（图 4-16-7）；5- 右腿落地 Plié，左腿收 Cou-de-pied 前，双臂保持左六位舞姿（图 4-16-8）；da- 左腿往前踢 Effacé 前腿 45°，往 8 点方向移动，同时右腿推地跳起；6- 右腿落地 Plié，左腿收 Cou-de-pied 前，双臂保持左六位舞姿。

da-7 移动的 Pas jeté 往前成后腿 90° 舞姿。da- 左腿往前踢 Effacé 前腿 45°，往 8 点方向移动，同时右腿推地跳起向后踢腿 90°，同时右臂抬起三位，双臂成左五位舞姿，头看右旁方向；7- 左腿落地 Plié，右腿停在 Arabesque 后腿 90°，双臂保持五位舞姿（图 4-16-9）。

da-8 左腿推地跳起，同时右腿伸直在空中收前五位夹紧，右臂往旁打开七位同时双臂七位 Allongé，落下一位；8- 双腿落下五位 Demi plié，双腿站直五位，头抬起转向右旁方向，眼睛看 1 点方向。

图 4-16-7　　　　　　图 4-16-8　　　　　　图 4-16-9

（十七）Sissonne fermée 中跳练习

1. 练习目的与教学内容

在中级阶段 2 的教学内容中，综合了前三个课例中所学动作，学习不同动作连接组合在一起的动作做法。在教室中间继续学习 Sissonne fermée 往前的动作做法；继续学习移动的 Sissonne ouverte croisé attitude 后的做法；继续学习 Grand assemblé 往前的动作做法。

2. 主要动作的节拍进度与练习要求

（1）Sissonne fermée [西松·弗尔梅] 双起双落的移位跳

节拍：一拍一次

准备拍：da5-7 教室中间，Épaulement effacé 方向，右腿在前站五位，双臂一位；da-8 五位 Plié；

da-1 双腿踢前后腿跳起，往前移动，落五位 Demi plié。

要求：动作节奏加快，要求腿跳起踢腿的力量和腿在空中的幅度。每次跳打开的两条腿在空中要伸直，踢出腿的方向要准确，稍后落下的那条腿要保持直的落下，经过点地收五位 Demi plié，不能在落地时先弯膝盖，并且两条腿几乎同时落地收五位 Demi plié。Sissonne fermée 90° 的 Plié 要做得深，移动踢腿要在 90° 以上，落地没有重心的腿收五位可稍稍晚一些，落地 Plié 要柔和。两腿保持外开，脚尖轻盈、柔和地擦地回五位。整个动作要做得连贯、清晰、有力，并往远移动。往前、往后要求一样，注意强调用腿的力量，手臂在跳起至空中不要帮助用力，保持手臂的自然放松与协调。

（2）Sissonne ouverte（移动的）[西松·乌韦尔] 双起单落的分腿式跳

节拍：一拍一次

准备拍：da5-7 教室中间，Épaulement croisé 方向，右腿在前站五位，双臂一位；da-8 五位 Demi plié；

da-1 双腿跳起前后分开，往前移动，落地成 Attitude 后 90°。

要求：起跳和落地的 Plié 要蹲深，跳起时身体要有意识地收紧，要跳高往远移动，打开腿落地成舞姿要准确干净和停顿。跳起和停舞姿腿要转开，绷紧脚尖，落地后背有力地收紧控制住身体，后背收紧，防止塌腰。手臂动作要和跳起、落地动作协调。

（3）Grand assemblé（往前）[格朗·阿桑布莱] 大的双起双落空中收腿跳

节拍：一拍一次

准备拍：da5-7 教室中间，Épaulement croisé 方向，右腿在前站五位，双臂一位；da-8 五位 Plié；

da-1 左腿往前迈步 Coupé，右腿踢前 90° 跳起移动，空中左腿收后五位，落五位 Demi plié。

要求：Coupé 一踩地马上推地跳起，动作要快，动作腿踢腿要高，幅度要大，腿踢出去的方向要准确，双腿在空中收紧五位时要迅速并用力夹紧，伸直膝盖，绷紧脚背、脚尖并移动重心。在空中要保持双腿的外开，动作要做得连贯、协调和流畅。

3. 组合的动作节拍与做法详解

节拍：$\frac{3}{4}$ 拍，快速有生气地

准备姿态：站教室 6 点，Épaulement croisé 方向，右腿在前站五位，双臂一位，身体对 8 点方向，眼睛看 1 点方向；

准备拍：da5-6 保持准备姿态不动；

da7-8 双臂从一位打开小七位 Allongé；8- 双臂落下一位，双腿五位 Demi plié，头随右臂动作，眼睛看右手。

① da1-4 Sissonne fermée 第一 Arabesque 往前 3 个。da- 双腿从五位推地跳起至空中同时右腿踢前腿 45°、左腿踢后腿 90°，同时身体向左转身 1/4 方向，往 2 点方向移动，双臂同时从一位快速打开到第一 Arabesque 手臂舞姿，头、眼看向 2 点方向（图 4-17-1）；1- 落地五位 Demi plié，头手保持第一 Arabesque 舞姿；da2-3 动作同 da-1 动作 2 次；最后一次左腿收前五位 Demi plié，双臂保持舞姿（图 4-17-2）；da-4 双腿伸直夹紧，再五位 Demi plié。

图 4-17-1　　　　　　图 4-17-2

da5-6 Sissonne ouverte croisé attitude 接 Grand assemblé 往前。da- 双腿从五位推地跳起至空中同时左腿踢前腿 45°、右腿踢 Attitude 后腿 90°，往 2 点方向移动，同时双臂从一位经二位快速打开左五位，头转向左旁方向，眼睛看 8 点方向（图 4-17-3）；5- 左腿落地 Plié，保持 Attitude 舞姿；da- 右腿落下 Coupé 往前迈步，同时右臂落下二位，左腿马上擦地踢前腿 90°，右腿快速在空中与左腿并拢五位，双臂同时左六位 Allongé，身体向前倾（图 4-17-4）；6- 双腿落五位 Demi plié，双臂保持舞姿（图 4-17-5）。

da7-8 双腿站直五位，双臂落下一位；da-8 双腿再五位 Demi plié。

② da1-8 左边开始，动作同① da1-8 动作。

图 4-17-3　　　　　　图 4-17-4　　　　　　图 4-17-5

（十八）Grand assemblé 中跳练习

1. 练习目的与教学内容

中级阶段 2 的教学内容中，综合了前三个课例中所学动作，学习不同动作连接组合在一起的动作做法。在教室中间继续学习 Grand assemblé 往旁、往前的动作做法；继续学习 Grand fouetté sauté 的动作做法；学习 Pas failli 的动作做法；并将动作连接融合在一起练习。

Pas failli

这是一个双起单落的跳跃动作，既可作为独立的动作，也可作为中、大跳的辅助连接动作。作为独立动作要做得轻盈、连贯、流畅。作为辅助动作要做得快、短促、有力，起到助力作用。它常在 Adagio 和 Allegro 中广泛运用。

2. 主要动作的节拍进度与练习要求

Pas failli [帕·法伊] 双起单落的飞行跳

节拍：一拍一次

准备拍：da5-7 教室中间，Épaulement croisé 方向，右腿在前站五位，双臂一位；da-8 五位 Plié；

da- 跳起至空中，同时右腿踢前腿 45°、左腿踢后腿 90°，身体向右转身 1/4 方向，往 2 点方向移动；

1- 右腿落地 Plié，同时左腿往前落大四位。

要求：推地跳起同时身体转身变方向要清楚并往远移动，身体重心从双腿推地跳起后移至右腿上，双腿在空中往上踢腿，右腿落地后，重心继续移动到经一位往前擦出大四位的左腿，手臂动作要做得轻柔和干净。组合中作为辅助动作要做得轻盈有力。

3. 组合的动作节拍与做法详解

节拍：$\frac{3}{8}$ 拍，快速有生气地

准备姿态：站教室 6 点，Épaulement croisé 方向，右腿在前站五位，双臂一位，身体对 8 点方向，眼睛看 1 点方向。

准备拍：da5-6 保持准备姿态不动；

da7-8 双臂从一位打开小七位 Allongé；da-8 双臂落下一位，双腿五位 Demi plié，头随右臂动作，眼睛看右手。

① da1-2 Pas failli 接 Grand assemblé 往旁。da- 双腿从五位推地跳起至空中同时右腿踢前腿 45°、左腿踢后腿 90°，身体向右转身 1/4 方向，往 2 点方向移动，双臂从一位快速打开小七位 Allongé，头、眼看向 8 点方向（图 4-18-1）；1- 右腿落地 Plié 同时左腿往前落大四位 Coupé，双臂收回二位，左腿快速推地跳起，同时右腿踢旁腿，往 2 点方向移动，同时身体往左转身 1/4 方向，对 8 点方向，同时左腿收后五位，双腿在空中并拢五位，双臂打开左五位 Allongé，头转向右旁方向，眼睛看右手（图 4-18-2）；da-2 落地五位 Demi plié，头手保持舞姿。

da3-4 Changement de pied 左腿收前五位 Demi plié，双臂落回一位，对 2 点方向；da-4 双腿站直五位，再五位 Demi plié。

da5-8 左边开始，动作同① da1-4 动作。

② da-1 Pas échappé 二位。da- 双腿从五位推地跳起至空中同时双臂二位手位；1- 双腿打开落二位 Demi plié，同时双臂打开七位手位（图 4-18-3）。

图 4-18-1　　　　图 4-18-2　　　　图 4-18-3

da-2 Grand fouetté sauté 结束在第一 Arabesque。da- 双腿从二位推地跳起至空中，同时身体往右转身 1/4 方向，左腿踢后腿 90°，在空中变成第一 Arabesque，双

臂变成第一 Arabesque，头眼看 3 点方向（图 4-18-4）；2- 右腿落地 Plié，保持第一 Arabesque 舞姿（图 4-18-5）。

　　da3-4 Grand fouetté 结束在第一 Arabesque。da-3 左腿落下往前迈步 Coupé（图 4-18-6），同时双臂落下一位抬起二位，右腿马上从后擦地踢前腿 90°，左腿推地跳起，双臂同时抬起三位（图 4-18-7），同时身体往左转身 1/2 方向，在空中变成后腿，对 7 点方向（图 4-18-8）；4- 左腿落地 plié，停在第一 Arabesque 舞姿（图 4-18-9）。

图 4-18-4　　　　　　　　图 4-18-5　　　　　　　　图 4-18-6

图 4-18-7　　　　　　　　图 4-18-8　　　　　　　　图 4-18-9

　　da-5dada Pas tombée 接 Pas de bourrée 往前。da- 右腿收后五位，同时左腿伸出前腿，双臂变成右六位；5- 左腿伸直绷脚往前 Tombée 迈步，对 8 点方向，身体往前倾，双臂保持六位，眼睛看左手（图 4-18-10）；da- 右腿收后五位半脚尖，同时双臂换左六位，头转向右旁方向；da- 左腿半脚尖往旁迈步。

　　6dada- Pas tombée 接 Pas couru 往前。6-Pas tombée croisé 往前，右腿往前迈步同时，左腿落地 Plié，右臂打开七位，da-da 左腿、右腿交替往前跑两步，同时双臂七位 Allongé。

　　da7-8 Grand assemblé 往前。da-7 左腿 Coupé 迈步往前同时右腿从后往前踢前腿 90°，同时左腿推地跳起并快速从后跟上右腿，双腿在空中并拢五位，双臂落一位经二位抬起三位，眼睛看右手（图 4-18-11）；da-8 落地五位 Demi plié，保持舞姿

（图 4-18-12），站直五位同时双臂经七位落下一位。

图 4-18-10   图 4-18-11   图 4-18-12

（十九）Grand jeté 大跳练习

1. 练习目的与教学内容

中级阶段 2 的教学内容中，综合了前三个课例中所学动作，学习不同动作连接组合在一起的动作做法。在教室中间学习 Grand jeté 成第一 Arabesque 的动作做法；继续练习第一 Arabesque temps levé、Pas balancé 的动作做法；学习 Pas failli 的动作做法；并将动作连接融合在一起练习。

Grand jeté 是大跳的最基础动作，是常用于舞台表演的一种大跳形式，能锻炼身体的腾空跃起能力。

2. 主要动作的节拍进度与练习要求

Grand jeté [格朗·热泰] 往前移动的踢腿大跳

节拍：四拍一次

准备拍：da5-7 教室中间，Épaulement croisé 方向，左腿在前站五位，双臂一位；da-8 五位 Plié。

da-1 右腿擦地 Pas glissade 往前，左腿 Coupé 前，右腿往前踢腿到空中 90°，同时左腿踢起空中 90°，移动；

da-2 右腿落地 Plié，左腿成第一 Arabesque 舞姿；

da3-4 左腿往后迈步，右腿往后迈步，左腿成 Croisé 前点地。

要求：跳起踢腿要快、有力量，踢腿要踢到 90°，跳起后在空中有瞬间舞姿的停顿，往高跳并往远移动。起跳至落地在空中要走一个弧线，落地 Plié 要有控制，落地后腿舞姿要控制在 90° 上并往上抬起，后背和胯收紧上提，手臂动作协调配合，并形成优美轻松的舞姿形态。

3. 组合的动作节拍与做法详解

节拍：$\frac{3}{4}$ 拍，快速有生气地

准备姿态：站教室 6 点，Épaulement croisé 方向，左腿前点地，双臂小七位 Allongé，身体对 2 点方向，眼睛看 1 点方向（图 4-19-1）。

准备拍：da5-7 保持准备姿态不动。

da-8 左腿往前迈步落大四位 Plié，双臂保持不动。

① da1-2 Grand jeté 成第一 Arabesque。da- 右腿从后往前 Pas glissade，踢到空中同时左腿推地跳起，在空中形成四位，右腿落地，左腿往前，对 2 点方向；1- 左腿往前经大四位 Coupé，同时双臂二位，同时右腿往前踢腿到空中 90°，同时左腿踢起空中 90°，同时双臂打开在空中形成第一 Arabesque 舞姿（图 4-19-2）；2- 落地保持第一 Arabesque 舞姿（图 4-19-3）。

图 4-19-1　　　　　　图 4-19-2　　　　　　图 4-19-3

da-3 左腿往后迈步，同时双臂二位，右腿经 Sur le cou-de-pied 往后迈步，左脚前点地，同时双臂经一位打开小七位 Allongé（图 4-19-4）；

da-4 左腿往前迈步落大四位 Plié，双臂保持不动。

da5-8 动作同 da1-4 动作。

② da-1 第一 Arabesque temps levé 往前，对 2 点方向；da- 右腿往前迈步，双臂二位；1- 右腿落地推地跳起同时左腿踢后腿 90°，同时双臂打开第一 Arabesque（图 4-19-5），右腿落地 Plié。

2dada-Pas balancé 往左旁，往 6 点方向。2- 左腿往后往旁迈步，往 6 点方向，右腿收后 Cou-de -pied，双臂成左六位；da- 右脚踩后五位半脚尖，左脚绷直；da- 左腿落地 Plié，同时右腿经 Cou-de-pied 打开前腿 25°，双臂回二位。

da3-4 动作同② da1-2dada 动作。

da-5 第一 Arabesque temps levé 往前，对 2 点方向。

da6-8 Pas couru 跑到 4 点方向，转身对 8 点方向，左脚经 Cou-de-pied 后往后迈步，站直成右脚 Croisé 前点地，双臂成小七位 Allongé，眼睛看 1 点方向。

③ – ④左边开始，动作同① – ②动作。

图 4-19-4   图 4-19-5

四、END 尾声

（二十）Révérence 行礼练习

1. 练习目的与教学内容

中级阶段 2 的教学内容中，综合了前三个课例中所学动作，学习不同动作连接组合在一起的动作做法，安排了跳跃形式的行礼组合，丰富和变换行礼组合的表现形式。在教室中间学习 Entrechat quetre、Temps de cuisse、Pas échappé battu、Changement de pied en tournant、继续练习 Révérence 女子行礼的动作做法；将动作连接融合在一起练习。按照教学步骤，每一个动作都需要在完成各自的单一和多次练习之后，才可以组合在一起做综合练习。

（1）Entrechat quetre

打击跳跃的一种，锻炼腿部的灵活性和敏捷性。

（2）Temps de cuisse

一种扭身的跳跃，锻炼身体的灵活和腿的敏捷。

（3）Pas échappé battu

Battu "打击" 的意思，通过 Pas échappé 动作中增加腿的击打动作，增强动作的难度，使其具有技术性。

2. 主要动作的节拍进度与练习要求

（1）Entrechat quetre [昂特勒夏·卡特尔] 打四下的击腿跳

节拍：两拍一次

准备拍：da5-7 教室中间，En face，右腿在前站五位，双臂一位；da-8 五位 Demi plié；

da- 双腿推地跳起做打击动作，右腿打后五位，左腿打前五位；

1- 右腿打前五位，落五位 Demi plié；

da-2 站直。

要求：跳起后双腿在空中要同时分开做打击动作，空中保持身体垂直收紧，双腿伸直转开脚尖绷紧，双腿往旁分开不要大，往里打击的力量要多和深。打击时身体和胯要控制好，不要随打击动作扭动摇晃，手臂保持舞姿自然放松。

（2）Temps de cuisse [唐·德·居伊斯] 扭胯的跳

节拍：四拍一次

准备拍：5-7 教室中间，Épaulement croisé 方向，右腿在前站五位，双臂一位；8- 五位 Demi plié。

da- 在五位 Demi plié 上，左脚抬起 Cou-de-pied 往前同时转身 1/4 方向，双臂二位；

1- 左腿落前五位同时双腿马上跳起往旁打开，双臂打开右六位 Allongé，往旁往 4 点方向移动；

da-2 左脚落前五位 Demi plié，双臂保持舞姿；

da3-4 双腿站直

要求：转身方向要清楚，左脚推地绷脚要快，在落前五位的瞬间马上就跳起并踢腿往右旁移动跳出，上身同时往左右稍倾，双臂成六位 Allongé 往右旁伸展，整个动作过程要做清楚、干净，手臂动作配合协调。

（3）Pas échappé battu [埃夏佩·巴丘] 带击打的分腿跳

节拍：两拍一次

准备拍：da5-7 教室中间，Épaulement croisé 方向，右腿在前站五位，双臂一位；
8- 五位 Demi plié；

da- 跳起，双臂二位；

1- 落二位 Demi plié，双臂打开七位；

da- 推地跳起同时双腿做打击，右腿打前五位，左腿打后五位，双臂七位
Allongé；

2- 左腿打五位，落五位 Demi plié，双臂落一位。

要求：按照 Pas échappé 的动作要求，跳起落二位后，再跳起做打击动作，空中保持身体垂直收紧，双腿伸直转开脚尖绷紧，双腿往里打击的力量要多和深。打击时身体和胯要控制好，不要随打击动作扭动摇晃，手臂保持舞姿自然放松。

（4）Changement de pied en tournant [尚日芒·德·皮耶·昂·图尔囊] 带转身的双起双落换位跳

节拍：四拍一圈

准备拍：da5-7 教室中间，Épaulement croisé 方向，左腿在前站五位，双臂一位；
da-8 五位 Demi plié。

da1- 跳起，换脚落五位 Demi plié，对 4 点；

da-2 跳起，换脚落五位 Demi plié，对 6 点跳起；

da-3 跳起，换脚落五位 Demi plié，对 8 点；

da-4 跳起，换脚落五位 Demi plié，对 2 点。

要求：按照 Changement de pied 的要求，每次跳起的同时转身，转身方向要清楚，空中两腿要用力绷直膝盖、脚背和脚尖，跳起时腿在空中自然换脚。保持身体的垂直，背肌、腰肌、腹肌收紧，保持自然的手臂位置。注意起跳和落地都要保持 Demi plié 的柔韧、腿的外开和推地的弹力。注意以 1 点和 5 点为半圈的分界，前半圈要留头在左旁方向，后半圈要甩头到右旁方向。

3. 组合的动作节拍与做法详解

节拍：$\frac{6}{8}$ 拍，快速

准备姿态：教室中间，Épaulement croisé 方向，右腿在前站五位，双臂一位，身体对 8 点方向，眼睛看 1 点方向。

准备拍：da5-7 身体和手臂保持舞姿不动；8- 五位 Demiple。

① da1-4 Entrechat quetre 2 个。da- 双腿推地跳起同时做打击动作，右腿打击后五位，左腿打击前五位（图 4-20-1）；1- 右腿打击前五位（图 4-20-2），双腿落地右腿前五位的 Demi plié。da-2 双腿站直五位，再五位 Demi plié；da3-4 动作同 da1-2 动作。

da5-6 Temps de cuisse 1 个。da- 在五位 Demi plié 上，左腿从五位推绷抬起 Cou-de-pied 往前同时转身 1/4 方向，双臂二位；5- 左腿落前五位（图 4-20-3），同时双腿马上跳起往旁打开，双臂打开右六位 Allongé，往旁往 4 点方向移动（图 4-20-4）；da-6 左腿落前五位 Demi plié，双臂保持舞姿。

da7-8 双腿站直五位，双臂落下一位；da-8 双腿再五位 Demi plié。

② da1-8 左边动作同① da1-8 动作。

③ da1-4 Pas échappé battu 二位 2 个。da- 双腿推地跳起，双臂同时抬起二位；1- 落地二位 Demi plié，同时双臂打开七位，眼睛看右手；da- 双腿推地跳起同时双腿做打击，右腿打击前五位，左腿打击后五位。双臂七位 Allongé；2- 左腿打击前五位，双腿落地左腿在前五位 Demi plié，双臂落一位；da3-4 左边重复③ da1-2 动作。

图 4-20-1　　　图 4-20-2　　　图 4-20-3　　　图 4-20-4

da5-8 Pas échappé 二位接 Pas de bourrée（直腿的）。da- 双腿推地跳起，双臂同时抬起二位；5- 落地二位 Demi plié，同时双臂打开七位，眼睛看右手；da-6 右腿推起半脚尖同时左腿收后五位半脚尖，双臂七位 Allongé，右腿往旁迈步，左腿收前五位半脚尖，双腿站在五位 Relevé 上；da-7 双腿保持五位 Relevé 舞姿（图 4-20-5）；da-8 双腿落五位 Demi plié。

④ da1-4 五位 Changement de pied en tournant 4 个一圈（每个跳转身 1/4 方向）。

da-1 五位跳起同时转身 1/4 方向，换右脚在前落五位，身体对 4 点，双臂落下一位（图 4-20-6）；da-2 五位跳起同时转身 1/4 方向，换左脚在前落五位，身体对 6 点，双臂抬起二位；da-3 五位跳起同时转身 1/4 方向，换右脚在前落五位，身体对 8 点，双臂抬起三位（图 4-20-7）；da-4 五位跳起同时转身 1/4 方向，换左脚在前落五位，身体对 2 点，双臂保持三位。

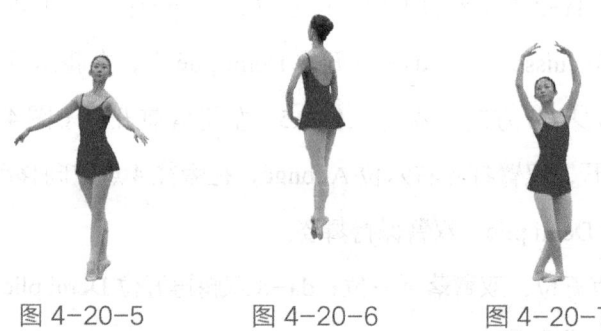

图 4-20-5　　　　　图 4-20-6　　　　　图 4-20-7

da5-8 Révérence。da-5 左腿往 7 点方向迈步，站直到左腿上的同时，右脚绷脚成旁点地，双臂打开七位，身体对 En face 方向，眼睛看 1 点方向；da-6 右腿往后收 Croisé 后点地，身体对 2 点方向，双臂七位 Allongé，眼睛看 1 点方向；da-7 双腿下蹲同时双膝向旁打开，上身稍向前屈，头微微点头，屈膝行礼；da-8 左腿站直，右腿保持 Croisé 后点地，双臂小七位 Allongé，眼睛看 1 点方向。

高级阶段： 第五课例

本课例视频
汇总

📚 **练习总任务：**

　　本阶段练习内容是在前四个阶段训练基础上的综合与提升，其美感要求与技术难度都持续递进。要求学生在新的动作节拍与连接方式上，既有较高的动作准确完成度，又要更好地去关注动作间的衔接流畅度，在提高技术技能丰富性的同时，要更好地兼顾运用舞姿与空间、情绪等，继而一起营造出肢体的动态美感。通过对丰富的舞蹈语言的练习，塑造有知觉、有意识的形体律动样式，培养坚实的、自信的气度风格，都成为了舞蹈美育形体练习的更高标准。

　　扶把部分所有腿部动作，都要在手臂 Port de bras 的连续运动中或带方向的舞姿上去完成，动作方位的交换连接与节拍变化也更为紧密。Adagio 和 Grand battement jeté 的组合，学习带方向在 Épaulement 的舞姿上去完成。中间的部分动作加入 En tournant 转动的练习，并开始在移动的舞步中去连接 Pirouette2 圈的 En dehors 和 En dedans。跳跃部分的 Grand jeté entrelacé 和 Grand jeté pas de chat 等中大跳练习，都加入到技术动作的难度练习之中。

　　注意按照教学和学习的必要步骤，每一个动作都需要在完成各自的单一和多次练习之后，才彼此组合在一起做综合练习。

一、BARRE 扶把部分

（一）Warm up 热身练习

1. 练习目的与教学内容

高级阶段课例的教学内容在综合前四个阶段课例的基础上，继续让学生在正确的身体基本站立姿态下，在一位脚位上练习往旁、往前、往后的 Battement tendu pour le pied（勾绷脚的），同时加入支撑腿的 Plié 动作，以及手臂和上身 Port de bras 的动作练习，使身体得到全面的活动。

2. 主要动作的节拍进度与练习要求

（1）Battement tendu pour le pied [巴特芒·唐究·普·勒·皮耶] 带勾绷脚的擦地

节拍：四拍一次

准备拍：da5-8 双手扶把，双腿站一位；

da-1 右腿出旁点地；

da-2 勾脚趾、脚腕，同时支撑腿 Plié；

da-3 绷脚背、脚趾、旁点地，同时支撑腿站直；

da-4 收回一位。

（同样节拍往前、往后做）

要求：动作腿往旁或往前、往后擦出，经过勾脚趾、勾脚腕，同时支撑腿做 Plié，双腿形成抻拉的力量，勾绷脚的力量要往远伸展。支撑腿站直同时绷脚背、绷脚趾，落下绷脚点地。做勾绷脚时要注意清晰地完成每一下勾绷脚的动作过程，注意双腿要最大限度地伸直和转开。此动作是带勾绷脚的擦地的变化做法。

（2）Port de bras [波·德·勃拉] 手臂舞姿或上身的前、后、旁腰

节拍：四拍一次

准备拍：da5-8 双手扶把，双腿站一位；

da-1 右臂从扶把打开七位，同时右腿全脚擦出二位 Demi plié；

da-2 右腿站直，左腿旁点地，上身往左侧下旁腰，右臂三位；

da-3 身体拉直，手臂打开七位；

da-4 右臂七位 Allongé，放回扶把位置；同时左腿收回一位。

要求：这个动作是手臂动作、上身旁腰动作和腿部动作结合在一起的练习。在手臂打开七位同时双腿做 Demi plié 的动作，站直成一腿旁点地舞姿，同时身体往旁下腰。头在动作过程中随右臂的动作运动，下腰时头转向下腰一侧，下腰时保持身体双肩的平行，肩部不要有前后的扭转，同时注意动作中身体重心的转换变化。所有动作随着音乐而舒展，保持头、手臂、上身、腿部在动作过程中的动作连贯和协调。

3. 组合的动作节拍与做法详解

节拍：$\frac{4}{4}$ 拍，中速

准备姿态：站在把杆前面，身体对 2 点方向，右腿 Croisé 后点地。双臂小七位 Allongé，头转向 En face 方向，眼睛看 1 点方向。

准备拍：da1-2 右腿往旁迈步，同时身体转成 En face 方向，左腿 Plié；da-1 右腿往 3 点迈步，重心站到右腿上，左腿绷脚旁点地，双臂保持小七位 Allongé 舞姿，头看 1 点方向；da-2 左腿经收一位擦地往后，左腿绷脚 Croisé 后点地，身体对 8 点方向，头转向 En face 方向，眼睛看 1 点方向。

da3-4 保持舞姿，屈膝行礼，站直。

da5-6 保持上身舞姿，从左脚开始往旁迈步半脚尖，快速走四步，走向把杆。

da7-8 面对把杆，双手扶把，双腿落全脚站好一位，头看正前方。

① da1-4 右腿 Battement tendu pour le pied 往前，带 Plié 做。da-1 右腿擦地往前同时头转向右旁；da-2 右腿勾脚同时左腿 Plié（图 5-1-1）；da-3 右腿绷脚前点地，同时左腿站直；da-4 右腿擦地回一位。

da5-8 右腿 Battement tendu pour le pied 往旁，带 Plié 做。动作同 da1-4 动作；头在擦地往旁时转回 En face 方向（图 5-1-2）。

② da1-4 右腿 Battement tendu 往旁 2 个。da-1 右腿擦地往旁，绷脚旁点地；da-2 右腿经擦地收回一位；da3-4 动作同 da1-2 动作。

da5-8 Port de bras 旁腰。da-5 右腿全脚往旁擦出，同时二位 Demi plié，右臂打开七位，头随右臂动作，眼睛看右手（图 5-1-3）；da-6 推直重心站左腿上，右腿绷脚旁点地，同时上身往左旁下腰，右臂同时抬起三位，头随右臂动作转向左旁方向（图

5-1-4）；da-7 上身拉直同时右臂打开七位，头随右臂动作转向右旁方向（图 5-1-5）；da-8 右腿收一位，同时右臂回到扶把位置，头转回 En face 方向（图 5-1-6）。

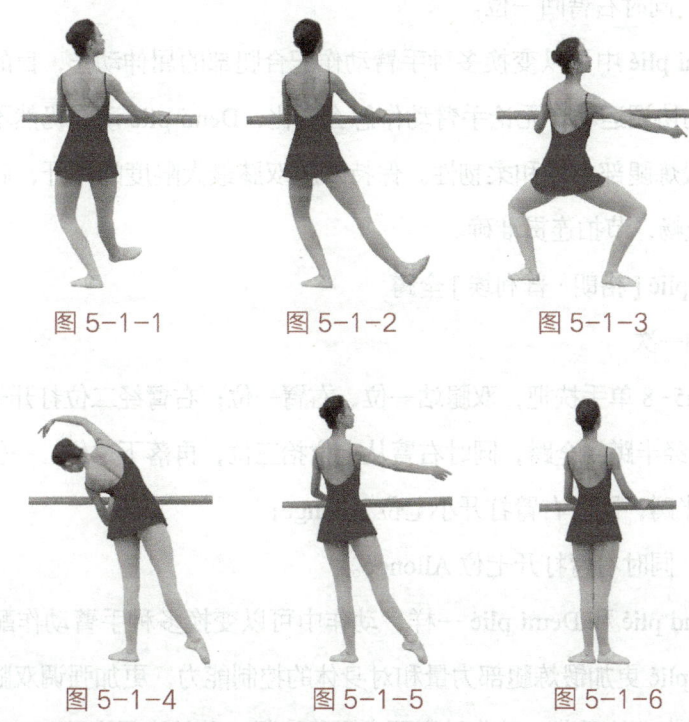

图 5-1-1   图 5-1-2   图 5-1-3

图 5-1-4   图 5-1-5   图 5-1-6

③-④左腿开始，动作同①-②动作。

⑤-⑥右腿往后开始，动作同①-②动作。

⑦-⑧左腿往后开始，动作同⑤-⑥动作。

（二）Plié 蹲起练习

1. 练习目的与教学内容

高级阶段课例的教学内容综合了前四个阶段课例的 Demi plié、Grand plié、Port de bras、Relevé 的动作，继续练习手臂动作和腿部动作的配合，在单腿重心练习手臂动作和上身下腰动作的配合，在半脚尖上做手臂的 Port de bras 练习，锻炼身体的平衡能力，进一步锻炼整个身体的力量和控制力，以及身体的协调性与舞蹈感。

2. 主要动作的节拍进度与练习要求

（1）Demi plié [德米·普利埃] 半蹲

节拍：两拍一次

准备拍：da5-8 单手扶把，双腿站一位，右臂一位；右臂经二位打开七位。

da-1 双腿下蹲，同时右臂小七位 Allongé；

da-2 起直，同时右臂回一位。

要求：Demi plié 中可以变换多种手臂动作配合腿部的屈伸动作，目的都是为了更好地练习身体的协调运动。无论手臂动作怎么变化，Demi plié 动作仍然不能丢失其自身练习目的，锻炼腿部力量和柔韧性。保持双腿双膝最大限度的外开，后背腰挺拔直立。动作平稳流畅，节拍连贯准确。

（2）Grand plié [格朗·普利埃] 全蹲

节拍：四拍一次

准备拍：da5-8 单手扶把，双腿站一位，右臂一位；右臂经二位打开七位；

da1-2 双腿经半蹲到全蹲，同时右臂从七位抬三位，再落下二位、一位；

da-3 回到半蹲，同时右臂打开小七位 Allongé；

da-4 站直，同时右臂打开七位 Allongé。

要求：Grand plié 和 Demi plié 一样，动作中可以变换多种手臂动作配合腿部的屈伸动作。Grand plié 更加锻炼腿部力量和对身体的控制能力，更加强调双腿双膝最大限度的外开和挺拔直立的后背。动作过程要求平稳流畅，节拍连贯准确。

（3）Port de bras [波·德·勃拉] 手臂舞姿和上身的前、旁、后腰

节拍：四拍一次

准备拍：da5-8 单手扶把，双腿站一位，右臂一位；右臂经二位打开七位。

da1-2 右腿旁点的舞姿上，上身往左下旁腰，右臂抬三位；

da3-4 上身拉直，同时右臂落七位。

要求：在腿呈前、旁、后点舞姿上做下腰动作，更加要求支撑腿重心的稳定和身体的控制力，注意下腰时重心始终保持在支撑腿上，动作腿脚尖轻点地，下腰时不能将重心移到动作腿上。往前、往旁、往后下腰，要保持头、手臂、上身在动作过程中的协调配合。注意所有动作跟随音乐而舒展，这组动作练习方式在以后训练中将经常出现。

3. 组合的动作节拍与做法详解

节拍：$\frac{6}{8}$拍，慢速

准备姿态：单手扶把，右臂一位，双腿站一位，头转向右旁方向。

准备拍：da5-8 保持舞姿不动。

① da1-4 一位 Demi plié 2 个。da-1 双腿开始下蹲同时，右臂从一位抬起小七位 Allongé 头随右臂动作，眼睛看右手；da-2 双腿伸直夹紧，右臂收回一位，头随右臂动作，眼睛看右手。da-3 双腿开始下蹲的同时，右臂从一位抬起二位，头随右臂动作，眼睛看右手；da-4 双腿伸直夹紧，右臂打开七位，头看向右旁。

da5-8 一位 Grand plié。da- 右臂七位 Allongé；da5-6 右臂抬起到三位（图 5-2-1），双腿下蹲经过 Demi plié，同时右臂落下二位（图 5-2-2），继续下蹲到 Grand plié，同时手臂落下一位（图 5-2-3）；da7-8 双脚落脚跟，双腿经过 Demi plié，同时右臂向旁慢慢打开小七位 Allongé（图 5-2-4），双腿站直，右臂抬起到七位 Allongé，最后站直夹紧双腿（图 5-2-5）。

图 5-2-1   图 5-2-2   图 5-2-3   图 5-2-4   图 5-2-5

② da1-4 Port de bras 前腰。da- 右臂七位 Allongé，眼睛看右手；1-2 身体往前下腰，同时右臂经一位到二位，头随右臂动作，眼睛看右手；da3-4 上身拉直同时右臂二位抬起三位，头随右臂动作，眼睛看右手。

da5-8 Port de bras 后腰。da5-6 右臂保持三位，上身往后下胸腰，头看向右旁方向；da-7 保持三位舞姿，上身拉直直立体态，右臂在身体快拉直时打开七位，头看向右旁方向；da-8 右腿往旁擦出，落全脚二位同时右臂落下一位，重心放在双腿上，头随右臂动作，眼睛看右手。

③ da1-4 二位 Demi plié 2 个。动作同① da1-4 动作。

da5-8 二位 Grand plié 动作同① da5-6 动作；下蹲时脚后不离地。

④ da1-4 Port de bras 旁腰，带点地做。da1-2 右脚绷脚点地，重心站到左腿上，同时右臂抬起三位，上身往左下旁腰，头随右臂动作转向左旁方向（图 5-2-6）；da3-4 上身拉直同时右臂打开七位，头随右臂动作转向右旁方向。

da5—8 Port de bras 旁腰，带点地做。da5—6 重心站到右腿上，左脚绷脚点地，同时左臂抬起三位，上身往右下旁腰，左臂收二位，头转向右旁方向（图5-2-7）；da7—8 上身拉直同时左臂打开七位，同时左脚落全脚二位，右脚绷脚旁点地，同时重心站到左腿上，右腿划到前点地，右臂七位 Allongé，右脚落全脚四位，同时右臂落下一位，头随右臂动作，眼睛看右手。

⑤ da1—4 四位 Demi plié 2 个。动作同① da1—4 动作。

da5—8 四位 Grand plié 动作同① da5—8 动作。

⑥ da1—4 Port de bras 前腰，带点地做。da— 右臂七位 Allongé，眼睛看右手，1—2 右腿绷脚前点地，同时重心站到左腿上，上身往前下前腰，同时左腿 Plié，右臂经一位到二位，头随右手动作，眼睛看右手（图5-2-8）。da3—4 上身拉起同时左腿站直，同时右臂二位抬起三位，头随右臂动作，眼睛看右手。

图 5-2-6   图 5-2-7   图 5-2-8

da5—8 经四位 Demi plié 到第四 Arabesque 点地舞姿。da—5 右腿落全脚四位 Demi plié，同时右臂落下二位，头随右臂动作，眼睛看右手；da—6 重心移动到右腿上同时站直，左腿绷直后点地，右臂打开第四 Arabesque 手臂舞姿，头转向 1 点方向；da—7 保持舞姿不动；da—8 左腿擦地收五位，同时右臂经二位打开七位，头转向右旁方向。

⑦ da1—4 五位 Grand plié 2 个。da— 右臂七位 Allongé；1—2 双腿下蹲经过 Demi plié，同时右臂落到小七位 Allongé，继续下蹲到 Grand plié，右臂落到一位；da3—4 双脚落脚跟，双腿经过 Demi plié，同时右臂抬起二位，双腿站直，右臂打开七位，最后站直五位。

da5—8 五位 Grand plié。动作同⑦ da1—4 动作。

⑧ da1—8 五位 Relevé。da— 右臂七位 Allongé，眼睛看右手；1— 双腿立起五位半脚尖，同时双臂落下一位，头随右臂动作，眼睛看右手；da—2 右臂从一位抬起二位，

左臂同时放到二位，头随右臂动作，眼睛看右手；da3-4 双臂从二位抬起三位，头随右臂动作，眼睛看 En face 方向；da5-6 双腿保持五位半脚尖舞姿；da7-8 双臂三位 Allongé，保持舞姿不动，眼睛看右手。

结束拍：da7-8 双腿落五位全脚同时双臂经七位 Allongé 落下一位，抬头转向右旁方向。

（三）Battement tendu 擦地练习

1. 练习目的与教学内容

在高级阶段课例的教学内容中，在单手扶把上继续练习站五位的 Battement tendu 往旁、往前、往后，并带手臂动作和带方向做，加入 Battement developpé 点地舞姿、Rond de jambe、Battement tendu pour le pied（压脚的）等动作，进一步丰富组合的训练内容。

2. 主要动作的节拍进度与练习要求

Battement tendu [巴特芒·唐究] 擦地

节拍：两拍一次

准备拍：da5-8 单手扶把，右腿在前站五位，右臂一位；右臂经二位打开七位 Allongé；

da-1 右腿往前擦地同时身体向右转身 1/8 方向，同时右臂从一位经二位，抬起三位；

da-2 收五位，右臂三位。

要求：带方向做擦地，要求在身体转动的同时双腿夹紧五位，转到位置马上擦出动作腿。带手臂动作做擦地，要求腿擦出的同时手臂打开到准确位置。注意转身时方向准确，特别强调重心放到支撑腿脚掌上，并保持双腿最大限度的转开。

学习带方向做擦地动作时，要先学会身体转动时重心在转动时脚下的位置。站五位，以后腿为支撑腿转身时，重心放在后腿脚掌上，往 En dehors 方向转；以前腿为支撑腿转身时，重心放在前腿脚掌上，往 En dedans 方向转。

3. 组合的动作节拍与做法详解

节拍：$\frac{4}{4}$ 拍，中速

准备姿态：单手扶把，右臂一位，右腿在前站五位，头转向右旁方向。

准备拍：da5-6 保持舞姿不动；

da7-8 右臂从一位打开小七位 Allongé，落下一位，头随右臂动作，眼睛看右手。

① da1-2 右腿 Battement tendu 往前，带方向和手臂动作。da-1 右腿往前擦地同时身体向右转身 1/8 方向，同时右臂从一位抬起二位，头随右臂动作，眼睛看右手（图 5-3-1）；da-2 右腿擦地收五位，右臂保持二位舞姿。

da3-4 右腿 Battement tendu 往前 2 个。da- 右腿往前擦地，绷脚前点地，手臂抬起三位（图 5-3-2）；3- 右腿擦地收五位，头手保持舞姿不动；da-4 动作同① da-3 动作。

da-5 右腿 Battement développé 前点地。da- 右腿经 Cou-de-pied 前（图 5-3-3）；5- 右腿往前伸直绷脚前点地，同时左腿 Plié（图 5-3-4）。

图 5-3-1   图 5-3-2   图 5-3-3   图 5-3-4

da6-7 右腿 Demi rond de jambe par terre en dehors 前划旁。da-6 左腿站直，同时右腿划到旁点地，同时身体往左转身 1/8 方向，右臂打开七位，头转到 En face 方向；da-7 右腿经擦地收前五位。

da-8 右腿 Battement tendu 往旁。da- 右腿往旁擦出同时右臂七位 Allongé；8- 右腿擦地收后五位，右臂落下一位。

② da1-2 右腿 Battement tendu 往后，带方向和手臂动作。da-1 右腿往后擦地同时身体向左转身 1/8 方向，同时右臂从一位抬起二位，头随右臂动作，眼睛看右手（图 5-3-5）；da-2 右腿擦地收五位，头手保持舞姿不动。

da3-4 右腿 Battement tendu 往后 2 个。da- 右腿往后擦地，绷脚后点地，手臂打开第二 Arabesque 舞姿（图 5-3-6）；3- 右腿擦地收五位，头手保持舞姿不动；da-4 动作同 da-3 动作。

da-5 右腿 Battement développé 后点地。da- 右腿经 Cou-de-pied 后（图 5-3-7）；5- 右腿往后伸直绷脚后点地，同时左腿 Plié（图 5-3-8）。

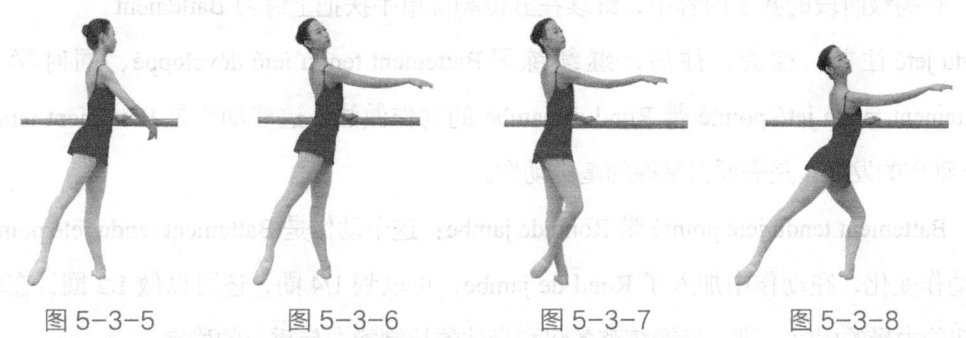

图 5-3-5　　　　　　图 5-3-6　　　　　　图 5-3-7　　　　　　图 5-3-8

da6-7 右腿 Demi rond de jambe par terre en dedans 后划旁。da-6 左腿站直，同时右腿划到旁点地，身体往右转身 1/8 方向，右臂经二位落下一位抬起七位，头随右臂动作转向右旁方向；da-7 右腿经擦地收后五位。

da-8 右腿 Battement tendu 往旁。da- 右腿往旁擦出，同时右臂七位 Allongé；8- 右腿擦地收前五位，右臂落下一位

③ da1-4 右腿 Battement tendu 往前 3 个。da- 右腿往前擦地，绷脚前点地，同时右臂抬起二位；1- 右腿擦地收五位；da- 右腿往前擦地，绷脚前点地，同时右臂抬起三位；2- 右腿擦地收五位；da- 右腿往前擦地，绷脚前点地，头手保持舞姿不动；3- 右腿擦地收五位；da-4 保持舞姿不动。

da5-8 左腿 Battement tendu 往后 3 个。da- 左腿往后擦地，绷脚后点地，同时右臂落下二位；5- 左腿擦地收五位；da- 左腿往后擦地，绷脚后点地，同时右臂打开第四 Arabesque 舞姿；6- 左腿擦地收五位；da- 左腿往后擦地，绷脚后点地，头手保持舞姿不动；7- 左腿擦地收五位；da-8 保持舞姿不动。

④ da1-4 右腿 Battement tendu 往旁 4 个。da- 右腿擦地往旁同时右臂回二位，眼睛看右手；1- 右腿收后五位；da- 右腿擦地往旁，右臂打开七位，头转向右旁方向；2- 右腿收前五位。da3-4 动作同 da1-2 动作；手臂保持七位不动。

da5-8 右腿 Battement tendu pour le pied（压脚的）往旁。da- 右腿往旁擦地，绷脚旁点地；5- 右脚经半脚掌落全脚；da- 快速绷脚旁点地；6- 右腿收后五位；da7-8 动作同 da5-6 动作；da-8 右臂七位 Allongé，结束时右腿收前五位，同时右臂落下一位，头随右臂动作，最后头抬起转向右旁方向。

（四）Battement tendu jeté 小踢腿练习

1. 练习目的与教学内容

在高级阶段的教学内容中，继续在五位脚位单手扶把上练习 Battement tendu jeté 往前、往旁、往后，继续练习 Battement tendu jeté développé、同时学习 Battement tendu jeté pointé 带 Rond de jambe 的动作做法。这些动作是 Battement tendu jeté 动作的发展，是需要去掌握的基础动作。

Battement tendu jeté pointé 带 Rond de jambe：这个动作是 Battement tendu jeté pointé 的动作变化，在动作中加入了 Rond de jambe，可以划 1/4 圈，还可以做 1/2 圈，在增强腿的力量的同时，进一步锻炼整条腿和身体的控制能力与重心的稳定。

2. 主要动作的节拍进度与练习要求

（1）Battement tendu jeté [巴特芒·唐究·热泰] 小踢腿

节拍：一拍一次

准备拍：da5-8 单手扶把，右腿在前站五位，右臂一位；右臂经二位打开七位。

da- 右腿往前踢至 25°；

1- 收回五位脚。

要求：详见第一课例第 4 个组合。注意腿和手臂动作同时完成，腿踢出要快速有力，手臂要轻柔控制，注意两个动作的协调并做出各自动作的不同要求。

（2）Battement tendu jeté pointé（带 Rond de jambe）[巴特芒·唐究·热泰·普安泰·隆·德·让] 带点地接划圈的小踢腿

节拍：一拍一次

准备拍：da5-8 单手扶把，右腿在前站五位，右臂一位；右臂经二位打开七位，同时右腿打开前 25°。

1- 右腿从前腿 25° 落下前点地；

da- 再踢起前腿 25°，划旁。

要求：在 Battement tendu jeté 的全部要求基础上，躯干和支撑腿保持稳定并有力地收紧上提，强调动作腿在点地和踢起时，始终保持整条腿的收紧和绷直转开，用力伸直膝盖、绷紧脚踝和脚趾，点地时也不能松懈。点地动作要做得短促有力，不要在地面上停留，一触地就迅速踢回到空中，注意腿踢到空中划向另一个方向要保持腿的高度与方向的准确。

3. 组合的动作节拍与做法详解

节拍：$\frac{4}{4}$拍，快速

准备姿态：单手扶把，右臂一位，右腿在前站五位，头转向右旁方向。

准备拍：da5-6 保持舞姿不动；

da7-8 右臂从一位打开抬起小七位 Allongé，右臂落下一位，头随右臂动作（图 5-4-1）。

① da1-4 右腿 Battement tendu jeté 往前 4 个，带 port de bars 做。da- 右腿踢前腿 25°，同时右臂抬起二位，头随右臂动作（图 5-4-2）；1- 右腿收五位（图 5-4-3）；da- 右腿踢前腿 25°，同时右臂抬起三位，头随右臂动作（图 5-4-4）；2- 右腿收五位；da- 右腿踢前腿 25°，同时右臂打开七位，头随右臂动作；3- 右腿收五位；da- 右腿踢前腿 25°，右臂保持七位不动；4- 右腿收五位。

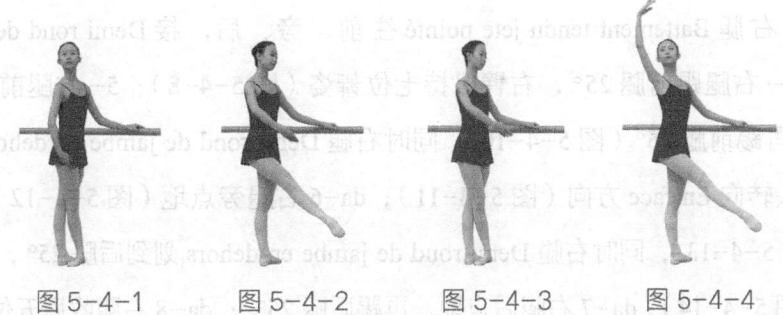

图 5-4-1　　　　图 5-4-2　　　　图 5-4-3　　　　图 5-4-4

da5-6 右腿 Battement développé jeté 往前。da-5 右腿经 Cou-de-pied 踢前腿 25°，右臂保持七位舞姿；da-6 右腿收五位。

da7-8 右腿 Battement développé jeté passé 往后。da- 右腿踢前腿 25°（图 5-4-5），右臂保持七位舞姿；7- 右腿经 Cou-de-pied（图 5-4-6），往后踢出后腿 25°（图 5-4-7）；da-8 右腿收五位。

图 5-4-5　　　　　　图 5-4-6　　　　　　图 5-4-7

② da1-4 右腿 Battement tendu jeté 往后 4 个，带 Port de bars 做。da- 右腿踢后腿 25°，同时右臂七位 Allongé，头随右臂动作；1- 右腿收五位，同时右臂落下一位；da- 右腿踢后腿 25°，同时右臂抬起二位，头随右臂动作；2- 右腿收五位；da- 右腿踢后腿 25°，同时右臂抬起三位，头随右臂动作；3- 右腿收五位；da- 右腿踢后腿 25°，同时右臂打开七位，头随右臂动作；4- 右腿收五位。

da5-6 右腿 Battement développé jeté 往后。动作同① da5-6 动作。

da7-8 右腿 Battement développé jeté passé 往前。动作同① da7-8 动作。

③ da1-4 右腿 Battement tendu jeté 往旁 4 个，带 Port de bars 做。da- 右腿踢旁腿 25°，同时右臂七位 Allongé，头随右臂动作；1- 右腿收后五位，同时右臂落下一位。da- 右腿踢旁腿 25°，同时右臂抬起二位，头随右臂动作；2- 右腿收前五位；da- 右腿踢旁腿 25°，同时右臂抬起三位，头随右臂动作；3- 右腿收后五位。da- 右腿踢旁腿 35°，同时右臂打开七位，头随右臂动作；4- 右腿收前五位。

da5-8 右腿 Battement tendu jeté pointé 往前、旁、后，接 Demi rond de jambe en dehors。da- 右腿踢前腿 25°，右臂保持七位舞姿（图 5-4-8）；5- 右腿前点地（图 5-4-9），再踢前腿 25°（图 5-4-10），同时右腿 Demi rond de jambe en dehors 划到旁腿 25°，头转向 En face 方向（图 5-4-11）；da-6 右腿旁点地（图 5-4-12），再踢旁腿 25°（图 5-4-13），同时右腿 Demi rond de jambe en dehors 划到后腿 25°，头转向右旁方向（图 5-4-14）；da-7 右腿后点地，再踢后腿 25°；da-8 右腿收后五位。

图 5-4-8   图 5-4-9   图 5-4-10   图 5-4-11

④ da1-4 右腿 Battement tendu jeté 往旁 4 个，带 Port de bars 做。da- 右腿踢旁腿 25°，同时右臂慢慢收二位，头随右臂动作；1- 右腿收前五位，右臂收二位；da- 右腿踢旁腿 25°，同时右臂落下一位，头随右臂动作；2- 右腿收后五位；da- 右腿踢旁腿 25°，同时右臂往旁慢慢打开七位，头随右臂动作；3- 右腿收前五位；da- 右腿踢

旁腿 25°，同时右臂打开七位，头随右臂动作；4– 右腿收后五位。

图 5-4-12　　　　　图 5-4-13　　　　　图 5-4-14

da5–8 右腿 Battement tendu jeté pointé 往后、旁、前，接 Demi rond de jambe en dedans。da– 右腿踢后腿 25°，右臂保持七位舞姿；5– 右腿后点地，再踢后腿 25°，同时右腿 Demi rond de jambe en dedans 划到旁腿 25°，头转向 En face 方向；6– 右腿旁点地，再踢旁腿 25°，同时右腿 Demi rond de jambe en dedans 划到前腿 25°，头转向右旁方向；7– 右腿前地点，再踢前腿 25°，同时右臂七位 Allongé；8– 右腿收前五位，右臂落下一位，头随右臂动作，抬头转向右旁。

（五）Rond de jambe 划圈练习

1. 练习目的与教学内容

在高级阶段的教学内容中，继续练习一位脚位单手扶把的 Plié soutenu、Rond de jambe par terre 往前、往旁、往后的划 1/2 圈的基础动作，继续练习 Rond de jambe par terre prèparation、Rond de jambe 45°、学习 Port de bras 带点地舞姿和移重心的动作做法。

Plié soutenu

Soutenu 原意为"保持住"，也被称为"Battement tendu soutenu"。这个动作是 Plié 和 Battement tendu 的合成动作。它是学生第一次碰到两条腿同时做不同的动作。支撑腿做屈直的动作，动作腿在脚不离开地面的状态下做伸收的动作，锻炼学生身体的协调性和灵活运用双腿的能力，动作要做得连贯而富有弹性，并为以后的迈步动作或类似的动作打下基础。

2. 主要动作的节拍进度与练习要求

（1）Plié soutenu [普利埃·苏特组] 保持舞姿不变的蹲

节拍：两拍一次

准备拍：da5-8 单手扶把，双腿站一位，右臂一位；右臂经二位打开七位；

da-1 右腿擦出，同时左腿 Plié；

da-2 左腿站直，同时右腿收五位。

要求：动作腿按照 Battement tendu 的要求擦出和收回。支撑腿 Demi plié 蹲下去和起来的速度要均匀。Demi plié 蹲到最深处之后要立即开始升起。做 Demi plié 的时候，强调支撑腿的膝盖往旁打开，不要向前倒膝盖和倒脚，双腿在动作的过程中始终保持外开。躯干保持正直，骨盆收紧提住，不能因为动作腿的擦出而牵动重心，后背要有力地控制住，手臂和腿的动作要做得协调、连贯、流畅。强调两条腿同时开始动作，并且同时结束。

（2）Battement relevé lent [巴特芒·雷勒韦·朗] 慢抬腿

节拍：一拍一次

准备拍：da5-8 单手扶把，双腿站一位，右臂一位；右臂经二位打开七位；

da-1 右腿擦出，抬起。

要求：动作腿抬起前，脚要经过擦地的整个过程。动作腿抬起的过程中，要用力绷直膝盖、脚背和脚趾，在 90° 上停住并保持外开，在空中要更加强调伸直膝盖，绷直整条腿。往前抬起时上身往后稍下胸腰，往后抬起时上身往前稍前倾。

（3）Grand rond de jambe jeté [格朗·隆·德·计·热泰] 划圈的踢腿

节拍：两拍一次

准备拍：da5-8 单手扶把，双腿站一位，右臂一位；右臂经二位打开七位；

da-1 右腿抬小 Attitude 前；

da-2 踢划到后，后点地。

要求：动作腿强调先伸直再划圈，用脚尖带着，划的过程中保持腿的外开，上身摆正，躯干和支撑腿稳定，踢出腿要有力量，划圈要有控制地划。做 En dehors 方向划圈时旁腿最高，En dedans 方向划圈时前腿最高。

（4）Port de bras [波·德·勃拉] 手臂舞姿和上身的前、后、旁腰

节拍：八拍一次

准备拍：da5-8 单手扶把，双腿站一位，右臂一位；右臂经二位打开七位；

da1-2 左腿后点地，上身往前下腰，同时右腿 Plié；

da3-4 迈步后站直，前点地；

da5-6 上身转到旁腰、后腰；

da7-8 上身拉直。

要求：往前下腰时，支撑腿 Plié 蹲到最大限度，身体从头到脚保持一条直线，重心保持在支撑腿上。往后迈步时，重心要一下站到后腿上，做圆的 Port de bras 应特别注意支撑腿重心的垂直稳定，转到旁腰、后腰时，两肩摆正，保持重心垂直，胯收紧向上提起，收紧腹肌、臀肌。上身拉起要尽快立直，要把前、旁、后腰三个方向圆的路线做清楚，手臂随上身的转动在圆的轨道上做它的手臂运行路线。整个动作过程要做得流畅、平稳、连贯，注意手臂位置准确，头、眼睛始终跟随手臂的运动而运动。

3. 组合的动作节拍与做法详解

节拍：$\frac{3}{4}$ 拍，中速

准备姿态：单手扶把，右臂一位，右腿在前站五位，头转向右旁。

准备拍：da5-6 身体保持准备姿态不动；

da7-8 右臂从一位打开小七位 Allongé，落下一位，头随右臂动作，眼睛看右手。

① da1-2 右腿 Plié soutenu 往前。da-1 右腿往前擦出，同时左腿 Plié，同时右臂经二位抬起三位，上身往后挑胸腰，头随右臂动作，眼睛看右手（图 5-5-1）；da-2 右腿擦地收五位，同时左腿站直，右臂保持三位不动（图 5-5-2）。

da3-4 左腿 Plié soutenu 往后。da-3 左腿往后擦出，同时右腿 Plié，右臂经二位打开第四 Arabesque 舞姿，上身往后挑胸腰，头随右臂动作（图 5-5-3）；da-4 左腿擦地收五位，同时右腿站直，右臂保持第四 Arabesque 舞姿不动（图 5-5-4）。

图 5-5-1   图 5-5-2   图 5-5-3   图 5-5-4

da5-6 右腿 Plié soutenu 往旁。da-5 右腿往旁擦出，同时左腿 Plié，右臂经二位抬起三位，上身往旁下腰，头随右臂动作转向左旁（图 5-5-5）；6- 左腿站直，同时右

腿划到后点地，右臂打开七位，头随右臂动作转向右旁（图5-5-6）。

da7-8 右腿 Rond de jambe par terre en dehors2 个。da- 右腿经一位擦地往前；7- 右腿擦地绷脚点地，同时划到旁、后点地；da-8 动作同 da-7 动作。

②da1-2 右腿 Rond de jambe par terre en dehors 2 个。动作同①da7-8 动作。

da3-4 右腿 Battement relevé lent 往前、往后。da- 右腿经一位擦地往前；3- 右腿抬起前腿 90°；da- 右腿点地，经一位擦地往后；4- 右腿抬起后腿 90°，同时右臂七位 Allongé。

da5-6 右腿 Grand rond de jambe jeté en dehors 2 个。da- 右腿经一位擦地往前踢起前小 Attitude，同时右臂落下一位（图5-5-7）；5- 右腿往斜前踢向空中，同时右臂经二位抬起三位，右腿划旁（图5-5-8）、后腿 90° 以上；6- 右腿落下，绷脚后点地（图5-5-9）；da7-8 动作同 da5-6 动作。右臂保持三位不动；da-8 右腿收五位，同时右臂打开七位。

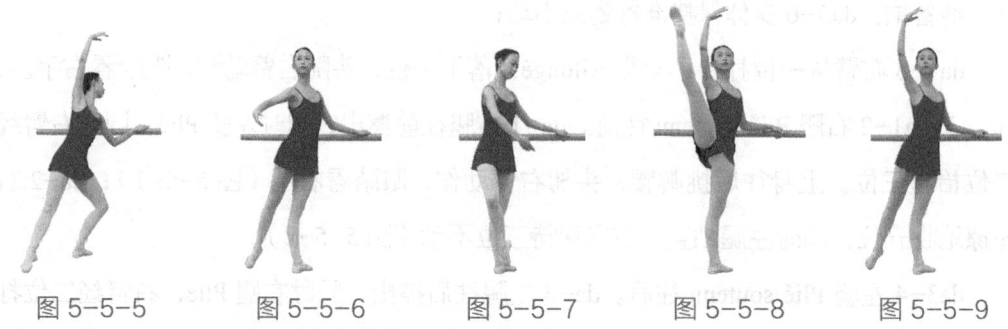

图 5-5-5　　　图 5-5-6　　　图 5-5-7　　　图 5-5-8　　　图 5-5-9

③da1-2 右腿 Plié soutenu 往后。da- 右臂七位 Allongé 伸展；1- 右腿往后擦出同时左腿 Plié，右臂落下一位，经二位打开第四 Arabesque 舞姿，上身往后挑胸腰，头随右臂动作，眼睛看 1 点；da-2 右腿擦地收五位，同时左腿站直，右臂保持第四 Arabesque 舞姿。

da3-4 左腿 Plié soutenu 往前。da-3 左腿往前擦出同时右腿 Plié，右臂经二位抬起三位，上身往后挑胸腰，头随右臂动作，眼睛看右手；da-4 左腿擦地收回五位，同时右腿站直，头手保持三位不动。

da5-6 右腿 Plié soutenu 往旁。da-5 右腿往旁擦出，同时左腿 Plié，右臂保持三位不动，上身往旁下旁腰，头随右臂动作转向左旁；da-6 左腿站直，同时右腿划到前点地，同时右臂打开七位，头随右臂动作转向右旁。

da7-8 右腿 Rond de jambe par terre en dedans。da- 右腿经一位擦地往后；7- 右腿擦地绷脚点地同时划到旁、前地点；da-8 动作同 da-7 动作。

④ da1-2 右腿 Rond de jambe par terre en dedans 2 个。右腿动作同③ da7-8 动作。

da3-4 右腿 Battement relevé lent 往后、往前。da- 右腿经一位擦地往后；3- 右腿抬起后腿 90°；da- 右腿点地经一位擦地往前；4- 右腿抬起前腿 90°，同时右臂七位 Allongé。

da5-8 右腿 Grand rond de jambe jeté en dedans 2 个。da- 右腿经一位擦地往后踢起后小 Attitude，同时右臂抬起三位；5- 右腿往斜后踢向空中同时右腿划旁、前腿 90° 以上；6- 右腿落下前点地；da7-8 右腿动作同② da5-6 动作；右臂保持三位不动；da-8 右腿收五位，同时右臂打开七位。

⑤ da1-4 Port de bras 前腰。da- 右臂七位 Allongé，同时左腿往后擦出，绷脚后点地，眼睛看右手；1-3 上身往前下腰，同时右腿 Plié，左腿绷紧脚尖贴地面往后滑，同时右臂落下一位抬起二位，头随右臂动作，眼睛看右手（图 5-5-10）；da-4 左腿往后迈一步站直，同时右腿伸直前点地，右臂保持二位（图 5-5-11）。

da5-8 圆的 Port de bras 旁、后腰。da-5 右腿保持前点地，上身往左下旁腰，同时右臂抬起三位，头转向左旁（图 5-5-12）；da-6 上身转到后腰，右臂保持三位，头转向右旁（图 5-5-13）；da7-8 上身拉直同时右臂打开七位，头留在右旁。

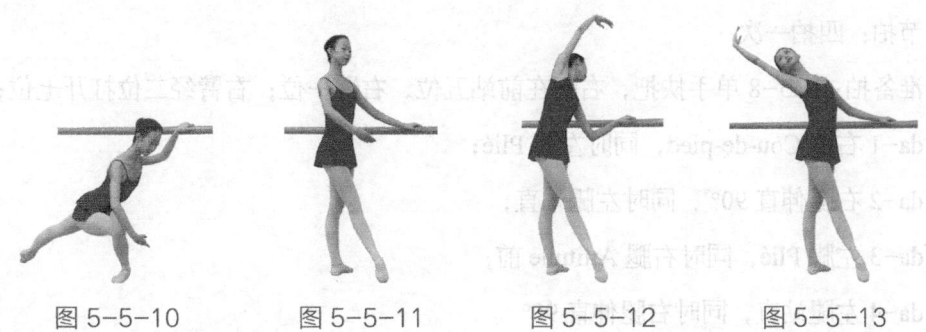

图 5-5-10　　　　图 5-5-11　　　　图 5-5-12　　　　图 5-5-13

⑥ da1-2 Port de bras 前腰。da- 右臂七位 Allongé 伸展，右腿保持前点地；1- 上身往前下腰同时左腿 Plié，右腿绷脚尖点地，同时右臂经一位抬起二位（图 5-5-14）；da-2 上身拉直同时右腿抬起前腿 90°，同时左腿站直，右臂抬起三位（图 5-5-15）。

da3-8 右腿 Grand rond de jambe en dehors 90°。da3-4 右腿划到旁腿 90°（图 5-5-16）；da5-6 右腿划后腿 90°，同时右臂打开七位，落下一位抬起二位，打开第二 Arabesque 舞

姿（图 5-5-17）；da-7 保持第二 Arabesque 舞姿不动；da-8 右腿落下后点地，经一位擦地到前点地，同时右臂经二位打开七位 Allongé，右腿收五位同时右臂落下一位，头随右臂动作，最后头抬起转向右旁。

图 5-5-14   图 5-5-15   图 5-5-16   图 5-5-17

（六）Battement fondu 单腿蹲练习

1. 练习目的与教学内容

在高级阶段课例中，学习五位脚位单手扶把 Battement double fondu 往旁、往前、往后带 Relevé、带方向做，并配合手臂动作。继续练习 Rond de jambe en l`air，学习 Battement retiré 前舞姿。

2. 主要动作的节拍进度与练习要求

Battement double fondu [巴特芒·杜勃尔·丰究] 带两次蹲的单腿蹲

节拍：四拍一次

准备拍：da5-8 单手扶把，右腿在前站五位，右臂一位；右臂经二位打开七位；

da-1 右腿 Cou-de-pied，同时左腿 Plié；

da-2 右腿伸直 90°，同时左腿站直；

da-3 左腿 Plié，同时右腿 Attitude 前；

da-4 左腿站直，同时右腿伸直 90°。

要求：首先按照 Battement fondu 的全部要求，强调动作腿 Cou-de-pied 的位置要准确。Demi plié 时支撑腿要深蹲，要做得连贯、协调，没有停顿。重心始终保持在支撑腿上，躯干保持平整和稳定，动作的整个过程中要保持双腿的外开。注意第二次 Plié 时，要保持动作腿的高度，屈膝完成 Attitude 前、后舞姿要准确，要保持双腿的外开和重心的稳定。

3. 组合的动作节拍与做法详解

节拍：$\frac{2}{4}$拍，稍缓慢速

准备姿态：单手扶把，右腿在前站五位，右臂一位，头转向右旁；

准备拍：da5-6 保持准备姿态不动；

da7-8 右臂从一位打开小七位 Allongé，同时双腿 Relevé 立起半脚尖，头随右臂动作（图 5-6-1）。

① da1-4 右腿 Battement double fondu relevé 前，在 Croisé 方向上做。da-1 左腿落全脚 Plié，同时身体往右转身 1/8 方向，右腿吸起 Cou-de-pied 前，右臂落下一位抬二位，眼睛看右手（图 5-6-2）；da-2 右腿往前伸直前腿 90°，同时左腿伸直立起半脚尖，右臂经二位打开七位，头看向右旁（图 5-6-3）；da-3 左腿落全脚 Plié，同时右腿变成 Attitude 前，右臂收回二位，眼睛看右手（图 5-6-4）；da-4 左腿立起半脚尖，同时右腿伸直前腿 90°，右臂抬起三位（图 5-6-5）。

图 5-6-1   图 5-6-2   图 5-6-3   图 5-6-4   图 5-6-5

da5-8 左腿 Battement double fondu relevé 后，在 Croisé 方向上做。da- 右腿收前五位半脚尖，同时右臂打开七位 Allongé（图 5-6-6）；5- 右腿落全脚 Plié，同时身体往左转身 1/4 方向，左腿抬起 Cou-de-pied 后，右臂落下一位抬二位，眼睛看右手（图 5-6-7）；da-6 左腿往后伸直后腿 90°，同时右腿伸直立起半脚尖，右臂打开七位（图 5-6-8）；da-7 右腿落全脚 Plié，同时左腿变成 Attitude 后，右臂收回二位，眼睛看右手（图 5-6-9）；da-8 右腿立起半脚尖，同时左腿伸直后腿 90°，右臂经二位打开第四 Arabesque 舞姿，眼睛看右手（图 5-6-10）。

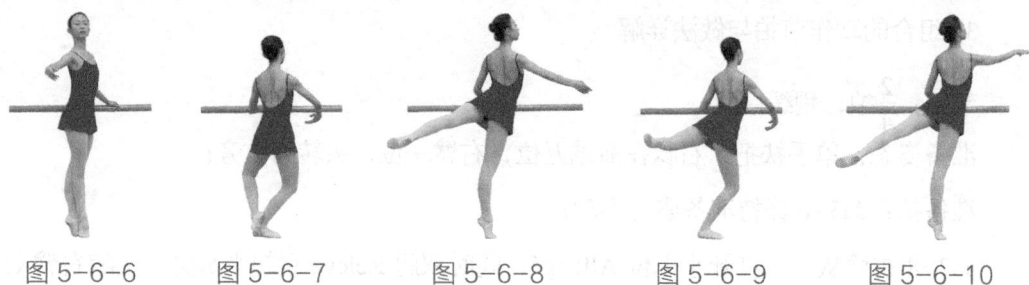

图 5-6-6   图 5-6-7   图 5-6-8   图 5-6-9   图 5-6-10

②da1-4 右腿 Battement double fondu 旁，在 En face 方向上做。da- 左腿收五位 Relevé 半脚尖，右臂保持第四 Arabesque 舞姿；1- 左腿落全脚 Plié，同时身体往右转身 1/8 方向，右腿吸起 Cou-de-pied 前，右臂收回二位，眼睛看右手；da-2 左腿 Relevé，右腿保持 Cou-de-pied 前，右臂保持二位；da-3 左腿落全脚 Plié，同时右腿经落五位 Plié，右臂保持二位；da-4 左腿 Relevé，同时右腿擦地往旁抬起旁腿 90°，右臂打开七位。

da5-8 右腿 Rond de jambe en l`air en dehors 3 个。da- 右腿收 Passé，右腿大腿不动，小腿往前划到旁；5- 右腿伸直旁腿 90°；da6-7 右腿动作同 da-5 动作；da-8 右腿收后五位半脚尖。

③da1-4 右腿 Battement double fondu relevé 后，在 Effacé 方向上做。da- 右臂七位 Allongé 伸展；1- 左腿落全脚 Plié，同时身体往左转身 1/8 方向，右腿吸起 Cou-de-pied 后，右臂落下一位抬二位，眼睛看右手（图 5-6-11）；da-2 右腿往后伸直后腿 90°，同时左腿伸直立起半脚尖，右臂打开七位（图 5-6-12）；da-3 左腿落全脚 Plié，同时右腿变成 Attitude 后，右臂收二位，眼睛看右手（图 5-6-13）；da-4 左腿立起半脚尖，同时右腿伸直后腿 90°，右臂经二位打开第二 Arabesque 舞姿，眼睛看右手（图 5-6-14）。

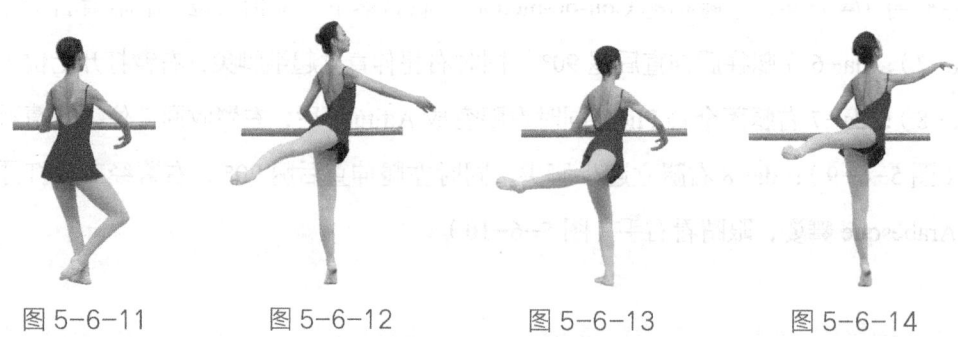

图 5-6-11   图 5-6-12   图 5-6-13   图 5-6-14

da5-8 左腿 Battement double fondu relevé 前，在 Effacé 方向上做。da- 右腿收五位半脚尖，右臂保持第二 Arabesque 舞姿不动；5- 右腿落全脚 Plié，同时身体往右转身 1/4 方向，同时左腿抬起 Cou-de-pied 前，右臂收二位，眼睛看右手（图 5-6-15）；da-6 左腿往前伸直前腿 90°，同时右腿伸直立起半脚尖，右臂打开七位，眼睛看右手（图 5-6-16）；da-7 右腿落全脚 Plié，同时左腿变成 Attitude 前，右臂收二位，眼睛看右手（图 5-6-17）；da-8 右腿立起半脚尖，同时左腿伸直前腿 90°，右臂抬起三位，眼睛看右手（图 5-6-18）。

图 5-6-15   图 5-6-16   图 5-6-17   图 5-6-18

④ da1-4 右腿 Battement double fondu 旁，在 En face 方向上做；动作同② da1-4 动作，从后五位上开始。

da5-8 右腿 Rond de jambe en l`air en dedans 3 个；右腿动作同② da5-7 动作，往 En dedans 做，在第三个右腿伸直同时右臂七位 Allongé；da-8 右腿收到 Passé 前，同时右臂收二位（图 5-6-19）（图 5-6-20）。

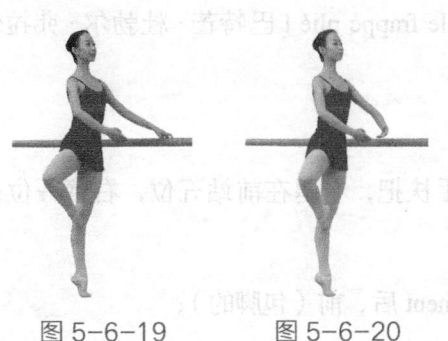

图 5-6-19   图 5-6-20

结束拍：da7-8 右腿落下五位半脚尖，同时右臂打开七位 Allongé；在 da-8 双腿直腿落全脚五位，同时左臂落下一位，头随右臂动作，眼睛看右手，最后抬头看向右旁。

（七）Battement frappé 小弹腿练习

1. 练习目的与教学内容

在高级阶段的教学内容中，学习站五位脚位单手扶把的 Battement double frappé plié 往前、往旁、往后点地的动作做法，继续练习 Battement frappé 往旁、往前、往后的基础动作，并站在 Relevé 上练习，以及 Petit battement 节奏加快的做法、五位 Pirouette 的旋转动作，学习 Attitude 往前的舞姿做法。

2. 主要动作的节拍进度与练习要求

（1）Battement frappé [巴特芒·弗拉佩] 小弹腿

节拍：一拍一次

准备拍：da5-8 单手扶把，右腿在前站五位，右臂一位；右臂经二位打开七位，右腿打开旁 25°；

da- 左腿 Relevé，右腿收 Cou-de-pied 前；

1- 打开旁腿 25°。

（同样节拍往前、往后做）

要求：动作腿做 Battement frappé 时伸出 25° 的高度和收回 Cou-de-pied 的位置准确。强调往前踢出时，膝盖留住，用脚后跟带动向前，回来时膝盖主动往后带着收回。往后伸出和收回时与往前相反。动作过程中保持躯干的稳定，骨盆摆正，后背收紧，双腿保持外开，动作腿打开要迅速有力，在空中伸直绷紧控制住。强调支撑腿在 Relevé 上站得结实有力，保持重心的稳定和动作腿的伸出收回的速度和力度。

（2）Battement double frappé plié [巴特芒·杜勃尔·弗拉佩·普利埃] 带打击结束在蹲上的小弹腿

节拍：一拍一次

准备拍：da5-8 单手扶把，右腿在前站五位，右臂一位；右臂经二位打开七位，右腿打开旁 25°；

da- 右腿 Petit battement 后、前（包脚的）；

1- 左腿落全脚 Plié，同时右腿伸直绷脚前点地。

（同样节拍往旁、往后做）

要求：动作要求同 Battement double frappé 的所以要求。注意从 Relevé 上落下 Plié 时重心保持在支撑腿上，并保持大腿和膝盖的外开和重心的稳定，上身收紧上提，动作腿要有控制的点地到最远处，脚趾尖不能杵在地上。动作中加入了手臂的动作，路线要做得清楚干净。

（3）Petit battement sur le cou-de-pied [珀蒂·巴特芒·絮·勒·库德皮耶] 在脚踝上小的击打

节拍：半拍一次

准备拍：da5-8 单手扶把，右腿在前站五位，右臂一位；右臂经二位打开七位，右腿打开旁 25°；

da- 右腿收 Cou-de-pied 后、前（包脚的）；小腿向旁打开与地面垂直。

要求：每次打开收回 Cou-de-pied 前（包脚的）、后的位置要准确，动作过程中大腿保持外开不动，膝关节放松，小腿、脚背绷紧，小腿向旁打开是直进直出，不能前后摆动。支撑腿要很有力地伸直转开，后背收紧控制住，强调躯干和支撑腿的稳定。动作节奏进一步加快，击打动作要做得清晰灵活、轻巧干净。注意做击打动作时支撑腿保持稳定，不能随动作腿的快速击打而晃动。

3. 组合的动作节拍与做法详解

节拍：$\frac{2}{4}$ 拍，快速

准备姿态：单手扶把，右腿在前站五位，右臂一位，头转向右旁方向。

准备拍：da5-6 右臂从一位打开小七位 Allongé，落下一位，头随右臂动作，眼睛看右手；

da7-8 右腿擦地往旁同时右臂经二位打开七位，头随右臂动作转向右旁方向；da-8 左腿半脚尖，同时右腿踢旁腿 25°。

① da1-2 右腿 Battement double frappé plié 往前 1 个。da- 右腿 Petit battement 后（图 5-7-1）、前（包脚的）（图 5-7-2），同时右臂落下一位；1- 左腿落全脚 Plié，同时右腿伸直绷脚前点地，右臂经二位抬起三位，头随右臂动作转向右旁方向（图 5-7-3）；da-2 左腿 Relevé 半脚尖，右腿踢前腿 25°（图 5-7-4）。

da3-4 右腿 Battement frappé 往前 2 个。da- 右腿快速收回 Cou-de-pied 前（包脚的）；3- 右腿快速踢前腿 25°；da-4 右腿动作同 da-3 动作。

da5-6 右腿 Battement double frappé plié 往旁 1 个。da- 右腿 Petit battement 前（包脚的）（图 5-7-5）、后（图 5-7-6），右臂保持三位不动；5- 左腿落全脚 Plié，同时

右腿伸直绷脚旁点地，右臂打开七位，头随右臂动作转向 En face 方向（图 5-7-7）；da-6 左腿 Relevé 半脚尖，右腿踢旁腿 25°（图 5-7-8）。

图 5-7-1　　　　　图 5-7-2　　　　　图 5-7-3　　　　　图 5-7-4

图 5-7-5　　　　　图 5-7-6　　　　　图 5-7-7　　　　　图 5-7-8

da7-8 右腿 Battement frappé 旁 2 个。da- 右腿快速收回 Cou-de-pied 前（包脚的）；7- 右腿快速踢旁腿 25°；da- 右腿快速收回 Cou-de-pied 后；8- 右腿快速踢旁腿 25°。

② da1-2 右腿 Petit battement（带附点做）1 次。da-1 右腿先打击 Cou-de-pied 前（包脚的），再打击 Cou-de-pied 后；da-2 右腿动作同② da-1 动作。

da3-4 右腿 Petit battement 3 个。da- 右腿先打击 Cou-de-pied 前（包脚的），再打击 Cou-de-pied 后；3-da 右腿动作同 da- 动作，做 2 次；4- 右腿快速踢旁腿 25°，同时右臂七位 Allongé 伸展，头转向右旁方向（图 5-7-9）。

da5-6 右腿 Tombée 前五位，全脚 Plié，同时左腿抬起 Cou-de-pied 后，同时右臂落下一位，抬起二位，上身稍向右旁倾（图 5-7-10）。

da7-8 左腿 Coupé 后五位半脚尖，同时右腿经 Cou-de-pied（图 5-7-11），往旁 Développé 旁腿 25°，同时右臂打开七位（图 5-7-12）。

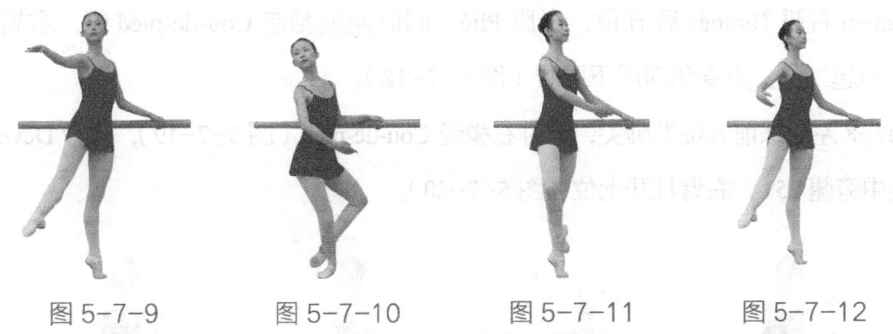

图 5-7-9   图 5-7-10   图 5-7-11   图 5-7-12

③ da1-2 右腿 Battement double frappé plié 往后 1 个。da- 右腿 Petit battement 前（包脚的）（图 5-7-13）、后（图 5-7-14），同时右臂落下一位；1- 左腿落全脚 Plié，同时右腿伸直绷脚后点地，右臂经二位打开第二 Arabesque 舞姿，头转向右旁方向（图 5-7-15）；2- 左腿 Relevé 半脚尖，右腿踢后腿 25°（图 5-7-16）。

图 5-7-13   图 5-7-14   图 5-7-15   图 5-7-16

da3-4 右腿 Battement frappé 后 2 个。da- 右腿快速收 Cou-de-pied 后；3- 右腿快速踢后腿 25°；da-4 右腿动作同 da-3 动作。

da5-6 右腿 Battement double frappé plié 往旁 1 个。da- 右腿 Petit battement 后、前（包脚的），右臂收二位；5- 左腿落全脚 Plié，同时右腿伸直绷脚旁点地，右臂打开七位，头随右臂动作转向 En face 方向；6- 左腿 Relevé 半脚尖，右腿踢旁腿 25 度。

da7-8 右腿 Battement frappé 旁 2 个。da- 右腿快速收 Cou-de-pied 后；7- 右腿快速踢旁腿 25°；da- 右腿快速收 Cou-de-pied 前（包脚的）；8- 右腿快速踢旁腿 25°。

④ da1-2 右腿 Petit battement（带附点做）2 个。da-1 右腿先打击 Cou-de-pied 后，再打击 Cou-de-pied 前（包脚的）；da-2 右腿动作同 da-1 动作。

da3-4 右腿 Petit battement 3 个。da- 右腿先打击 Cou-de-pied 后，再打击 Cou-de-pied 前（包脚的）；3-da 右腿动作同 da- 动作，做 2 次。4- 右腿快速踢旁腿 25°，同时右臂七位 Allongé 伸展，头转向右旁方向（图 5-7-17）。

da5-6 右腿 Tombée 后五位，全脚 Plié，同时左腿抬起 Cou-de-pied 前，右臂落下一位，抬起二位，上身稍向后下胸腰（图 5-7-18）。

da7-8 左腿踩前五位半脚尖，同时右腿经 Cou-de-pied（图 5-7-19），往旁 Développé 踢向空中旁腿 25°，右臂打开七位（图 5-7-20）。

图 5-7-17　　　　图 5-7-18　　　　图 5-7-19　　　　图 5-7-20

⑤ da1-2 右腿收前五位半脚尖旁，同时右臂七位 Allongé，双腿落全脚五位 Demi plié，右臂落下一位抬起二位。

da3-4 五位 Pirouette en dehors 1 圈。da-3 右腿推立半脚尖辗转一圈，同时右腿快速吸起 Battement retiré 前，转动时双臂二位，头看 En face 方向。

da5-6 左腿半脚尖，右腿保持 Battement retiré 舞姿不动。

da7-8 右腿收前五位半脚尖旁，双腿落全脚五位 Demi plié，右臂保持二位（图 5-7-21）。

⑥ da1-2 五位 Pirouette en dehors 1 圈。da-1 左腿推立半脚尖辗转 1 圈，同时右腿快速吸起 Battement retiré 前，转动时双臂收二位，停住时左臂扶把，头看 En face 方向（图 5-7-22）。

da3-4 左腿半脚尖，右腿保持 Battement retiré 舞姿不动。

da5-8 右腿第二 Arabesque 舞姿。da-5 右腿打开第二 Arabesque，头转向右旁方向（图 5-7-23）。

结束拍：da7-8 右腿收五位半脚尖，同时身体往右转 1/8 方向，右臂落下七位 Allongé（图 5-7-24）；da-8 双腿落全脚五位，同时左臂落下一位，头抬起转向左旁方向。

图 5-7-21　　　　图 5-7-22　　　　图 5-7-23　　　　图 5-7-24

（八）Adagio 控制练习

1. 练习目的与教学内容

在高级阶段教学内容中，加入半脚尖和身体方位变化的练习。学习在单手扶把上站五位脚位 Relevé 的 Battement développé 的动作做法；学习在 90° 舞姿上的往旁 Port de bras；学习连接动作 Piqué 成大舞姿；学习 Battement développé écarté 舞姿；学习 Grand fouetté en dehors 成 Battement retiré 舞姿；学习 Penché。

（1）Port de bras（在 90° 舞姿上）

锻炼腿的控制能力，重心的稳定和上身的柔韧性与幅度。

（2）Piqué

Pique 原意为"刺、戳"的意思，是辅助连接动作之一，起到从一个动作过渡到另一个动作的作用。

（3）Écarté

Écarté 原意为"分开"，芭蕾舞的基本舞姿之一。它在 Croisé 或 Effacé 的身体方位的基础上向旁打开在点地、45° 和 90° 舞姿上。

（4）Penché

Penché 原意是"倾斜的"意思，锻炼身体的平衡能力，上身、腿的控制能力，以及加大身体的动作幅度的训练。

2. 主要动作的节拍进度与练习要求

（1）Port de bras（在 90° 舞姿上）[波·德·勃拉]（在 90° 舞姿上）上身往旁下腰

节拍：两拍一次

准备拍：da5-8 单手扶把，右腿在前站五位，右臂一位；右臂经二位打开七位，右腿打开旁 90°；

da-1 右腿在旁 90° 舞姿上，上身往旁下腰；

da-2 上身拉直。

要求：保持准确的 Battement développé 旁 90° 舞姿，上身往旁下旁腰时动作腿保持高度不动，支撑腿保持垂直并结实有力收紧上提。下腰动作同 Port de bras 往旁的下腰要求。

（2）Piqué（成 90° 舞姿）[皮凯] 上步（成 90° 舞姿）

节拍：一拍一次

准备拍：da5-8 单手扶把，右腿在前站五位，右臂一位；右臂经二位打开二位，右腿打开前 90°；

1- 右腿往前迈步半脚尖，左腿成 90° 后腿舞姿。

（同样节拍往后做）

要求：动作腿迈步时重心要一下移动到迈步的腿上，另一腿迅速抬起至 90° 舞姿。步子要往远迈，有力地踩落，上身要主动随动作腿移动并收紧上提。

（3）Grand fouetté en dehors（收 Battement retiré）[格朗·弗韦泰·昂·德奥] 转身变体动作腿收成屈膝舞姿

节拍：一拍一次

准备拍：da5-8 单手扶把，右腿在前站五位，右臂一位；右臂经二位打开七位，右腿打开旁 90°；

da-1 右腿从 90° 后腿收 Battement retiré 同时，左腿在半脚尖上往 En dehors 方向转半圈。

要求：动作腿屈膝收回时大腿保持高度转开，小腿主动收回到准确的 Battement retiré 舞姿。支撑腿碾转和动作腿收回要同时，后背和支撑腿要用力收紧上提和有推转的意识。

（4）Écarté [艾卡泰] 在斜线上做的大舞姿旁腿

节拍：两拍一次

da5-8 单手扶把，右腿在前站五位，右臂一位；右臂经二位打开七位；

da-1 右腿起 Passé，手抬二位；

da-2 打开旁腿 Écarté 舞姿，手抬三位。

要求：这个动作通常后背斜对把杆做 Écarté 往后舞姿，身体正面斜对把杆做 Écarté 往前舞姿。因此要保持身体方向的准确性，保持双腿的外开，特别是支撑腿的充分转开，身体、手臂、头随腿构成流畅协调的舞姿。

（5）Penché [庞舍] 在 Arabesque 舞姿上往前倾斜

节拍：四拍一次

准备拍：da5-8 单手扶把，右腿在前站五位，右臂一位；右臂经二位打开第二位 Arabesque 舞姿，左腿抬后 90°；

da1-2 从 Arabesque 舞姿上往前倾斜；

da3-4 身体拉直。

要求：在 Arabesque 舞姿的基础上，上身往前往远倾斜，同时后腿随上身前倾最大限度地抬高，支撑腿保持重心的垂直，有力伸直收紧上提，动作腿伸直转开，往上伸长；上身拉起站直时，后腿要保持高度。

3. 组合的动作节拍与做法详解

节拍：$\frac{2}{4}$ 拍，慢速

准备姿态：单手扶把，右腿在前站五位，右臂一位，头转向右旁方向。

准备拍：da5-6 身体保持准备姿态不动；

da7-8 右臂从一位打开小七位 Allongé，同时双腿立起五位半脚尖，头随右臂动作。

① da1-2 右腿 Battement développé 旁腿。da- 右臂七位 Allongé 伸展；1- 右腿抬起到 Cou-de-pied 前，右臂落下一位，右腿吸起 Passé 前，同时右臂抬起到二位，头随右臂动作，眼睛看右手；da-2 右腿往旁伸直旁腿 90° 以上，同时右臂抬起到三位，头随右臂动作，头 En face 方向（图 5-8-1）。

da3-4 Port de bras 旁，在 90° 舞姿上做。da-3 右腿保持旁腿舞姿，上身往左下旁腰，右臂保持三位（图 5-8-2）；da-4 上身拉直，右腿保持旁腿舞姿，右臂保持三位（图 5-8-3）。

da5-6 右腿 Battement développé 往前，结束在 Plié 上。da- 右臂从三位打开七位 Allongé，右腿收前五位半脚尖；5- 右腿吸起 Cou-de-pied 前，右臂落下一位，右腿吸

起 Passé 前，同时右臂抬起到二位，头随右臂动作，眼睛看右手；da-6 右腿往前伸直前腿 90°，同时左腿 Plié（图 5-8-4）。

图 5-8-1　　　　图 5-8-2　　　　图 5-8-3

da7-8 右腿 Piqué 前成第四 Arabesque 舞姿。da-7 右腿往前迈步 Piqué 半脚尖，同时左腿抬起后腿 90°，右臂打开第四 Arabesque 舞姿，头看 En face 方向（图 5-8-5）；da-8 不动。

② da1-2 右腿 Battement développé écarté 后。da- 右臂经二位七位 Allongé，左腿收五位半脚尖（图 5-8-6）；1- 右腿吸起 Cou-de-pied 前，同时身体往右转 1/8 方向，右臂落下一位，右腿吸起 Passé 前，同时右臂抬起到二位，头随右臂动作，眼睛看右手（图 5-8-7）；da-2 右腿往旁伸直 Écarté 后，旁腿 90° 以上，同时右臂抬起三位，头随右臂动作，头转向左旁，上身往左下旁腰（图 5-8-8）。

da3-4 右腿 Fouetté en dehors 1/4 成 Effacé 前腿。da-3 左腿往右 En dehors 碾转 1/4 方向，同时右腿变成 Effacé 前腿，右臂打开七位落下扶把，左臂离开把杆经七位抬起三位，头留在左旁方向（图 5-8-9）。

图 5-8-4　　　　图 5-8-5　　　　图 5-8-6

图 5-8-7   图 5-8-8   图 5-8-9

da5-6 右腿 Battement relevé lent 第四 Arabesque relevé。da-5 左腿落全脚 Plié，同时往右转身 1/8 方向，右腿经一位 Plié，左臂落下二位；da-6 右腿往后擦地抬起后腿，同时左腿立起半脚尖，左臂打开第四 Arabesque 舞姿，头看 En face 方向（图 5-8-10）。

da7-8 右腿 Grand fouetté en dehors 半圈收 Battement retiré 前。da-7 右腿收 Battement retiré 前，同时左腿半脚尖上，往右转身转半圈，同时右臂抬二位，左臂扶把，头看 En face 方向（图 5-8-11）；da-8 右腿踩到后五位半脚尖。右臂打开七位，头转向右旁方向。

③da1-2 右腿从后开始，动作同①da1-2 动作。

da3-4 右腿动作同①da3-4 动作。

da5-6 右腿 Battement développé 后，结束在 Plié 上。da- 右臂七位 Allongé，右腿收后五位半脚尖；5- 右腿吸起 Cou-de-pied 后，右臂落下一位，右腿吸起 Passé 后，同时右臂抬起到二位，头随右臂动作，眼睛看右手；da-6 右腿往后伸直后腿 90°，同时左腿 Plié（图 5-8-12）。

da7-8 右腿 Piqué 后成 90° 前腿。da-7 右腿往后迈步 Piqué 半脚尖，同时左腿抬起前腿 90° 以上，右臂抬起三位，头转向右旁方向（图 5-8-13）；da-8 不动。

图 5-8-10   图 5-8-11   图 5-8-12   图 5-8-13

④ da1-2 右腿 Battement développé écarté 前。da- 右臂从三位打开到七位 Allongé，左腿收前五位半脚尖（图 5-8-14）；1- 右腿吸起 Cou-de-pied 后，同时身体往左转 1/8 方向，右臂落下一位，右腿吸起 Passé 后，同时右臂抬起到二位，头随右臂动作，眼睛看右手（图 5-8-15）；da-2 右腿往旁伸直 Écarté 前，旁腿 90° 以上，同时右臂抬起三位，头随右臂动作，头转向右旁方向，上身往左下旁腰，眼睛看右手（图 5-8-16）。

da3-4 右腿 Grand fouetté en dedans 1/4 成第四 Arabesque。da-3 左腿往左 En dedans 转 1/4 方向，同时右腿变成第四 Arabesque，同时右臂经二位落下扶把，左臂离开把杆经二位打开第四 Arabesque 舞姿，眼睛看左手（图 5-8-17）。

图 5-8-14　　　　图 5-8-15　　　　图 5-8-16　　　　图 5-8-17

da5-8 右腿 Penché。da- 左臂伸展呼吸；5-6 保持第四 Arabesque 舞姿，左腿落全脚，同时上身往前倾下前腰，右腿继续往上抬起（图 5-8-18）；da7-8 上身拉直，同时左腿立起半脚尖，保持第四 Arabesque 舞姿（图 5-8-19），右腿落五位半脚尖，双腿落全脚五位，左臂落下一位，头抬起转向左旁方向。

图 5-8-18　　　　　　图 5-8-19

（九）Grand battement jeté 大踢腿练习

1. 练习目的与教学内容

在高级阶段教学内容中，继续学习和练习手臂参与腿部动作的配合，带手臂舞姿，变换支撑腿重心，以及转身带方向。学习五位脚位单手扶把在 Croisé、Effacé、Écarté 方向上带手臂舞姿的 Grand battement jeté 往前、往旁、往后的踢腿；学习 Grand battement jeté en tournant。

Grand battement jeté en tournant

训练身体的协调性和重心的平稳移动。

2. 主要动作的节拍进度与练习要求

（1）Grand battement jeté（带方向做）[格朗·巴特芒·热泰] 带方向做的大踢腿

节拍：一拍一次

准备拍：da5-7 单手扶把，右腿在前站五位，右臂一位；右臂经二位打开七位；

da-8 身体转身 1/8 圈方向。

da- 右腿踢前腿；

1- 经擦地收五位脚。

（同样节拍往后做）

要求：动作腿往前踢腿时，在踢腿前做转身变方向，身体重心放到后腿脚掌上，双腿夹紧五位碾转，方向要准确。往后踢腿时，身体重心放到前腿脚掌上做碾转。踢腿的要求同 Grand battement jeté 的所有要求。踢腿时保持手臂舞姿准确，不要紧张用力，两肩两胯摆正。

（2）Grand battement jeté en tournant [格朗·巴特芒·热泰·昂·图囊] 带碾转做的大踢腿

节拍：一拍一次

准备拍：da5-8 单手扶把，右腿在前站五位，右臂一位；右臂经二位打开七位。

da- 右腿踢旁腿同时，左腿往 En dedans 方向碾转 1/4 圈；

1- 收五位。

（同样节拍往后做）

要求：在动作腿旁踢腿的同时，支撑腿重心放到脚掌上往 En dedans 方向转 1/4 圈，转身的方向要准确。切忌腿没转动而身体先转过去，身体要与支撑腿的转动同时转到位。踢腿的要求同 Grand battement jeté 的所有要求。踢腿时手臂舞姿准确，不要紧张用力，两肩两胯摆正。

3. 组合的动作节拍与做法详解

节拍：$\frac{3}{4}$ 拍，快速

准备姿态：单手扶把，右腿在前站五位，右臂一位，头转向右旁。

准备拍：da-5 身体保持准备姿态不动；

da6-8 右臂从一位打开小七位 Allongé，落下一位，抬起二位，头随右臂动作，眼睛看右手，同时头向左侧稍前倾；da7-8 右臂抬起三位，同时身体往右转身 1/8 方向，头随右臂动作转向右旁方向。

① da1-2 右腿 Grand battement jeté 往前 1 个，在 Croisé 方向上做。da-1 右腿往前踢前腿 90° 以上（图 5-9-1），右腿经擦地收五位，右臂保持三位舞姿；da-2 双腿五位夹紧。

da3-4 右腿 Grand battement jeté 往前 2 个。da3-4 右腿动作同① da-1 动作，做 2 次。

da5-6 左腿 Grand battement jeté 往后 1 个，在 Croisé 方向上做。da-5 左腿往后踢后腿 90° 以上，同时身体往左转身 1/4 方向，同时右臂经二位打开第四 Arabesque 舞姿（图 5-9-2），左腿经擦地收五位；da-6 双腿五位夹紧，右臂保持第四 Arabesque 舞姿。

da7-8 左腿 Grand battement jeté 后 2 个。da7-8 左腿动作同 da-5 动作，做 2 次。

② da1-2 右腿 Grand battement jeté 往旁 1 个，在 Écarté 上做。da-1 右腿往旁踢旁腿 90° 以上，同时右臂抬起三位，头转向右旁（图 5-9-3），右腿经擦地收后五位；da-2 双腿五位夹紧，右臂保持三位舞姿。

图 5-9-1   图 5-9-2   图 5-9-3

da3-4 右腿 Grand battement jeté 旁 2 个。da3-4 右腿动作同 da-1 动作，做 2 次；

右腿第一个踢腿收前五位，第二个踢腿收后五位。

da5-6 Plié soutenu en tournant 1 圈。da-5 左腿落全脚 Plié，同时右腿擦地往旁，同时右臂打开七位，头随右臂动作（图 5-9-4）；da-6 右腿收前五位半脚尖，同时双腿在半脚尖上往左转身转一圈，同时右臂收二位（图 5-9-5），左臂离开把杆收二位，双腿同时五位换脚，转到斜对把杆方向（面向），右脚在后五位半脚尖，左臂扶把，右臂二位，头看 En face 方向（图 5-9-6）。

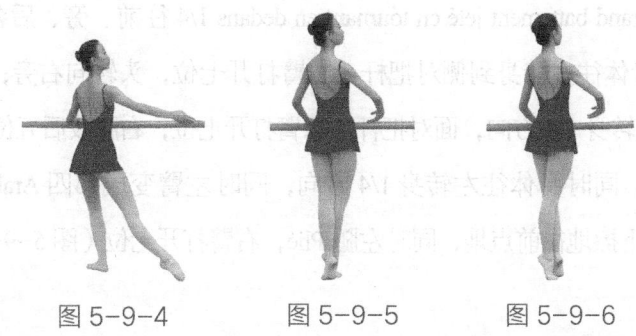

图 5-9-4   图 5-9-5   图 5-9-6

da7-8 双腿五位落全脚 Demi plié；da-8 双腿站直五位，右臂打开第二 Arabesque 舞姿。

③ da1-2 右腿 Grand battement jeté 往后 1 个，在 Effacé 方向上做。da-1 右腿往后踢后腿 90° 以上，右臂保持第二 Arabesque 舞姿（图 5-9-7），右腿经擦地收五位；da-2 双腿五位夹紧，右臂保持第二 Arabesque 舞姿不动。

da3-4 右腿 Grand battement jeté 后 2 个。da3-4 右腿动作同 da-1 动作，做 2 次。

da5-6 左腿 Grand battement jeté 前 1 个，在 Effacé 方向上做。da-5 左腿往前踢前腿 90° 以上，同时身体往右转身 1/4 方向，同时右臂经二位抬起三位（图 5-9-8），左腿经擦地收五位；da-6 双腿五位夹紧，右臂保持三位舞姿。

da7-8 左腿 Grand battement jeté 前 2 个。da7-8 左腿动作同 da-5 动作，做 2 次。

④ da1-2 右腿 Grand battement jeté 旁 1 个，在 Écarté 后上做。da-1 右腿往旁踢旁腿 90° 以上，右臂保持三位，头转向左旁（图 5-9-9），右腿经擦地收前五位；da-2 双腿五位夹紧，右臂保持三位舞姿。

da3-4 右腿 Grand battement jeté 旁 2 个。da3-4 右腿动作同 da-1 动作，做 2 次；右腿第一个踢腿收后五位，第二个踢腿收前五位。

图 5-9-7　　　　　　　　图 5-9-8　　　　　　　　图 5-9-9

　　da5-7 右腿 Grand battement jeté en tournant en dedans 1/4 往前、旁、后各 1 个。da-5 右腿踢前腿，同时身体往左转身到侧对把杆，右臂打开七位，头转向右旁；da-6 右腿踢旁腿，同时身体往左转身 1/4 方向，面对把杆，双臂打开七位，右腿收后五位（图 5-9-10）；da-7 右腿踢后腿，同时身体往左转身 1/4 方向，同时左臂变成第四 Arabesque 舞姿（图 5-9-11），右腿落下擦地往前点地，同时左腿 Plié，右臂打开七位（图 5-9-12）

图 5-9-10　　　　　　　　图 5-9-11　　　　　　　　图 5-9-12

　　da-8 五位 Soutenu en tournant 一圈，结束在 Croisé 后点地舞姿。右腿收前五位半脚尖，同时双腿在半脚尖上往左转身碾转一圈，右臂收二位，左臂收二位（图 5-9-13），双腿同时五位换脚，转到面向 2 点方向，右腿在后五位半脚尖（图 5-9-14），左腿往前打开双腿落四位 Demi plié（图 5-9-15），左腿站直同时右腿伸直绷脚后点地，双臂打开左五位，头转向左旁方向（图 5-9-16）。

图 5-9-13　　　　　　图 5-9-14　　　　　　图 5-9-15　　　　　　图 5-9-16

二、CENTRE 中间部分

（十）Battement tendu 擦地练习

1. 练习目的与教学内容

在高级阶段的教学内容中，综合了前四个课例中所学动作，继续在教室中间站在 croisé、effacé 不同方向上练习动作。继续练习五位带方向的 Battement tendu、Battement tendu plié、Battement tendu pour le pied（压脚的）动作做法；学习 Battement tendu en tournant、Pas de bourrée ballotté 的做法；并将动作连接融合在一起练习。

（1）Battement tendu en tournant

训练身体整体运动的转动意识和协调性，为 Tours lents 和旋转动作练习做准备。可以往 En dehors 和 En dedans 方向转动。

（2）Pas de bourrée ballotté

此动作在不换脚的 Pas de bourrée 动作的基础上，增加了身体的幅度和脚下的移动，锻炼身体的敏捷和脚下快速移动的能力，增强动作的灵动性。

2. 主要动作的节拍进度与练习要求

（1）Battement tendu demi plié [巴特芒·唐究·德米·普利埃] 带蹲的擦地

节拍：一拍一次

准备拍：da5-8 教室中间，Épaulement croisé 方向，右腿在前站五位，双臂一位；双臂经二位打开右六位；

da- 右腿擦前；

1- 收五位 Demi plié。

要求：按照 Battement tendu 和 Demi plié 的要求，动作腿往前擦出收回五位，重心从支撑腿移回两只脚上，上身躯干要上提，保持双膝外开，注意动作过程中重心的移动和转换，在教室中间做更要求身体的平衡和稳定。

（2）Battement tendu en tournant [巴特芒·唐究·昂·图尔囊] 带转身的擦地

节拍：八拍一圈（每次转 1/4 圈做两个 tendu）

准备拍：da5-8 教室中间，Épaulement croisé 方向，右腿在前站五位，双臂一位；双臂经二位打开七位；

da1-2 右腿擦出同时转身 1/4，对 2 点，Battement tendu 2 个；

da3-4 右腿擦出旁同时转身 1/4，对 4 点，Battement tendu 2 个；

da5-6 右腿擦出旁同时转身 1/4，对 6 点，Battement tendu 2 个；

da7-8 右腿擦出旁同时转身 1/4，对 8 点，Battement tendu 2 个。

要求：保持身体七位舞姿的正确站立体态，按照 Battement tendu 的动作要求。转身往旁擦出之前，重心先移动到后脚的脚掌上为轴，双腿夹紧五位，双脚紧贴地面转 1/4 圈，一转到位置即刻往旁擦出动作腿。身体保持一个整体转动，后背收紧。胯保持稳定上提。注意以 1 点和 5 点为半圈的分界，前半圈要留头在左旁方向，后半圈要甩头到右旁方向。

（3）Pas de bourrée ballotté [帕·德·布雷·巴洛泰] 摇摆的布雷步

节拍：四拍一组

准备拍：da5-8 教室中间，Épaulement croisé 方向，右腿在前站五位，双臂一位；双臂经二位打开右六位，右腿 Plié，左腿 Cou-de-pied 后；

1- 左腿五位半脚尖，右腿 Cou-de-pied 前；

da- 右腿半脚尖往前迈步，左腿 Cou-de-pied 后；

2- 左腿半脚尖落五位，右腿 Cou-de-pied 前；

da- 右腿伸出前点地，左腿 Plié；

3- 右腿五位半脚尖，左腿 Cou-de-pied 后；

da- 左腿半脚尖往后迈步，右腿 Cou-de-pied 前；

4- 右腿半脚尖落五位，左腿 Cou-de-pied 后；

da- 左腿伸出后点地，右腿 Plié。

要求：注意身体在 Effacé 方向上的准确，按照 Pas de bourrée 和 Ballotté 的要求。半脚尖要立高，Cou-de-pied 要做得干净利落，脚的位置要清楚，移动过程中脚下的五位、四位要做清晰。动作腿往前打开点地，身体要往后倾倒，动作腿往后打开点地，要往前倾倒，把身体摇摆的动态做出来。身体摆正，后背收紧，胯要始终上提，手头与身体要配合协调。

3. 组合的动作节拍与做法详解

节拍：$\frac{2}{4}$ 拍，快速有生气地

准备姿态：教室中间，Épaulement croisé 方向，右腿在前站五位，双臂一位，身体对 8 点方向，头转向右旁方向。

准备拍：da5-6 双臂从一位打开小七位 Allongé，落下一位，头随右臂动作，眼睛看右手；

da7-8 双臂经二位打开右五位，头随右臂动作，眼睛看右手。

① da1-2 右腿 Battement tendu 前 2 个，在 Croisé 方向上做。da-1 右腿往前擦出前点地，再经擦地收五位，双臂保持右五位舞姿；da-2 右腿动作同 da-1 动作。

da3-4 右腿 Battement tendu plié 前 1 个。da-3 右腿往前擦出前点地（图 5-10-1），再经擦地收五位同时双腿五位 Demi plié，双臂保持右五位舞姿（图 5-10-2）；da-4 双腿站直五位，同时左臂落下二位。

da5-6 左腿 Battement tendu 后 2 个，在 Croisé 方向上做。da-5 左腿往后擦出后点地，再经擦地收五位，左臂打开第三 Arabesque 舞姿；da-6 左腿动作同 da-5 动作。

da7-8 左腿 Battement tendu plié 后 1 个。da-7 左腿往后擦出后点地（图 5-10-3），再经擦地收五位同时双腿五位 Demi plié，双臂保持第三 Arabesque 舞姿（图 5-10-4）；da-8 双腿站直五位，同时左臂收二位。

图 5-10-1　　　　图 5-10-2　　　　图 5-10-3　　　　图 5-10-4

② da1-2 右腿 Battement tendu 旁 2 个，在 En face 上做。da- 右腿往旁擦地绷脚，同时身体转向 En face 方向，左臂打开七位，头转向左旁方向，双臂保持七位舞姿；1- 右腿经擦地收后五位；da-2 右腿动作同 da-1 动作；右腿收回前五位。

da3-4 右腿 Battement tendu pour le pied（压脚跟的）旁 1 个。da- 右腿往旁擦地绷脚；3- 落压到全脚后，马上推绷脚点地；da-4 右腿收后五位，双臂保持七位舞姿。

da5-8 左腿往旁，动作同② da1-4 动作。

③ da1-4 右腿 Battement tendu en tournant en dehors 1/4，每个方向做 2 个 Battement tendu。da- 右腿往旁擦地绷脚，同时身体往右转身 1/8 方向，身体对 2 点，同时头转向左旁，双臂保持七位舞姿（图 5-10-5）；1- 右腿经擦地收后五位；da-2 右腿往旁

擦地绷脚点地，再经擦地收前五位；da- 右腿往旁擦地绷脚，同时身体往右转身 1/4 方向，身体对 4 点，同时头留在左旁，双臂保持七位舞姿（图 5-10-6）；3- 右腿经擦地收后五位；da-4 右腿往旁擦地绷脚点地，再经擦地收前五位。

　　da5-8 左腿 Battement tendu en tournant en dedans 1/4，每个方向做 2 个 Battement tendu。da- 左腿往旁擦地绷脚，同时身体往右转身 1/4 方向，身体对 6 点，头转向右旁，双臂保持七位舞姿（图 5-10-7）；5- 左腿经擦地收前五位；da-6 左腿往旁擦地绷脚点地，再经擦地收后五位；da- 左腿往旁擦地绷脚，同时身体往右转身 1/4 方向，身体对 8 点，头留在右旁，双臂保持七位舞姿（图 5-10-8）；7- 左腿经擦地收前五位；da-8 左腿往旁擦地绷脚点地，收后 Cou-de-pied 同时右腿 Plié，右臂收二位，左臂保持七位舞姿（图 5-10-9）。

图 5-10-5　　　　　　　图 5-10-6　　　　　　　图 5-10-7

　　④ da1-2 不换脚 Pas de bourrée ballotté 往前，在 Effacé 上做。da-1 左腿落后五位半脚尖，同时右腿吸起 Cou-de-pied 前，左臂收二位，头转向左旁（图 5-10-10）；da- 右腿半脚尖往前迈步，同时左腿收 Cou-de-pied 后（图 5-10-11）；2- 左腿半脚尖落后五位，同时右腿吸起 Cou-de-pied 前（图 5-10-12）；da- 右腿往前伸直绷脚点地，同时左腿 Plié，右臂打开七位，双臂成右六位（图 5-10-13）。

图 5-10-8　　　　　　　图 5-10-9　　　　　　　图 5-10-10

图 5-10-11 图 5-10-12 图 5-10-13

　　da3-4 不换脚 Pas de bourrée ballotté 往后，在 Effacé 上做。da-3 右腿收前五位立起半脚尖，同时左腿吸起 Cou-de-pied 后，右臂收二位，头转向 2 点，眼睛看右臂（图 5-10-14）；da- 左腿半脚尖往后迈步，同时右腿收 Cou-de-pied 前（图 5-10-15）；4- 右腿半脚尖落前五位，同时左腿吸起 Cou-de-pied 后（图 5-10-16）；da- 左腿往后伸直绷脚点地，同时右腿 Plié，左臂打开七位，双臂成做六位，眼睛看右手（图 5-10-17）。

图 5-10-14 图 5-10-15 图 5-10-16 图 5-10-17

　　da5-6 不换脚 Pas de bourrée ballotté 往前，在 Effacé 上做。da-5 左腿收后五位踩半脚尖，同时右腿吸起 Cou-de-pied 前，左臂收二位，头转向左旁；da- 右腿半脚尖往前迈步，同时左腿收 Cou-de-pied 后；6- 左腿半脚尖落后五位，同时右腿吸起 Cou-de-pied 前；da- 右腿往前伸直绷脚点地，同时左腿 Plié，右臂打开七位。

　　da7-8 右腿 Rond de jambe par terre en dehors 前划到后。da-7 右腿从前划到后点地，同时左腿站直，同时右臂落一位经二位，打开第三 Arabesque 舞姿，左臂打开七位 Allongé，头随右臂动作；da-8 右腿收五位，同时双臂落下一位，头抬起转向左旁方向。

（十一）Adagio 控制练习

1. 练习目的与教学内容

在高级阶段的教学内容中，综合了前四个课例中所学动作，继续在教室中间站在 Croisé、Effacé 方向上练习动作；继续练习 Battement développé、Battement développé écarté、Tour lent fouetté 成第一 Arabesque、圆的 Port de bras、换脚的 Pas de bourrée、五位 Soutenu en tournant 的动作做法；学习 Grand fouetté effacé en dedans 成 Arabesque 90° 的动作做法；学习移动的 Pas de bourrée en tournant、Piqué、Grand pirouette attitude en dedans 的做法；并将动作连接融合在一起练习。

Grand pirouette

是指腿在 90° 前、旁、后各种舞姿上的旋转。它可以单一做、组合做或连续做，成为一种有一定复杂性和难度的旋转技术动作，锻炼身体的平衡能力和舞姿的控制能力。

2. 主要动作的节拍进度与练习要求

（1）Grand fouetté effacé [格朗·弗韦泰·厄法塞] 在大舞姿上转身变换腿部成敞开式舞姿

节拍：四拍一次

准备拍：da5–8 教室中间，Épaulement effaacé 方向，左腿在前站五位，双臂一位，准备身体对 8 点方向；

da–1 左腿抬 Cou-de-pied 前，Passé 前；

da–2 打开 Attitude effacé 前，同时右腿 Plié，上身前倾，双臂经二位成左六位；

da–3 左腿伸直前腿，同时右腿站直，右臂三位，右腿全脚 Tour lent en dedans，左腿划旁腿至 En face；

da–4 右腿 Tour lent en dedans，左腿变后腿，双臂成右五位。

要求：身体 Effacé 方向要准确，双腿在转身的动作过程中始终保持伸直收紧转开。抬 Effacé attitude 前上身要往前倾靠向动作腿，变成旁腿上身要拉直收紧后背向上提起，支撑腿站直重心移到脚掌上并脚后跟推着往前移动。

（2）Pas de bourrée en tournant（移动的）[帕·德·布雷·昂·图尔囊] 带移动转身的布雷舞步

节拍：两拍一次

准备拍：da5–7 教室中间，Épaulement croisé 方向，左腿在前站五位，双臂一位，身体对 2 点方向；da-8 左腿 Plié，右腿第三 Arabesque 90°；

da-1 右腿往 6 点迈步半脚尖，转身 1/4，对 4 点，左腿 Cou-de-pied 前，头留在左旁，双臂七位；

da- 左腿往 6 点迈步半脚尖，转身 1/2，对 8 点，右腿收 Cou-de-pied 前，头转向右旁，双臂七位 Allongé；

2- 双腿落五位 Demi plié，双臂落下一位。

要求：按照 Pas de bourrée 的要求。转身身体方向要准确，第一步要往远迈步，重心移动和 Cou-de-pied 收回要快，第二步还要往远迈并且转身要迅速。第一步留头，第二步要快速甩头到 En face 方向。双腿保持外开，身体摆正，收紧后背，每一步要做得清楚、干净。

（3）Grand pirouette attitude [格朗·皮鲁埃特·阿蒂迪德] 成屈腿舞姿的大转

节拍：四拍一次

准备拍：da5-6 教室中间，Épaulement croisé 方向，右腿在前站五位，双臂一位，身体对 8 点方向；da7-8 双臂经二位打开左六位，右腿擦出落大四位；

da-1 右腿推半脚尖，左腿抬 Attitude 后，转两圈；

da-2 Plié，停第一 Arabesque，对 2 点；

da3-4 不动。

要求：转圈前的准备舞姿和立起转圈的舞姿要摆正，后背要很有力量地收紧，腿要快速踢起并控制住，支撑腿要推至高的半脚尖，旋转的过程中保持支撑腿垂直，舞姿要保持不动，眼睛盯准一个点先留头再甩头。手臂动作要和腿的动作同时完成，并起到帮助身体旋转和平衡的作用。

3. 组合的动作节拍与做法详解

节拍：$\frac{6}{8}$ 拍，中速

准备姿态：教室中间，Épaulement croisé 方向，右腿在前站五位，双臂一位，身体对 8 点方向，眼睛看 1 点方向。

准备拍：da5-6 身体保持准备姿态不动；

da7-8 双臂从一位打开小七位 Allongé，落下一位，头随右臂动作，眼睛看右手。

① da1-4 右腿 Battement développé 前，在 Effacé 上做。da-1 右腿吸起 Cou-de-pied 前，同时身体往右转到 2 点，双臂一位；da-2 右腿吸起 Passé 前，同时双臂抬起二位，

头向左倾，眼睛看右手；da3-4 右腿往前伸直前腿 90° 以上，同时双臂打开右五位，头转向左旁方向（图 5-11-1）。

da5-6 右腿 Battement développé écarté 后。da-5 右腿收 Passé 前，同时双臂收二位，眼睛看左手（图 5-11-2）；da-6 右腿往旁伸直旁腿 90° 以上，同时双臂打开左五位，头随左臂动作头转向左旁方向（图 5-11-3）。

da7-8 右腿 Fouetté en dedans 1/4 到第一 Arabesque。da-7 左腿全脚 En dedans 往前移动同时右腿变成第一 Arabesque，身体对 8 点，同时右臂打开七位 Allongé，左臂从七位变成第一 Arabesque 舞姿，眼睛看 8 点（图 5-11-4）；da-8 右腿落下收后五位，双臂落下一位。

图 5-11-1　　　　　图 5-11-2　　　　　图 5-11-3　　　　　图 5-11-4

② da1-4 右腿 Grand fouetté effacé en dedans 前变后。da-1 左腿吸起 cou-de-pied 前，双臂保持一位，左腿吸起 Passé 前，同时双臂抬起到二位；da-2 左腿打开 Attitude effacé 前，同时右腿 Plié，上身往前倾，双臂打开左六位，身体对 8 点方向，眼睛看 1 点（图 5-11-5）；da-3 左腿伸直前腿，同时右腿站直，右臂抬起三位，右腿全脚 En dedans 往前移动，左腿划旁腿，身体 En face 方向（图 5-11-6）；da-4 右腿全脚 En dedans 往前移动同时左腿变后腿，双臂换右五位，头转向左旁方向（图 5-11-7）。

da-5 右腿 Plié，保持后腿舞姿（图 5-11-8）。

图 5-11-5　　　　　图 5-11-6　　　　　图 5-11-7　　　　　图 5-11-8

da-6 换脚的 Pas de bourrée。6- 左腿收后五位踩半脚尖，同时右腿吸起 Cou-de-pied 前，左臂打开七位，头留在左旁，右腿半脚尖往旁迈步，左腿收 Cou-de-pied 前，双臂七位 Allongé，左腿落前五位，双腿全脚五位 Demi plié，双臂落下一位，头随左臂动作。

da7-8 双腿保持五位 Demi plié，左腿全脚擦出四位 Demi plié，同时双臂二位，左腿站直，双臂打开左五位，头转向左旁方向。

③ da1-4 圆的 Port de bras，在大四位上做。da-1 头抬起看右手，上身往前下腰，同时右臂落下二位，左臂经一位抬二位；da-2 上身转到旁腰，同时双臂打开右五位，头转向右旁方向；da-3 上身转到后腰，双臂保持五位舞姿，da-4 上身拉直，同时左腿站直，右腿绷脚点地，双臂换左五位，头转向左旁方向。

da5-6 右腿 Battement relevé lent 第三 Arabesque。da- 右臂落下二位；5- 右腿抬起后腿，同时右臂 Allongé 成第三 Arabesque；da-6 保持第三 Arabesque 舞姿，左腿 Plié（图 5-11-9）。

da7-8 移动的 Pas de bourrée en tournant 3/4 圈。da-7 右腿往 6 点迈步半脚尖，同时身体往右转身 1/4，身体对 4 点，左腿收 Cou-de-pied 前，头留在左旁，双臂收二位（图 5-11-10）；da- 左腿往 6 点迈步半脚尖，同时身体往右转身 1/2，身体对 8 点，右腿收 Cou-de-pied 前，头转向右旁（图 5-11-11）；8- 双腿落五位 Demi plié，双臂打开七位（图 5-11-12）。

④ da1-2 左腿 Passé relevé 2 个。da-1 左腿吸起 Passé 后，同时右腿立起半脚尖，同时左臂抬起二位，右臂保持七位，左腿落后五位，同时五位 Demi plié；da-2 左腿吸起 Passé 前，同时右腿立起半脚尖，同时左臂抬起三位，右臂保持七位，左腿落前五位，同时五位 Demi plié，左臂打开七位。

da3-4 右腿 Passé relevé 2 个。动作同 da1-2 动作。

da5-6 Pas glissade 往左旁、右旁各 1 个。da-5 左腿往旁擦出同时往旁移动，同时右腿推地绷脚，左腿落地同时右腿收前五位，右臂收二位；da-6 右腿往旁擦出同时往旁移动，同时左腿推地绷脚，右腿落地同时左腿收前五位，右臂打开七位，左臂收二位。

da7-8 往前 Glissade，Piqué 第一 Arabesque，对八点。da-7 左腿往前擦出同时往前移动，同时右腿推地绷脚，双臂打开七位 Allongé，左腿落地同时右腿落前四位，双臂收二位；da-8 左腿从经 Cou-de-pied 伸直前腿 25°，往前迈步半脚尖，同时右腿抬起后腿，左脚落全脚，右腿保持第一 Arabesque。

⑤ da1-4 第一 Arabesque tour lent en dedans 1 圈。da-1 左腿全脚 En dedans 往前移动，右腿保持第一 Arabesque，转到 6 点；da-2 左腿全脚 En dedans 往前移动，右腿保持第一 Arabesque，转到 4 点；da-3 左腿全脚 En dedans 往前移动，右腿保持第一 Arabesque，转到 2 点；da-4 左腿全脚 En dedans 往前移动，右腿保持第一 Arabesque，转到 8 点（图 5-11-13）。

图 5-11-9   图 5-11-10   图 5-11-11   图 5-11-12

da5-6 左腿 Plié，右腿保持第一 Arabesque。

da7-8 换脚的 Pas de bourrée。da-7 右腿收五位半脚尖同时左腿吸起 Cou-de-pied 前，双臂打开七位，头转向右旁；da- 左腿往旁迈步半脚尖同时右腿经 Cou-de-pied 前，伸直前腿 25°，落人四位 Plié，同时右臂落下 位抬起二位，头随右臂动作转向右旁方向，对 8 点。

⑥ da1-3 右腿 Grand pirouette attitude en dedans 转 2 圈。da-1 右腿立半脚尖，同时左腿抬起后 Attitude，同时双臂抬起三位，转 Attitude en dedans2 圈；da-2 右腿 Plié，同时左腿伸直，双臂落下第一 Arabesque 舞姿，对 2 点（图 5-11-14）；da-3 保持第一 Arabesque plié 舞姿；

da-4 换脚的 Pas de bourrée。左腿收五位半脚尖，同时右腿吸起 Cou-de-pied 前，双臂打开七位，头转向左旁；右腿往旁迈步半脚尖，同时左腿经 Cou-de-pied 前，打开前腿 25°，落大四位 Plié，双臂落下一位，头随左臂动作转向左旁方向。

da5-6 右腿 Piqué 第一 Arabesque，对 2 点方向。da-5 右腿往前 Pas glissade，双臂二位；da- 左腿落地同时右腿经 Cou-de-pied 伸直前腿 25°；6- 往前迈步半脚尖同时左腿抬起后腿，右腿落全脚 Plié，左腿保持第一 Arabesque。

da7-8 五位 Soutenu en tournant 1 圈。da-7 左腿收前五半脚尖同时身体往右转身 1 圈，双腿在转身时前后交换，双臂手二位（图 5-11-15）；da-8 左腿落全脚 Plié 同时右腿往前迈步，重心站到右腿，左腿后点地，同时双臂打开三位 Allongé，头转向右旁方向，眼睛看右手（图 5-11-16）。

图 5-11-13　　　　图 5-11-14　　　　图 5-11-15　　　　图 5-11-16

结束拍：da7-8 左腿收五位，同时双臂落下一位，头抬起看右旁方向。

（十二）Pirouette 旋转练习

1. 练习目的与教学内容

在高级阶段的教学内容中，第一次出现了 Pirouette 的训练组合，同样综合了前四个课例中所学动作，继续学习不同动作连接组合在一起的动作做法。继续在教室中间站在 Croisé、Effacé 不同方向上练习动作。继续练习 Chassé、Tombée、Pas de bourrée、四位 Pirouette en dehors、五位 Soutenu en tournant；学习四位 Pirouette en dedans、Pas glissade en tournant、Tours chaînés 的做法；并将动作连接融合在一起练习。

（1）Pas glissade en tournant

它既是一个独立的技术动作，也是一个辅助连接动作。它可以往旁和往前做，锻炼身体快速移动和连续旋转的能力。

（2）Tours chaînés

Chaînés 原意为"链条"，我们称此动作为"平转"，是指两脚在半脚尖或脚尖上、在直线或圆圈上不间断做的一连串快速行进的旋转动作，锻炼身体的灵活性、控制能力和协调配合。它可作为一个单独的旋转技术动作，常被用在舞剧变奏中的结尾部分，也可以作为衔接动作，将不同动作连接在一起。

2. 主要动作的节拍进度与练习要求

（1）Pirouette en dedans（四位）[皮鲁埃特·昂·德当] 从四位立起往里的转圈

节拍：四拍一次

准备拍：da5-8 教室中间，Épaulement croisé 方向，右腿在前站五位，双臂一位；

da-1 右腿往前擦出；

da-2 右腿落全脚成大四位；

da-3 左腿收 Battement retiré 前同时右腿立起半脚尖往右转 2 圈；

da-4 左腿落前五位 Demi plié，站直。

要求：按照 Battement retiré 和 Relevé 的要求，动作腿收 Battement retiré 位置要准确，要快并推地给旋转的力量，支撑腿立起高半脚尖并主动往前推着转开整条腿，双腿在旋转中始终保持外开。眼睛盯准一个点，旋转的起初要留头，并马上甩头看向那个点。手臂动作要和腿的动作同时完成，并起到帮助身体旋转和平衡的作用。

（2）Pas glissade en tournant [格里沙·昂·图尔囊] 带旋转的滑步

节拍：两拍一个

准备拍：da5-6 站在教室 6 点，Épaulement croisé 方向，右腿在前站五位，双臂一位；da7-8 右腿打开 Effacé 前点地，双臂打开第一 Arabesque 舞姿；

da-1 右腿往 2 点迈步半脚尖同时左腿收前五位半脚尖，做一个五位 Soutenu en tournant 1 圈；

da-2 五位半脚尖不动。

要求：右腿迈步要往远，步子要大，身体重心移动要快，左腿快速跟紧右腿并拢五位，双腿迅速转一个五位 Soutenu en tournant 1 圈，动作中始终保持双腿的外开和身体方向的准确。眼睛盯准一个点，旋转的起初要留头，并马上甩头看向那个点。手臂动作要和腿的动作同时完成，并起到帮助身体旋转和平衡的作用。

（3）Tours chaînés [图尔·谢奈] 连续的两脚交替转

节拍：一拍一次

准备拍：da5-6 站在教室 6 点，Épaulement croisé 方向，右腿前点地，双臂一位；7-8 双臂经二位打开左六位；

da-1 右腿往 2 点迈步半脚尖同时左腿并拢收一位半脚尖转半圈对 4 点；

da- 左腿落半脚尖右腿并拢一位半脚尖转圈，对 8 点。

要求：保持身体的正确直立体态和高半脚尖，在半脚尖上双腿大腿内侧靠紧并拢成一位踩在 2 点和 6 点，双肩分别对准 2 点和 6 点方向。后背有力的收紧，两腿保持外开，旋转一直保持在斜线上做，每次迈步转半圈，每一步要准确地转到半圈位置，每两步旋转形成一个圈。两脚转半圈时要保持均匀的速度，两臂保持低二位位置，每次"留头"和"甩头"要清楚，眼睛每次都要看行进的方向。

3. 组合的动作节拍与做法详解

节拍：$\frac{3}{4}$ 拍，快速

准备姿态：站教室 6 点（偏中线），Épaulement croisé 方向，右腿在前站五位，双臂一位，身体对 8 点方向，头眼看 1 点方向。

准备拍：da5-6 身体保持准备姿态不动；

da7-8 双臂从一位打开小七位 Allongé，落下一位，头随右臂动作，眼睛看右手。

① da1-2 右腿 Pas tombée 接 Pas de bourrée 落四位，对 2 点方向。da- 右腿擦地往前同时身体转向 2 点方向，同时左腿 Plié，双臂抬起二位（图 5-12-1）；1- 身体重心倒到右腿上，同时左腿绷直后腿，左腿收五位半脚尖同时右腿直腿往旁迈步，双臂打开七位（图 5-12-2）；2- 左腿往前落全脚同时双腿四位 Plié，右臂经一位抬起二位，左臂保持七位舞姿（图 5-12-3）。

da3-4 站直第三 Arabesque 后点地。da-3 左腿站直同时右腿绷脚后点地，双臂打开第三 Arabesque 舞姿（图 5-12-4）；da-4 双腿落四位 Plié，同时右臂回二位。

da5-6 四位 Pirouette en dehors 2 圈。da-5 右腿吸 Passé 的同时，左腿立起半脚尖，往右转 2 圈，手臂收二位；da-6 右腿往后伸直全脚落地的同时，左腿 Plié 成大四位，双臂打开七位，头转向左旁方向（图 5-12-5）。

图 5-12-1   图 5-12-2   图 5-12-3   图 5-12-4   图 5-12-5

da7-8 da-7 左腿站直同时右腿绷脚后点地，双臂七位 Allongé；da-8 右腿收后五位，双臂落下一位。

②da1-8 左腿动作同①da1-8 动作。

③da1-2 右腿 Pas tombée 接 Pas de bourrée 落四位，对 2 点方向。da- 右腿擦地往前同时身体转向 2 点方向，同时左腿 Plié，双臂经二位打开右五位（图 5-12-6）；1- 身体重心倒到右腿上同时左腿绷直后腿（图 5-12-7），左腿收五位半脚尖的同时，右腿直腿往旁迈步，左臂打开七位；da-2 左腿往前落五位全脚，同时双腿五位 Demi plié，双臂落下一位。

da3-4 五位 Soutenu 1 圈。da-3 双臂立五位半脚尖，同时身体往右转身 1 圈，双臂经二位抬起三位，头转过来转向右旁；da-4 双腿落五位 Demi plié，同时双臂经七位落下一位。

da5-6 左腿伸直同时右腿往前擦地，绷脚前点地，同时双臂抬起二位（图 5-12-8）；da-6 右腿落全脚 Plié，左腿伸直全脚踩地成大四位，同时左臂打开七位，双臂成左六位（图 5-12-9）。

da7-8 四位 Pirouette en dedans 2 圈。da-7 左腿收 Passé 前，同时右腿立起半脚尖，同时左臂收回二位，保持 Passé 往右转 2 圈；8- 左脚落前五位全脚，同时双腿五位 Demi plié，双臂打开七位，头转向左旁方向（图 5-12-10）。

图 5-12-6   图 5-12-7   图 5-12-8   图 5-12-9   图 5-12-10

④da1-2 右腿往旁擦地，往 6 点方向迈步，重心站到右腿上同时左腿经 Cou-de-pied 前，打开 Croisé 前点地，同时左臂经一位抬起二位，头随左臂动作转向左旁方向（图 5-12-11）。

da3-4 左腿 Pas glissade en tournant 1 个。da-3 身体转向 8 点同时左腿打开前腿，同时右腿 Plié，左腿往前迈步半脚尖同时右腿快速收前五位半脚尖，双臂收二位，往左转身同时双腿五位 Soutenu 1 圈；da-4 左脚在前五位半脚尖，双臂打开右六位，身体对 2 点方向，头转向左旁方向（图 5-12-12）。

da5-6 往左边 Chaîné 5 个，对 8 点方向。da-5 身体转向 8 点方向同时左腿伸出前腿，同时右腿 Plié，左腿往前迈步半脚尖同时右腿快速收一位半脚尖，双臂收二位，往左转身对 6 点，身体继续往左转身，左腿往旁迈步，身体对 2 点方向；da-6 动作同 da-5 动作，做 5 次。注意 $\frac{3}{4}$ 节拍每拍转一个。

da7-8 左腿往前迈步四位 Plié（图 5-12-13）；da-8 左腿站直同时右腿伸直后点地，同时双臂打开左五位（图 5-12-14）。

结束拍：da7-8 右腿收前五位，同时双臂落下一位，头抬起看右旁方向。

图 5-12-11　　图 5-12-12　　图 5-12-13　　图 5-12-14

（十三）Grand battement jeté 大踢腿练习

1. 练习目的与教学内容

高级阶段的教学内容中，综合了前四个课例中所学动作，继续在教室中间站在 Croisé、Effacé 方向上练习动作。继续练习 Grand battement jeté、Grand battement jeté pointé 往前、往旁、往后的动作做法，继续练习 Pas tombée 接 Pas de bourrée；学习用 Chassé 开始 Grand fouetté en dedans 成第一 Arabesque 的动作做法；学习 Tire-bouchon en dehors 的做法；并将动作连接融合在一起练习。

Tire-bouchon

原意为"螺丝刀似的"，是一种旋转技术动作。它是旋转时动作腿从高位置往低位置落下，以及手臂抬起成大舞姿的螺旋般的旋转。

2. 主要动作的节拍进度与练习要求

（1）Grand fouetté en dedans 成第一 Arabesque（用 Chassé 接）[格朗·弗韦泰·昂·德当] 从 Chassé 开的大舞姿上转身变换腿部舞姿

节拍：四拍一次

准备拍：da-8 教室中间，Épaulement croisé，右腿抬第三 Arabesque 90°；

da-1 右腿第三 Arabesque 90°　Relevé；

da- 左腿落地 Plié；

da-2 右腿往后 Chassé 对 6 点，跳起变旁，落地变右腿前点地，对 2 点；

da-3 右腿往前迈步 Coupé，Relevé 同时左腿从后擦出踢前腿 90°，转身变成后腿成第一 Arabesque；

da-4 右腿落地 Plié，保持舞姿。

要求：每迈一步身体方向都要清楚，Chassé 要往远移动，动作腿要有力地踢到前腿 90° 并保持高度和外开，转身变后腿要快并在半脚尖上控制住舞姿，支撑腿要立高半脚尖并主动做推转，一下子转到位置形成后腿舞姿，稍停再落地 Plié。身体摆正，后背收紧。

（2）Tire-bouchon en dehors [蒂尔 – 布雄·昂·德奥] 螺旋式往外的旋转

节拍：四拍一次

准备拍：da5-8 教室中间，Épaulement croisé，右腿在前站五位，双臂一位；五位 Demi plié；

da1-2 Pas tombé 接 Pas de bourrée 落四位 Demi plié，双臂从二位、七位，打开右六位；

da3-4 Tire-bouchon en dehors，双臂三位，落五位 Demi plié，双臂七位，站直，双臂一位。

要求：推起半脚尖时，身体要提起来，后背收紧，支撑腿要伸直、有力，动作腿 Battement retiré 位置要准确，保持双腿在旋转中的持续转开。头、手和转要配合协调。更加强调动作腿一下子抬到 90° 最高的位置，支撑腿一下推至高半脚尖并往下踩。

3. 组合的动作节拍与做法详解

节拍：$\frac{3}{4}$ 拍，快速有生气地

准备姿态：教室中间，Épaulement croisé，右腿在前站五位，双臂一位，身体对 8 点方向，头转向右旁方向，眼睛看 1 点方向。

准备拍：da5-6 双臂打开小七位 Allongé，落下一位，头随右臂动作，眼睛看右手；

da7-8 双臂抬起到二位，头向左倾，眼睛看右手，打开右五位，头随右臂动作转向右旁方向。

① da1-2 右腿 Grand battement jeté 前 2 个，在 Croisé 方向上做。da- 右腿往前踢前腿 90° 以上（图 5-13-1）；1- 右腿落下经擦地收五位；da-2 右腿动作同 da-1 动作。

da3-4 左腿 Grand battement jeté 后 2 个，在 Croisé 方向上做。da- 左腿往后踢第三 Arabesque 后腿 90° 以上（图 5-13-2）；3- 左腿落下经擦地收五位；da-4 左腿动作同 da-3 动作。

da5-8 右腿 Grand battement jeté 前 2 个，Passé par terre 到 Plié 第一 Arabesque 后点地。da- 右腿往前踢前腿 90° 以上，双臂右五位（图 5-13-3）；5- 右腿收五位；da- 右腿往前踢前腿 90° 以上；6- 经一位 Passé par terre 到 Plié 第一 Arabesque 后点地（图 5-13-4）；da-7 站直；da-8 右腿收五位，双臂收二位。

图 5-13-1　　　　图 5-13-2　　　　图 5-13-3　　　　图 5-13-4

② da1-2 左腿 Grand battement jeté 前 2 个，在 Effacé 方向上做。da- 左腿往前踢前腿 90° 以上，同时右臂抬起三位、左臂打开七位成左五位，头转向右旁方向（图 5-13-5）；1- 左腿落下经擦地收五位；da-2 左腿动作同 da-1 动作。

da3-4 右腿 Grand battement jeté 后 2 个，在 Effacé 方向上做。da- 右腿往后踢第一 Arabesque 后腿 90° 以上（图 5-13-6）；3- 右腿落下经擦地收五位；da-4 右腿动作同 da-3 动作。

da5-8 左腿 Grand battement jeté 前 2 个，Passé par terre 到 Plié 第三 Arabesque 后点地。da- 左腿往前踢前腿 90° 以上，双臂左五位（图 5-13-7）；5- 左腿收五位；da- 左腿往前踢前腿 90° 以上；6- 经一位 Passé par terre 到 Plié 第三 Arabesque 后点地（图 5-13-8）；7- 站直；8- 左腿收五位 En face，双臂七位。

图 5-13-5　　　　　　图 5-13-6　　　　　　图 5-13-7　　　　　　图 5-13-8

③ da1-2 右腿 Grand battement jeté 旁 1 个，在 En face 方向上做。da- 右腿往旁踢旁腿 90° 以上，头转向左旁方向；1- 右腿落下经擦地收后五位；da-2 双腿五位夹紧，双臂保持七位舞姿。

da3-4 Grand battement jeté 旁，左、右各 1 个。da- 左腿往旁踢旁腿 90° 以上，同时头转向右旁方向；3- 左腿落下经擦地收后五位；da-4 右腿动作同 da-3 动作。

da5-8 左腿开始，动作同 da1-4 动作。

④ da-1 左腿 Piqué 第三 Arabesque，对 2 点。da- 右腿往前 Pas glissade 同时左腿推地绷脚，同时双臂经一位抬起二位，右腿落地同时左腿经 Cou-de-pied 伸直前腿 45°；1- 左腿往前上步 Piqué 半脚尖，同时右腿抬后腿，双臂打开第三 Arabesque（图 5-13-9）。

2- 左腿 Plié，右腿保持第三 Arabesque，右腿往后 Chassé，右腿往后迈步，往六点方向，右腿落地推地跳起同时左腿在空中收前五位，同时双臂打开七位，身体对 4 点方向，左腿落地同时右腿伸出前腿 45°，同时双臂七位 Allongé，对 6 点方向。

da3-4 左腿 Grand fouetté en dedans 成第一 Arabesque。da-3 右腿往前迈步 Coupé（图 5-13-10），左腿经一位踢前腿 90°（图 5-13-11），同时右腿立起半脚尖往右 En dedans 转 1//2，同时双臂经一位、二位抬起三位，右腿在转的过程中，左腿变旁腿、后腿；da-4 身体对 2 点方向，右腿全脚落地 Plié，左腿保持第一 Arabesque，双臂同时打开第一 Arabesque（图 5-13-12）。

da5-6 Pas tombée 接 Pas de bourrée 落四位。da- 左腿收五位同时右腿往前绷脚擦出，同时双臂收二位（图 5-13-13）；5- 右腿 Pas tombée 往前，左腿伸直后腿，同时双臂打开七位（图 5-13-14），左腿收五位同时右腿往旁迈步；da-6 左腿往前同时双腿落四位 Demi plié，右臂经一位抬起二位，左臂不动成左六位（图 5-13-15）。

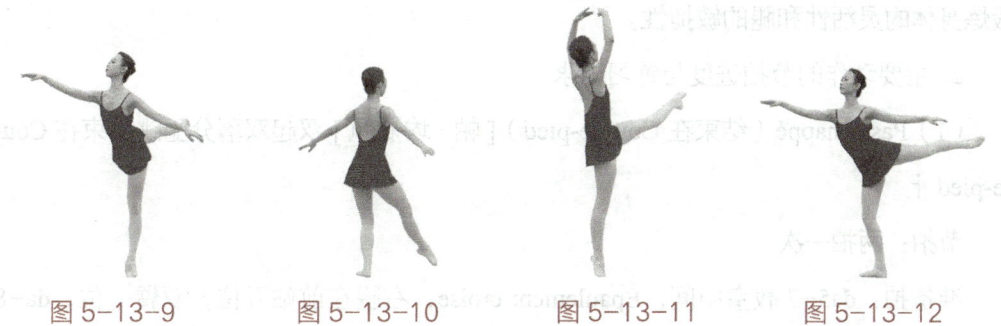

图 5-13-9   图 5-13-10   图 5-13-11   图 5-13-12

da7-8 右腿 Tire-bouchon en dehors。da-7 右腿从四位 Plié 快速拉起到 Battement retiré 前位置，同时左腿快速立起半脚尖，双臂抬起三位，往右转 2 圈（图 5-13-16）；da-8 双腿落下大四位 Plié，双臂同时打开左五位 Allongé，身体对 2 点方向，头看左旁方向（图 5-13-17）。

图 5-13-13   图 5-13-14   图 5-13-15   图 5-13-16   图 5-13-17

三、JUMPS 跳跃部分

（十四）Changement de pied 小跳练习

1. 练习目的与教学内容

高级阶段的教学内容中，综合了前四个课例中所学动作，在教室中间继续练习 Changement de pied、Pas coupé 接 Pas assmenblé、移动的五位 Pas sauté 的做法；学习 Pas échappé 二位结束在 Cou-de-pied 的做法；学习 Royale 的做法；并将动作连接融合在一起练习。

Royale

原意是"皇家的"，也可称之为 Changement de pied battu，是一种击打跳跃动作，锻炼身体的灵活性和腿的敏捷性。

2. 主要动作的节拍进度与练习要求

（1）Pas échappé（结束在 Cou-de-pied）[帕·埃夏佩] 双起双落分腿跳结束在 Cou-de-pied 上

节拍：两拍一次

准备拍：da5-7 教室中间，Épaulement croisé，右腿在前站五位，双臂一位；da-8 五位 Demi plié。

da-1 跳起，落二位 Demi plié；

da-2 跳起，左腿落 Plié，右腿 Cou-de-pied 后。

要求：跳起后双腿在空中绷直膝盖和脚尖，落地二位脚位位置要准确，再推地跳起双腿垂直绷紧，脚不要往外踢，左腿落回 Plié，右腿收回 Cou-de-pied 后并位置准确，双腿落地保持转开，躯干保持挺拔，腰腹收紧，保持起跳和落地的 Demi plié 的柔韧性、腿的外开。

（2）Royale [罗亚尔] 换脚击腿跳

节拍：两拍一次

准备拍：da5-7 教室中间，Épaulement croisé 方向，右腿在前站五位，双臂一位；da-8 五位 Demi plié；

da-1 跳起，击打，落五位 Demi plié；

da- 站直；

2- 五位 Demi plié。

要求：按照 Changement de pied 的动作要求，跳起后双腿在空中快速做打击动作，空中保持身体垂直收紧，双腿伸直转开脚尖绷紧，双腿往里打击的力量要多和深。打击时身体和胯要控制好，不要随打击动作扭动摇晃，手臂保持舞姿自然放松。

3. 组合的动作节拍与做法详解

节拍：$\frac{2}{4}$ 拍，快速

准备姿态：教室中间，Épaulement croisé 方向，右腿在前站五位，双臂一位，看 1 点方向。

准备拍：da5-8 身体保持准备姿态不动。

① da1-4 五位 Changement de pied 3 个，在 En face 方向上做。da1-2 Changement de pied 2 个；da3–4 第三个 Changement de pied 跳结束落到 2 点方向，左脚在前五位 demi plié。

da5–8 左边开始，动作同 da1–4 动作。

② da1–2 Pas échappé 二位结束在 Cou-de-pied 后。da–1 双腿从五位推地跳起，落二位 Demi plié，同时双臂经二位打开七位，头随右臂动作（图 5–14–1）；da–2 双腿从二位推地跳起，左腿收回落地 Demi plié，同时右腿 Cou-de-pied 后，双臂打开右六位，头转向左旁方向（图 5–14–2）。

da3–4 Pas coupé 接 Pas assemble 往旁。da–3 右脚快速踩后五位推地跳起，同时左腿擦地往旁 Assmblé，同时双臂打开七位 Allongé，头转向右旁方向（图 5–14–3）；da–4 左脚收后五位落地五位 Demi plié，双臂落下一位，对八点方向。

da5–6 往前移动的五位 Pas sauté。da–5 双腿从五位跳起同时往前移动，双臂同时经二位打开右四位 Allongé 伸展，往 8 点方向（图 5–14–4）；da–6 双腿落地五位 Demi plié，双臂落下一位。

da7–8 Royale 1 个。da–7 双腿推地跳起同时在空中双腿做打击，右腿打前、打后同时身体转到 2 点，落五位 Demi plié，双臂保持一位；da–8 站直，五位 Demi plié。

③－④左边开始，动作同①－②动作。

图 5–14–1　　　　图 5–14–2　　　　图 5–14–3　　　　图 5–14–4

（十五）Pas assemblé 小跳练习

1. 练习目的与教学内容

高级阶段教学内容中，综合了前四个课例中所学动作，继续学习不同动作连接组合在一起的动作做法。学习在 Croisé、Effacé 方向上做动作，在教室中间继续练习 Pas assemblé、Pas glissade、Pas double assemblé、Pas de chat 往旁的做法；学习 Pas assemblé battu 的做法。并将动作连接融合在一起练习。

2. 主要动作的节拍进度与练习要求

Pas assemblé battu [帕·阿桑布莱·巴丘] 带打击的收腿跳

节拍：一拍一次

准备拍：da5-7 教室中间，Épaulement croisé 方向，右腿在前站五位，双臂一位；8- 五位 Demi plié。

da- 右腿擦地，左腿推地跳起，双腿空中打击，右腿打击后、前五位；

1- 落五位 Demi plié。

要求：按照 Pas assemblé 的动作要求，右腿擦地往旁踢起 25° 后迅速收回做打击动作，先打击后五位，再打击前五位后落地五位 Demi plié。两条腿同时做击打动作，空中保持身体垂直收紧，双腿伸直转开脚尖绷紧，双腿往里打击的力量要多和深。打击时身体和胯要控制好，不要随打击动作扭动摇晃，手臂保持舞姿自然放松。

3. 组合的动作节拍与做法详解

节拍：$\frac{2}{4}$ 拍，中速、轻快的

准备姿态：教室中间，Épaulement croisé 方向，右腿在后站五位，双臂一位，看 8 点方向。

准备拍：da5-7 身体保持准备姿态不动。

da-8 五位 Demi plié。

① da1-4 右腿 Pas glissade 接 Pas double assemblé 旁。da-1 右腿从后五位擦地往旁踢向空中，同时往旁移动，左腿推地跳起，双臂抬起二位，右腿落地 Plié，左腿收前五位 Demi plié，双臂打开七位，头转向左旁；da-2 右腿从后五位擦地往旁踢向空中，同时左腿推地跳起，双臂七位 Allongé，头转向右旁，右腿收后五位（图 5-15-1），双腿落地五位 Demi plié；da-3 右腿从后五位擦地往旁踢向空中，同时左腿推地跳起，右腿收前五位（图 5-15-2），双腿落地五位 Demi plié；da-4 双腿站直五位，再五位 Demi plié。

da5-6 Pas assemblé 旁，左、右腿各 1 个。da-5 左腿从后五位擦地往旁踢向空中，同时右腿推地跳起，头转向左旁方向，左腿收前五位，双腿落地五位 Demi plié；da-6 右腿从后五位擦地往旁踢向空中，左腿推地跳起，头转向右旁方向，右腿收前五位，双腿落地五位 Demi plié。

da7-8 Sissonne tombée 往前。da- 双腿五位跳起，左腿落地同时右腿往前伸出，双臂抬起

二位；7- 右腿往前迈步 Tombée（图 5-15-3），同时推地跳起，左腿在空中收后五位，双臂打开第三 Arabesque 舞姿；da-8 双腿落五位 Demi plié，同时双臂落下一位（图 5-15-4）。

图 5-15-1   图 5-15-2   图 5-15-3   图 5-15-4

② da1-2 左腿 Pas glissade 接 Assemblé battu 往旁。da-1 左腿 Glissade 往旁，跳起同时移动，右腿推地跳起，双臂抬起二位，左腿落地 Plié，右腿收前五位 Demi plié，双臂打开七位，头转向右旁方向；da-2 左腿从后五位擦地往旁踢向空中，同时左腿推地跳起，双臂七位 Allongé，头转向左旁方向，双腿在空中做 Battu，左腿打击后五位，右腿打击前五位，左腿打击前五位，双腿落地五位 Demi plié，双臂落下一位。

da3-4 右腿动作同 da1-2 动作。

da5-6 左腿 Pas de chat 2 个，往 8 点方向。da- 左腿从后五位吸 Passé 往前，同时右腿推地跳起在空中从后吸 Passé 往前，双臂经二位打开右六位，眼睛看左臂，双腿在空中交换前后位置（图 5-15-5）；5- 左腿落地 Plié，同时右腿落前五位 Demi plié；da-6 左腿动作同 da-5 动作；结束时右腿擦地往前落四位 Demi plié（图 5-15-6）。

da7-8 右腿站直，左腿伸直后点地，同时双臂成右五位，头转向右旁方向（图 5-15-7）；da-8 左腿收五位，同时左臂落下，双臂经七位 Allongé，落下一位，头随右臂动作，抬头转向右旁方向。

图 5-15-5   图 5-15-6   图 5-15-7

（十六）Pas jeté 小跳练习

1. 练习目的与教学内容

高级阶段的教学内容中，综合了前四个课例中所学动作，继续学习不同动作连接组合在一起的动作做法。继续在 Croisé、Effacé 方向上学习动作，在教室中间继续练习第一 Arabesque temps levé、Pas jeté 往旁、Temps levé 成 Cou-de-pied 舞姿、Pas balloté、Brisé 的动作，并将动作连接融合在一起练习。

Brisé

Brisé 原意为"被打碎的"，是一个带打击动作的移动跳跃动作。主要锻炼脚下打击的灵活性和身体迅速移动的能力。

2. 主要动作的节拍进度与练习要求

（1）**Pas jeté**（移动的）[帕·热泰] 移动双起单落的换脚跳

节拍：一拍一次

准备拍：da5—8 教室中间，Épaulement croisé 方向，右腿在前站五位，双臂一位；da—8 五位 Demi plié；

da—1 擦地往旁（或往前）踢腿 45°，跳起，移动，落地 Plié 成 Cou-de-pied 后（或 Attitude 后、Arabesque）。

要求：第一条腿要踢腿往上跳并往远落，第二条腿要推地往上，将重心快速移动到第一条腿上成舞姿。后背收紧，起跳和落地方向准确，舞姿准确，跳跃动作中加入了手臂动作，要注意和腿部动作的配合协调。

（2）**Pas ballotté** [帕·巴洛泰] 摇摆的连续换脚跳

节拍：两拍一组

准备拍：da5—8 教室中间，Épaulement croisé 方向，右腿在前站五位，双臂一位；da—8 五位 Demi plié。

da—1 跳起右腿经 Passé 打开前腿 45°，左腿落地 Plié；

da—2 跳起收五位，左腿经 Passé 打开后腿 45°，右腿落地 Plié。

要求：注意身体在 Effacé 方向上的准确，跳起打开前、后腿。落地 Plié 不能蹲死，跳要做得连贯轻柔，两个动作之间的跳起双腿要在空中经过五位夹紧的过程，后背收紧，胯要始终上提，手、头与身体和跳跃动作要配合协调。

（3）Brisé [勃里泽] 移位的打击小跳

节拍：一拍一次

准备拍：da5-8 教室中间，Épaulement croisé 方向，右腿在前站五位，双臂一位；da-8 五位 Demi plié，双臂打开左臂在前 Arabesque 手臂舞姿。

da-1 左腿踢前 45° 同时往前移动，右腿跟上在空中打后、前五位，双腿落五位 Demi plié。

要求：注意第一条腿踢到位置，第二条腿推地跳起后马上去跟左腿，并在空中快速打击后五位、前五位，双腿同时落地成五位 Demi plié。身体在空中要保持上身前倾舞姿，后背收紧，挺胸收腹提胯，双腿在空中要保持外开，伸直双腿绷紧脚尖，以及手、头动作与身体和跳跃要配合协调。

3. 组合的动作节拍与做法详解

节拍：$\frac{6}{8}$拍，快速有生气地

准备姿态：教室中间，Épaulement croisé 方向，左腿在前站五位，双臂一位，身体对 2 点方向，眼睛看 1 点方向。

准备拍：da5-6 身体保持准备姿态不动；

da7-8 双臂打开小七位 Allongé，落下一位，头随左臂动作。

① da1-2 右腿第一 Arabesque temps levé，往 2 点。da- 右腿从后经 Cou-de-pied 伸直前腿 25°，同时左腿 Plié，双臂抬起二位；1- 右腿迈步往前落地 Plié，快速推地跳起往前移动，对 2 点方向，同时左腿踢后腿 45°，双臂打开第一 Arabesque 舞姿，眼睛看右手（图 5-16-1）；da-2 右腿落地，同时左腿往前落大四位 Plié，双臂收二位，头转向左旁方向（图 5-16-2）。

da3-4 右腿 Pas glissade 接 Pas jeté 往旁。da-3 右腿从后五位擦地往旁踢向空中，同时往旁移动，左腿推地跳起，双臂保持二位，右腿落地 Plié 同时左腿收前五位 Demi plié，双臂打开七位，头转向左旁方向；da-4 右腿从后五位擦地往旁踢向空中，同时左腿推地跳起，双臂七位 Allongé，头转向右旁方向（图 5-16-3），右腿收前五位落地五位 Plié，左腿收 Cou-de-pied 后，右臂收二位成左六位。

da5-6 左腿 Pas glissade 接 Pas jeté 往旁。da-5 左腿从后五位擦地往旁踢向空中，同时往旁移动，左腿推地跳起，右腿落地 Plié，左腿收前五位 Demi plié，左臂打开七

位，头转向右旁方向；da-6 左腿从后五位擦地往旁踢向空中，右腿推地跳起，双臂七位 Allongé，头转向左旁方向，左腿收前五位落地五位 Plié，右腿收 Cou-de-pied 后，左臂手二位成右六位。

da-7 左腿 Temps levé 1 个；右腿保持在 Cou-de-pied 后，双臂保持右六位，头转向左旁方向（图 5-16-4）。

图 5-16-1　　　　图 5-16-2　　　　图 5-16-3　　　　图 5-16-4

da-8 左腿推地跳起，同时右腿伸直在空中夹紧后五位，双臂落下一位，双腿落五位 Demi plié，结束在 Effacé 方向上，对 8 点方向，头转向右旁方向。

② da1-2 Pas ballotté 往前、往后各 1 个，在 Effacé 方向上做。da- 双腿推地跳起，同时左腿吸 Passé，双臂抬起二位；1- 右腿落地 Plié，同时左腿伸直前腿 90°，双臂打开左六位，头留在右旁方向（图 5-16-5）；da- 左腿收五位，同时右腿推地跳起，在空中吸 Passé，左臂收二位，头转向 8 点方向，眼睛看左臂；2- 左腿落地 Plié，同时右腿伸直后腿 90°，双臂打开右六位，眼睛看左臂（图 5-16-6）。

图 5-16-5　　　　图 5-16-6

da3-4 Pas coupé 接 Pas assemblé 往旁。da- 右腿收 Cou-de-pied 后；3- 右腿 Coupé 落五位，同时左腿擦地往旁，右腿推地跳起，双臂打开七位 Allongé，头转向右旁方向；da-4 左腿收后五位落地五位 Demi plié，同时双臂落下一位，对 8 点方向。

da5-6 左腿 Brisé 前 1 个，往 8 点方向。da- 左腿从五位擦地往前踢 Effacé 前腿 45°，双臂打开右六位 Allongé，头看左臂，同时右腿跟上打击后（图 5-16-7）、前（图 5-16-8）；5-6 双腿落五位 Plié（图 5-16-9）。

图 5-16-7   图 5-16-8   图 5-16-9

da7-8 左腿 Brisé 前 2 个，往 8 点方向。动作同 da5-6 动作。

（十七）Sissonne fermée 中跳练习

1. 练习目的与教学内容

高级阶段的教学内容中，综合了前四个课例中所学动作，学习不同动作连接组合在一起的动作做法。在教室中间继续练习 Sissonne fermée 往前、Grand assemblé 往旁、Sissonne fondu 往旁的动作做法；学习第三 Arabesque temps levé 的做法；并将动作连接融合在一起练习。

2. 主要动作的节拍进度与练习要求

Temps leve（Arabesque）[唐·勒韦] 在 Arabesque 舞姿上单起单落的跳

节拍：两拍一次

准备拍：da5-7 教室中间，Épaulement croisé 方向，右腿在前站五位，双臂一位；da-8 右腿 Plié，左腿打开前腿。

da-1 左腿迈步落地同时推地跳起，右腿踢后腿成第三 Arabesque；

da-2 落地成 Plié 保持第三 Arabesque 舞姿。

要求：组合中学习的是第三 Arabesque 舞姿上的 Temps levé。首先要掌握好第三 Arabesque 的基本舞姿以及身体在 Croisé 方向上位置的准确。跳起前，左腿先要往远迈步，落地像做 Coupé 一样，脚一落地马上就推地跳起，右腿同时离地往后向上踢腿 90° 并保持后腿舞姿的正确，双腿在空中伸直绷脚转开，落地保持后腿 90° 舞姿。整个动作过程要保持后背收紧，手臂配合腿部动作要做得轻松优美。

3. 组合的动作节拍与做法详解

节拍：$\frac{6}{8}$拍，快速

准备姿态：站教室 6 点，Épaulement croisé 方向，右腿在前站五位，双臂一位，身体对 8 点方向，眼睛看 1 点方向。

准备拍：da5-6 身体保持准备姿态不动。

da7-8 双臂从一位打开小七位 Allongé；da-8 双臂落下一位，双腿五位 Demi plié，头随右臂动作，眼睛看右手。

① da1-2 第一 Arabesque sissonne fermée 2 个，对 2 点方向。da- 双腿从五位推地跳起至空中同时右腿踢前腿 45°、左腿踢后腿 90°，同时身体向右转身 1/4 方向，往 2 点方向移动，双臂从一位快速打开到第一 Arabesque 手臂舞姿，头、眼看向 2 点方向（图 5-17-1）；1- 落地五位 Demi plié，头手保持第一 Arabesque 舞姿（图 5-17-2）；da-2 动作同 da-1 动作。

图 5-17-1   图 5-17-2

da3-4 Sissonne fermée 第一 Arabesque 落地结束在 Cou-de-pied 后接 Arabesque relevé 1 个，对 2 点方向。da- 双腿从五位推地跳起至空中，同时右腿踢前腿 45°、左腿踢后腿 90°，往 2 点方向移动，双臂保持第一 Arabesque 手臂舞姿，头、眼看向 2 点方向（图 5-17-3）；3- 右腿落 Demi plié，左腿收 Cou-de-pied 后，双臂收二位（图 5-17-4），右腿立起半脚尖，同时左腿打开后腿 90°，双臂打开右五位，头转向左旁方向（图 5-17-5）；da-4 左腿往前落大四位 Plié，左臂打开七位。

da5-6 Pas glissade 接 Grand assemblé 往旁，对 2 点方向。da-5 右腿从后擦地往旁踢向空中，同时往旁移动，左腿推地跳起，双臂保持二位，右腿落地 Plié，左腿往前迈步 Coupé，右腿往旁踢旁腿 90°，对 2 点方向，身体往左转 1/4 对 8 点，左腿推地

在空中收后五位与右腿夹紧五位，双臂打开左五位 Allongé，头转向右旁方向，眼睛看右手（图 5-17-6）；da-6 双腿落地五位 Demi plié，双臂落下一位。

da7-8 右腿 Sissonne fondu 旁。da-7 双腿推地跳起，同时右腿吸 Passé，双臂抬起二位（图 5-17-7），左腿落地 Plié，右腿经五位擦地往旁踢腿 90°，左腿推地跳起，双臂打开七位 Allongé，头转向左旁方向（图 5-17-8）；da-8 双腿落五位 Plié，双臂落下一位（图 5-17-9）。

图 5-17-3   图 5-17-4   图 5-17-5

图 5-17-6   图 5-17-7   图 5-17-8   图 5-17-9

② da1-4 左腿动作同① da1-4 动作。

da-5 Pas tombée 接第三 Arabesque temps levé，对 8 点；左脚往前伸出（图 5-17-10），迈步 Tombée，同时右腿收 Cou-de-pied 后，双臂经右六位（图 5-17-11），左臂打开七位，右脚 Coupé 后五位推地跳起，左腿踢后腿 90°，左臂经一位打开第三 Arabesque 舞姿，头随左臂动作，落地保持舞姿 Plié（图 5-17-12）。

da6-8 Pas chassé 接 Grand assemble 往前，对 2 点方向。da-6 左腿往后迈步推地跳起，右腿收后五位，身体往左转 1/2，对 4 点，左臂经二位、一位打开七位 Allongé，右腿落地，左腿往前迈步落大四位，身体往左转 1/4，对 2 点方向；da-7 右腿往前迈步推地跳起，同时左腿往前踢腿 90°，双腿空中夹紧五位，双臂经一位、二位抬起三位，头转向左旁方向（图5-17-13）；da-8双腿落地五位Demi plié（图5-17-14），双腿站直，双臂打开七位Allongé，落下一位，头抬起转向左旁方向。

图5-17-10　　　图5-17-11　　　图5-17-12　　　图5-17-13　　　图5-17-14

（十八）Grand assemblé 中跳练习

1. 练习目的与教学内容

高级阶段的教学内容中，综合了前四个课例中所学动作，学习不同动作连接组合在一起的动作做法。在教室中间继续练习 Pas failli、Grand assemblé、第一 Arabesque temps levé 的动作做法；学习 Grand assemblé en tournant、Grand pas de basque 的动作做法；并将动作连接融合在一起练习。

（1）Grand assemblé entournant

在 Grand assemblé 动作中加入转身，增加了动作的技术难度。锻炼身体的腾空跳跃和空中快速转身能力。可以横线、斜线、圆周做，常作为男子舞蹈的技术动作在舞台上展示。

（2）Grand pas de basque

是巴斯克舞步的一种发展，其具有了中跳、大跳性质的跳跃动作，主要锻炼身体的腾空跳跃能力。

2. 主要动作的节拍进度与练习要求

（1）Grand assemblé en tournant [格朗·阿桑布莱·昂·图尔囊] 带空中转身的大的收腿跳

节拍：两拍一次

准备拍：da5-8站教室2点，Épaulement effacé方向，左腿后点地成第二 Arabesque点地舞姿；da-8左腿往后迈步 Chassé 往6点；

da-1 左腿往前 Coupé，对 6 六点，同时右腿往 6 点方向踢旁腿 90°，左腿推地跳起在空中收后五位与右腿夹紧五位，双臂经一位、二位抬起三位，往左转身 1 圈；

da-2 双腿落五位 Demi plié，双臂保持三位，头转向左旁方向。

要求：按照 Grand assemblé 的动作要求。右腿踢旁腿要高，把身体带至空中同时往远移动。踢腿方向要准确，直线踢出不要划圈。左腿快速推地跳起在空中与右腿并拢五位，双腿伸直夹紧五位，保持身体在空中的垂直快速转身完成 1 圈空转后落地。落地五位 Demi plié 要踩结实，上身躯干收紧保持重心的稳定。手要快速抬起，做空中转身时保持舞姿，头要快速甩头往行进方向看。

（2）Grand pas de basque[格朗·帕·德·巴斯克] 大的巴斯克舞步跳

节拍：两拍一次（$\frac{3}{4}$）

准备拍：da5-8 站教室 6 点，Épaulement croisé 方向；da-7 左腿前点地，双臂小七位 Allongé；da-8 左腿 Tombée 接右腿 Glissade 往前落四位。

da- 左腿 Coupé 前，右腿踢 Effacé，双臂二位；

1- 右腿落地 Plié，同时左腿 Développé croisé 前 90°，左臂抬三位成四位，左腿落地四位 Demi plié；

da-2 跳起收五位，落五位 Demi plié，双臂一位。

要求：右腿踢前腿要高，把身体带至空中，在右腿还没有落地的瞬间左腿推地跳起，吸腿向空中伸直 90°，再次把身体留至空中，右腿落地时左腿已经完成 Développé 的动作。

3. 组合的动作节拍与做法详解

节拍：$\frac{6}{8}$ 拍，快速有生气地

准备姿态：站教室 6 点，Épaulement croisé 方向，右腿在前站五位，双臂一位，身体对 8 点方向，眼睛看 1 点方向。

准备拍：da5-6 身体保持准备姿态不动；

da7-8 双臂从一位打开小七位 Allongé；8- 双臂落下一位，同时双腿五位 Demi plié，头随右臂动作，眼睛看右手。

① da1-4 右腿 Pas failli 接 Grand assemblé 往旁 2 个。da- 双腿从五位推地跳起至空中 Pas faiili，同时身体向右转身 1/4 方向，往 2 点方向移动，双臂同时从一位快速打

开小七位 Allongé，头、眼看向 8 点方向（图 5-18-1）；1- 右腿落地 Plié 同时左腿往前落四位 Coupé，双臂收二位，左腿快速推地跳起，同时右腿往 2 点踢旁腿，往 2 点方向移动，身体往左转 1/4 方向对 8 点方向，同时左腿收后五位，双腿在空中并拢五位，双臂打开左五位 Allongé，头转向右旁方向，眼睛看右手（图 5-18-2）；da-2 落地五位 Demi plié，双臂保持五位 Allongé 舞姿；da3-4 动作同① da1-2 动作。

　　da5-8 右腿 Piqué 第一 Arabesque、往后 Chassé、Grand assemblé en tournant 1 圈。da-5 右腿经 Passé développé 往前，右腿 Piqué 前半脚尖同时左腿踢后腿，双臂同时打开第一 Arabesque 舞姿（图 5-18-3）；da-6 右腿落地 Plié 同时左腿往后迈步推地跳起同时右腿收后五位，身体往左转 1/2，对 6 点方向，同时双臂七位 Allongé，右腿落地同时左腿往前打开 45°，同时身体往左转 1/4，对 6 点方向；da-7 左腿往前 Coupé 同时右腿往 6 点方向踢旁腿 90°，同时左腿推地跳起在空中收后五位，与右腿夹紧五位，同时双臂经一位、二位抬起三位，同时身体往右转身 1 圈；da-8 双腿落五位 Demi plié，双臂保持三位，头转向左旁方向（图 5-18-4）。

图 5-18-1　　　　　图 5-18-2　　　　　图 5-18-3　　　　　图 5-18-4

　　② da1-4 右腿动作同① da5-8 动作。

　　da5-8 右腿第一 Arabesque temps levé、Glissade 往前、Grand pas de basque 往前。da- 右腿经擦地打开前腿 25°，同时左腿 Plié，双臂落下二位；5- 右腿往前迈步落地 Plié，同时 Coupé，快速推地跳起往前移动，对 2 点方向，左腿踢后腿 90°，双臂打开第一 Arabesque 舞姿，眼睛看右手（图 5-18-5）；da-6 右腿落地，同时左腿往前落大四位 Plié 同时 Coupé，双臂打开七位 Allongé，头转向左旁方向；da- 右腿从后擦地往前 Glissade 四位；7- 左腿落地 Plié 同时 Coupé，右腿踢前腿 90°，双臂经一位抬二位，右腿落地 Plié 同时左腿经 Passé développé croisé 前 90°，左臂抬三位成右四位（图 5-18-6）；da-8 左腿落地四位 Demi plié，左腿站直，同时右腿伸直后点地，双臂打开左五位 Allongé，头看左旁方向，右腿收五位，双臂落一位（图 5-18-7）。

图 5-18-5   图 5-18-6   图 5-18-7

（十九）Grand jeté entrelacé 大跳练习

1. 练习目的与教学内容

高级阶段的教学内容中，综合了前四堂课例中所学动作，学习不同动作连接组合在一起的动作做法。在教室中间继续练习第一 Arabesque temps levé、Grand jeté 的动作做法；学习 Grand jeté entrelacé、Grand jeté pas de chat 的动作做法；并将动作连接融合在一起练习。

（1）Grand jeté entrelacé

Entrelacé 原意为"交织的"，是一种翻身换腿的大跳动作，是古典芭蕾跳跃动作中较为困难的舞步之一。锻炼身体的腾空快速转身和快速有力的踢腿能力，训练跳跃的轻盈和身体的敏捷。

（2）Grand jeté pas de chat

此动作是在 Pas de chat 动作的基础上，融入了踢腿动作，加大了动作腿的幅度和跳跃的高度，使动作具有了更强烈的表演效果，使其成为舞台上常用的大跳动作之一。该动作锻炼身体的腾空跳跃能力和快速有力的踢腿能力，训练跳跃的轻盈和身体的敏捷。

2. 主要动作的节拍进度与练习要求

（1）Grand jeté entrelacé [格朗·热泰·昂特尔拉塞] 翻身换脚大跳

节拍：两拍一次

准备拍：da5-7 站教室 2 点，Épaulement croisé 方向，左腿抬后腿 90°，右腿 Relevé；da-8 右腿 Plié，左腿往后 Chassé，对 6 点方向。

da-1 左腿往前 Coupé 对 6 点方向，同时右腿往 6 点方向踢前腿 90°，同时双臂经一位、二位抬起三位，同时身体往左转身 1/2，同时左腿推地跳起在空中踢后腿；

da-2 右腿落地 Plié，左腿保持成第一 Arabesque 90° 舞姿，双臂打开第一 Arabesque 舞姿。

要求：右腿踢起前腿后转身的同时，左腿马上跟上踢后腿，两条腿往一个方向踢腿，双腿在空中贴紧交替换腿。必须要踢完前腿再转身，左腿踢后腿不能划圈，要贴着右腿往后踢腿。踢腿力量要大要高，转身时身体要主动地转动，落地要有控制地 Plié，后背收紧，跨用力上提，保持后腿 90° 舞姿。手臂动作在跳中要协调配合，变后腿手臂保持三位，落地才能打开第一 Arabesque 舞姿。

（2）Grand jeté pas de chat [格朗·热泰·帕·德·夏] 带踢腿的猫步大跳

节拍：两拍一次

准备拍：da5-8 站教室 6 点，Épaulement croisé 方向，左腿 croisé 前点地，双臂小七位 Allongé。

da-1 左腿往前 Ccoupé 同时右腿吸 Passé，右腿伸直踢前腿，左腿推地跳起踢后腿，双臂打开左四位 Allongé；

da-2 右腿落地 Plié，左腿落地收五位 Demi plié，右腿收 Cou-de-pied 后，双臂落右六位，头转向左旁方向。

要求：第一条腿要往高吸起 Passé 至 90° 后马上往前踢出前腿 90°，身体往上往高跳。第二条腿在第一条腿伸直的同时快速推地有力量地踢到后腿 90°。双腿在空中打开前后腿 90° 后要有停留，前腿后腿踢出的方向路线要准确，双腿保持伸直绷紧转开，后背收紧，跨要用力向上提住，落地要有控制地 Plié。手臂在空中要轻柔自然，和踢腿动作同时完成手臂舞姿。

（3）Grand jeté（成 Attitude croisé 90°）[格朗·热泰] 往前移动的踢腿大跳（成后屈腿 90° 舞姿）

节拍：四拍一次

准备拍：da5-8 站教室 4 点，Épaulement croisé 方向，右腿 Croisé 前点地，双臂小七位 Allongé；da-8 左腿 Plié；

da-1 右腿 Tombée 接 Chassé；

da-2 右腿迈步 Chassé；

da-3 左腿 Coupé 同时右腿经擦地踢前腿 90°，同时左腿推地跳起踢后腿 Attitude，双臂打开右五位；

da-4 右腿落地 Plié，左腿保持 Attitude 后。

要求：跳起踢腿要快、有力量，踢腿要踢到 90°，跳起后在空中有瞬间舞姿的停顿，往高跳并往远移动。起跳至落地在空中要走一个弧线，落地 Plié 要有控制，落地后腿舞姿要控制在 90° 上并往上抬起，后背和胯收紧上提，手臂动作协调配合，并形成优美轻松的舞姿形态。

3. 组合的动作节拍与做法详解

节拍：$\frac{3}{4}$ 拍，快速有生气地

准备姿态：站教室 2 点，Épaulement croisé 方向方向，右腿后点地，双臂成小七位 Allongé，身体对 2 点方向，眼睛看 1 点方向。

准备拍：da5-6 身体保持准备姿态不动；

da-7 右腿经 Cou-de-pied 往前，同时双臂经一位抬起二位，同时左腿 Plié，右腿往前迈步 Piqué 半脚尖第一 Arabesque，同时双臂打开第一 Arabesque 舞姿（图 5-19-1）；

da-8 右腿 Plié，左腿 Chassé 往后迈步推地跳起，同时右腿收后五位，身体往左转 1/4，对 8 点方向，双臂七位 Allongé，右腿落地，左腿往前打开 45°，身体往左转 1/4，对 6 点方向。

① da1-2 右腿 Grand jeté entrelacé 落第一 Arabesque。da-1 左腿往前 Coupé，同时右腿往 6 点方向踢前腿 90°，双臂经一位、二位抬起三位（图 5-19-2），身体往左转身 1/2，左腿推地跳起在空中踢后腿（图 5-19-3）；da-2 右腿落地 Plié 成第一 Arabesque，双臂打开第一 Arabesque 舞姿（图 5-19-4）。

图 5-19-1　　　　图 5-19-2　　　　图 5-19-3　　　　图 5-19-4

da3-4 右腿第一 Arabesque relevé、往后 Chassé。da-3 右腿立起半脚尖，左腿保持

第一 Arabesque 舞姿；da-4 右腿 Plié 同时左腿 Chassé 往后迈步推地跳起，右腿收后五位，身体往左转 1/4，对 8 点方向，双臂七位 Allongé，右腿落地，左腿往前打开 45°，身体往左转 1/4，对 6 点方向。

da5-6 右腿动作同 da1-2 动作。

da7-8 左腿往后迈步，同时右腿经 Cou-de-pied，双臂收二位，右腿往后迈步站直，左腿伸直前点地，双臂经一位打开小七位 Allongé，身体对 2 点方向，头转向左旁方向

② da1-4 右腿第一 Arabesque temps levé 往前、Glissade 往前、Grand jeté pas de chat，对 3 点方向。da- 左腿 Plié 同时右腿经 Cou-de-pied 打开前腿 25°，双臂收二位；1- 右腿迈步往前落地 Plié，快速推地跳起往前移动，对 2 点方向，左腿踢后腿 90 度，双臂打开第一 Arabesque 舞姿，眼睛看右手（图 5-19-5）；da-2 右腿落地同时左腿往前落大四位 Plié，双臂打开七位 Allongé，头转向左旁方向；da- 右腿从后擦地往前踢向空中 25°，同时往 3 点方向移动，左腿推地跳起，右腿落地 Plié，左腿往前迈步；3- 左腿落地 Plié，同时右腿吸 Passé，右腿伸直前腿，左腿推地跳起踢后腿，双臂打开左四位 Allongé（图 5-19-6）；da-4 左腿落地 Demi plié，右腿收 Cou-de-pied 后，双臂成右六位，头转向左旁方向（图 5-19-7）。

图 5-19-5　　　　　　　　　图 5-19-6　　　　　　　　　图 5-19-7

da5-8 左腿往前 Tombée 接 Chassé、右腿往前 Tombée 接 Chassé、Coupé、Grand jeté attitude croisé，对 8 点方向。da-5 右腿 Plié 同时左腿经 Cou-de-pied 打开前腿 25°，同时左臂打开七位，左腿 Tombée 落地 Plié（图 5-19-8），推地跳起同时右腿在空中收后五位，右腿落地 Plié 同时左腿往前迈步；da-6 左腿落地 Plié 同时右腿迈步往前落地 Plié 推地跳起，同时左腿在空中收后五位，左腿落地 Plié 同时右腿往前伸出，右腿往前迈步 Plié 同时左腿从后擦出前腿 25°；7- 左腿迈步前 Coupé 同时右腿经擦地踢前腿 90°，双臂经一位、二位打开右五位，左腿推地跳起踢后腿 Attitude，头转向

右旁方向（图 5-19-9）；da-8 右腿落地 Plié，左腿保持 Attitude 后（图 5-19-10）。

结束拍：da7-8 右腿推地跳起，同时左腿伸直收后五位，双臂经七位 Allongé 落下一位，双腿五位落地 Demi plié，双腿站直五位，头转向右旁方向，对 8 点方向。

图 5-19-8　　　　图 5-19-9　　　　图 5-19-10

四、END 尾声

（二十）Révérence 行礼练习

1. 练习目的与教学内容

高级阶段的教学内容中，综合了前四个课例中所学动作，学习不同动作连接组合在一起的动作做法，安排了更具舞台形式的行礼组合。在教室中间学习继续练习 Pas balancé、Arabesque temps levé、五位 Suivi en tournant、Arabesque relevé、Pas couru、Révérence 女子行礼的动作做法；学习 Pas de basque en tournant 将动作连接融合在一起练习。

Pas de basque en tournant

此动作是在 Pas de basque 最基础的舞蹈化舞步的基础上加上了转身动作，它是由一步 Plié、两步半脚尖舞步构成的，该动作使舞步具有了华尔兹的动作韵律，更具舞蹈感和流动性。

2. 主要动作的节拍进度与练习要求

Pas de basque en tournant [帕·德·巴斯克·昂·图尔囊] 带转身的巴斯克舞步

节拍：两小节一组

准备拍：da5-8 教室中间，Épaulement croisé 方向，右腿后点地，双臂小七位 Allongé。

　　da-1 右腿往前迈步同时双臂二位，左腿擦地往前往 2 点同时双臂打开五位 Allongé，左腿迈步半脚尖往 2 点方向，同时身体往右转身 1/2，右腿收前五位半脚尖对 6 点；

　　da-2 左腿往后迈步同时右臂落下第二 Arabesque 舞姿，右腿擦地往后迈步半脚尖，往 2 点方向，同时双臂收二位，同时身体往右转身 1/2，左腿收后五位半脚尖。

　　要求：出前腿上身要稍向后下胸腰，手臂 Allongé 舞姿配合脚下舞步要往远伸长，出后腿上身随手臂 Allongé 往前延伸。做 Plié 时蹲得要深，步伐往远迈，半脚尖立得要高，动作要连贯流畅，节奏要均匀。

　　3. 组合的动作节拍与做法详解

节拍：$\frac{6}{8}$ 拍，快速

准备姿态：站教室 6 点，Épaulement croisé 方向，右腿后点地，双臂小七位 Allongé，身体对 2 点方向，头看 1 点方向。

准备拍：da5-6 身体和手臂保持舞姿不动。

da7-8 双臂小七位 Allongé 舞姿呼吸，头看 1 点方向

　　① da1-2 Pas balancé 右腿、左腿各 1 个，在 En face 方向上做。da-1 右腿从后往旁擦出，右腿往旁迈步落 Plié 同时左腿 Cou-de-pied 后，同时双臂成右六位，身体往左旁倾，眼睛看左手，左腿踩落后五位站直半脚尖，同时右腿绷脚伸直前腿，动作中手臂保持舞姿不动。da-2 右腿落地 Plié 同时左腿从后向旁擦出，同时双臂打开七位 Allongé，头转向右旁方向，左腿往旁迈步落 Plié 同时右脚 Cou-de-pied 后，同时双臂成左六位，身体往右旁倾，眼睛看右手，右腿踩落后五位站直半脚尖，同时左腿绷脚伸直前腿，动作中双臂保持舞姿。

　　da3-4 Pas de basque en tournant 往前、往后 2 个。da-3 右腿往前迈步同时双臂二位，左腿擦地往前迈步半脚尖，往 2 点方向，同时双臂打开五位 Allongé（图 5-20-1），同时身体往右转身 1/2，右腿收前五位半脚尖；da-4 左腿往后迈步同时右臂落下第二 Arabesque 舞姿（图 5-20-2），右腿擦地往后迈步半脚尖，往 2 点方向，同时双臂收二位，同时身体往右转身 1/2，左腿收后五位半脚尖；

　　da5-6 动作同 da3-4 动作。da7-8 第一 Arabesque temps levé、Pas balancé。da-7 右腿往前迈步 Plié 推地跳起同时左腿踢 90°，双臂打开第一 Arabesque，对 2 点方

向（图5-20-3）；da-8右腿落地Plié同时左腿往旁迈步，往8点方向，左腿往旁迈步落Plié，同时右腿Cou-de-pied后，双臂成左六位，身体往右旁倾，眼睛看右手（图5-20-4），右腿踩落后五位站直半脚尖，左腿绷脚伸直前腿，动作中双臂保持舞姿，在Écarté方向上做。

图5-20-1   图5-20-2   图5-20-3   图5-20-4

② da1-4 Arabesque temps levé 右腿、左腿个1个。da-1左腿Plié，同时右腿往前伸出迈步，双臂收二位，右腿落地Plié推地跳起，同时左腿踢后腿90°，双臂打开左四位Allongé，对3点方向（图5-20-5）；da-2右腿落地Plié，左腿往后迈步Chassé，左腿落地Plié推地跳起，同时右腿收后五位在空中夹紧，双臂收二位，头留在右旁；da-3右腿Plié，同时左腿往前伸出迈步，双臂保持二位，左腿落地Plié推地跳起，同时右腿踢后腿90°，双臂打开右四位Allongé，对7点方向（图5-20-6）；da-4左腿落地Plié，右腿往后迈步Chassé，右腿落地Plié推地跳起，同时左腿收后五位在空中夹紧，双臂打开七位Allongé，头留在左旁。

图5-20-5   图5-20-6

da5-6右腿往旁迈步半脚尖，同时左腿收前五位半脚尖，双臂经一位、二位打开左五位，头随左臂动作转向左旁方向，往3点方向（图5-20-7）。

da7-8 Pas couru。从2点跑到4点方向，同时右臂打开七位，往右转身，站在教室

4 点，身体对 8 点方向，左腿 Croisé 后点地，双臂小七位 Allongé 舞姿，头看 1 点方向（图 5-20-8）。

图 5-20-7　　　　　图 5-20-8

③－④左边开始，动作同①－②动作；最后跑到教室中间，身体对 2 点方向，右腿 Croisé 后点地，双臂小七位 Allongé 舞姿，头看 1 点方向。

⑤ da1-2 Arabesque relevé 右腿、左腿各 1 个，在 Effacé 方向上做，对 2 点方向。da-1 右腿从后全脚 Chassé 往前，经四位 Plié，同时双臂二位，右腿立起半脚尖，左腿踢后腿 90°，双臂打开右五位，头随左臂动作转向左旁（图 5-20-9）；da-2 左腿收前五位，同时双腿五位 Plié，双腿五位 Relevé；da3-4 左腿动作同 da1-2 动作（图 5-20-10）。

da5-6 五位 Suivi en tournant 往右转 1 圈，同时左臂经一位、二位抬起三位，右臂保持三位舞姿，对 8 点方向（图 5-20-11）。

da7-8 双腿正步 Suivi 往后，同时双臂经二位、一位打开小七位 Allongé，停右腿 Croisé 后点地，身体对 2 点方向，头看 1 点方向。

⑥ da1-2 Pas balancé 右腿、左腿各 1 个，在 En face 方向上做；动作同① da1-2 动作。

da3-4 Pas couru 往前跑，同时双臂收二位、经一位往旁打开经七位 Allongé、抬起三位 Allongé，对 1 点方向（图 5-20-12）。

图 5-20-9　　　　图 5-20-10　　　　图 5-20-11　　　　图 5-20-12

da5-8 Révérence。da-5 左腿往旁迈步同时右腿 Plié，重心移到左腿同时右脚绷脚旁点地，同时左臂经一位、二位打开七位，头随左臂动作转向左旁方向（图 5-20-13）；da-6 右腿收 Croisé 后点，同时右臂经一位、二位抬起三位，头随右臂动作转向右旁方向（图 5-20-14）；da-7 双腿下蹲，同时双膝向旁打开，右臂经七位 Allongé 落下小七位 Allongé，上身稍向前屈，头微微点头，屈膝行礼（图 5-20-15）；da-8 右腿跪地，左腿往 Croisé 前伸直，上身挺直，双臂小七位 Allongé，头抬起转向左旁方向，眼睛看 1 点方向（图 5-20-16）。

图 5-20-13　　　　　图 5-20-14　　　　　图 5-20-15　　　　　图 5-20-16

附录 芭蕾术语

术语	译音	释义
A		
À la seconde	阿·拉·瑟贡德	成二位
Adagio[意]	阿达若	慢板
Allegro[意]	阿莱格洛	快板
Allongé	阿隆热	伸展的
Arabesque	阿拉贝斯克	基本舞姿之一
Assemblé	阿桑布莱	聚集
Attitude	阿蒂迪德	基本舞姿之一
B		
Balancé	巴朗塞	摇摆步
Ballet	巴莱	芭蕾舞
Battement	巴特芒	拍打
Battement développé	巴特芒·代弗洛佩	经屈膝伸出的腿
Battement double fondu	巴特芒·杜勃尔·丰究	双的单腿蹲
Battement double frappé	巴特芒·杜勃尔·弗拉佩	双的小弹腿
Battement double tendu	巴特芒·杜勃尔·唐究	带压脚的擦地
Battement fondu	巴特芒·丰究	单腿蹲
Battement frappé	巴特芒·弗拉佩	小弹腿
Battement relevé lent	巴特芒·雷勒韦·朗	直腿抬腿
Battement retiré	巴特芒·勒蒂雷	吸腿
Battement soutenu	巴特芒·苏特纽	腿的控制
Battement tendu	巴特芒·唐究	擦地
Battement tendu demi plié	巴特芒·唐究·德米·普利埃	擦地带蹲
Battement tendu passé par terre	巴特芒·唐究·帕塞·巴·泰尔	经过地面擦地
Battement tendu jeté	巴特芒·唐究·热泰	小踢腿
Battement tendu jeté balancé	巴特芒·唐究·热泰·巴朗塞	摇摆式的小踢腿

Battement tendu jeté demi plié	巴特芒·唐究·热泰·德米·普利埃	带蹲的小踢腿
Battement tendu jeté pointé	巴特芒·唐究·热泰·普安泰	带点地的小踢腿
Battement tendu pour le pied	巴特芒·唐究·普·勒·皮耶	勾绷脚或压脚
Battu	巴丘	被打击的
Brisé	勃里泽	移位的打击小跳

C

Chaînés	谢奈	一连串快速转
Changement de pied	尚日芒·德·皮耶	换位跳
Chassé	夏塞	追赶步
Cou-de-pied	库德皮耶	踝骨
Coupé	库佩	切割
Couru	库吕	奔跑
Croisé	克鲁瓦泽	交叉的

D

Demi plié	德米·普利埃	半蹲
Demi rond de jambe	德米·隆·德·让	单腿划半圈
Devant	德旺	向前
Développé	代弗洛佩	伸展

E

Écarté	艾卡泰	分开的
Échappé	埃夏佩	等距分腿
Effacé	埃法塞	敞开的
Épaulement	埃波尔芒	斜肩侧身
En dedans	昂·德当	往里的
En dehors	昂·德奥	往外的
En tournant	昂·图尔囊	在转身中

| Entrechat quatre | 昂特勒夏·卡尔特 | 四动的击腿跳 |

F

Failli	法伊	舞步名
Fermée	弗尔梅	闭合的
Fondu	丰究	渐蹲
Fouetté	弗韦泰	转身或挥鞭

G

Grand assemblé	格朗·阿桑布莱	大的聚集式跳
Grand battement jeté	格朗·巴特芒·热泰	大踢腿
Grand battement jeté balancé	格朗·巴特芒·热泰·巴朗塞	摇摆式的大踢腿
Grand battement jeté plié	格朗·巴特芒·热泰·普利埃	带蹲的大踢腿
Grand battement jeté pointé	格朗·巴特芒·热泰·普安泰	带点地的大踢腿
Grand fouetté sauté	格朗·弗韦泰·索泰	大的转身跳
Grand jeté	格朗·热泰	大的换脚跳
Grand jeté entrelacé	格朗·热泰·昂特尔拉塞	翻身换脚大跳
Grand jeté pas de chat	格朗·热泰·帕·德·夏	大的猫步跳
Grand plié	格朗·普利埃	大的蹲
Grand rond de jambe	格朗·隆·德·让	单腿划整圈
Grand rond de jambe jeté	格朗·隆·德·让·热泰	大的踢腿划圈

P

Passé	帕塞	经过
Pas assemblé	帕·阿桑布莱	双腿聚集跳
Pas balancé	帕·巴朗塞	摇摆步
Pas ballonné	帕·巴洛内	似球般的跳跃
Pas ballotté	帕·巴洛泰	摇摆的换脚跳
Pas chassé	帕·夏塞	追赶步

Pas coupé	帕·库佩	切
Pas couru	帕·库吕	跑
Pas de basque	帕·德·巴斯克	巴斯克舞步
Pas de bourrée	帕·德·布雷	布雷舞步
Pas de chat	帕·德·夏	猫步
Pas double assemblé	帕·杜勃尔·阿桑布莱	双的聚集跳
Pas échappé	帕·埃夏佩	变位跳
Pas emboîté	帕·昂布瓦泰	换脚小跳
Pas glissade	帕·格利沙德	滑步
Pas jeté	帕·热泰	换脚跳
Pas sauté	帕·索泰	跳
Petit battement sur le cou-de-pied	珀蒂·巴特芒·絮·勒·库德皮耶	在脚踝上的击打
Piqué	皮凯	直腿上步
Pirouetté	皮鲁埃特	原地旋转
Plié	普利埃	蹲
Port de bras	波·德·勃拉	手臂姿态
Posé	波塞	成舞姿
Prèparation	普雷帕拉雄	准备
Penchée	庞舍	成后腿舞姿向前俯身

R

Relevé	雷勒韦	立（半）脚尖
Révérence	勒韦朗斯	行礼
Rond de jambe	隆·德·让	单腿划圈
Rond de jambe en l'air	隆·德·让·昂·莱尔	小腿在空中划圈
Rond de jambe par terre	隆·德·让·巴·泰尔	地面划圈
Royale	罗亚尔	换脚的击腿跳

S

Sauté	索泰	带跳的
Sauté de basque	索·德·巴斯克	转身的巴斯克跳
Simple	森普尔	简单的
Sissonne	西松	双起单落类的跳
Sissonne fermée	西松·弗尔梅	闭合式的跳
Sissonne fondu	西松·丰究	渐落式的跳
Sissonne ouverte	西松·乌韦尔	敞开式的跳
Sissonne simple	西松·森普尔	双起单落的跳
Sissonne tombée	西松·通贝	往下落的跳
Suivi	絮依维	小碎步
Sur le cou-de-pied	絮·勒·库德皮耶	放在脚踝上
Soutenu	苏特纽	舞姿不变的

T

Temps de cuisse	唐·德·居伊斯	扭胯的跳
Temps leve	唐·勒韦	直上直下的单腿跳
Temps lié	唐·利埃	连接动作
Tendu	唐究	绷直
Tour	图尔	转
Tour lent	图尔·朗	慢速转动

W

Warm up[英]	沃尔门·阿普	热身活动

　　注：上述芭蕾术语以法语为主，按英文字母、单词读音顺序排列，非法语芭蕾术语特别予以标注。以上术语仅为本课例组合内涉及到的芭蕾术语，供参考。

Santé		
Saut de basco-		
Sheath		
Sissoune		
Sissoune fermée		
St-sonne fondu		
Sissoune ouverte		
Sissoune simple		
Sissonne tombée		
Soly		
Sur le cou-de-pied		
Soutenu		
Temps de cuisse		
Temps leve		
Temps lié		
Tendu		
Tour		
Tour lent		
Warm up		

读者意见反馈

为收集对教材的意见建议，进一步完善教材编写并做好服务工作，读者可将对本教材的意见建议通过如下渠道反馈至我社。

咨询电话　400-810-0598

反馈邮箱　gjdzfwb@pub.hep.cn

通信地址　北京市朝阳区惠新东街 4 号富盛大厦 1 座　高等教育出版社总编辑办公室

邮政编码　100029

防伪查询说明

用户购书后刮开封底防伪涂层，使用手机微信等软件扫描二维码，会跳转至防伪查询网页，获得所购图书详细信息。

防伪客服电话　（010）58582300